2020年度國家古籍整理出版專項經費資助項目

王懿榮書札輯釋

〔清〕王懿榮 撰　邱崇 輯釋

齊魯書社
·濟南·

圖書在版編目（CIP）數據

王懿榮書札輯釋 / (清) 王懿榮撰；邱崇輯釋. --
濟南：齊魯書社, 2022.11
ISBN 978-7-5333-4536-5

Ⅰ. ①王… Ⅱ. ①王… ②邱… Ⅲ. ①王懿榮（1845—1900）－書信集 Ⅳ. ①K825.81

中國版本圖書館CIP數據核字(2022)第176785號

責任編輯：劉玉林　馬安鈺
責任校對：王其寶　趙自環
裝幀設計：郭　靚　李　生

王懿榮書札輯釋
WANGYIRONG SHUZHA JISHI
〔清〕王懿榮 撰　邱崇 輯釋

主管單位　山東出版傳媒股份有限公司
出版發行　齊魯書社
社　　址　濟南市市中區舜耕路517號
郵　　編　250003
網　　址　www.qlss.com.cn
電子郵箱　qilupress@126.com
營銷中心　（0531）82098521　82098519　82098517
印　　刷　山東新華印務有限公司
開　　本　880mm × 1230mm　1/32
印　　張　28
插　　頁　2
字　　數　697千
版　　次　2022年11月第1版
印　　次　2022年11月第1次印刷
標準書號　ISBN 978-7-5333-4536-5
定　　價　128.00圓

序

十九世紀末二十世紀初，爲吾國體制、政治、經濟、文化、學術天翻地覆之時代，各色『名世者』輩出。有王懿榮者，生於學問世家，光緒六年（一八八〇）進士，三任祭酒，長於金石之學，於金文字、碑文字無不精通。王氏於光緒二十五年（一八九九）發現甲骨文，且定爲三代文字，追踪至吾國文字之源，石破天驚，沉埋三千餘年甲骨文之面紗由此揭開，商王朝時代由傳説遂成信史。正當王氏意氣風發，斥巨資購買刻字骨片，决定奮力研究時，光緒二十六年（一九〇〇），庚子禍起，王氏捐軀，不無遺憾，否則甲骨學史當改寫矣！作爲甲骨文字發現人、視甲骨文爲三代文字且斥資收集第一人、吾國甲骨學開創者，王懿榮應當被銘記、被研究。邱崇《王懿榮書札輯釋》正是從一側面承擔此任務者也。

《王懿榮書札輯釋》收輯較全，體例明快，注釋確切。該書收王氏致師長親友書札八百餘通，信息量頗大，如所記清末社會、軍事、人情等，皆可資考證。吾尤好者，若金文字與甲骨文字之關係等，由此亦可得啓發，讀之者當有會心。邱氏之《王懿榮書札輯釋》將爲王懿榮研究做出貢獻。

邱宗者，聰穎善悟者也。隨吾游，讀博士，參與教育部人文社科基地重大項目，治《周易》語言文字，舉凡文字、音韵、訓詁、詞彙、語法無不涉獵。於文獻，《四庫全書》《續修四庫全書》『易部』通讀一過。善屬文，文風飄逸俊秀，温潤可讀。時日錘煉，已崴爲學界骨幹矣。

楊端志於興隆山居

庚子年十月初八

凡例

一、書札出處以按語形式注於札後，收信人小傳注於首札出處後。

二、不同收信人大致以生年排序，生年不詳者以卒年排序，生卒年皆不詳者以及第之年份排序，雖無確切生卒年和及第信息，但能考知大概年齡者，依此排序；以上信息皆不詳者，以姓氏排列於後。同一收信人内部書札次序依照來源之原順序排列，如王懿榮致女兒崇烋書札，依其來源《王文敏公寄女書》原順序排列。有所增補者列於後，另加説明。同一收信人書札散見於各處且書札寫作年月可考者，依寫作年月排序，偶有寫作年月難考者，依所記内容大體時間排序。文中所記日期皆爲農曆。

三、若上款在信文前，則上款之後用冒號，正文另起一列；若上款在信文後，則另起一列，後不用標點。落款則另起一列，置於列末，後不用標點；若署有日期，則與落款同列，前後亦不用標點。

四、札中人物衆多，於重要人物首現時附加小傳，小傳材料來自傳記、地方志、辭典等。對每通書札儘量做繫年考證，確實無法繫年者（如單純論書畫、生活小事等），則付之闕如。

五、札中文字漫漶不清難以辨識者統一用『□』代替。原札中爲夾行小字或信中空白處小字者，釋文時加括號以示區别。

六、札中原有着重號予以保留，一律置於文字右側。

七、札中异體字一般改爲通用字，專名中的异體字酌情保留。

八、受時代局限，作者對某些歷史事件之述及，認識未免偏頗。爲存文獻原貌及客觀瞭解王懿榮，相關文字一仍其舊。

九、原札多不分段，書札較長時，依意義酌情分段。

十、凡過録之札，若疑有誤而無確證則仍之，有確證證明有誤則改之，旁加注釋。

前　言

王懿榮書札之基本情況

清道咸同光年間，齊魯治金石者代有才人，若益都李文藻、段松苓、孫文楷，萊陽初尚齡，掖縣翟雲升，諸城劉喜海、王錫棨，海豐吴式芬，日照許瀚，濰縣陳介祺、高慶齡、郭麐，利津李佐賢，臨淄馬慶灝，黄縣丁樹楨者，精鑒别、富收藏，考證精審，著述縝密，可謂大家雲集，蔚爲風氣，自爲山左一派，頗望重於海内。時謂『金石學在山左』，誠哉斯言！福山王君懿榮廉生，亦此間治金石之佼佼者也。王君爲人，興趣廣博，書籍字畫、封泥印章、瓦當彝器、磚石碑拓、墓志造像、泉布鏡鑒，無不究心。所著《漢石存目》《南北朝存石目》《古泉選》《天壤閣雜記》等，深得大家贊許。後又慧眼獨具，識甲骨於商賈，功莫大焉，『甲骨文之父』美譽蓋所共認。自此言之，金石學爲甲骨學之先聲，良不誣也。庚子之變，王君奉命護衛京師，鞠躬盡瘁，舉身投井，坦然就義，壯烈殉國，妻與長媳亦蹈赴之，忠烈孝義，萃於一門，朝野翕然，賜謚『文敏』，浩義長存。《清史稿》有傳：

王懿榮，字正孺，山東福山人。祖兆琛，山西巡撫。父祖源，四川成縣龍茂道。懿榮少劬學，不屑治經生藝，以議叙銓户部主事。光緒六年成進士，選庶吉士，授編修，益詳練經世之務，數上書言事。十二年，父憂，解職。服闋，出典河南鄉試。二十年，大考一等，遷侍讀。明年，入直南書房，署國子監祭酒。會中東戰事起，日軍據威海，分陷榮城，登州大震，懿榮請歸練鄉團。和議成，還都，特旨補祭酒。越二年，遭母憂，終喪，起故官。蓋至是三爲祭酒矣，前後凡七年，諸生翕服。

二十六年，聯軍入寇，與侍郎李端遇同拜命充團練大臣。懿榮面陳：『拳民不可恃，當聯商民備守禦。』然事已不可爲。七月，聯軍攻東便門，猶率勇拒之。俄衆潰不復成軍，乃歸語家人曰：『吾義不可苟生！』家人環跽泣勸，厲斥之。仰藥未即死，題絶命詞壁上曰：『主憂臣辱，主辱臣死。於止知其所止，此爲近之。』擲筆赴井死。先是懿榮命浚井，或問之，笑曰：『此吾之止水也！』至是果與妻謝氏、寡媳張氏同殉焉。諸生王杜松等醵金瘞之。事聞，贈侍郎，謚文敏。懿榮泛涉書史，嗜金石，翁同龢、潘祖蔭并稱其博學。〔二〕

〔二〕趙爾巽等撰：《清史稿》卷四六八，中華書局一九七七年版，第一二七七八頁。

金石一門，清乃大盛，他郡如南海葉志詵、歙縣鮑康、歸安吴雲、常熟翁同龢、吴縣潘祖蔭與吴大澂、南皮張之洞、江陰繆荃孫、滿洲盛昱等皆一時俊杰。王君與諸人日日游戲其間，鴻雁往來，交流唱和，砥礪切磋，相得益彰。補正史之闕漏，證《説文》之得失，探幽發微，益於學術者深矣。其爲札者，實著述也，梁君啓超曾於《清代學術概論》中如是言之：

清儒既不喜效宋明人聚徒講學，又非如今之歐美有種種學會學校爲聚集講習之所，則其交换知識之機會，自不免缺乏。其賴以補之者，則函札也。後輩之謁先輩，率以問學書爲贄。——有著述者則媵以著述。——先輩視其可教者，必報書，釋其疑滯而獎進之。平輩亦然。每得一義，輒馳書其共學之友相商榷，答者未嘗不盡其詞。凡著一書成，必經摯友數輩嚴勘得失，乃以問世，而其勘也皆以函札。此類函札，皆精心結撰，其實即著述也。此種風氣，他時代亦間有之，而清爲獨盛。〔一〕

情真意切，遺詞典雅，文采斐然！烟臺吕偉達君，曾任王懿榮紀念館館長一職，在《王文敏公遺集》基礎上，搜羅散佚，出版《王懿榮集》一部，除經進稿、奏疏、序跋、詩文外，又收集王氏致繆荃孫、黄寶三、丁樹楨等十餘位友人共一百九十六通書札，刊布於世，世人得以窺見

〔一〕 梁啓超撰：《清代學術概論》，上海古籍出版社二〇〇五年版，第五四頁。

王氏交游之廣博、金石見解之精深。然惜乎所收不全，如王氏與山左金石大家陳介祺、其座師潘祖蔭、姻叔張佩綸等書札皆未網致，誠爲憾事。今擬對王氏致友人之札略作稽考，稍益於前，望略有裨於相關學術之研究。

王懿榮書札之主要内容

王懿榮所交友人多爲金石同好、文人雅士，來往書札所書内容多屬學術探討，或交流拓片，或釋古文字，或交流治學之法，雖名爲書札，『實即著述』，故較一般記事文獻更具學術性，更有學術價值。即便所記日常小事，也多係金石趣聞，頗可資雅談。又有述及當時政治之札，亦益於晚清史研究。王懿榮書札所記大體可分爲如下幾類：

一、金石收藏

王懿榮論金石之書札，主要見於致陳介祺、潘祖蔭、孫毓汶、張佩綸、王瓘諸人書札中，内容多爲交流金石收藏時之所得所見、鑒别藏品優劣、互贈拓片、文字考釋等事，如致潘祖蔭：

吾師所得種類極夥，亦必須立一目，以考某種之有無，否則見之驟疑爲有，亦驟疑爲無，有疑已有而適無者，有類若無而又多有者，此門生閱歷有得之言也。必一類爲一包，每包書明内幾品，若續入則續添記之，其有异文者并於包面大字批記之，否則散漫而無紀矣。孫文楷之物，榮所得拓本不全，隨得者隨分副以奉矣。聞次經回，將爲吾師議之，必有以報也。吾師彝器目録曾命編録之，伯熙、薈生、中弢亦力促之，榮亦暇爲之。分門别類、詳標名目、隨增隨記、不使紊亂，確係大收藏家所必須，否則散亂無序，難以爲繼，俱係收藏有得之見。此論又見於王懿榮致陳介祺書札中，兹不再舉。再如與陳介祺札中多有古器文字益於學術發展之論：

又嘗謂最初文字只是象形，從古人身上説起，有義理而後有文字，從今人看古人，從今人求古學，則有形象而後有文字，有文字而後有聲音，有聲音而後有訓詁，有訓詁而後有義理。居今日而欲求義理，則非通訓詁不可，通訓詁非通聲音不可，通聲音非通文字不可，通文字非通形象不可，欲通其有形象之文字，則非鐘鼎古文不可，通鐘鼎古文則非見真古器文字不可，捨古器固無他屬。自有天地日月山川而外，物之古者，亦莫如此一片殘銅也。

此類高見卓識，即驗之當世，亦係不刊之論。當時陳介祺、王懿榮等不僅以藏古爲目的，以鑒古、釋古、傳古爲宗，而且以此證經補史，影響深遠，超出巧取豪奪、秘不示人、謀求私利者遠甚。

二、書畫收藏

王懿榮交友廣泛，友人收藏興趣不一。除金石收藏鑒別之外，論書畫收藏、鑒別真僞、評估價值、替親友購置書畫亦是王懿榮書札中一大内容，多見於王懿榮與鮑康、孫毓汶、張佩綸諸人書札中。尤其對古畫所作評價，可謂真知灼見，字字珠璣，如致孫毓汶：

墨井畫卷讀竟敬繳。此卷中路純是泰西法，紙爲鏡面箋，是此老五十歲上下所作，正中年肆力之際，款字已是髯蘇胚胎，致真無疑。若摹本與贋鼎，當一意横遍蘇體，不敢作此種結構也。墨井與南田皆一派性靈用事，不能求之過高，其詣力去四王甚遠，然墨井又較南田爲密耳。

書畫收藏之首要問題即鑒别僞作，作僞手法衆多，王懿榮札中就記録過他親見之作僞手法。再如對畫作真僞細節之鑒别，王懿榮自有一套理論，亦見於致孫毓汶札：

作畫用印起於宋末元初，且不盡用自己印，亦殊可笑。倪迂不好用印，王、黄、吴三家生平不過二三印，反覆用之，最易辨。明之沈、唐、仇三家亦然，較元三家稍多。自停雲父子以刻印自豪，晶玉間作，齋館實繁，以至於國朝四家下迄戴文節，遂無一印連打十餘頁之事。相其題款高下，地位寬迮，幾至葉葉變换，不可窮詰，乃使後來作僞者大費手脚，不勝其擾矣，故廠賈秘傳以認印爲第一要義。一册八葉，俱用一印打之，若輩斷不敢信矣。若見不常用之印，亦復認生，亦頗可笑。元明畫家自負名流，最好標榜，往往一畫初成，同好争題，題則一人包作數詩，多半七絶，一人寫之，直是一手所成，或無印記，或有印，是一合印色所打，此非僞也，當時風尚所致，黄、王、吴三公皆然。而倪迂常獨不與，亦或間有之。明則陸包山、周天球、彭孔嘉好爲之，亦間入以文體承昆仲，而衡山常不與。此兩代此六七人共題一卷、合出一手者，乃常事，不爲奇也。至於題畫詩之出韵失調、塵腐荒率者，名家多有之，不能以此定真僞也。思翁常寫白字，看來直是忙迫，亦非故作不通。總之，前人以此適意，天趣爲多，絶無滯相耳。粗文無渴筆，但見一味醇厚安穩，故其後多文大昌，細沈無刻筆，一味活動濃至，安置妥貼，本領最大，行輩極尊，當時最爲老師，中年寫趙字，枝節最長，是以後來變成山谷。唐極恣肆，山是一片墨，水無皴，而樹梢人臉極細見紋，往往用泰西法，所謂時大彬壺、粗泥細作者，真品極罕見矣。

王懿榮并不以畫聞名，未見有畫作傳世，但鑒畫之功精湛，『時人引一語爲定』，亦屬難得。王懿榮頗有書名，於書法源流知見犹爲精到，如致張佩綸：

前書示及涪翁書脉，將由河南滂沱直下，不復由石田逆流而上，探原之論，透頂之識，如侄庸碌，只有贊嘆欲絶而已。然其間尚有一壁曜《石淙詩序》在也。翁覃谿謂二壁高下，曜不如稷，然稷與鍾紹京書僅見於《昇仙太子碑》陰，分行題名一石耳。所與《石淙詩》字斟，則稷遠不如曜也。曜書直接河南，下爲宋徽宗瘦金開派，繼以蔡氏，元長、元度皆從此出，而涪翁又積健爲雄也。褚書兩《聖教》，同州覆本却後來居上，《雁塔》《玄妙》極矣，字亦在同州上幾萬里，而游絲裊娜，隨風蕩漾，幾於無迹可尋，昔人喻以簪花，猶未似也。

三、討論碑拓優劣

王懿榮常年面對古器及拓本，深知拓本之真僞優劣，且形成成套、獨特之看法，散見於諸札中，如致張佩綸：

大凡碑本最忌塗去石花，石花似與字無干，而塗之反於字之精神有損，乃舊本往往多有墨塗，若是常品，尚可從汰，如係孤本，祇可遇而存之，天下事之不能完美如此。又凡舊本，自以見諸譜録，後多名人題跋爲重，然如此等者，賞鑒人多，流傳有緒，往往裝潢太頻，不知幾經裝池砑平，字口全開，反不如原來舊裝，從古未經人道，渺無一字題跋者，字口甚深，幾於後面凹凸，若現出陽文字者，最爲上品。又原裝未至脆落，便略加一褙，粘貼完整，加數開副葉，精治封面，足以美觀矣，不必再揭裱也。真鑒不在題跋，廠賈所貴乃在幫手耳（廠人謂好題跋爲幫手）。夫天壤孤本，絶世單行，不必見諸著録，乃正以無徵見奇，此好金石家言之所謂生坑也。

四、時政要聞

王懿榮書札中除記録有金石書畫等收藏鑒别内容外，還不可避免地記録了當時社會之重要事件。在這些事件中，尤以他本人回籍辦團練及擔任京城團練大臣之事最爲典型，真實反映出晚清時期地方軍事之鬆懈，如致孫毓汶札中所記：

黄縣绅商俱徙省城，蓬、福兩縣多徙棲霞亂山中，周歷各縣，至寧海、文登、榮成三處，雖已收復，乃雕敝不堪。寧海有孟良、福仙二山口，文、榮有橋頭集、報信村二山口，皆天險可守，不但將帥闇於地勢，此是中國通病，當時事急，各村團長力言哀乞，若扎孟良、福仙，則寧海萬無一失，若扎橋頭、報信，則文登、威海萬無一失，此皆一夫當關，萬夫莫敵之處。辛酉南捻已有明效。而將兵者不顧，總以未接大帥公事不能輕動爲辭，遂致見賊即逃。逃後所過諸村，肆行奸掠，各挾衣物首飾至棲霞、萊陽退兵之地城市，公然拍賣，是以民不畏賊而畏兵。威海至今尚有占踞劉公島之倭寇，時來買取食物，官紳俱不敢到。侄到寧海，曾屬都司趙某暗派外委崔某赴劉公島私掠一次，到文登即屬團長于霖逢私差民人引出威海團長聯絡聲息。

沿途所見各營派隊之兵勇，率皆敗軍之餘、無籍之民，真是有『執冰而嬉』之象。火藥器械到處私賣，爲各團以賤直收去，不但文、榮戰敗所弃，外省新解來之小口勁槍一袋二十枚，原封未動也。

此札言光緒二十一年（一八九五）春登州團練事。將帥不以時局爲重，唯以未接到命令爲辭；兵見賊就逃，且肆行奸掠，倒賣武器，『民不畏賊而畏兵』。清政府之敗，勢所當然。私人書札，且書於至友之間，當爲實録。

五、家訓

王懿榮對國忠心，對父母盡孝，對兒女要求嚴格。對國忠心已見於上述書札，後兩者略舉致女兒王崇煐幾札以示：

爾祖父大人於二月十四日寅時弃我等而長逝矣。吾生四十二年，從此爲無父之人矣！現在爾祖母大人在堂，又值大事未辦，不得不苟延殘喘，偷生人世，匍匐集事，嗚呼哀哉！爾祖父大人去年隆冬長途，在定州腹瀉，夜出傷寒，廿七日抵京，汗見而疾喘异常，延醫調治又患嘔血，又患秘結，至二月中旬痰作壅盛（到京一日未舒服，此皆我們心過不去之事），昊天不吊，降此鞠凶，侍奉無狀，不可爲子。

『苟延殘喘，偷生人世，匍匐集事，嗚呼哀哉』之語可見失父之痛，孝心昭然。此外，要求女兒以孝爲先、團結妯娌、處之善讓等，如：

川署已接着我們在陳所發喜信，知爾翁姑當意，姑爺文秀，妯娌和美（此第一要義，千萬不可隨衆排擠，天下妯娌最難和美，然其實只是處之善讓二字，便足了之。妯娌和睦，便能全人兄弟，乃天下有福人第一善相，不見爾祖母大人當日乎？今日如何？若妯娌不和，致令人兄弟參商，便非我之子孫，從此不姓王可也。言之痛切）。

此係現存王懿榮致女兒最早一札，此時女兒初嫁吴氏。『若妯娌不和，致令人兄弟參商，便非我之子孫，從此不姓王可也』，此類話語，可見其深明大義，責女嚴厲，家風謹嚴。

王懿榮書札之價值

一、學術價值

王懿榮傳世書札多爲金石收藏與考證、文獻鑒別、書畫鑒別等論述，具有較高學術價值。

如致陳介祺：

侄嘗舉一事示之。出古器銘文内『文』考字作字者示之，香濤便悟之而大樂。蓋此字形絶似『甯』字，以知『甯王貽我大寶龜』『率甯人有茲疆土』，『甯王』『甯人』即『文王』『文人』（《詩》告于文字），此不俟前人煩言而解，此猶淺也。又『敉甯武圖功』，前人反覆説之不明，不知此『甯』字亦是『文』字，若讀作『敉文武圖功』，又明白曉暢，不煩言而解矣，謂非古器文之有益于《尚書》乎？

釋『甯王』爲『文王』，自王懿榮此札始。陳介祺致潘祖蔭札中曾言：『王廉生農部懿榮書來，謂《大誥》「甯王」「甯武」皆古「文」字作作之訛。余謂「文人」見《詩》，前「文人」見兮中鐘、西宫簋，尤不可移。則《大誥》之爲真古文亦定矣。武庚之罪自當告武王廟，三叔之罪自當告文王廟，則文王、文人之説，極爲有見。』此識現已成定論矣。此類論述甚夥，讀者自有會心，茲不舉例。

二、文獻價值

王懿榮書札中還記録了很多人物及逸聞趣事，不僅可資雅談，亦可用於對相關人物及事件之考證，具有重要文獻價值。茲舉幾例如下：

（一）考鮑康卒年

鮑康，字子年，號皁侯，晚年退隱臆園，又號臆園野人，其書齋名觀古閣，故又號觀古閣主人，安徽歙縣（今屬安徽黄山）人。生於嘉慶十五年（一八一〇），道光間舉人，官至夔州知府。致力於錢幣收藏及著述，其著作有《觀古閣叢稿》《觀古閣泉説》《皇朝謚法考》等。其收藏錢幣宏富，鑒别精審，著述縝密，爲一時之冠，當時泉界名流『咸推之爲祭酒焉』〔二〕。潘祖蔭在同治十二年（一八七三）爲其《觀古閣泉説》作序稱：『近李竹朋丈著《古泉匯》，至爲詳備，國朝爲泉譜之學，無多於此者。其素所相與商榷者，則惟鮑丈臆園先生。先生自束髮以來，蓄泉最富，耽玩四十餘年，故於源流、正變、真僞、美惡辨别精嚴，當世無其比者。』以潘祖蔭在當時金石學界之威望，對鮑康有『當世無其比者』之評語，足見鮑氏在泉幣收藏界之地位。

《清代人物生卒年表》鮑康條記其卒年爲光緒四年（一八七八）〔三〕，所用材料係《鮑子年

〔二〕 楊愷齡：《鮑子年先生傳》，載《古泉學》一九三六年第一期。

〔三〕 江慶柏編著：《清代人物生卒年表》，人民文學出版社二〇〇五年版，第八〇二頁。

行述》及《鮑氏誦先録》〔二〕。《鮑子年行述》係鮑康孫鮑惟鐈撰，刊於光緒四年，該書明確記載鮑康生於嘉慶十五年六月二十八日子時，歿於光緒四年三月初三日午時，享年六十有九〔三〕。然此書言詞簡略（僅一卷十頁），流傳不廣，向未見人提及，故其所言鮑康之卒年少被學界知曉，更談不上廣爲采納。《鮑氏誦先録》收録《鮑子年行述》（收録時書名爲《先祖考子年太府君行述》），此係民國鮑氏後人鮑友恪所輯，亦流傳不廣。

王懿榮致陳介祺書札中有言及鮑康病歿之情況，略摘録如下：

壽翁年世伯大人坐下：侄京寓，去年所歷，幾不堪問。侄婦之事重荷賜賻，當即叩領復謝。……年翁老去，侄與石查遠引，春山别有所圖，無復抗手，然而耗財，然亦必有所得也。自江油輾轉寄上。敬叩福安，合府清吉！世年侄期懿榮叩上。七月廿七日。

按：此札書於光緒四年（一八七八）七月，自四川江油寄與陳介祺。王懿榮原配黄氏於光緒三年（一八七七）八月歿後，王懿榮於第二年即光緒四年三月廿九日，携帶一兒一女出都，至川探望時任四川龍安府知府的父親王祖源，六月六日抵江油縣，由江油致書陳介祺。札中言

〔二〕鮑友恪輯：《鮑氏誦先録》，一九三六年。
〔三〕鮑惟鐈撰：《鮑子年行述》，國家圖書館藏。《販書偶記》亦記有此書。見孫殿起《販書偶記》，上海古籍出版社一九九九年版，第一四三頁。

及『年翁老去』，可知鮑康於該年三月三日逝世，當時王懿榮尚未出京師，且係同城至友，故知之詳。

王懿榮致陳介祺札言及鮑康逝前三年行狀歷歷，由此可知《鮑子年行述》及《鮑氏誦先録》所載鮑康卒於光緒四年三月三日之説良不誣也，堪爲定論。

（二）考王懿榮胞妹嫁與張之洞之日期

王懿榮胞妹嫁與張之洞，依《王文敏公年譜》，事在光緒元年（一八七五）：『公妹張夫人受南皮張氏聘，是年八月于歸，爲大學士軍機大臣張文襄公之洞繼配。時文襄公官四川學政，即在任所迎娶。』〔二〕

《張文襄公（之洞）年譜》記此事在光緒二年（一八七六）：『是歲，王夫人來歸。公喪偶久，王文敏公懿榮有妹，才而賢，公與文敏素契合，及試龍安，文敏之父蓮塘先生祖源方知府事，吴勤惠爲之作伐，因定聘焉。成婚之三夕，出奩物文待詔書《漁家樂》長卷共賞，慨然

〔二〕 王崇焕：《王文敏公年譜》，載《中和月刊》第四卷第七期，一九四三年。

有偕隱志。』〔二〕

《張之洞年譜長編》亦記此事在光緒二年（一八七六）：『（八月）續娶王夫人（王懿榮之妹）。王文敏公懿榮有妹才而賢。及試龍安，文敏之父蓮塘先生祖源方知府事，吴勤慧（惠）公棠爲之作伐，因定聘焉。成婚之三夕，出奩物文待詔書《漁家樂》長卷共嘗（賞），慨然有偕隱志。』〔三〕

王懿榮致陳介祺書札中提及其妹出閣之事：

三月十六日傅足來，得三月四日手書，并領到拓磚七、瓦器七、瓦一、石五、小節墨刀四，即以其二寄石查收去，屬謝。……祇緣川中有家信來，家嚴諭以今秋舍妹出閣，此缺十分清苦，加以三年未遷，夙負未償，又遇此喜事，而舊日衣物蕩然，雖婚嫁稱家之有無，而衣飾一種一樣亦不爲多，尚須五六百金。龍安年入不過千二百金，既逢此舉，則全力以赴，不及接濟京寓，因命侄自己在外支持摒擋，且須打算日用，故一春只與利賈沫口，未遑正事。

〔二〕胡鈞撰：《張文襄公（之洞）年譜》，見沈雲龍主編《近代中國史料叢刊》第五輯，臺灣文海出版社一九六六年版，第四七頁。

〔三〕吴劍杰：《張之洞年譜長編》，上海交通大學出版社二〇〇九年版，第五〇頁。

此札言『三月十六日傅足來，得三月四日手書』，按之《簠齋尺牘》，光緒二年（一八七六）三月四日陳介祺確實與王懿榮有書札，且所言之事與王懿榮此札皆合，是知王懿榮此札書於光緒二年三月，札中言『家嚴諭以今秋舍妹出閣』，即可知張之洞續娶王懿嫻是在光緒二年而非光緒元年（一八七五），《王文敏公年譜》實誤。

（三）考王懿榮次子王崇烈婦病殁之時間

《王文敏公年譜》記王懿榮次子王崇烈續娶之蔣氏殁於光緒二十四年（一八九八）：『次子崇烈婦蔣氏病殁京師。時崇烈以甲午舉人援例爲直隸候補直隸知州，供差永定河工，再届安瀾，叠蒙保薦爲候補知府、候補道，賞加二品銜，分發直隸候補，需次天津。』〔二〕

王崇烈婦蔣氏病殁之事，王懿榮致親家蔣慶第札中言之甚詳，兹録如下：

前奉惠函，正在憂居，筆硯久廢，未遂裁答，至罪至罪。令嬡（兒婦）自于歸以來，婉順宜家，名聞族黨。去歲所産一孫，大小平安，行將周歲，孰料自今年四月陡患婦科乾血之證，鄙人遂謀諸性甫翰編延醫診脉，中西交治，往來調養。崇烈需次保定，夏秋之間

〔二〕王崇焕：《王文敏公年譜》，載《中和月刊》第四卷第七期，一九四三年。

藉差歸視。又幸親家母夫人遠來撫育，方冀團聚開暢，沉疴藉起。誰知寒門不幸，福薄運蹇，竟於十一月十三日丑時撒手西歸……

由此札得知，蔣氏殁於生子之後一年，此時幼子尚未周歲。蔣氏生子事在光緒二十二年（一八九六）十二月九日，《王文敏公年譜》及王懿榮致女兒崇烌札中皆有記録，確鑿無誤，則蔣氏殁於光緒二十三年（一八九七）可知。

另外，王懿榮致張之洞、李端遇等札中多記時政及辦理團練之事，亦散見於致張佩綸、張蔭桓書札中，從中可以窺見當時歷史事實，具有史料價值；致女兒崇烌及女婿家信中亦能看到王氏家族之家風家規，對現在家風建設亦有教育意義，兹不再舉例。

目録

致鮑康（十六通）

一

三示均領悉。淩晨侄同石查〔一〕到廠，筆彩尚未下□，并云後日始可開箱，須後日早去。石查先回，侄屬其就近先爲復報，想已邀鈞覽矣，若能有一二偉器則妙。侄頃自麻綫胡同回，渠處正議此事，當即遵諭寄知（實在如是，古人行簡居敬，及爲治簡易之道，亦猶是也），仰見體恤故交至意，敬佩無幾。其裹題則孝達〔二〕及清卿〔三〕也。

〔一〕石查即胡義贊。胡義贊，字叔襄，號石槎，一作石查，晚號烟視翁，河南光山人，官海寧知州。致力於金石考證之學，尤喜藏泉，且多稀品。工畫，擅小幅山水。

〔二〕孝達即張之洞，王懿榮妹丈，王懿榮妹王懿嫻於光緒二年（一八七六）嫁與張之洞做繼室。張之洞亦喜收藏，與王懿榮爲金石同好。詳致張之洞札一按語。

〔三〕清卿即吴大澂，詳致吴大澂札一按語。吴大澂爲王懿榮金石至友。

敬復年伯大人。草草，乞鑒宥。

姪榮叩呈

按：此十六通致鮑康信札見於《王懿榮先生書作集》，第八三—九〇頁，原札照片。鮑康（一八一〇—一八七八），字子年，號皇侯，晚年退隱臆園，又號臆園野人，其書齋名觀古閣，故又號觀古閣主人，安徽歙縣（今屬安徽黄山）人。道光間舉人，官至夔州知府。收藏錢幣宏富，鑒别精審，著述縝密，爲一時之冠，當時泉界名流『咸推之爲祭酒焉』。著作有《觀古閣叢稿》《觀古閣泉説》《皇朝謚法考》等。

此札爲同城短札，鮑康由夔州回京，事在同治十一年（一八七二）。按《張之洞年譜長編》，王懿榮與吳大澂、張之洞交往始於同治九年（一八七〇）〔二〕，此札當書於同治十一年至同治十二年六月（張之洞赴四川任）間，此時王懿榮、張之洞、吳大澂俱在京。

二

拓本四册領到。來示所云廿七八之數，然皆精華之選，亦不易也，此後所求亦當副此始相稱。侄當力圖一二，以成此款識之舉，再得一本有圖之款識耳。齊罍外未見别罍，何也？昨見

〔二〕吳劍杰編著：《張之洞年譜長編》，上海交通大學出版社二〇〇九年版，第三八頁。

濟寧人，知濟寧藏四耳彝者，姓鍾名衍培字養田（布衣，年七十餘），同治初年始物化，渠在東阿得出土十器，七器入李山農〔一〕，三器入曲阜聖公府。然李器止知四耳彝，不知其六爲何，聖府之三器則無聞焉，皆養田之後人爲之出脱也。

敬復年伯大人

侄榮叩呈

三

手示敬悉。侄頃從報國寺回，同游者香濤、孺初〔二〕、木公〔三〕、麟伯〔四〕、清卿諸公。侄晨

〔一〕李山農即李宗岱。李宗岱，字山農，廣東南海（今屬廣東佛山）人。道光二十九年（一八四九）副榜，歷官山東布政使、山東督糧道等，後開辦平度金礦、棲霞金礦、招遠玲瓏金礦。亦喜收藏。

〔二〕孺初即潘存。潘存，字仲模，别字存之，號孺初，海南文昌人。咸豐元年（一八五一）舉人，後應禮部考試，捐主事，分發户部福建司行走，在京三十年，未遇遷升。與李慈銘、陳喬森齊名，號稱『都下三才子』。工書法，著有《楷法溯源》。

〔三〕木公即陳喬森。陳喬森，字頤山，又字木公，廣東遂溪（今屬廣東湛江）人。咸豐十一年（一八六一）舉人，户部主事。後入張之洞幕府，主講雷陽書院近三十年。著有《海客詩文雜存》和《亭榕垞詩鈔》。且有畫名。

〔四〕麟伯即謝維藩。謝維藩，字麟伯（一説號麟伯），湖南巴陵（今湖南岳陽）人。同治元年（一八六二）進士，授翰林院編修，同治十二年（一八七三）任山西學政。著有《雪青閣詩集》。與王懿榮、繆荃孫等俱爲好友。

間所上一札云簋，因濰上人云有簋作父乙等字，侄未見商有簋也。簋多周器，若父乙則商識矣，恐此公不甚瞭曉耳。再所云他物係寶珍兄購之物，今早送來看過，已令持去，餘容再復。木公在坐，香濤又他出。

敬復年伯大人

侄榮上

按：此札言衆人游報國寺，同游者有張之洞、吴清卿，此當爲同治十一年（一八七二）事，該年諸人多次雅集。

四

含英〔一〕商器，此爵尚可收，惟太昂耳。清卿曾持之，侄故未與争也。（索一月十日，若念内外可欲。）石查一拓本，即粘其本上，侄與春山〔二〕均向索之，而未與也。故如此云云。

敬復年伯大人

侄榮草上

〔一〕含英指含英閣，北京古董鋪。
〔二〕春山即孫汝梅，詳致孫汝梅札一按語。

五

手示敬悉。侄今日出城，匆匆過廠，一無見聞，訪春山亦不遇。瓦當易物，容日内訪之再復命。昨日戈，字不少，戈頭字如此多者尚不多見，無論成否，祈多墨幾紙存之，并祈分惠一紙也。慈經〔一〕信計程已到渠鄉矣。

敬上年伯大人

侄懿榮叩

六

頃作札爲胡門生道喜，云晨自内出前門，見橋頭公車千百爲群，其中大抵皆拆開實做坦字者，以坦字拆開即京師土話所謂土旦者。胡門生尚未回，因論及千奇百怪一語，敬博吾師一笑。榮今日始知造辧處有所謂地灘小市，遍歷一過，不但無古器、古泉，并一種有字之物俱無

〔一〕慈經即尹彭壽。尹彭壽，字慈經，號竹年，山東諸城人。喜藏書及金石收藏，著有《山左南北朝石刻存目》《石鼓文彙》《魏晋石存目》《漢隸辨體》等。王懿榮在濟南問業時，與尹彭壽爲同窗好友。

矣。又聞葉氏〔二〕燼餘多在彭老八手，此廠人所云，未知然否。榮婦已見愈，只小孩火瘡尚未平復，蒙屢垂詢，不勝感激。

肅復夫子年伯大人

名正肅

按：此札言『又聞葉氏燼餘多在彭老八手，此廠人所云，未知然否』，指葉志詵藏書及藏器毁於戰火之後事，又王懿榮致陳介祺札中言『病中聞葉氏燼餘諸器之未燒損者，畢歸其婿彭岱霖（彭相之子，行八）』，致陳介祺札書於同治十三年（一八七四），此札當亦書於此時。

七

昨出城到德寶説鐘，熟商不協，并力陳俟其本家來贖時有侄作中，并可先給渠一手條爲執再三，復以押號未如此辦過爲辭。月底有濰縣人與戟門〔三〕係戚族者東去，侄再詳給一信，繕出

〔二〕葉氏即葉志詵。葉志詵，字東卿，湖北漢陽（今湖北武漢市漢陽區）人。貢生，曾任國子監典簿、兵部郎中。喜藏書，藏書樓有『簡學齋』『平安館』等。精金石學，著有《平安館金石文字七種》《平安館藏器目》。

〔三〕戟門即王錫棨。王錫棨，字戟門，山東諸城人。好金石，收藏以碑刻、青銅器、磚瓦爲富，晚年好古錢。工書法，尤精籀篆、隸書，篆刻精絶。有《選青閣藏器目》《邃古閣藏古刻録》《泉貨彙考》《亦佳室印集》等。王懿榮族叔。

呈閱，當詳細言之，盡人事以聽之。惟王氏二子殊昏昏難預，係其繼也。石查想早展謁。渠在保定所得小幣十數品，殊平平，惟壯布爲奇遇也。侄今日仍游廠。容再續陳。

敬上年伯大人

侄榮敬叩

八

委題鄭公象，謹題訖呈教。侄不慣作官話，故於詩學不近，勉强填寫故實，或亦詩教中鄭學之餘也，尚乞鑒宥。于竹虛大令〔二〕引見後再定行止，劉尚未歸，容屬定期即以奉聞。侄頃回，已中酷暑，今日劉東城未入内也。

敬上年伯大人

侄榮草上

九

手示敬悉。十八子之滑，不卜可知。其價若講不妥，其物曷少留乎？留之以還價，庶不至

〔二〕竹虛大令，具體不詳，此時任江都令，故有此稱。

稍縱即逝也。此物若妥定在京將不放鬆，况大鳥乎？七瓦易車飾，價固不相當，其車飾爲雜器之真者，可備款識。此間去取，惟鈞裁自斷定耳。昨戈亦可備一種，勝退樓〔一〕之物遠甚。或留以易彝器，是在好之者耳。

敬復年伯大人

侄榮百叩

一〇

頃將前所賜一札，内有『鼎到後即將毛詩由侄處交雲眉〔二〕寄去』云云，餘無别語之一紙交雲楣去看。雲楣頃來，云胡采庭有信云現尚未到通，尚有數日來也，一來即奉聞，至木桶一層，渠已招呼城門無躭擱也。種種妥貼，無怪天水與之訂交也。

〔一〕　退樓即吴雲。吴雲，字少甫，號平齋、榆庭、愉庭、抱罍子，晚號退樓主人，浙江歸安（今屬浙江湖州）人。道光年間舉人，官蘇州知府。收藏彝鼎、碑拓、名畫、古印、宋元書籍甚富。精鑒别和考據。擅書法。著有《兩罍軒彝器圖釋》《二百蘭亭齋古銅印存》等。

〔二〕　雲眉即胡燏棻。胡燏棻，字芸楣，亦作雲眉、雲楣，安徽泗州（今屬安徽宿州）人，同治進士。曾任廣西按察使、總理各國事務大臣及郵傳部侍郎。喜談洋務，受李鴻章賞識。

雲楣屬敬致并上年伯大人

姪榮叩

按：『將毛詩由姪處交雲楣』，毛詩即三百金之意。

一一

松竹商爵惜只『祖已』二字，字口略有洗剔，非元來茂美者比，花紋與丈所藏子執斿大卣相埒，不及其精，然的是商器，若廿金外得之，以酌商卣，尚好如他家，止此一器則不足名耳。

敬復專叩年伯大人節禧！

姪懿榮頓首叩

一二

手示并東函敬悉。感同身受，尹禮部行誼高曠，與時輩齟齬，故謗書甚多（本地士人及財主皆辦團之故），又與閻中丞不合，故上游無稱究之。兄弟殉節，天地神明鑒之，古今豈有好爲戰没之身殉哉？况其無官守之責也。時輩既不見信，固無須强，此刻尹秀才信想尚未及見。年伯大人有此一信，無論如何，則尹氏將有長生禄位矣。適同謝麟伯（此公識尹之爲人）、張孝達讀楊忠烈疏（借吴㪺生[一]，均在此），得此信，景仰高義，一齊俯首矣。原函敬繳。

侄名百叩至地

按：此札言『適同謝麟伯（此公識尹之爲人）、張孝達讀楊忠烈疏』，亦當書於同治十一年（一八七二）至同治十二年（一八七三）六月（張之洞赴四川任）間。

一三

王氏當物侄已問過，德寶止三件，盉、彝、鼎。匯豐有六爵，不知其名。寶珍無物。騾馬市計十餘器，皆其大兒手，來人不能數，其目計十器，止百餘金也。李氏鬲在諸城時俱向王二男議值，不合，特不知何物文字耳。破壺，寶珍只説將□，未説日期，其當各件，合百六十金（故欲以此抵之本利），此件未分析説也。

[一] 㪺生即庚生，王懿榮親家吴重憙子，陳介祺外孫，名峙。

敬復年伯大人（刻有客廳事，草草不恭）

姪榮叩

一四

《疑年録》《秋柳詩箋》已屬工刷印，印竟送呈鑒教。皮紙訂本尚未來。清卿見過。姪日内未出門也，粘訖呈閲。董芸龕有鄦敦（僞）、宋鬲（真），何不索其打本？

敬上年伯大人

姪榮上

按：此札言『《疑年録》《秋柳詩箋》已屬工刷印，印竟送呈鑒教』，這兩書係王懿榮父王祖源刊刻《天壤閣叢書》之兩種。《疑年録》牌題：同治元年（一八六二）六月福山王氏天壤閣重校刊。《漁洋山人秋柳詩箋》序『時同治丙寅清明日也』，同治丙寅即同治五年（一八六六）。此言『屬工刷印』當爲重印。

一五

示下，姪適赴香濤宴賓之約，未即肅復爲罪。祠彜聞已還來人，句鑃聞香濤著説甚辯，又聞騶從今日在廠得鑾和二，可以證阮相國〔二〕、金尚書舊説，以訂歷來著録之訛，甚善甚善。初九日當敬詣請睹也。

敬復年伯大人

侄榮叩復

按：此札言『赴香濤宴賓之約』，當書於同治十一年（一八七二）至同治十二年（一八七三）六月（張之洞赴四川任）間。

一六

手示敬悉。謗義侄不自認，不能爲青蓮解釋，不過空言，侄自問亦無可謗可疑之端也。冒昧之處，祈格外鑒宥。青蓮今日可見，侄務使其痛駁核減，且令其分晰造册，内有便宜者，則沾之，不便宜者，寧捨勿强，他日侄自計亦有站脚地步也。且實事求是之學，

〔二〕阮相國即阮元。阮元，字伯元，號芸臺，晚號頤性老人、節性齋老人，江蘇儀徵人。乾隆五十一年（一七八六）舉人，五十四年（一七八九）進士，先後任山東、浙江學政，又任浙江、江西、河南巡撫，湖廣、兩廣、雲貴總督，體仁閣大學士。在經學、目録校勘、天文曆算、輿地、詩文方面都取得非常高之成就。刻《十三經注疏》、彙集衆賢作《校勘記》，又彙清前中期名賢著作成《皇清經解》，嘉惠學林。又喜金石收藏，有《積古齋鐘鼎彝器款識》《山左金石志》《兩浙金石志》等。

亦惟擇其要者取之，繁文枝辭亦須删削，況以銀沽錢乎？長者愛侄過甚，教之誨之，飲之食之，切無以此爲酬應侄地也。侄凡爲一切，不唯年伯收一物爲如此，即公之世之金石諸公，亦作如是，侄心始安。以受知既深，報稱爲難也。至物價之直否，試之近世謀利者，一轉移而知其爲物直與否矣。以其利心既重，認物自真且的，利之所趨，必千方百計變幻爲之。侄若如此，則前信必不請紀綱前去，將不顧死活，自雇小車前去，看後攫其要者，而以其餘市利賺人矣。此事大名士亦優爲之，然究竟良家子佳子弟無此行狀也。餘事容再報命。

尊府問醫者，侄不甚知悉，祈示及。侄所以昨日嘵嘵置喙者，以既不爲年伯辦此小事，又不能爲友人成事，反爲賈禍，又爲人家好好師生構隙，誠與侄學術有虧，陰騭無益，侄之罪也。且實知此中有重寶耳。

此叩福安！

侄名心頓首上

吴氏書事，侄至今恨其玩弄侄，且侄庭訓責侄。不死泉不收，只此二泉，可以爲□，且朱麻言此亘古無儔，惟□氏涅金四字布足以當之，此皆巷談，不必問也。侄今年代謀之張少尉四六兩泉，較此不相。然侄每談年伯金石之福、奇遇之緣，爲凡常人所不能及，今又然矣。此固不甚希奇，試看郝泉，又雲〔一〕至今無之，青蓮之中布涅金等一合，固不待言，即他一刀契刀及契刀圓泉等類，皆人生不奇之遇。不然燕翁〔二〕知者，何爲著于菁華，如此裝潢，如此沉迷乎？年伯來示云本不好古泉，則此等即不必收。要之二權一，其曠古無遇也（以泉權泉，可補『秦本紀』闕）。餘件既不願意，侄不敢强，此侄之忠，質諸鬼神而無疑也。侄雖表裏如一，見青蓮并不泄漏，以致中乾，況既有價在前乎？況其所屬，已三月之久乎？侄爲之釋辭且并不爲之作説客也。他人及朱麻知年伯盛怒青蓮，爲弗屑矣。然而天下如此多事，侄深爲所擾。□□〔三〕悉於尊前，則侄今日亦竭此愚忠，盡情一言，侄此後不敢輕冒也。□□物來，朱麻剛出，頃渠又來，蓋窺此消息，又在他處聞有此物，又聞年伯盛怒，亦揮斥之。渠頃來始去，侄并持尊諭示之，云爾泉亦將不得（甚妙，先有此一駭），渠決不難受，并言若權錢不要時，某請以百金代消。侄即聲言，此物人家非人不與，勿論如何，子其去乎。蓋燕翁之爲燕翁，亦止恃有此二泉，而青蓮妙在概不瞭曉。侄爲人成事求成，亦不敢泄元信，有問所欲何件，原可分議故耳。

〔一〕又雲即楊繼震，詳致楊繼震札一按語。
〔二〕燕翁即劉喜海。劉喜海，字燕庭，山東諸城人。嘉慶間舉人，累官至浙江布政使。著名金石學家，精鑒賞，工詩文，擅書法。著有《海東金石苑》《古泉苑》《清愛堂家藏鐘鼎彝器款識法帖》《長安獲古編》等。
〔三〕原札此處缺字，蓋粘貼之故。

朱麻能將此泉以一當百，且泉局中人知尊意弗屑，再三懇侄爲貧賤之交，究之青蓮不知此事，要價如此，固屬大謬，即按之聖賢至理，亦屬萬無一是，有片瓦千緡之謬。然止此四盒，若揆之世之迷此者，則此價決不多矣，況有分議之尤大便宜者在乎？人言所有一概尊意，青蓮事作何主見，侄有盡言，不敢不陳。人言□□患於年伯所以致青蓮，幾乎與延陵〔二〕同一涇渭，咎侄以不善辦事，將來青蓮必恨侄不死，侄之所以僕僕乎携商囊冒昧叩謁者，以不能不爲青蓮解釋奇冤耳。侄既不善爲年伯買泉，反爲青蓮賈禍，真侄之罪也。青蓮昨信云欲觀單内何種，是顯有拆買之意，大可分辦，今早所開價直，誠然駭人，然侄知其中有直有不直，且有甚便宜□，故敢冒昧奉瀆，且其泉已來，在侄手，非如百衲之夢幻泡影。且侄學業鄙陋，謬爲年伯大人稱獎，知己之戚不啻管鮑，且又以爲侄知古泉，今遇此事，固不敢不冒昧進言，又不僅爲青蓮解釋，知而不言，是負命也，不詳莫大焉，今幸泉局等人知。

〔二〕延陵蓋姓王，擅畫，具體不詳。

致潘曾綬（二通）

一

□筒籤，三事敬奉繳上。此烟在康熙末年，外有成哲親王題識。榮謀得一兩，以八錢寄川，餘則自存。謹以一半裝充鈞賞。

肅上太老夫子大人

懿榮叩上

按：此札與後一札係王懿榮致潘曾綬書札，見於《諸家致潘伯寅潘紱庭書札》，稿本，國家圖書館藏。

潘曾綬（一八一〇—一八八三），字若甫，一字紱庭，江蘇吴縣（今蘇州市吴中區）人。道光朝狀元、宰相文恭公潘世恩之子，咸豐二年（一八五二）探花、尚書文勤公潘祖蔭之父。

道光二十年（一八四〇）舉人，官内閣中書、内閣侍讀。工詩詞，著有《陔蘭書屋詩集》《陔蘭書屋詞集》等。

同治十二年（一八七三）秋，王懿榮應順天府鄉試，中式副貢第一名，潘祖蔭爲此次鄉試副考官，爲王懿榮座師，故王懿榮稱潘曾綬爲太老夫子大人。此兩札皆當書於同治十二年（一八七三）後。

二

《疑年録》一部敬呈鑒納。榮日内將移入東城小寓場，後仍出城外擇一八九間宅賃之，隻身獨處，所謂壯年身已入蒲團者是矣。

敬叩太老夫子大人福安！

懿榮謹上

按：《疑年録》係王懿榮父王祖源於同治二年（一八六三）刻於成都。此札言『移入東城小寓場，後仍出城外擇一八九間宅賃之，隻身獨處』，此蓋書於王懿榮之妻病殁前，即光緒三年（一八七七）前。

致陳介祺（六十九通）

一

壽翁年世伯大人坐下：

四月三日得賜諭，并領金石各拓本，齊區二、鋘一、鼞鼎一、古兵廿一、造象十四，如數叩領。開函發讀，望而悉爲寶簠齋中一行翠墨，教惠兼至，感謝感謝！各拓本并元札，敝師河陽[一]及子年世丈尚未及送觀，均來索讀。侄祇覺海岱雲烟盈我虚室，不復知人間有如許俗事矣。賜讀復吴退樓書中所謂『天地以文字爲開塞，義理以文字爲顯晦』二語，隱然宣聖正名之旨。方今中原無事，正須以文氣化凌兢之餘。孟子有言『經正民興』，所關又豈淺鮮？學人不

〔一〕 河陽即潘祖蔭，王懿榮座師，詳致潘祖蔭札一按語。

知古文，何論經義？爲發浩嘆！元稿敬録一紙寄陜示清卿學使，侄存此原本焉。正恐退樓曠懷頤養，意轉不在是。區、鋘、鼄鼎，已乞敝業師周先生〔一〕釋矣，庶千百載後或可得其粗確。古兵亦請一繹之矣，説來再當轉呈。

侄所録《南北朝存石目》祇一帖賈之業，猥蒙鑒教，又畀以尊藏石目，使得入録，至幸至幸。清稿月内可出，再郵寄求教，仍當以已得拓本者録目呈閱，且有請益。新得古罌文字吉祥，當以元文爲頌。承詢武氏石槨銘，聞係丁小農〔二〕所得，已鈎刻矣。未悉是新出者，抑其所得孤本。新出想不須鈎刻，孤本則未見著録。舊稱石廥刻石，亦名石槨，當非此物，已函詢侄業師匡先生〔三〕矣。『荷簣』作『何饋』，及『丈人』等名，俱出一石。又《祥瑞圖》新出者，俱爲

〔一〕業師周先生即周悦讓。周悦讓，字孟伯、孟白、夢白，山東萊陽人。道光二十七年（一八四七）進士，官禮部員外郎，性疏曠不樂仕進，平生以讀書著述爲務。著有《經通》《倦游庵槧記》《子通》等，編纂《登州府志》。王懿榮業師，王懿榮曾在同治二年（一八六二）拜其爲師。

〔二〕丁小農即丁彦臣。丁彦臣，字筱農、小農、少農，室名梅花草盦，浙江歸安（今屬浙江湖州）人。一直在山東爲官，歷任山東督糧道、山東鹽運使等。性喜金石篆隸，精鑒賞，富收藏，尤喜青銅器，著有《梅花草盦藏器目》。

〔三〕業師匡先生即匡源。匡源，字本如，號鶴泉，山東膠州人。道光二十年（一八四〇）進士，先爲翰林院庶吉士、編修，後官至軍機處行走。咸豐帝病危，任命匡源爲顧命八大臣之一，後被罢官，回濟南任濼源書院山長，講學十七年。著有《珠雲仙館詩文鈔》《畫學先賢》《制藝卮言》等。王懿榮曾拜其爲師。

軒轅岱〔二〕所訪出，日下碑估止携一紙，爲人購去，已飭拓矣。容來時先得，當轉呈各一紙。如丈先得，亦希示知。

滕縣所出永壽殘石，在朱子卿同部處見打本，聞爲典史高君所寶。近來此事幾成風氣，聞長笏臣〔三〕年丈之世兄既取河南劉韜墓版元石，又遣人到黄石崖鑿大涅槃經偈，裂七石而下之。齊石爲人所得，頗心戚焉。如此紛紛效法，吾東二十年後寧有完石哉？尊藏彝器如遇有友拓時，尚乞存記賤名下一分。齊地埏植海祠古瓦文之不易識，亦乞墨一紙見惠爲幸。土物心藏，古訓有之，侄亦當隨時有所效力，以報德惠。膠東食官金刃柄拓亦領到，前數忘陳，此補詳。凡尊藏侄已蒙拓寄者，必時存一目寄報。所缺彝器之著有齊字者，并六字刀及安陽、節墨刀拓，時望先惠。

九蘭〔三〕世兄已晤言數次，不日即高捷南宫。山東此次中額甚寬，在徐東甫〔四〕編修家讀書

〔一〕軒轅岱當爲李宗岱之戲稱。

〔二〕長笏臣即長賡。長賡，字笏臣，滿洲正黄旗人。在山東兖州、沂州一帶治匪，濫殺人，後官山東按察使、廣西按察使、河南布政使等。

〔三〕九蘭即陳厚滋。陳厚滋，字德樹，號九蘭、邃庵，山東濰縣（今濰坊市濰城區）人。咸豐間舉人，官山西候補知縣。陳介祺次子，克承家學，考訂金石文字，著有《續十鐘山房印舉》。

〔四〕徐東甫即徐會灃，詳致徐會灃札一按語。

之世大哥未出酬應，日内擬走訪一譚。中飴〔二〕、家表兄〔三〕將來郎舅作同年矣。河陽之盂鼎未來，餘條係另紙以當閑話。附上粤中新刻《説文》一部，仍舊平津館仿宋本，小變其舊，每字提行以便檢查，其眉大可附録古文奇字，未始無用。至其後附刻黎姓《説文通檢》一部，爲書甚陋，然亦濟急適用。適用一節，亦談經濟者之第一要着，伏乞莞納。又覓得大興孫氏所藏邵太叔車斧打本一，較攀古所著，字稍完美。京師一春無雨，連日復陰晴不定。侄仍常當差，學業兩無所進，古文新義亦毫無所得。家君川署平安，藉慰遠注。時有養日，伏惟起居珍重，舉家歡欣。餘容再瀆。

世年侄懿榮叩上　四月六日

按：此札及以下六十六札係王懿榮致濰縣金石大家陳介祺信札，現藏國家圖書館，稿本。《王懿榮往還書札》有釋文。

陳介祺（一八一三—一八八四），字壽卿，號簠齋，晚號海濱病史、齊東匋父，山東濰縣人。

〔二〕中飴即吴重憙。吴重憙，字中飴，又作仲飴、仲懌，晚號石蓮，山東海豐（今山東無棣）人，大金石學家吴式芬次子，陳介祺女婿，王懿榮親家，王懿榮女兒崇熯嫁於吴重憙次子吴對爲妻。喜藏書，又喜蓄金石圖籍，著有《石蓮闇詩》《石蓮闇詞》《石蓮闇樂府》等。

〔三〕此家表兄即前述『九蘭』陳厚滋，與吴重憙爲郎舅。

（今濰坊市濰城區）人。道光二十五年（一八四五）進士，官翰林院編修。後辭官回里，專事金石收藏、鑒别、著述，尤喜三代古文字，考證經史。著有《十鐘山房印舉》《簠齋吉金録》《簠齋傳古别録》等，爲當時金石界首屈一指者。王懿榮致陳介祺書札，目前所見最早始於同治十二年（一八七三），終於光緒十年（一八八四）閏五月，陳介祺於該年七月二十日病殁。陳介祺寄贈王懿榮拓片，諄諄教誨其治學及治事，及至身體保養，反復不厭，陳介祺對王懿榮影響至大。《秦前文字之語》載陳介祺致王懿榮五十八通、鮑康四十五通、潘祖蔭四十四通、吴大澂三十五通、吴雲二十五通，由此或可看出陳、王之交情。當時論經學、金石學之綜合學問，當以陳介祺、王懿榮、吴大澂三人爲湛深者。

此札言『四月三日得賜諭』并領到區、鋘、鳌鼎、古兵等器拓本，且言退樓之信等事，按之《簠齋尺牘》，此爲復陳介祺三月廿三日書，陳介祺該札後屬年『甲戌』，即同治十三年（一八七四）。又《簠齋尺牘》四月廿九日致王懿榮，『廿六日得五日手復三緘，并金拓，小字《説文》之賜』〔二〕，正指王懿榮此札而言。

該年舉行會試，故言及『山東此次中額甚寬』，此時王懿榮尚未中舉。

〔二〕　陳介祺著：《簠齋尺牘》，見沈雲龍主編《近代中國史料叢刊》第九十七輯，臺灣文海出版社一九七三年版，第一九四頁。

二

壽翁世年伯大人：

九月二十日由鮑子年世丈處接奉賜諭，并承惠文登晋石暨尊齋藏石墨本十四種，祗領叩謝！伏想起居康娱爲頌。侄所輯《南北朝存石目》猥蒙見教，又畀以寶墨多本入録，如此厚貺，何以克副！前索及侄所藏石金等物拓本，容即彙以奉鑒，即此後稍有見聞，亦必上瀆清聽。侄秋試出場，業師周孟伯先生以《禮》藝疏『在西』『在阼』二義可補高郵尚書〔一〕所未發，是近日治經有得處。榜發出，童侍郎〔二〕坐下以《春秋》一藝罪我，置副榜第一，河陽師争之不得。比謁各師，竟無能舉其所長處，可知此中知我不盡矣。然寧爲鷄口，勿爲牛後，亦深幸位我得地也。病中囈語，想長者不以此見責也。笑卷刻後呈教。

〔一〕高郵尚書即王安國。王安國，號春圃，謚文肅，江蘇高郵人。雍正間進士，授翰林院編修，累遷至左都御史、兵部尚書、禮部尚書、吏部尚書。通經典，嫻習禮制，輯有《通禮》。

〔二〕童侍郎即童華。童華，字惟究，號薇研，浙江鄞縣（今寧波市鄞州區）人。道光十八年（一八三八）進士，授翰林院庶吉士，官至禮部右侍郎、上書房行走。工詩詞，著有《竹石居文草》《竹石居詩草》《竹石居詞草》等。同治十二年順天鄉試，童華任副考官，潘祖蔭亦任副考官。

姪所輯有《漢石存》《晋字説》。司馬長元近出吾鄉，不禁狂喜，所得長于一第矣。二書脱稿，當呈訓誨。晋石天下有數之物，與秦石等，且正可藉此以正唐摹僞晋諸帖、宋刻之謬，姪曾爲之譜而繫之。姪與丈皆爲齊族，每思將上代器之屬齊造者彙其拓本，説而存之，亦齊人齊語之義。近乞周孟伯師遠徵張孝達説，願與吾丈共成之，非藉此以濫叨拓本。姪喜齊刀，曾刻印曰『齊吉金室』，是其志也。尊藏區、鋘可不吝墨一紙否？此非周、張釋之，餘不得其精義耳。除河陽齊鎛已自著録且非灼出于吾青齊間士者外，姪敢絮聒焉？姪所藏間有一二不習見之小品，姪現在抱痾，容愈後仍由年丈轉達也。姪見登州漢晋既有傳石，并起有《登州金石志》之意，此亦易成也。張允勷與姪累世舊姻，竟不得通一字，亦憾事也。輯《登州金石志》，此亦一幫手耳。李琴亭石門字，姪亦思得一精拓如丈寄年翁者，尚未得也。姪仰望教言十九年如兹，今幸不弃，又值姪病中，不自知其爲齊東野語也。叨係年家子，故敢瀆陳之。

敬叩福安！

世年姪王懿榮草上　百叩

按：此札言王懿榮參加順天鄉試，得副榜第一，按之《王文敏公年譜》，此事在同治十二年（一八七三）。又言『九月二十日由鮑子年世丈處接奉賜諭，并承惠文登晋石暨尊齋藏石墨本十四種』，按之《簠齋尺牘》，陳介祺之札書於『癸酉九月六日』[二]，札中有言贈王懿榮文登石及其他石拓十四種事，與此札甚合。且言『尊藏區、鋘可不吝墨一紙否』，指向陳介祺索區、鋘拓片，上札言收到該拓，則此札時間在上札前。

三

壽翁世年伯大人春熹：

去冬從鮑子年丈處領到賜寄漢琴亭侯李夫人石門題字精打本，祇謝甚感！入春以來，伏想動作有福，舉家懽忻，不勝叩祝。侄供職照常，侄婦開年所患輕減，從此家務有人摒擋，稍可料理雅故。行卷年終刻訖敬呈誨政。箋封正月訖工，元刻木印封板一具謹繳。箋封顔色飭工用足，仍不見好，此地工拙，不及南中，瑣屑微末，聊當芹獻，伏祈莞納。并行卷一册，仍就子年丈處信便附上。今歲不復舉行鄉試，侄之留京與西去，行止均俟川中家諭爲定，俟定後再專函奉聞。二三月内專心料理《南北朝存石目》，寫定後即速呈覽。將於京師刻訖，然後西行，

[二] 陳介祺著：《簠齋尺牘》，見沈雲龍主編《近代中國史料叢刊》第九十七輯，臺灣文海出版社一九七三年版，第一八九頁。

并刻朝鮮金秋史〔一〕所輯《東古文存》一種，皆海東古文，自漢迄隋，向無傳本者，刻訖壹并呈教。

前所乞尊藏區、鋘各拓本及齊器尚望不吝珠玉，區、鋘尤要，是所叩禱。吴清卿西去，得『乘二釿』一幣，誠爲創獲。西路碑版亦曾屬爲之，渠於此道略生，恐《褒斜開通》後一行及《惠安西表》一額及《五瑞圖》一行小字，未能如願，《耿勛》《侯獲》或可得也。《海東金石苑》，年丈將次刻成，甚妙。楊又雲丈處有燕翁稿本并刻石原文，只缺首一册，侄亦旋得故城題字精本及定界碑未挖改之舊本矣。山東所出永壽殘石，緻佳，想丈早已見之。丁小農都轉前所説武氏石槨銘未知何如。軒轅岱新訪得《祥瑞圖》中之何饋杖人一幅，侄已見之。匆匆肅復，叩謝。

祗請福安不盡！

世年侄懿榮上　正月廿九日

按：此札言『今歲不復舉行鄉試』，又言『前所乞尊藏區、鋘各拓本及齊器尚望不吝珠玉，區、鋘尤要，是所叩禱』，則係承上札，向陳介祺索區、鋘拓片尚未得。落款爲正月，則當書

〔一〕金秋史即金正喜。金正喜，字之香，號秋史。朝鮮人。嘉慶十四年（一八〇九）作爲『冬至謝恩使』隨父至中國朝貢，得到翁方綱、阮元等人指教，獲益非淺。喜金石考據。在朝鮮書法史上有『書聖』之稱。

於同治十三年（一八七四）。

四

壽翁世伯大人再覽：

前信物已封好，再檢篋笥，得舊存崔懃造象跋尾，不及重録，即以元稿乞正。此象敢再乞惠一寬紙極精打本，并石側法義兄弟廿五人題名數列及全石上下拓入。造象刻石，佞佛求福，南北朝多有之，而名人絶少，此拓當與楊大眼裝成對幅，文人名將，擅絶一時。此後請不讓碑估借拓，鬃刷大椎，見而心畏。侄于金紋石理愛若肌膚，因惜輒多忌護矣。侄所得尊藏石墨録呈一目，其未得者，望存記之。

匆匆再瀆，復請福安！

侄懿榮　四月五日三鼓再上

神龜二年崔懃造象跋尾：

此象神龜二年崔懃所造，載鴻、鶒、鷊官秩甚詳。惟懃無官，似未出仕，故《北史》無傳。其稱爲東清河鄃人，與史《崔光傳》合。《傳》稱鴻爲劼弟子，劼是光子，鴻《傳》稱『後以其伯光貴重當朝』，疑《傳》此處必有脱誤，或伯即祖字之訛。《傳》不叙鴻父名，祇云劼弟子，又似勱、劼與鴻父同爲光子。鴻即光孫，則鴻于光不得稱伯，然《光傳》祇見勱、劼名，勱長于劼。若鴻父再爲劼弟，則鴻年最幼稚，不應及光俱在議定律令尚書上省三十人之中。疑鴻似爲劼從兄子，非光嫡孫，鴻父亦非劼弟，光與鴻之大父爲伯仲，爲鴻父之伯叔行。史傳于此牽叙不明，自相矛盾。懃於《傳》無考，以命名字義推之，自是勱、劼及鴻父之伯仲。鴻以延昌三年父憂解任，此象造于神龜二年，時鴻父已没，惜哉鴻父名不可知矣。石叙鴻官秩與史本傳合，鴻以正光元年加前將軍，此前一年稱中堅將軍，足補《傳》缺。鷃即鴻弟，見鴻本傳。鶤亦當爲其弟，本傳無之。鶤、鷃官秩，史皆不及，賴此可補證之。至崔氏一家佞佛，自光已然，灼見史册。《十六國春秋》真本已亡，此猶存鴻之一事，且有足補史闕者，不重可寶也？

懿榮草稿

前寄來鼎文箋紙，紅色不足，因用含英閣箋板，而含英所用之印紙作減料，此已是撥回重印之第二次紙，下次當屬松竹齋辦，該鋪自有工作，不出兩事，當可用足。紙名上貢川。箋板請繪尊齋自藏花文不甚繁縟之器，因此間只一好刻手，爲延陵携至秦中，故須以此試爲之。如佳，則再令其精雕繁文者。箋文用自藏之器最妙，因手札有不署款者，庶千百年後見此箋便可定爲誰氏書，又切不可以箋與人，經所云『惟名與器不可以假人』。京師友朋中竟無精拓手，侄所識有張少尉仲魚尚可，日内有事未來。稍緩當出敝藏，悉煩此公一拓，寄呈不誤。

極薄棉紙，廠市無之，以皆新紙，粗硬無棉性。如河陽所用者，衹尊漢閣法帖鋪對門一小無名紙局有，不足一刀，名曰『京皮』，侄所用是，亦絶不佳。久矣！無汪六吉之第十七刀也。如遇舊棉連絲紙，當爲丈匯寄來。佳拓第一須好紙。豕形敦見《長安獲古編》，名彝，侄所藏者，其近文字處絶無青緑，故未經人剔，侄自拓十紙先寄來。侄於手藝一道，天生未帶來，故拓極惡，心急手重，俟張友來，補拓十紙，下次寄來，或有可觀者。河陽師最重丈書，無論丈所寄何人書必索，盡數觀之。如此後丈有所委及所須侄拓本，祈另紙録示，便可抽出。又嘗得一漢官印，爲向來著録所無，《漢志》謂此無專官，然今日得見此印，是有專印矣，且官最清要，早歲得之，欲以此卜後來，今已壯不如人矣。然此印日在袖帶間，不使一日遠離，如高南阜〔二〕司馬相如印也。兹拓一紙，不緻，當屬張友多上數十本，因土花過重，不欲去之，故拓不緻。

戟門舊藏已贖歸，侄前有其全分，因去歲以燕翁舊裝六大册歸河陽（因有所激而作之者，非其志也），内多有鈐丈小印者，却皆别家拓本，戟門全分皆出此册，中無創獲者。先于得此

〔二〕 高南阜即高鳳翰。高鳳翰，字西園，號南邨，亦自號南阜山人，山東膠州人。諸生，曾官歙縣縣丞，署績溪知縣。善山水，工詩文、書法、篆刻。嗜收藏硯，著有《硯史》。

六册，後將戟門自拓全分盡數分贈友人。昨歲歸河陽六册事，乃一時尚氣。子年云『少年任氣，事後必悔』。戟門器當屬其乃郎拓之，寄來再呈。丙申角，河陽不收，今歸景劍泉〔二〕閣學，托言海東去者，廠人之言也。若李季雲所藏之宋復古卷、巨然卷，則真入朝鮮矣。

阮《識》、吴《識》所收僞器，今日看破者，不一而足。老輩乃附會爲之説，甚至文理湊集不通者亦謬爲之説，不知何故。此事雖其文有萬不能盡識者，然其間亦自有意義常例。吴小亭〔三〕大令一時經師，所收如邾公華鐘原器，因阮《識》有釋爲『周』者，竟直刻成『周』字，亦何不翻書一看耶？此事南中人究竟隔膜。又張鳳眼、蘇氏昆仲輩所僞，往往參湊套語，甚不通順，今之誤收者不得以不識古字爲謬，且以不通古文爲自欺矣。不獨以不識古字義理爲可耻，且以不識古刻面目爲盲于目矣。此等一看便知，則濫收者之從不讀書可知。既不讀書，要此何爲哉？

尊藏彝器遇有人拓時，希爲榮留一分。榮外間所得友人藏器打本稍有可取者，并新出土之

〔二〕　劍泉即景其濬。景其濬，字劍泉，貴州興義人。咸豐二年（一八五二）進士，散館授編修。歷任内閣學士兼禮部侍郎、河南學政、安徽學政、文淵閣直閣事。

〔三〕　吴小亭即吴樹聲。吴樹聲，字鼎堂，一字筱亭、小亭，雲南保山人。道光二十四年（一八四四）舉人，以知縣分發山東。勸農桑，固石城，多有政績。精小學，有《六書微》；對古韻多有研究，有《歌麻古韻考》《合音輯略》。《清史列傳》有傳。

知在某處者，必隨時墨一紙以聞。榮所藏石象尚有一尊，銅象尚有二尊，未拓呈，容并前拓者再重拓一分以寄呈。榮所藏泉文不多，然有出各家外者，已登《續泉匯》，容再各拓數紙呈閲。漢印亦附，有官印二名最奇。又有『濰道尉』一印，則鑿款矣。鏡亦間有新奇者，惜無好拓手。清卿拓器著手如玉，不知何故。渠此行以所得『二釿』幣爲創獲。此間近出一尊，文亦平常習見，榮尚未到手。尊藏各鐘遇拓時存記榮一分，則感戴無既矣。内城南海敦叙堂内有大卣，比一人高，卣之大者無過此，往歲榮隨工作入得見之，惜止見蓋文，器則深不可入。箋封瑣屑，猥蒙齒及，益長慚愧。四月五日，俄國籲請覲見，是日朝皇帝於紫光閣。

昔年除夕，手七十金將以抵宿債，過廠市，遇山西人携一尊，狀若吴平齋〔二〕所藏□作兄日壬文器，式同而形异。此外作鳥形而内泐犧形，有亞字，侄自所言，的是犧尊也，以十七金得之。其餘换京票抵賬，當日關閉，而此尊常在。兹拓五紙，容友來補拓再寄十五紙，各符廿紙之數。延陵爲繪一圖，携入秦中刻版，尚未寄來，惟其蓋鋭口而豐内，文字顯然，而手罔所措，延陵曾拓一紙亦未緻。以上二器皆侄昔歲童年困乏時所得，不欲令河陽知，重添一番往返。侄所得零星小品，亦未敢拓出，因不欲以素物殉人，祈爲侄秘之。

〔二〕吴平齋即吴雲，號平齋，詳致鮑康札九注釋。

河陽性最急，一日不見古器則急，急則市儈有以挾持，而務求備類，恐不免有充數者湊厠其中。此事亦有前定，榮以爲不貪不急，真僞立見。延陵性好剔，每得一器，必手自洗剔，其模胡者剔之，即清晰者亦剔之，筆筆盡見乃止。其模胡者往往不得其踪迹，以意剔成一字。榮最畏之，此行贈言曰『請得器勿剔』，榮則愛此事若自衛肌膚，即土厚亦不肯去。此上二公請丈便中致書，一勸其勿急，一勸其無剔。榮年輕齒淺，一係坐主，一係通譜，不敢冒言也，并勿謂侄言之。退樓所著書，釋文中參雜賞鑒語，文頗不雅，如花梨坐子等事。

按：此札書於同治十三年（一八七四），陳介祺於四月廿六日收到此札，覆信云『四月廿六日得月五日手書三緘』[一]，後署日期爲『甲戌五月十一日』。

五

壽翁年世伯大人左右：

六月二十一日接奉本月六日賜書，知月二日得侄五月二十二日夜病中復上之書，此次領到郎耶臺秦石墨本一包，計二十四紙，内所賜一分單包兩面拓者，當即祇領叩謝矣。其第二分兩

[一] 陳介祺著：《簠齋尺牘》，見沈雲龍主編《近代中國史料叢刊》第九十七輯，臺灣文海出版社一九七三年版，第一九五頁。

面者遵即敬録原書，將命封寄清卿。此外單張之二十分，擬即分寄清卿十分屬其代銷，由清卿復信自答外，侄任銷十分，下次附便將原直復繳酬吕工。如日下同人有以金石拓本來侄處議易者，當視其來件酌抵，不稱不與也。又賜録寄復鄭盦先生書，容細讀，再當布臆。前屬寄清卿一書，封面有『幸勿弄濕』字樣，未敢擅交順治門大内咸長館之塘務。適因清卿有書來，自其戚前陝西學政汪編修鳴鑾〔一〕處交下者，汪係清卿之親妹丈，又中表，同爲韓履卿〔二〕先生之外孫，亦今之有志小學者。侄于作復時，遵轉屬寄恐濕之一件，并附以侄所照鈔節録丈所賜侄之長書，統由汪編修（字柳門）回便匯寄焉。此次所屬分寄各件，即當照録寄侄一信封寄，翌日與子年丈謀便妥寄，亦至速也。清卿只寄來泉拓本二（一『京一釿』，一『梁一釿』），餘則云不過殘瓦泉鏡，未及拓也。鄭盦先生則云已知其在陝近得一有字方鼎。

丈前所賜侄長書，道古從原頭説起，又極其至處，真懸之國門無敢增易一字者，非侄謬譽，妄爲贊嘆也。蓋侄亦爲此學者，得此祇覺聲入心通，皆我所欲言，而識見學力未至、欲吐不得者，竟詳晰出之，不自知其爲快何如也。侄試設二譬以自道其所得之况：譬如習小學者，

〔一〕汪鳴鑾，詳致汪鳴鑾札一按語。

〔二〕韓履卿即韓崇。韓崇，字元之，一字履卿，别稱南陽學子，室名寶鐵齋，吴大澂外祖父。喜金石收藏，著有《寶鐵齋金石文跋尾》《寶鐵齋詩録》等。

慣談俗本書内一二訛字，反復疑議不得其解，又不敢妄下斷語，及得一古本正之，昭然發矇矣，此一種快也；又如釋鐘鼎古文，得一字能識之，而欲讀還如箝在口，忽有人來，一語道破，實獲我心，且此字經此人識破後，即極之千百人無一异議者，的確不磨，此又一種快也。此則謂釋之確者，非漫演請代游移、荒忽執僞器而長言之者比。侄設此二喻以自譬讀丈書後所得之快，然乎否乎，豈繆譽而妄爲贊嘆者乎？至丈文筆之古，乃日與三代兩京文字蕩滌使然，有不自知其然而然者。鄭盦先生聞有賜書必索觀，來索此次書，侄即將碎事數紙撤出送觀，已節録而刻之矣。并云丈所寄各處書，惟侄此一函無一字理不足者，其齊人之匿智與？侄恐今之金石家須引而置之莊嶽之間，使齊人傳之，日撻而求其齊者多矣。書博一笑。

來示所謂古人之一事不可及已於此，然其所以能如此者，則聖人之學，先王之政，固有以貫乎一事之中者，博者事物，約者義理，因古人之器以求古人之心，此語誠然。侄嘗思古人造器，寓款識于其中，真神妙不可思議，真是古人用心之精，真秦詔所謂『其於久遠』之意。蓋器不過祭器、養器二事，其曰養器，即食器，乃物之日與人相習者，古人象形指事，某器之宜作某事某物之用，皆有款識志之，使人臨時自知，望文知義，習之既久，而家人婦孺見某器即知當爲某時某事所須，有條不紊，久要不忘。且爲某物所宜，自然知文字，自然知義理，而文字、義理亦自然久遠。物之日與人相習能久遠，人之睹物，知事明義，且能習慣久遠，自然解文義而不忘者，皆莫如此食器也。譬如今人酒肆具各種藥酒，而某酒當爲某器所盛，少易則亂味者，其酒壺口皆有暗記，其學徒至于成師，自然一望便明白，此即古人鑄器寓文之意，此養器之款識也。至祭器，則某器宜盛某物，宜某時升降，宜某事某廟，皆于款識寓之，使仁人孝子入廟，識器循文，按事知禮，自然不紊，皆賴有款識著之。而人之鄭重愛護久遠者，亦莫如其家之祭器，至《禮》云『銘者，所以論撰功德，以事其先祖者也』，此又漸于著款識，象形、指事外別增一義。其人及身有功德而作器尚祭，使後人已有象賢之意，而後人睹其器則能志其某祖之名，知其某祖之事，爲其某祖之手澤，而家乘譜牒亦於此昭垂，且使後人望器而知某世某代朝廷國家之有某事，所以有抱器播遷之事，即至家國已非，而其器依然世守，故古人鑄一器而能使事物、義理、文字有自然久遠之意，以至今不没。此侄因古人之器以求古人之心者，所見如是，古人之一事而其用心之精深，已如是。

又嘗謂最初文字只是象形，從古人身上説起，有義理而後有文字，從今人看古人，從今人求古學，則有形象而後有文字，有文字而後有聲音，有聲音而後有訓詁，有訓詁而後有義理。居今日而欲求義理，則非通訓詁不可，通訓詁非通聲音不可，通聲音非通文字不可，通文字非通形象不可，欲通其有形象之文字，則非鐘鼎古文不可，通鐘鼎古文則非見真古器文字不可，捨古器固無他屬。自有天地日月山川而外，物之古者，亦莫如此一片殘銅也。故又嘗謂古器之文不可强識，其時理使然，譬如古刀幣文字、紀地紀數之文，皆當時貴賤婦孺日習慣不求識而自識者，而今之通才博學反不能盡識者，其時理使然也。釋古器文有一字之確者，則人人聲入心通，可以證古經之一義，亦復人人自然無异議。若一人稍有疑回，是其釋必有未確切處，不然人同此心，一語道破，雖夷狄仇讎不能异詞也。若必執一器而逐字，字字釋之，則其勢必有所不能，其理必有所不通，勢必至於穿鑿附會，强古人之文以就我之心曲，硬爲古人造言生事，如巫姑扶乩一般，真可大笑。故執一器，而欲字字釋之，真大惑也。

侄前年與張香濤同居時，嘗謂自朱子識破古文《尚書》爲僞，而國朝知爲今文《尚書》之學者數家是已，《尚書》爲經中之史，然欲治今文《尚書》，徒求古注不可，蓋漢人已不識古文矣，此非廣收古器文證之不可，斷無二義可通，止有古器文時代與之相近耳。欲治《尚書》而不知鐘鼎古文，猶隔膜也，吾輩何試爲之？香濤云然。侄嘗舉一事示之。出古器銘文内『文』考字作□字者示之，香濤便悟之而大樂。蓋此字形絶似『甯』字，以知『甯王貽我大寶龜』『率甯人有兹疆土』，『甯王』『甯人』即『文王』『文人』（《詩》告于文字），此不俟前人煩言而解，此猶淺也。又『敉甯武圖功』，前人反覆説之不明，不知此『甯』字亦是『文』字，若讀作『敉文武圖功』，又明白曉暢，不煩言而解矣，謂非古器文之有益于《尚書》乎？香濤因得『木曰從革』之義，言『從革』前人無至説。『革』爲『黄』字之誤，古器文『朱黄』『幽黄』，『黄』字形與篆文『革』字相近；新莽『大布黄千』，『黄』即『横』，今西人格物學書有『生金在礦，其性從横』語，因是知此與上文皆言物之性，而『炎上』與『潤下』相對成文，則『曲直』與『從横』『稼穡』亦相對成文。此言從古器文悟出，亦煞有至理也，故侄亦與古器文益親耳。《説文》，俗之古書，古之俗書，欲識古文，非通許書不可，然泥許書亦不可也，吾人藉此以通古文路徑可矣。然侄究于齊器尤親，于器文之有『齊』字者亦親，丈便中若拓齊太□（辛僕）歸父器，爲侄留一紙，幸甚。新得武定、皇建、河清及肽僧文象字至佳。侄尚在治《南北朝存石目》，未竟事。侄作事迂拘，亦不敢率爾成書，近一條一條細録細校之，誠恐有一字之誤耳。宇文仲玉象，張神遠、馬都愛象拓本俱領到，至精之器，謝謝。崔懃一象之官秩，容考定復上。其象爲改刻無疑，非必改刻官秩，此是當時改刻無疑，其側一段文是其證也。其原來正面文與側面題名屬一事，今正文與側判然兩事，然正文在崔懃之先，此是元來爲他氏所造一象。崔氏望族，累世好佛，其造象非止一處，可知此是造多而趕不及之時，硬磨去人家所造象而自刻其名。想磨去改刻者，當時亦必不止此一種，譬他唐宋碑有穿者，率皆磨去漢人碑石而刻之者也。故唐八都神壇近穿處真字下隱隱現隸書，即如此象之猶存上一層字首及左側題名者。然自是天下奇寶，造象中之至珍也。武氏石椰銘尚未見，祠堂新出石在友人王小宇處，見之而已，未得。孫氏之車飾非斧，因攀古名斧，侄即以其名説之，爲易懂耳。丈説非斧甚確，至其文則非僞。廠市所售英蘭坡〔二〕物，邵鐘未出，先出一撥無字小器内，此物在其中，土繡甚厚，止露二字，皆疑爲僞。孫氏以僞造舊本《瘞鶴銘》易得之，侄目擊其事。得去後孫氏欲剔其字，侄言不可，乃以醋浸數日出之，以小鎚震之而繡片片落，得數字甚晰，而字口繡平，又浸數日重震之，字畢出而不可拓。乃以柳木牙簽剔其中，又助以粗針，乃出之，剔不無壞處。後邵鐘出，乃知與鐘果同一出也。攀古之斧，又邵鐘出數年後，而廠人與漢洗等器雜自山西辦來，孫氏欲合之爲兩美，而攀古乃以重直易去，然更剔壞矣。然是左行之文，正與孫氏者相對，惜其不重歸一處也。箋以含英六字爲劣，語無太過處，此板在該鋪印時亦曾商之，渠不肯去其字號，侄云止須三字注鼎足旁，渠只不願意，故未强之。然自丈來屬印此箋後，都人士紛然多用此箋，蓋其鋪自爲引重，亦京師人之信耳爲目也。匽侯鼎文易摹，故其鋪乃仿摹古圖樣爲之。此鼎當年出于京城郊外，侄得之者，後以贈攀古，亦答報者。前所賜書，屬族人精楷録底，刻尚未竟，容下次再寄，餘詳别紙。屬寄清卿書匯付蘇億年〔三〕京平百金事，

〔二〕英蘭坡即瑛棨。瑛棨，字蘭坡，鄭氏，漢軍正白旗人。先後任河南布政使、河南巡撫等，后被革職流放新疆。喜收藏。

〔三〕蘇億年及兄蘇兆年皆道光、咸豐年間陝西著名古董商，常年爲陳介祺收購古物，陳介祺之毛公鼎即購之於蘇億年。

侄即作書告之，俟其復信來，或爲其京師所須或仍須匯陜，再作道理，移書奉聞，再□京、轉寄，皆須俟清卿來復信蘇億年收條爲定。連次所賜寄金石拓本，録目一册復上。《傳古小啓》一事，有數處向侄説者，侄亦以其送來實款者爲據。再聞，兹不先贅。晤中鲐，已將來函示之。侄甫患滯下，始愈，得尊書乃脱然。侄此次復書冗長且皆俗字俗語，不欲成文理，只求自圓其説，亦長者前無犯無隱之義，不足存也，《孟子》有言『齊東野人之語也』。侄所藏各石乞人精拓未竟，先以借張氏藏石二種墨本伴函，拓不緻，有人在此，不善拓也。餘俟再詳。

肅復，先叩福安！

六月二十二日　世侄懿榮拜復

高麗紙無此薄滑而性硬者，取廠市及嘉平街參局如此等薄者較過，率骨軟無力。松竹齋主人張仰山見來示，即選高麗紙極薄者戲仿爲之，不佳且毛。匠人復言不噴水性軟，噴則面起毛，雖砑不光。來樣係彼國趙甯夏字惠人自製箋，贈都人士者。仰山言，俟其常川隨使來京之半官半骨董商之吴逸梅、金石年者來時，詢爲何種，渠鋪試爲之。箋版粗闌，直上直下，刻深者即屬龍文齋良匠爲之，一八行，一五行，若高麗趙惠人箋式者爲兩板，只注尊齋二字款于每行末，刻成用足紅花膏上貢川印來，應用不誤。

『吉日癸巳』封遵制，元款一旁『萬曆壬寅』，一旁『趙常吉臨』，各四字，想係明人有此封而�蘭室仿製者，元款二行之留與否及『筠蘭室摹古』五字改寫尊齋製款，應寫如何幾字請示，當先屬刻工刻好，中間兩旁及下款暫空，留以待示下補刻。

按：此通長札署期爲六月廿二日，陳介祺得此信在七月九日，陳介祺復書中言『七月九日徐吉還，得前月廿二日手復長言，過愛，唯有悚愧』[一]等語，落款爲『甲戌七月十一日』，甲戌即同治十三年（一八七四），則王懿榮此通長札書於該年。

六

壽翁世伯大人左右：

七月二十七日未刻接到徐足所帶七月十七日賜書，并爵拓本四十五種，内須挖改印者十六紙，并附印文十六，當即祗領，叩謝不盡。容補入所寄金石打本録目，復寄察焉。秋來伏想起居康强、時有清娱爲頌。前次五月三四日雨中賜諭長言，已命舍侄録出，兹復上，乞察存。又前六月二十一日所得六月六日賜諭及石拓廿四紙一封，榮自領刻石正背面兩紙精本，已由前函

[一] 陳介祺著：《簠齋尺牘》，見沈雲龍主編《近代中國史料叢刊》第九十七輯，臺灣文海出版社一九七三年版，第二一六頁。

申謝外，其屬分銷十紙，遵元示一紙一金，見已全銷，得市平高銀十兩正，化散碎成定便寄，此次封交徐足帶呈，乞察付吕工爲幸。拓實常工所不及，同人得者，皆大歡憙稱快矣，乞語吕工悦之。其屬分寄清卿正背兩紙及代銷之十紙，共十二紙，已油紙厚裹，備書詳陳。并説匯蘇七百金事，已於七月朔日由鮑丈處妥交袁子久[一]舍人家專足往西征糧臺去便帶陝矣。鮑丈説帖附閲。計此時已到陝。至與汪柳門編修前爲所寄一件，未知孰先後到也。此次尚未得有清卿信，其六月中回院歇伏，當必有所寄書來。高麗箋紙，趙惠人所作者，容即詢庚生有存者否，容再復命。

徐足所賫此函拆讀後，又悉月十二日有賜復一件，并金石拓一封，内原目及外黏稿一封，詢徐，據云係在車便，與渠爲兩事，是日戌刻果得車便送來七月十一日所復七月九日徐足所帶六月二十二日侄所復書，獎勵逾分，深弗敢荷，謹當步趨自勉，不負諄諄爲務。此次賜書，内有寄鮑丈一書，當即送往，鮑丈復以元書相示。敝河陽師亦以尊函見諭。鮑丈當即以復書一件，油紙包好之羅文紙十張一捲，屬由侄處附徐足復上。又附以漢軍楊姓繼又雲世

[一] 袁子久即袁保齡。袁保齡，字子久，又字陸龕，河南項城人。同治元年（一八六二）舉人，後任内閣中書，因奉旨編纂《穆宗毅皇帝實録》，賞二品頂戴。光緒六年（一八八〇）始任職天津北洋海防營務處，積極能幹，頗有政聲。後因操勞過度，於光緒十五年（一八八九）卒於旅順防次任所。

丈覓鮑處上寄信一件，鎛幣拓本原封一匣并寄，計鮑、楊兩信夾此函中，鎛拓匣、羅文捲并交徐足。

此次又蒙賜寄邑中所出『齊』字古磚拓本五紙，又吕工精拓石象十二紙，均即叩領祇謝。隆施稠叠，有加無已，侄何人斯，如此摯愛，何以副耶！寄來原目一册亦收到，容再補録入册，再寄呈查，刻下此册暫未及復上也。又屬寄語清卿《傳古》〔二〕事甚悉，容即作書告之。其所得鳳翔出土方鼎及敦，拓本均未見，當將尊意詢其近來所得，并兩索其拓本焉，再當各録目往來記之。承惠齊太宰歸父盤、陳侯因資敦、陳侯鼎、陳子子匜各拓均收到，叩謝無已。侄此時將于所收彝器打本外别分齊陳一册矣。再乞遇拓齊刀時，祈將尊藏六字刀及即墨、安陽刀各畀一本。胡石查屬言止乞六字刀拓一分，渠即以所得泉及印之精者爲報，幸許之。滙蘇七百金事，清卿尚無復書來，容來時再聞。高麗箋，侄所見者不薄滑，寄來尊齋名印當即令坊附刻版之末行，當以白文者摹作朱文，則大小合式，不復加『乍』字，庶原文一氣，亦簡當也。『吉日癸巳』封未刻，即以元封作色樣發坊照印。東洋紙樣亦收到，容詢坊間有否。此二事統容再復，此次暫未及，因徐足住二日即行也。

〔二〕即《傳古小啓》。

湫藏石當延友即仿此次吕拓并佛象全形徐爲之，但未能似否也，然數日作一本，當不至草率，容再呈。侄藏印無多，而自謂精罕，刻將製木櫝，櫝成便捎，當遇便將元印寄呈入録，所不敢吝，亦附以傳之。此次賜書及黏稿，河陽均屬録清底發刻矣。又附上高麗箋小封一，乞賜書誨之，即賞款以名爲叩。又附上石印一。

每讀丈所寄拓本，押角小印皆依鐘鼎古文加闌，刻如周印法，竊嘆爲天下第一，爲自來刻印家所未知覺，健羡不已。固知檢篆圖文畫式皆出自長者精神所寄，而如此刻手亦間世始有，其人下筆奏刀，動與古會，足爲有刻石印以來能復最古印法之禮，未悉其人尚在人間，抑或丈當年所覓何處名手所爲，均乞詳示。如其人尚在，今附上此印石及紐，尚不惡，可否祈丈爲著篆圖式陰文七字爲侄覓此公一刻？如許之，祈將原石收存，不拘年限，不敢促迫。如無意爲之，祈仍擲還。侄深知此事之難，又須遇作者清興所至，不可强人所難，而自希冀之也。『王』字彝器古文多矣，『懿』字則阮《録》之豐姞敦中有之且的，印文即附裹印石焉，九頓至地。

丈每來一印文，河陽必浼胡石查仿爲之，其所打拓本中者，是文理亦依爲之，雖有印之家與作者互自贊嘆欲絶，以侄視之不若也，且自侄能得此印後，亦不敢炫賣與人，致生多事相煩惱，當自秘密之。印書事詳由車便復書中交九蘭二哥處寄呈，有鮑丈先寄之兩種各十本，庶不致徐足事繁重而偏勞也。計此次交徐足帶來鮑信一，羅文捲一，楊信一，鎛幣拓木匣一，侄此書一，印石一，小封一，市平小元寶銀重十兩一，乞詳察。侄生性迂拘，作事遲緩，然無作事大小，必期詳盡，信而無憾乃已，至有作不到處，則精力或有限于天者矣。此外别欲有所發明所得古文字事，此次暫不及迫陳矣。

敬叩頤安，合宅清吉！

世愚侄懿榮　七月廿九日上

七

壽翁世伯大人左右：

今日午刻交徐吉帶去信物件數具詳封面間。一切已收到，及復寄各件暨各事亦詳侄所上書函中矣。印書事，《古泉叢話》十本，據鄭盦先生來字云已由渠處備寄，又《鑑宧叢録》四十本，據來字云不索直，已飭坊印去矣。此次不及帶，後再寄，元札二附閲。又鮑丈一札，亦附閲，又交下《□金釋文》十本、《海東金石苑》十本，屬先帶呈。其外由鮑處寫一手條，交侄付富文齋刷去。俱照來數，至刷後即依鮑札還渠。此次所帶之二十本扣抵，餘坊人照鮑刷元價開單交侄處轉呈，再由濰寄付外，此次所帶二十本書已成厚包，深恐統交徐足繁重難行，仍由九蘭二哥處車便分呈，且以爲此次車便之復也。其後各種刷成再商諸東甫謀寄，邇時若值九蘭二哥未歸，則更便矣。侄昨在李若農學士文田〔一〕處見其華山第四碑，有補雙鈎二葉，此張古餘〔二〕故物，嘉道老輩金石家題志幾遍。又在同鄉人家見新出之伏生冢石，真如丈言唐以後物，蓋徵君之名已不合，且不古矣。據尚志堂〔三〕中人于霖逢別紙所記，同出尚有建元二年一石，模胡未知確否。又有一石刻詩五言短章，有『卓哉伏夫子，係我漢家邦。石灰拭兩目，千載痛斷腸』，則俚俗不堪，如同盲詞，此則元明以來淺人所爲，至猶以爲漢人所題，則不知所謂矣。然移却太山行□，即由其原冢作伏生祠，則此舉猶可人意，且以知伏生故冢所在，亦云幸也。侄書用紅紙，因内夾一稟格，便于細字長書，省紙無算，請無過撝謙也。侄婦日内忽患去歲舊疾，延醫數人，而京師竟無一真名醫，其看病亦猶看模胡字者，甚可笑也。掌鐙後，客始去，廳事夜三鼓爲之。侄不酒不烟不二女，不解爲利，故自覺神不乏。再博世伯一笑。（然於宋人理學中言之，近止一欲未能刓，獨貪宋元舊刻書與金石墨本耳，亦

〔一〕李文田，字仲約、畬光，號芍農、若農，廣東順德（今屬佛山）人。咸豐九年（一八五九）探花，官至南書房行走、禮部兼工部右侍郎。學問淵博，工書，治金石，著有《和林金石録》。王懿榮係繆荃孫門生，繆荃孫係李文田門生。王懿榮與李文田都在京任職，結識甚早。

〔二〕張古餘即張敦仁。張敦仁，字仲篙，號古愚、古餘、胡臾，人稱古愚先生，山西陽城人。進士，歷任江西高安知縣，後任蘇州、江寧知府。於數學與漢學多有成就，工書法。著有《爾雅圖考》《資治通鑒補正略》等。

〔三〕尚志堂即後來濟南尚志書院，建於同治八年（一八六九）。

一欲也。）

即叩福安！

七月廿九日三鼓　侄懿榮再叩

按：此札與前一札書於同一日，前札言『七月二十七日未刻接到徐足所帶七月十七日賜書，并爵拓本四十五種』，按之《簠齋尺牘》，陳介祺之札書於『甲戌七月望後二日』〔二〕，所言與王懿榮此二札皆合，故知王懿榮此二札亦書於同治十三年（一八七四）矣。

八

壽翁年世伯大人函丈：

七月之末，既從尹車、徐足兩便，各先後敬復衹謝，一切其物亦分托兩便帶呈，刻想均邀鑒及矣。伏想近來起居康强、合宅歡娱爲祝。八月十一日傅冬〔三〕來，賚到賜書，并承惠聃敦拓本一紙，衹悉敬謝。又教正各書，仰見長者諄諄之心、拳拳之意，有加無已，不復敢以游言告

〔二〕陳介祺著：《簠齋尺牘》，見沈雲龍主編《近代中國史料叢刊》第九十七輯，臺灣文海出版社一九七三年版，第一三三三頁。

〔三〕傅冬、畢芬、徐吉等人爲脚夫，常往返京師與濰縣，爲陳介祺轉運書札及貨物。

竟謝也。校本《叢録》亦領到。此次鄭盦先生所附刻尊復平齋及賜侄三書本，侄雖近在京師，竟未之先見。先生未示，侄故亦未請。實則請之，稍有臆見，先生亦不受盡言，侄習知之，亦不敢率請也。如先刻《叢録》時不牽連首尾，作語録式是已，故索及復侄書，侄亦照以鈔去，止于其尾雙行夾注月日復某人書，或不致于原書之例有紊，今見丈所校本，致吴平齋一書，又如此刻法（幸勿以侄言説之），又不解矣。先生不送人看，亦不下采芻蕘，故人亦不復進言，究之實亦無妨，不過侄迂拘之習耳。

侄於六月中已取《叢録》各節，摘而詳録一本，各别爲一行低注其下，附鄙見以羽翼之（無論致誰氏書，得者皆詳録，逐件逐條傳之），類詩家問答而變之爲吾齊少長燕譚之語，此亦宋人語録體，以古文一事，過此以往，未之或知也。尊書説實事實理無一字落空，故有可闡發觸通者。然如此公呼，世人好古文奇字者又不解耶。此次丈先于侄所上書，逐件訓誨詳至，覺鄙見似亦略有可采，當自删其閑文浮詞，及語句不飾且未達者，仍遵録并注原文于上，再復呈焉。

侄嘗謂古人并無所謂奇字，止是因事付物，當時之人能文詞者莫不識之，浸至後世，有浮詞虚義輾轉失其本旨，漸至今日，一器偶出，真不可再識，誠所謂奇字矣，此由今而論也。惟古人之器所著之名字，竟有非常奇字于銘文中，不數見。見者，此真奇字也。細思之，當時亦可識，不過書名時，已有使其後人名終將諱之義，或又在名子不以之例，或如元人押，各自具一法，人即同名亦不復再如此耳，未諗然否。聃敦，前數年在戟門族叔處見一拓本，疑之，未悉爲丈所藏。彼拓不緻，此則精，容再詳復。又附上舊來洋紙印暗花者，大小兩搨，可用朱印蓋其上用之，前數年有印花小角著色者，爲人盡購之去矣。此友人近所贈，此瑣瑣也。龍文刻刷之紙，尚未送來，鮑書亦暫未刷來，容再呈。又附上拓本五事，乞哂存。録目一本，亦附呈存查再示。清卿尚無書來。各示已俾胥鈔一分備寄之，且索其存原稿者，屬録寄，一切再復。別示所誨詳至，侄正坐是病。侄于時文止喜宋五河、章雲李，取其實在，故輒觸時人之目，承教，喜生于心，感甚幸甚。侄少怯弱，有積滯未化，雖性不飲□酒，乃貪食，又不時少遇氣水停蓄，或違寒暑，輒作惡五六日，亦旋愈，又或經年無一病，又或歲數病，近又患腹痛，四日猶未愈。然喜侍吾丈言，故不覺字之草率、文之悖謬也。傅冬云明日行，乃急書，請鑒宥之。不然侄不敢爲此率字，大不敬也。

復叩福安！

侄懿榮　八月十一日夜力疾頓首

餘容再詳。

按：此札承上札，落款爲『八月十一日』，按之《簠齋尺牘》，陳介祺復此札時言『中秋月上時徐足還，得七月廿九日兩手緘』，及附帶諸物皆收到，落款爲『甲戌九月二日』〔二〕，則此札當書於同治十三年（一八七四）。

九

壽翁年世伯大人左右：

前於尹車（有鮑刻書交九蘭兄處付之），徐、傅兩足便所上各書，想蒙鑒及。侄八月初患傷寒，十三日轉瘧，寒熱内作，每日酉戌間起，至子丑間止，病在陰分，暫不能提出，是以苦也。殆非人境，爲侄生平第一場大病，刻在辰巳之際，今日稍覺清楚，惟力弱不支，勉以復書。近日京師戚友來問者，俱不及答以隻字矣。十五日中飴來視，侄未能見渠，交下七月晦日賜書，并承惠紙樣半張。此紙此間不易覓，容愈後當與鮑丈諸同人商量醵資，遇尊處購紙之便，附乞代爲之，并與諸公訂出寄京之資也。鮑刻諸書版在富文齋，故刷印先須商諸年翁。前得示後，即索年丈一紙示該鋪人，比刷成，渠將書并刷價單送鮑處，兹由鮑處將原單并書送侄處，謹用油紙裹好，爲兩包，統交九蘭二兄處順便轉寄，遵前命也。今日又得畢姓所帶八月八

〔二〕陳介祺著：《簠齋尺牘》，見沈雲龍主編《近代中國史料叢刊》第九十七輯，臺灣文海出版社一九七三年版，第二六一頁。

日賜書，并司馬長元石門一紙，領到，謝謝。潘伯翁所録《金文目》乃屬侄同胡石查、祁瑞苻及中飴，不頃刻而成，大家見解既不相同，又加以在旁促迫，不論分曉，侄早與中飴背譚及之，知必模胡一片也。潘事求速而不求細，故效力者亦畏之，而卒無當于事，此等事真不能如此辦法也。清卿有書來，琅邪石本已到，則小午閣學專差之力。柳門太史爲寄先前一書尚未到彼，渠有書向柳門處查矣。清卿有致丈書，蘇款已付，取有收條。侄力太不支，少累便喘，尚未復之。又此次交九蘭兄寄書之便，恐非空行所能帶，若附以清卿書，恐反遲延，容俟傅、徐之便即日馳上。侄寫此信，凡休息數十次，字句粗疏，只求達意，伏祈鑒諒。

即叩福安！

八月二十四日　侄懿榮力疾上書

又叩

餘事愈後再復，此病侄深自危，以不徒瘧之一事也。

鮑札并書價元單附呈。

按：此札書於八月二十四日，此時王懿榮病甚。按之《簠齋尺牘》及《王文敏公年譜》，王懿榮此病係同治十三年（一八七四）事，此札書於當時。

一〇

壽翁年世伯大人函丈：

侄初病時復兩書，并續寄鮑刻書又清卿學使復書，想邀鑒及。侄自八月八日傷寒，十三日轉瘧，十八九日劇，其冷暖异常瘧，醫家名爲内瘧，每日自晚六點鐘發，十二點鐘止，不甚冷熱，發時祇氣喘欲絶，腰痛欲折，至九月初四日始已。又兼以濕疹，病甚，自分恐不復能與丈千里筆譚矣。今幸得庇生活，生則應作之事又多矣。刻如初生嬰兒，日不能正坐三時，少飯須杖行十餘步，作十餘名字輒須一休息，手戰腕弱，故此書來丈前，乞恕之，非敢肆也。近幸有雲南倪翰卿太守以補中益氣湯療之，幸有效。月十三日得本月二日賜書，重生後歡憙無量矣。復拜金文卅一紙、齊刀拓本六十八紙之賜，不止七發也，祇領叩謝。其齊刀拓本之第二分即將命與石查，其復報當不日即附呈。外尊致潘札及《拓法論》一册，區、鋘考尊釋并吴釋一册，又收寄拓本目，均收到，容再繳。區、鋘當爲吾丈再索周孟伯先生釋之，清卿讀書稍遜，不能爲之諱也。

子振〔一〕世叔《古鉩印文傳》五本收到，自取一本，謝謝。餘即當銷一金一册，有再索者復

〔一〕子振即陳佩綱。陳佩綱，字子振，山東濰縣（今濰坊市濰城區）人。陳介祺族弟，善刻印，後入吴大澂幕，幫助拓印等事。陳介祺曾將其摹刻的印章集爲《古鉩印文傳》，請王懿榮代銷。

聞。印爲《印舉》所無，刻以傳之，亦古文功臣也。況復出以妙筆，刻印作譜如此，始不爲無用。亦丈之教者，必傳。銷直再繳。此次一切不及詳復，稍愈後來足重重，當一一詳報。清卿書尚未復也。在京師與鄭盦先生、子年丈、石查同年居極近，均未報書，以寫數行須大半日且累重也。古鉨之可寶，重於刀幣，止下彝器一等。垒（家諱）字許書從土，此可以例漢人書，若侄所見古鉨，其金者，尒旁從金；玉者，尒旁則從玉。止見打本便知印質之爲金爲玉，故有誤認從玉之珎爲珍字者，方知古人製字之精，敢以質之吾丈。侄病如此，有以觸之，猶見獵心喜也。

敝藏印及各物等藉病謝客時當先拓呈，有一周印與彝器文等。尊藏周印乞先拓各一以惠之尤幸。丈此次賜書，誨及讀書作人處世之道，長者拳拳之意甚深甚遠，侄之幸慶，不止古學得遇吾丈有進境也。種種容再復詳。侄作此數紙，竭兩晝夜，不能紅帖細書爲歉。庾生云有高麗箋，由渠處自達，中飴將循序當差矣。翟文泉[二]先生所校《易林》《穆天子傳》《古今人表》各種善本已刻，其家如有刷印讓人者，乞丈爲購一分，示直再奉。丈賜書及致各家札又諸道古

[二] 翟文泉即翟雲升。翟雲升，字舜堂，號文泉，山東掖縣（今山東萊州）人。道光二年（一八二二）進士，授廣西知縣，以母親年邁辭任。淡泊官場，潛心著述，工隸書，頗有書名，著有《隸篇》。亦工詩文、經學，著有《五經歲徧齋集》。

之説，侄愈後彙爲一書，爲説羽翼之，自成一家言，打破前人所欲説不得者無數，且文字古簡，不比近人自刻所著稱古文集者，請丈樂觀其成，不自知其爲稿盈尺也。

肅謝，敬叩頤安、合府清吉！

九月十五日　侄懿榮力疾

再者，侄所乞丈轉懇子振丈所刻印石（侄所選石），賤名『榮』字爲器款所無，不能配合，乞改刻『福山王生永寶尊彝』八字，俱爲器款所有，祈丈爲察書賜篆（求書聯語，當再索佳紙敬寄，先謝），元石長方或作兩行，外加一闌最妙。如長刻不可，或横列作匾，如程木庵印，均乞鑒定爲禱。侄以爲仍長直作兩行似器款也。『永寶尊彝』四字文理或嫌太板，即改作『所藏/寶彝器』四字可否？乞丈不責其干瀆，爲之教正。

叩頭至地，再請福安！子振丈同此請安再謝！

侄榮又頓首

按：此札承上札，王懿榮病少愈，書於九月望日。陳介祺復此書言『四日得九月望暨後二日手書三函，欣聞清恙已愈，深慰繫念』，署期爲『甲戌十月十二日』[二]，則王懿榮此札書於同

[二] 陳介祺著：《簠齋尺牘》，見沈雲龍主編《近代中國史料叢刊》第九十七輯，臺灣文海出版社一九七三年版，第二八六頁。

治十三年（一八七四）。

二

壽翁年世伯大人左右：

胡石查農部頃送來印拓一包，元札附呈，其刀幣隨後即拓以奉寄，侄已促之（其藏印不多，亦不甚精。刀幣有至佳者，現已自拓矣，尚未齊）。又附上銀五兩，即轉交子振丈，外有清單呈閱。鮑未交來，潘交二兩，尚索一部也。侄病不見大效，醫家云心氣太虧，陰分不足，每夜分不能就寐，甚苦。病至一月，即鐵人亦磨亮耳。侄舊藏《東武彝器文》拓本六册被敝師鄭盦先生易去，現在收集新拓，真如新發户，力求振作，亦稍稍幾數百種矣。稍愈亦自寫目呈閱（請不必示人，窮搜不足敵豪取）。有他友之惠重分，并見器自拓者，當陸續呈寄乞教，以爲土壤細流之助也。丈每次拓器必以寄賜，侄皆别置一册，以諸家之拓無不遜此精美也。尚祈丈遇興拓器時乞時時念侄不遺在邇也。侄藏一泉一鏡之細，當悉以備墨呈覽。拓畢後隨得隨拓隨寄則易事也。病中書不成字，又三四休息，勞而不恭，尚乞長者鑒諒之。雨中力疾又上。

敬叩福安！

侄懿榮頓首

侄之女將與中飴之次子爲婚，斞生來提，侄嚴慈已許之，刻以侄病尚未定議也。再聞。侄所求子振丈刻長印，請仍以『福山王生/永寶尊彝』八字爲定，叩乞吾丈爲正篆。

叩禱叩禱！

侄榮叩

此紙在書耳封後，請以此爲定。

收到《古鉩印文傳》五册，每册銷價一兩。懿榮自領二册，謹寄銀貳兩（市平）。潘伯寅先生留一册，交銀貳兩，還索一册，望附便即寄京，由榮處轉交，元札附呈。胡石查農部留一册，交銀壹兩，有札。鮑子年觀察留一册，直尚未交。

計此次寄來銀五兩，各家元包有號，潘多交一兩，尚索一册。鮑暫未交下，欠一兩，容交來再由榮處奉寄。此後他友有索者，即照此直送書來索。乞轉致子振世叔。

懿榮頓首

按：此札承上札，王懿榮病雖有小愈，但未復元，札中言其病『不見大效』，後未署日期。上一札書於九月望日，下一札亦言已病仍未痊愈，日期在九月十七日，則此札蓋書於同治十三年（一八七四）九月間。

二二

壽翁年世伯大人尊前：

病中聞子年丈説及丈近索其鏄化拓本，想欲合楊又雲所寄彙觀之。因于傅足來索復信時呼至窗前，令其瀕行時再來侄處一看再復，以寫依戀之忱。乃出侄所藏鏄貨三品，亟浼人拓以呈存。侄藏此化止此，而『代』字爲諸家及譜録所無，其所有皆『伐』字，較此多一畫也，亦土壞細流耳。又鉛慕（舊釋作此）昌幣裂至十餘段而未斷，亦强拓之（爲鉛泉之祖），與[illegible]、[illegible]二幣均從來未入譜録。侄所藏不及各家之多，又止收刀幣，亦不富，然有出各家外者（近入李竹丈〔二〕《續泉匯》矣），止特此耳。造象梁石至罕，李笙漁有一尊，丈得其墨本否？如未得，侄有二本，當奉其一。此次病，未及檢付，去足在等故也。南中尚有一象，不知爲何人所藏，帖賈董姓帶來一紙，孫春山〔三〕收去，尚未入侄録稿。孫氏之彝上一字乃[illegible]字，下仍『父庚』，

〔二〕 李竹丈即李佐賢。李佐賢，字仲敏，號竹朋，山東利津人。道光八年（一八二八）鄉試解元，道光十五年（一八三五）進士，選爲翰林院庶吉士，散館授編修，任文淵閣校理，國史館總纂。道光二十四年（一八四四）典試江西，二十六年（一八四六）出守福建汀州知府，咸豐二年（一八五二）引退歸里。工詩文，對金石、書畫、古錢爲專好，與鮑康合著《古泉匯》《續泉匯》，自著《書畫鑒影》《石泉書屋類稿》等。

〔三〕 孫春山即孫汝梅，見前致鮑康札五注釋。

與李竹朋丈之小甗爲一時出土，當是一人所作。又近來收藏家最嫌明刀，侄酷嗜之。其背文有精奇者，今人不識，如彝器等，且有三四字者，侄所藏有未著録者，容盡拓以呈鑒，亦蒼姬古物也。侄病飲食稍進，止夜分不能寐，醫云心氣太虧，肝陽不龢，已吃一月藥，苦甚。書則少動輒頭昏，既活則想作事，又不能出門，友朋筆譚復之爲艱，故益悶損。再者遇丈拓鐘時望爲侄拓款一分，侄只求十一鐘（并邢鐘）款足矣。不必專爲侄拓，亦不敢望全形者，侄無以爲報。遇拓而丈必爲侄致一款，欲則誠欲，安實不安也。鮑丈《古鉩印文傳》一部銷價促之，至今尚未交（病人心急耳。侄向性亦如是，講交割清楚者），不便再促，此次不得匯寄，虚此傅足一日工夫。侄病中作字荒率，乃五六休息所成，乞諒侄不恭。病中囈語多乎，恐過時不省憶也，餘愈詳復。

再請福安！

侄懿榮百叩　十七日自辰至戌

按：此亦同治十三年（一八七四）九月間事。札一五言『侄九月望後三復上書』即指此而言，此札落款之十七日蓋爲九月十七日。

一三

壽翁年世伯大人左右：

九月廿九日畢足來京，賫到本月十五日賜書，并收到藍布包京市平小元寶銀一百兩正，包內計兩紙封又木篋一，封完如舊，又致吴清卿學使信一、瓦當文目一册，內瓦當打本兩紙，又致鮑子年丈信一，遵示即將鮑信并木篋及瓦目、吴信移交子年丈，由鮑處詳復。鮑子年丈有不欲拆閲木篋之意，尚未定，以封志完好再封費事也。至藍布包內二紙封，計共京市平小元寶銀一百兩正，即由四十九兩四錢（元號）之一封內提出第二錁小元寶一個，適符京平十金，先交鮑丈墊付印書之直，并元單送去，計下欠一兩三錢正，元直十一兩三錢也。鮑丈復云下餘一兩三錢，不必再匯交，即以書價所欠之一兩，復書請丈就近劃交子振丈《古鉩印文傳》鮑銷前欠未能匯寄之壹兩正。至富文刻字鋪局用常行京松，此次十金係足銀，其零欠之三錢，作爲富文找色，亦無須再寄。印書之直，自此兩清，元單并銷。

至匯還清卿代交蘇億年之百金，除已銷秦刻石拓本直十金外，尚欠九十金。侄即依清卿元信，將此九十金交在京之江蘇顧皞民〔一〕工部肇熙收去，取有收條，俟作復并收條寄陜，得清卿

〔一〕顧皞民即顧肇熙。顧肇熙，字皞民，號緝庭，江蘇吴縣（今蘇州市吴中區）人。光緒八年（一八八二）任吉林分巡道，請修學宫，創義學，籌款增崇文書院膏火，延聘經師主持講席等，士林愛之。有《顧肇熙日記》傳世。

復信收條後再聞。此次附呈鏡拓本十六面一封。侄見在藏鏡盡於此，續得隨拓以寄，印文亦十六，不緻，印泥不調，容愈再細拓，重補再呈。刀幣磚瓦尚未拓齊，雜器尚未動手，惟讀瓦録後，欲乞丈先拓惠即墨三代二瓦、齊秦一瓦、魯漢七字瓦四紙，先以厭之娱之也。至琅邪臺瓦，俟遇有時丈將拓之便屬吕工爲侄墨一全分，工精太勞，瓦又繁難，侄或時出薄資酬之。不遇拓時萬勿特爲搬弄，恐有擊撞。凡侄所得，皆丈之惠也。此瓦侄尚可補幾種，見諸城人尚有存者。方赤〔二〕先生舊藏一瓦，今歸繼又雲者，得其拓本否？可向索。丈索之即多分，無不速者。侄此時仍夜不能寐，解衣登床，汗下如雨，天曉即醒。晝則疲乏畏冷，未復元也。耳後如六七歲在家聞海風聲，尚未出房門。侄婦病小愈，以侄病畏去。侄婦自三年前之乳瘡及去年傷寒，元氣總未復平，時又不自攝，感寒則腰痛成舊疾矣。種承慈注，不勝叩謝感激。容再詳。

肅叩福安！

侄懿榮病中上　九月卅日

收到足京市平小元寶銀一百兩正，以九十兩匯還吴學使，得復再聞。以十兩劃還鮑觀察印

〔二〕 方赤先生即李璋煜。李璋煜，字方赤，號月汀，山東諸城人。嘉慶年間進士，任刑部主事，後歷任江蘇常州知府、江寧知府、蘇州知府、江南監法道、廣東潮惠嘉道、浙江按察使、廣東按察使、廣東布政使等，道光三十年（一八五〇）以病告歸。喜金石，收藏甚富，撰有《愛吾鼎齋藏器目》。李璋煜爲陳介祺岳父。

書價，元單係十一兩三錢，鮑以一兩屬復抵子振丈印譜銷直，以三錢作爲找色，兩清（廉生經手）。

鮑札附呈。吴原信俟復後寄呈一閱。其尊與瓦皆僞，侄亦與丈所見同。寄鮑丈信有云近出一通文理之作僞者，甚然甚然，真令時輩聞之可畏也。侄石查同年屬言刀幣尚未拓齊，下次再呈。潘收葉器〔二〕不少，皆火坑也，齊陳曼簠、尤敦皆歸之，廠市之尊及燕翁商婦甗、燕翁畢姬鬲亦收去，如未達知丈時，勿露侄言之。河陽師不欲人言渠大收重直之器也。寓從師淮父鼎，遲畢足未來，又拓磚文三紙呈鑒。藏磚又盡於此，續得再奉。磚既不奇，驟拓復未緻。侄病悶無事，督人爲之，亦排遣也。又聞通州李氏質物，贖去矣。

再附上壽老世伯大人

侄榮百叩

按：此札言病中所書，故亦書於同治十三年（一八七四）矣。

〔二〕葉器即南海葉志詵藏器。葉志詵介紹，詳致鮑康札六注釋。

一四

壽翁世伯大人函丈：

侄懿榮再啓，侄病初起，尚未復元，精神恍惚，聞畢足十月朔來索復，心急作書，誤以九月廿九日爲卅日，比寫訖詢之家人，仍廿九日也。詳富文書直事又誤以年丈别札附入，卅日早起翻紙堆得之，又作耳封附呈。精神惝恍而心志不亂，則復元必速，亦佳肇也。前書内遇有誤字，乞諒之。畏難不復拆前函易鮑札，即此再譚數事，亦甚樂。病中聞葉氏燼餘諸器之未燒損者，畢歸其婿彭岱霖（彭相之子，行八），含英閣蘇賈胡某先以三百金借與彭公子，葉氏乃漸由彭歸胡，胡乃徐徐出其佳者，以重直與河陽，其僞而未損者，胡由潘處打回，則以賸城内人。河陽所費不支，雅不欲人知，凡此書博异聞，請勿賜覆可也。其燼後有挑出，數人博得小器、古泉等物，陳寅生識其一，以廉直得範、印數十事，如直歸鮑，陳與鮑戚，故不欺。筠青閣京人孫賈識其一，得其僞小器及古兵、刀幣之屬，則以重直炫人，内小泉李物累累。泉李仙後，朱麻道士以去，京師遂無刻僞者。刻以小泉李尋常僞物重賈，燒損以作爲葉家燼餘而售之，京賈之愚如此可笑也。至作僞器、真器刻僞字者，京師之大，乃無其人，猶不及陝賈之多此一層學問技藝也。又近七月絳州河岸聞出數器，止一器有合文人名，餘皆作尊、敦、旅車彝之屬。西人有外行持一粗拓本無人名者，字極精，河陽尚未知，言之恐多牽矣。侄此時意專在三代古文，自得丈訓示後，益深嗜也。以其有裨經，又可根據古義也。所重收拓本亦歲三四百種矣，亦自有等第分例，容再言之。近又得乾嘉老輩數拓，深悔前存之失，刻難遽復元，然所收亦有同樣復來者，又有出前存外者，亦頗可喜，俟寫目後再呈教。尚有未知名者，然河陽再借亦不敢與，將守之，如南皐老人『相如』小印矣。侄藏印如陽文之[illegible]，則印如丈云文古于秦，則周矣（與阮《録》及竹朋丈之斝亞形内文相似）。

再叩福安！

侄尚藏有宋金元官印九，内有封號[illegible]士印一，又鐵物，似印非印，文亦不可解。金印貞祐年款，則此次所得葉氏物，此無當於古文奇字，容再拓呈。漢印内之□道尉印係鑿款。十月朔日雨，畢足未來取信，故能贅言之。

再上壽翁世伯大人函丈

侄榮叩

再者，此次來銀，係京市平足色小元寶，買物還帳常例止須京平松江，侄本意欲以來銀遷換松江京平找平補色，以應屬還印書等直，必可有盈無絀。惟京師松江成色之壞從來所無，雖自御史譚鈞培條陳出示後捶去鉛面，而錢鋪西賈銀蠹無論生熟地方，或更換錢文，或遷換成色及托其分平破等，一經他手，先壓二分，總是元色不足，不論□精。預爲後來到渠鋪換錢地步，若遷換松江，則此鋪所云之高松江，易一鋪則必下成色，此鋪所云足京平，移一鋪又壓二分，往來遷駁，終使有銀者吃虧而後已。故找平補色，看似贏餘，實爲虧短，以還帳時必又一番挑剔也。今從百兩内提出京平十兩，先還年翁經手刷書價銀，下短之一兩三錢，年翁既以所欠之一兩屬復匯來京，請丈抵其所欠《古鉩印文傳》銷直之一兩外，其零三錢，年翁已與刻鋪作爲找補成色，無庸丈處再爲找給，此項所辦最爲平允。外九十兩之京市平小元寶，依吴信移交顧工部收去，當即作復寄清卿具言明白。丈處匯來銀係京平足色小元寶，至買物常例，止須京松便可，若付蘇億年時以其銀遷換作京松，所餘找平補色銀若許，皆其存蓄，或异日再有經手之款，留以補入，或俟瓦當文刻成，添付尊處印書之資，悉惟所便。此項以侄經手，所言自不嫌其瑣屑求詳。侄性迂拘，亦必如是，乃使經手者無憾。説理亦須持平，又豈獨此事哉？

侄又叩

按：此承上札，言病中作書，偶出小誤。札後有似陳介祺記『甲戌九月廿九日書後附封之一』，即知書於同治十三年（一八七四）九月底。

一五

壽翁年世伯大人坐下：

廿七日得月十二、三兩日賜復侄九月望後三復上書，又得十四日雨夜中書。侄十月初吉復上之書，刻想已塵覽矣。此次賜寄齊六字刀拓本一（來拓本三，其二遵示交鮑、胡〔二〕二君），古鉨打本五十紙（按元來朱字小數記，缺第十五葉一紙，圓鉨朱墨本各一，在第五葉，前因元次仍依，不別置，收目下次寄呈），新得瓦、鉨拓本二，『隅陵之部』印打本一（吴説聽之，渠去知此遠矣。此真古印），戈拓本二，鼉磯島石拓本一，祇領叩謝。外子振丈所賜《古鉨印文傳》一册，遵領，祈轉致謝。又四册，以一補交潘處，以三册并武祠新出何饋一石畫像拓本遵寄清卿學使。振丈爲潘處所作印稿二紙，甚佩，此皆吾丈點定，而振丈以健筆出之者，空前絶後，不獨配合見巧思雅制也。潘處交來白金四兩，屬附寄轉酬振丈，并元札一，乞查交。又景劍泉閣學交銀二兩，屬乞轉致振丈，求償《古鉨印文傳》二册，并元札統望移交，遇便覆寄京師爲感。印石收到，蒙先許賜寫樣，尤感。清卿處各事，侄已於月中詳復之。前次賜書，有二

〔二〕鮑即鮑康，胡即胡石查。

次内屬録達之二事，均録去，紙樣亦分半寄示，尚未得復，復來又得見其收條暨新得舊畜各物事，詳悉矣。前節于侄月初所復上書盡之，不再贅也。瓦拓一篋并元函，子年丈拆閲重封後（侄以病故未出門，年丈又恐往返送觀費事，因未得寓目，潘已見之），適有袁小午侍郎差買京物過年之回便，同諸貨箱寄陜去，固甚便且妥速矣，必詳見鮑信。聃敦釋文一册略讀，得句讀，便如撥雲開霧，頓釋疑竇矣。此次意猶未盡，愛不忍釋，且欲附説羽翼之，姑不交來足，下次同區、鋘各册統呈，斷不敢致沉浮。□説一册收存。潘處徵刻尊札及各説，悉照原文，索之甚急。現已付寫手，俟後事竟，應存者侄自存，屬仍繳者仍繳也。若侄所摘録作吾少長問答，而侄注説之本將來成就止呈吾丈，而侄自刻入拙刻叢書中。此次潘刻自有例且持之急，不欲人多言也。振丈得吾丈批導，又得丈噓植（亦名不虛傳），將來乞刻者必多，丈可爲酌一筆單，則妙矣。唯須真古文中所有之字始可刻（此層最高亦最精，兼可擯擋俗子，價不可廉），唯一有如律合例者，而丈又多勞瀆于中，然濟一族黨，且可使之漸通古文，且使今天地間印人中多此一種有根據之真古文印章，亦道在瓦礫所不廢也。

侄病新瘥，未復元之際，適有素所倚重在此作生，可爲侄助理俗事，經手鱗雜米鹽之族兄某，年才三十六七，少讀未成，長而學商販米，然素講戒欺求慊之志，交好止一二人者，忽化去，侄爲之經理，與其夥清理半日瑣事，心累已極。侄婦一病輒年餘，此後又須檢點交好一人爲手足之思，因之勞乏，又犯瘧，廿六日酉刻來，今三日矣，尚不劇，較前次減。得賜書，誨愛兼至，又惠各拓，心境拓開，吐弃一切，唯手弱，一時或遺忘，未及詳復也。收目、東箋統容下次寄呈。鮑丈曾對人戲言，凡事皆有魔障，若侄與丈皆古器文中之魔障者。侄聞而樂之。此事非好讀書，真知篤好者未易得此魔障也。世之豪收博取，矜多誇人以爲雄者，不虛心，不静氣，將有他好，或小有禍福便奪之矣。《漢志·藝文》小學家言《蒼頡》多古字，俗師失其讀，宣帝時徵齊人能正讀者，張敞從受之，固知此事久屬吾齊也。近有以《傳啓》屬言者，侄先求其實，有以藏拓屬爲往還者，侄先問其報，總之不務實踐，索多以爲觀美者，皆徒視爲玩好者，誰能供之？其好之而不讀書者爲無用。侄計自今年五月瀉，六月滯下，八月瘧，是以至今元氣未復而病復，雖曰寒暑易人，亦心力先虧之所致。侄爲人祇知自愛愛好，世不論窮通富貴，立定脚根，要好止在各人之自爲，人生脚踏實地，是自討受用處。爲學作人，種當如是，豈爲人哉？匡鶴泉先生來京，曾言及昔年嘉祥古墓中出金版、玉版各一具，字皆古文，有人説其文爲周册命魯武公文，今不知所歸。又有人得摹本者，許送匡覽，尚未來，餘再贅及。

肅謝，復叩頤安！

世侄懿榮力疾上言　十月廿八日

梁大同造象拓本一，其象不能拓，乃雕木爲之，殊不緻。

定遠將軍印文，葉氏物，廠賈所贈拓本，未知所歸。

漢建安磚拓，侄新得自西賈生坑。

侄懿榮病中拜上

銀一包四兩，元札附，潘謝子振丈。

又一包二兩，元札附，景索《古鉨印傳》二册。

其將乞刻印一札附，恐雅名有古文所無。

胡拓泉五事。吴處三册容寄去，并告以例。

侄有小圓石，擬求振丈刻『福山王氏』四字（或郎耶，以别太原）。又方石，擬乞刻『齊吉金室金文』六字，先乞排類，前印文遵用氏字。

懿榮叩

古鉨一旁從玉打本，侄所無，曾見家戟門比部所藏玉印，有『君之寶珎』，一旁從玉，又其與張仰山（松竹主人）所分沈文忠〔一〕家拓本，内有印拓如許，曾有一印只識一從玉之珎。侄近年始搜集古印鉨打本，當時俱未蓄也，止知乃『珎』字，渠等認爲『珍』字，以爲可笑，

〔一〕沈文忠即沈兆霖。沈兆霖，字尺生，又字郎亭，號雨亭，謚文忠，浙江錢塘（今屬浙江杭州）人。道光進士，歷任翰林院編修、吏部侍郎、兵部尚書、陝甘總督等職。

嗣後如有所得所見，印稿以呈。病中復事恐有未詳，即空譚時恐有囈語，望長者鑒宥其不恭也。又聞藩署出磚三種，得有拓本，附呈三紙。聞郭槐堂〔一〕作古，其六朝石未知有幾，祇見其一石也。其古器大抵於丈復潘信中詳悉矣。

復叩福安！

姪懿榮　九月廿九日再上

按：札中言『姪九月望後三復上書』，即札一〇至札一三，故該札亦書於同治十三年（一八七四）。

一六

壽翁年世伯大人坐下：

前函封訖交徐足，適含英閣紙鋪因印紙尚未訖工，先送來前所印紙應用。姪前以其所送樣來如此，紙紅色一般，大似胭脂水印，撥回飭其照『吉日癸巳』封紅色印行，渠已領辦能副。刻云紅色尚未調停得好，含英胡賈愛好，屬紙局先移他箋，封色相付即印新刻板者，是以尚未

〔一〕郭槐堂即郭蔭之。郭蔭之，字槐堂，山東濰縣人。與陳介祺、于吉臣爲友，家藏金石甚夥。工雕刻。

脱手。兹如其所言，先將前存紙一束呈納，可暫供數函之用。又清卿在寶鷄得一城虢中作旅敦，路上遇便寄顧水部〔二〕一信，内附此拓寄侄，外無信，前二書及袁便知尚未到，故渠未復也。拓本頃爲人取看，未即索回，不及寄呈鑒閲，容再上。清卿復信計不日亦必來矣。鮑丈得孫甚喜。敝師河陽今日有旨，以侍郎候補，想亦心中大喜也。振丈爲刻八囍印，真吉祥矣，印到補官耳。

再叩福安！

世侄懿榮頓首上　十五日

按：此亦承上札，此時王懿榮已愈。前幾札皆有言陳介祺托王懿榮製紅箋之事，因顔色稍淡，尚未印好。結合上下札來看，此札當書於同治十三年（一八七四）十月十五日。

一七

壽翁年世伯大人坐下：

冬至前一日徐吉來，接奉十月晦、十一月朔所賜書，又一封爲十月十七日爲敝藏鏡印題

〔二〕顧水部即顧肇熙，詳致陳介祺札一三注釋。

記，内鐘拓本十一、紙十四、齊刀二種拓本六，除遵示分交鮑、胡兩處齊刀拓本各二紙，屬復謝外，俱祇領叩謝矣。《藏古册目》一本領到留讀，俟有所見，并夾籤注。又寄陝賈蘇七信已交鮑丈匯寄，不至遲也。又前屬寄吴清卿學使武祠新出畫象暨《古鉩印文傳》三册，已由袁子久處寄去。吴處前信尚未見復。侄月杪藉畢傳足復上一書，刻想已蒙鑒閲。每次賜書，以侄病軀爲念，種承拳注，誨愛備至，仰見長者殷殷之意，有加無已，敢不敬承以慰遠懷！侄十月廿六日瘧反復一次，此後脱然，惟仍未大復元，幸晚間汗止能睡，刻止畏風怕冷，觸之輒頭痛，終日擁裘圍爐，遇陽和始敢出門。侄歸亦稍健旺。來示所教，皆至理見道之語，不止以養心爲祛病計也。然疾爲予之所慎，保身亦須明哲之兼，侄生今卅年，以二十年讀書，稍知名理，自顧能守身矣，惟保身之道尚未得也。貞固幹事，古人所重，寒熱出入，後當自慎。凡與人家國，皆須有經濟之學，近想來德行文學亦須以經濟行之，不然舠靈耳。與立與權，立則經常，權則後世。所謂經濟，大至天下後世，小至一事一物，即讀書博古，皆須以静心參活想耳，至定識定力，分先後不分兩事，總之，脚踏實地是自己討便宜處，看破此層，直打穿後壁矣，此語亦止有能就吾丈正之。

『壯而好學，如日出之光。』侄方當壯年，家業世事正須從此時着力，將以後來事之臧否，卜學之進退，不敢怠惰游思，且負吾丈深愛至誼也。侄先世諱言析居垂二百年，無人事之累，伯父四人及侄嚴親亦同産無憂，家事不敗。迄侄同堂兄弟二十一人，習尚不同，嗜好亦紛，視公産爲儻來，并祭田亦蕩然，止侄同胞兄弟二人尚止守住一『庸』字，衆則江河日下，尚不知胡底，兵燹四經，室亦飄摇，故侄須自知振作，竟如寒畯初起，尺土不階也。族中積有四十餘秀才，亦自兵火後始四出教授，蓋在家無一能糊口者。近年漸漸俱脱去烟酒之嗜、瘠土思勞，故今歲置高等者多，或亦長機。然欲顧大局，亦須各爾先自樹立。

侄嘗謂古器物銘有能至今存者，皆古人之神明不殺處，凡人一技一藝之長，能傳後世者，亦皆其神不死處。此博弈之猶賢于己也。故求人才于近今，亦唯恐其不好名，好名便知自愛，人先知自愛，此愛好之心能定，則諸事始可與有成。三代既降，管、晏而後能言利者，止一劉晏。今朝廷須用，府庫不充，求一真能言利之臣而不可得，何論其他？且其本人自以爲能自利矣。究之自利亦薄，并無自了之能，實皆無經濟之才耳。反是以觀，即德行文學亦須以經濟爲用，猶之白骨既具，無血不生者也。論今書者，動謂有骨有肉，侄嘗下一轉語，又須有血，即古文奇字中亦莫不如斯。故真古器文字，細看之，即一畫粗具，亦若自具有性情者，蓋所謂真氣流行者也。故或象形或會意，古人一筆無不生肖耳。

瓦拓本一篋，鮑丈已拆閱寄陜，侄未得見，潘處見之。京師刻銅墨合子者，倡自陳寅生名文炳，鮑丈之戚，陳青園丈之外孫，實絶技，今踵行者遍市肆矣。然此輩少爲風氣所囿，致一筆時下院體，薰心如生，而能爲京話者少，刻篆隸數行便大可笑，未有能爲僞識者。一二士夫能刻石者，非曼即完，不能逃其本師家法。刻畫金石，乃竟與真古文奇字消息絲毫不通，爲學不究本根，亦殊可噱。京師之僞器，非人家舊收，即外間新來，此處竟無能僞者，并廠估亦自恨之。侄潘師刻尊札，已屬侄等將所得累年賜書屬覓人各鈔齊，校畢時送往閱定發刻，此次賜書亦取閱過，尊旨侄亦藉此次來意申之矣。海豐吴丈《金文册》在剩生手，不知何故，堅不與人看。以侄舊戚至好，未許一寓目，亦自不瞭曉，又時慮人敗壞之，故侄將來彙撤藏寫册寄呈點定，有未見者即照點定處匯寄元拓本呈閱，示及亦可以所無補入，且可直述尊見以教，益復深幸。《啓》事侄已於前書詳陳。凡真好古者不在其力之能否，而在其心之切摯與否，侄總以先交約者爲定，再寄信東來。有來問者，侄皆如此云，并告以若非丈傳古心切且摯，詎肯以數十年心血所結，精力所聚，不名達官，不惜厚費，爲此數十百器以供今日剩生之一目？其嘉惠後學、提倡古文之意亦至盡矣。

侄今歲以本衙門則例，既成記名，捐納房差出，酌量點派，日内即有缺出，侄亦聽其自然，若幸充數，侄每對此數人云當請自隗始也。鏡、印蒙賜題記，甚感！容再詳復。區、鋘釋，聃敦釋，侄周師允以二十日前後往取，此次暫未及繳，下次當彙呈，必有以羽翼尊説且不至遲稽。古器得尊釋，如宋人注理書，脉絡貫通；不似乾嘉老輩，止執一字，不顧上下文者。

爾時經師亦坐是病，故其飣餖處，皆説理不足之故。劉碑估單中之銅梁王君名瓘，字小宇，官工部主事，嘉慶庚申榜孫世兄也，與侄比鄰，性嗜碑版，其篆書爲胡甘伯〔一〕同部死後京師之冠，惟楷書近時又復無法，不嗜朴學及金文，性又儉約而喜隨人宴游，侄嘗勸其篤學，然蜀人二百年來無經師或亦例也。京師院體書自以李若農〔二〕學士爲最，不惟通篆隸，其摺卷筆筆唐法規矩準繩，是有實在工夫者，侄潘先生處或有存者，何不索之爲祜曾世兄臨池一助？侄所存一開，舍弟携之入蜀矣。其書宜今而不悖古，必傳之作，人亦孝友敦實行者。京師書畫刻石近尚無及趙撝叔〔三〕者，撝叔刻石不善朱文，至白文則逼真漢人，曾爲侄刻二石，并作一印規，劇佳，容再打呈并拓印規呈閲。近則愈出愈奇，不但好金石者爲絶學也。石查畫小幅絹本精美可玩，惟極懶且不能大幅，此次屬先呈其新得何伯瑜〔四〕之六字刀一拓，其餘刀幣拓出者，尚未歸

〔一〕胡甘伯即胡澍。胡澍，字荄甫，一字甘伯，號石生，安徽績溪人。咸豐九年（一八五九）舉人，官至户部郎中。早有文譽，尤精篆隸，與趙之謙友善。又精醫道，著有《黄帝内經素問校義》等。

〔二〕李若農即李文田，詳致陳介祺札七注釋。王懿榮爲李文田之小門生。

〔三〕趙撝叔即趙之謙。趙之謙，初字益甫，後改字撝叔，號悲庵、梅庵、無悶等，浙江會稽（今浙江紹興）人。喜收藏，以書法、篆刻名世，冠絶當時。趙之謙拜潘祖蔭爲師，與王懿榮爲同門及金石摯友。

〔四〕何伯瑜即何昆玉。何昆玉，字伯瑜，廣東高要（今屬廣東肇慶）人。精醫，又嗜金石，精篆刻，且擅拓。其藏印盡歸陳介祺，且寓陳齋爲其拓印，參與《十鐘山房印舉》編次鈐拓。著有《吉金齋古銅印譜》《百舉齋印譜》等。

類，云止待史仲辰刻一印耳。史仲辰乃廠估之善刻者，習鄧派，尚修潔，侄常覓其刻，惟查先爲查《説文》耳。

丈每來一印印文，敝師必仿爲之。子年丈有自説生平不慣學人之語。侄近覓仲辰作一印，曰『廉生得來』，取《公羊》何注所稱齊人語，則不可移贈者矣。敝師札二附閲，有請子振丈作印之事，似『先秦文字』一印，不應加以己字，不比簠齋之以齋名兼字者。侄不敢參預，或吾丈定之。振丈刻石不能移篆就石之大小，故敝師屬爲購石。侄當復以俟振丈説此二印須用石大小示樣來，當即寄往。侄蓄石多，不須購也，皆轉致示復爲幸。江西人彭世翰介王小宇送來銀一兩乞《古鉨印文傳》一部，望轉交，遇便寄下爲禱。侄乞振丈爲刻『齊吉金室金文』小印一方，須石大小乞量示，侄自選有藏石能就規矩者，尚有所請，不敢瑣瀆，容從容詳陳。『福山王氏』一印擬仍用『生』字，以漢初吾東學人皆稱生，如經師之淄川田生、濟南伏生、轅固生、胡毋生之類，亦齊語之偏不欲人移用者也。高麗箋胡賈欲辦，因調停顔色不及『吉日』封，印樣來看，侄曾駁之，許日内刷齊送來，刻促之，尚未交，已挽徐足瀕行日再至侄處一行。些須小事，乞勿縈念。印來時徐足或不及待，即速交九蘭兄遇車便即馳呈，不至遲也。又拓本數事，夾復目册中，即希莞存。拓泉尚未竣事，容再呈。今日冬至，京師初雪新冷，侄畏寒，手足崛强，又不能恭楷，非敢自飾其肆，乞鑒宥之。是日家祭謝客，盡一日之力，力疾敬復，祇請福安！

世侄懿榮頓首上

按：此札言得『十月晦、十一月朔所賜書』，按之《簠齋尺牘》，陳介祺之札署期爲『十月晦』『甲戌十一月朔』[一]，札中所言與此札相合，可知此札當書於同治十三年（一八七四）十一月後。

一八

壽翁年世伯大人坐下：

國服例用素箋。案頭未蓄，謹以寫石經十行格紙代之，祈鑒恕。又月餘未奉手教矣。昨侄處門者來言有濰足到此，言十七日行，如有寄尊處書，當以十六日來取。此次此足來，既未奉有賜諭，適門者亦忘詢此足姓氏，甚爲悶損。侄秉性迂拘，此次彙存應寄尊處物事甚多，俟下届將賜書來之一足再藉以復上。此足介在疑似，未敢遽交也。計現在存以待寄者，有周孟伯先生齊一鋘二釜釋、毛敦釋，并前存之尊釋、吴釋各一册，又吴清卿學使信二封，拓本一束，計

[一] 陳介祺著：《簠齋尺牘》，見沈雲龍主編《近代中國史料叢刊》第九十七輯，臺灣文海出版社一九七三年版，第三〇六、三〇八頁。

漢石并封内金文若許。兹先以刷成之高麗箋四百餘緡敬以寄上，又紅捶箋百緡，共爲一包。先是未遽料有國制，故於高麗本色箋外備同格紅捶箋一分，爲新年揮灑之須。俟禮詔一下，侄又擬再仍元格刷藍行者百緡，因思箋板上有尊齋齋名，既嫌未便，而此箋紙包到時計應届年，明春正月二日即在臣庶二十七日除服之詔期内，則亦無須刷藍者矣。惟此次刻字手太不佳，高麗箋果不吃色，印貢川者足，一入高麗箋又變作此色矣。眼見如此，揆其紙性亦實使然耳。色不能更，刻字不佳，當於明春再鎸板以奉。詢如子年丈所云，今年刻工趕刻硃卷、朝殿卷，手已壞矣，蓋爲《泉匯》續集發也。附博一笑。瑣事不須置念。且仍書以賜侄，不日便復還耳。再博一笑。

區、鋘、敦，周先生釋亦有所得，元稿係手書，望七老人呵凍爲之，亦一趣也。惟屬侄上書求問幾鋘可盈一區，二區每各盛幾鋘，以盈口爲數，前僅言及頸，尚乞切示。此有裨經説，屬敬詢求復爲要。又二區及鋘并聃敦四拓本，周先生既釋後，俱將元拓本留去，屬侄另向吾丈重索自存。侄情不能重索以回，悵惘者數日，撫篋無存，心甚迷往。祇得恃愛冒瀆，仍乞惠賜精拓此四器各一紙，即乞丈賜款題志，俾後來人不得攫取，藉以爲枕中鴻寶，以侄所輯齊金文拓墨中無此本，則上駟出門矣。然爲此四器各得一釋，想吾丈亦不責其瀆而斥爲多事也。凡釋器不禁立説异同，直須各抒己見，有稍確者便是可存，而浮文空説不與焉。凡此事未嘗讀綫訂書者，固未許贊一辭也。今尊釋及周、吴釋具在，侄已督人鈔留一分，將從諸先生後附以臆説呈教，薄學淺植，必無可取矣。侄於齊器，此三器真世人所謂沉迷矣。又思將侄處寫定各釋再鈔一分，并附原拓寄香濤學使説之，又恐其將來不復還拓本，容俟此次丈賜侄四紙後再遇拓時有副本寄之可耳。究之人能釋器，文有援據，即費一分拓本，亦惟所願，亦不見元拓，僅據摹本，究差一層，是至理也。國事一切詳邸鈔，不復贅。明年爲光緒元年矣，當又有喜詔，故於此紙外再具丹以賀年喜。

更叩福安！

世侄懿榮　十二月十五日上

外高麗箋。

將來齊器釋文，當都仿此自成一册。又清卿收到匯寄蘇估銀條一呈閲，此事完訖，敬復命。

區、鋘各釋彙寫一册呈閲。閲訖望以補賜拓本，并還周釋。又齊人齊語，至各持一説，此事固不禁异同。

簠齋吾丈師位

懿榮再拜

按：札言『國服例用素箋』，又言『明年爲光緒元年矣』，此指同治十三年（一八七四）十二月五日，同治帝載淳駕崩，後光緒皇帝繼位，此札書於當時。

一九

壽翁年世伯大人坐下：

國制例用素箋。遲兩日信足未來取信，未悉其姓爲某，又未悉其住止，淩晨乃以侄所上一書，并高麗箋一封，遣人送交九蘭兄邸寓，必悉此足住止，可附便寄，不至誤也。送信人甫回，而此足亦來，乃悉爲傅冬耳。屢來往此，必不荒唐，乃謹以吳清卿學使屬寄呈之信一件、漢石拓本一束并各件，均有目，金文在封内。李□表久見翟氏[一]《隸篇》，稱李壽刻石，吳氏《筠清館金文》凡例内稱爲李喬平道記，時賈稱李萬里（因思《詩》云『不屬于毛』，『毛』即『衺』省，『衺』『裏』相對成文。附記），早見著録。清卿以爲新獲，偶未諗耳。侄已告之汪柳門爲所致信，渠此信猶未接着，蓋陝西拔貢某必俟其回三原時面交，亦滯矣哉。又胡石查屬上蠟封拓本五事，又二説乞教。又區、鋘元釋稿一册，吳釋一册，周孟伯先生新釋手稿一册，内

[一] 翟氏即翟雲升，詳致陳介祺札一〇注釋。

郙敦釋文又敦釋元稿一册，均一一敬繳。周釋是其手書，侄區、鋘、敦拓四紙送周釋時，將元拓留去，報以此釋，屬再向丈索自存。侄情不能復向周索，日内顛倒夢想，如有所失，忽忽不能自禁，請丈速爲再賜一分，慰此飢渴。侄每遇似此事，輒作病數日，稍住恐有不禁向周門長跽請回之事。侄生小性率類此，非徒空言博笑也。各釋侄均鈔存，急意得拓本時再繹以鄙意，平時有此，往往數日不閲，忽去則無時或釋於懷，不勝叩禱乞至。盂鼎已至，然近日侄鄭龕師在内常川期祭，不暇摩沙，侄等亦未得有精拓。其拓手皆十二三歲頑童，前有書云紙厚則不晰，薄則破，故拓未如意，乃不贈人。中飴派在演槓差事，日日入内。京師至今不雪，且寒暖不時，徒作狂風，想在《洪範五行傳》矣。各件均請察入，别紙具道年喜。

世侄懿榮叩上　十二月十八日

再，傅冬來言明晨即行，因不及恭楷。

前函及各件封訖，静坐待傅足來取。敝師河陽又來索尊書去閲，竟將墨拓鉢之重分先索去矣。敝師細大不捐，傷哉。即以聞，侄再拜。

丈知我者，如有所委，當不辭嫌疑。

京師利途人多，河陽遂概視之，侄故處處矯之。前書對河陽所説亦極以廉頑之意爲對。近人不可與經手，出入者多。

再，賜書一下，各處必來取閲，如有所語細事，及所賜之重者，請别紙書之，既免絡繹，且可全交與諸公也。至叩至叩。

按：上札書於同治十三年（一八七四）十二月十五日，待兩日未有足便，又有此札。

二〇

壽翁年世伯大人坐下：

國服明詔二十七日而除，新正月例用吉紅箋敬賀春喜。惟動作有福、頤養康娱爲祝。去年十二月十八日傅足去後，二十日未刻，琉璃廠宜古齋李敉泉賈來侄寓，交到書五包，然猶未見信。據言信及各件在曹竹銘比部手，即交，未深嘆而去。即日申刻，竹銘亦來，交到先交徐足所帶甲戌長至日戌刻賜書一件，敬悉一切，領到新得齊造邦刀、節墨刀、三字齊刀拓本七紙，侄敬領三紙自存，祇謝。又分三紙遵交鮑丈，并將元信内尊説『造』『邦』等字釋文一節持告，屬并元拓元説續入《續匯》。訖外只餘六字刀一紙，遵交石查同年，并回字稱謝，元札附呈。來諭云各三紙，蓋拓者以節墨及三字無奇，止拓二分，而六字精拓仍三分也。尊釋『造』字，確當不磨，較釋『遲』、釋『建』均精當。又賜及新得贛榆青口所出秦瓦，及濰之西南營邱古城所出瓦拓本各一紙，敬謝。其重者各一紙，并遵示檢寄清卿，并據來書，告以所出已詳。

又屬告鮑丈《續泉匯》中可删去五銖雙龍一範，今議爲僞者，已告。又悉濰邑近有以水膠泥作僞瓦者。景氏丙申角已以三百金歸潘處，嬴季尊、豚卣，潘見來示另紙，欲購之，聞已徑達函商吾丈，即在此次。李、丁、延三家拓，榮皆未蓄，聞歷下有可托者，惟拓必不緻，若其直公平，亦皆欲得之也。吳平齋拓本，潘處所得，不以贈人也。通州李氏所藏，忽質忽贖，未知定向，止識同部李荔邨一人，去歲放江西糧道，與潘處係戚，以十爵贈别潘先生者是也。同時竹銘又交到十二月四日手書一、緑封一、畫册一、宋宅信一、聯一、銀四十兩，據云海味匣先已徑送潘處矣。伸函敬讀，祗悉一切，知前各信均已入覽，長者猶諄諄，時以侄病軀新適爲念，不勝感激。書五包，已先於李賈手交來收過矣。所捎來尊致宋侍郎處信一、聯一，均元封，外有另紙簽記。惟銀包無封皮，拆開所纏麻繩，内點清足色高銀，計大小五定，又十一件（元注却寫十件），較平則與來信所稱京二兩平絲毫不差，銀色亦符，即續夾一條寫清件數、平色、分兩，仍用皮紙封好，外加藍簽，寫『奠儀』二字裹好，外另紙紅簽，照原包信聯封皮一律寫『宋宅』二字。廿一日因大風，廿二日辰侄親交鮑丈敬代達，懇祈轉致。多日未與復信，蓋宋大令已出京，而其三世兄則瘋矣。今日向鮑處索得收條復呈。據鮑札云自有函詳致尊齋。此宋宅信一、聯一、銀四十兩也。

又緑洋皮布封一，拆後將尊致潘信一、《藏古册目》并《傳古啓》拓本一包，遵示面交潘處收去。拓本紅繩未拆未解如元式，潘處當交下屬轉致信一，當時交下京城南官園謙吉昇號京二兩，平足銀三十兩正，又煤市街阜康號滙票京平足銀四十兩正，共七十兩，屬存記，尚欠十兩，今日又面交補來十兩京平足銀，共成八十兩。又交來屬懇轉寄王西泉〔一〕兄筆資八兩，皆協同慶票，侄即照票取來，并元封交來足，敬納，祈付收條，容復致潘處。據云已函詳尊處。前屬寄潘處以上各物，加紅染封，時正值國服，因未便加，并聞。海味匣曹已徑先送去，此潘處信一，緑封内目册、拓本全分各一也。

又《八大山人畫册》一本，來時木面上一板中開膠裂，來信屬使人持至心僧一看，三十金即可與等説，惟心僧近來迥非疇昔，京師主顧既無，聞其枯窘异常，近自津門回，在津止售出貨一件，數十金，僅足往返盤費，而年底無聊，假得廠肆僞古器，屬其徒拓全形作計，一夕被竊，并僞器已去。現在所取廠貨售人，得直後往往不歸本，或久不售，又轉質人，因未便送看，恐其留去累贅。侄處友人則代爲此册吹嘘，亦二三處，均未協，現暫存侄處，如再住月餘無人來議，當遵屬仍交竹銘手收住，此畫册一也。信面所記，經竹銘交到者如此。信内有宜古齋兑銀二紙一封，内兑條二紙，據竹銘云此即渠帶來，已交侄手。尊致宋宅之銀四十兩是一

〔一〕　西泉即王石經。王石經，字君都，號西泉，山東濰縣人。以武生入泮，性嗜古。與陳介祺交往親密，觀陳介祺所藏古器古文字，能解其妙處且能學之。擅作印，所刻大有古風，稱譽當時。著有《甄古齋印譜》。

事，當日竹銘交銀，却未索此兑票，今正曹曾屬李來言索還，侄以封内係二紙，每紙四十，既疑恐非宋款；又疑既二紙，必另是一項，當復以容函詢尊處詳復後，照信應交還或曹或李手再交，侄不擔錯也。因此二紙一封現尚存侄處，即祈詳速示知，是宋與否，或一或二，或再須向索者，及此二紙應交何人手銷去，當據示遵辦。務請晰言之。西泉《聖教》册在李手，尚未見，鮑書已交，蘇信亦附交鮑手轉達。竹銘匯與宜古事一條，在尊函提及，詢曹，云歸渠處，與侄函無涉。又屬代置年物祭品各事，來信言又有目托李敉泉，勿複。此信廿日始交下，當詢李賈，據云已面致九蘭兄，已辦齊，交車便寄來，無須侄處再置，不必複，即遵示不複置矣。

又景劍泉丈雪枝閣印樣一小封，已代交。

又宜古李賈交來書五包，如信面，附小書一包，計四册，《西泉印存》一册，祇領，甚佩，祈轉達謝忱。《古鉩印文傳》三册，以二册交景處收去，兩清。所存一册，今據來示，遵交江西彭君，前寄銀一兩來索已收到者，亦收去，清完矣。各札附呈。大書四包，計《隸篇》初印綿料紙本二部，來信言廿四金（是每部直十二金），或至廿金亦可（是每部十金）。京師往歲每部直在三四金，近直每部漸至六七金矣。此書初印與後印價相等，其玩印板本者，則取初印；其講考據貪多者，則捨初印而取後印，以再續一册中較初印本又多若干字。宜古此次帶來未訂者，亦售六金一部，廠市訂本或六七金也。適吴清卿年終便來有事，即將無套者一部交寄清卿屬留，并依來示，或十二金，或十金，清卿暫無此書，而李壽刻石之又在此内也。京師銷直不能如是，已寄去，容俟回信。計清卿欠款，前《古鉢印文傳》三本直三金，此次《隸篇》一部或十二及十金，如示告之，均待復書再聞。餘有套一部，暫存侄處，俟人來議，據元直，依示以告，此書五包也。雜事詳盡復繹。

賜書教以學古作人之道，實事求是，不厭精細，感刻無似。侄所患已大愈，惟體氣暫未完復，每日服潞黨參、何首烏、沙參各一兩合煎，甚效。侄病尚受補，近止未大健也，謹以告慰。王西泉先生刻手直入古法，非吾丈不能識此，往復展對，甚佩甚佩。此間人則酷耆振老摹古，爲絶調也，王自作者直是漢人正派。侄爲潘處致振丈筆資，知已收到，并景處《古鉢印文傳》均察入矣。來示有將爲侄補齊所賜藏器各拓，厚貺如此，感甚幸甚。嘉祥古版，知不可信，李藏大同石象紀元處非磨凹，自是古石。石查處已代致賜寄銅象拓本十事、石象拓本二一。像古，字與文俱古，而拓墨精妙無雙，爲古人生色，愈增法相莊嚴，具三十六種好矣，九頓不足以謝。銅象字真者，又少于石象，且可中按拱對焚香静坐，此亦西方古先生惜未得見我至聖先師耳。瓦十五種，各三紙，如數收訖。侄叩領一分，擇一分精晰者寄清卿，俾續入補刻，以一分交潘處收去。磚三紙，侄自存二，以一附潘處瓦一分内交去，不以與清卿，省得誤入瓦類，俱遵屬矣。又賜新得郎邪臺瓦已裂者拓二紙、兮甲盤二紙，侄叩領一分，即以一分畀清卿，渠處年底一伻有事，伴解餉委員來，今春初告已回陜，所有一切信拓，書一部，各件俱彙交其伻賫回。清卿來信，有件皆交此人，不致誣也。侹所領各件，容分詳寄目中再呈。以上敬復去歲賜書，及寄件之尚未詳復者，皆於此次復上。

連年來往手札，潘處均屬鈔齊，取去發刊矣。真駟不及舌，附博一笑。光緒元年正月廿四日酉刻傅足來，交到總封一、賜書一，當即祗領。悉徐足、傅足客歲所帶各件均察入，來諭所教皆名言至理，伏讀一過，未敢粗淺作率爾而對也。長者厚愛若此，未敢以躁氣乘之，容足去後詳繹有得，始敢再言，以冀教益。李賈匯條二紙，尚在此未付，或付或係二事，仍須向索，尚祈速示爲幸。此次領到所賜區、鋘拓六紙，爲二分，當以一分寄張孝達。圖三紙，釋二本，釋當録復寄來。聃敦一紙、朱拓古鉢印五紙、墨拓八十六紙，當自存，不以贈人，侹平生癖此。磚拓一、印規四、信稿一、南公鼎齋印文一、拓目一本，敬叩謝。内來拓知無足當尊鑒，謹復收，此外吴信一，瓦拓百十紙，藏古目、碑目，遵即封完，容商提塘關姓，覓妥便寄往再復。㪚藏四矩似舊翻本，然銅質極朽敗，與戟門所藏一品銅精者别。四曲亦不同。石查刀得諸何氏，其銀蠟封則龜紐（夙購于蘇州），似不過漢，銅封則葉氏燼餘物。漢畫[illegible]釋非筱，精當直截，當據以爲證即田器之説，補《論語》古注之一。

惟盂鼎極大，石查只能畫小品，亦佳，不能作圖，故清卿一去，《攈古款識》畫圖無人，乃歇絶。石查作畫，又只能臨人入妙，不善自出機軸，容與商之，或促其試爲之。拓則喜用淡墨。元信并給石查看過，侄潘師處亦取閲。拓法、藏法已告之，惟小□非適用之人，不延友，不索人來拓，恐終無佳拓矣。賜件容再詳復。寓寄目中，侄潘師屬爲先乞古鉢印，合周秦印朱墨拓之一編，元札呈閲，并祈示拓直。此處各家似尚有索而寶之者。清卿處拓，拓手太不緻矣。高麗箋容印好敬納。些須小事，侄所樂供，不足齒及。後附之來諭，當即送潘、鮑閲後秘之。不但老成閲歷可垂爲法，又世受國恩，忠愛不忘，亦是作人古道。

京師牛痘，一種雖出，尚須再種一次，不然或隔數年及十年内必一復。侄前一女，五歲種而復者，殤。侄妹三歲種，十三歲又復，甚險，幸而愈。侄大子二歲種，去年七歲在川而復，幸而愈。聞今上去年已出天花，則天下之福也。侄潘師此次交來《沙南侯獲》刻石拓本，前後二副爲二軸，封好，屬交來足寄呈。又前屬乞子振爲選金文刻『壺天』二字印，并聞。又丈處爲所刻各印須石大小、長短屬侄備，請先示式之大小、長短，先示下次即寄，此潘處祈復者。又景劍泉閣學復上致尊書一，頗仰慕，祈作復答之，慰其意。又附上石四方，封好交來足，以符印稿之選用圖記者，又乞爲選金文『哲生』二字作字印，是其字也。『哲』字記得尊藏曾伯霥簠有之，祈示，餘詳其自書及印稿一函中。西泉兄及子振丈爲刻各印潤筆，祈丈爲書直明示之，渠較潘爲初交，不妨直言，且簡當也。渠又將以八十金索《藏古册目》并金文拓本，如寄潘者一分，種詳其致侄札中，均附閲，直暫未交來，祈示復。

侄藏掌節印文曰『尚苻鉢』（以家諱，以此字代之）者，係龜鈕，敬告，乞賜聯語。王工部瓘之祖名賡，字學坡，銅梁人，嘉慶庚申北榜，後官知州。其曾名汝嘉，則檢討。高名恕，康熙間巡撫，亦川之舊姓也。計此次面交傅足復帶呈潘信二件，在侄總封内，外《沙南侯獲》刻石二軸一封，又銀一大封，緑布包内共八十八兩。《傳古啓》直，謙吉昇票取來京平足銀三十兩一包，阜康票取來京足四十兩一包，協同慶取來京足十兩一包，各包各號元平元件。又協同慶票一包八兩，京足元件，致西泉先生轉交，均示收條。景處信一，在總封内，外圖書石四方一封，餘詳侄所寄各元札。

計清卿欠交尚未復者，《古鉢印文傳》三本，直三兩；《隸篇》一部，或十金，或十二金。計侄暫存者，《八大山人畫册》一，《隸篇》一部，尚未出脱。此次信未封而銀已封好，忽侄潘師來有云，尊屬從侄或由彼處交瞿經孳[二]三十兩，侄以未奉有手示且銀已封好，元包元件未便

[二] 瞿經孳即瞿樹鎬。瞿樹鎬，字經孳，江蘇嘉定（今上海市嘉定區）人，瞿中溶之子。其父精金石考訂，有《湖南金石志》《古泉山館題跋》等。瞿中溶逝後，其子擬刻其父《集古官印考證》，但無刻資，募資於金石同好，陳介祺有助其三十金之舉，鮑康、潘祖蔭皆有助資，但瞿樹鎬拿到刻資後在京揮霍，所以札二四中有『經孳收此金去後，至今未行，看來又將完矣』之語，札二亦言及此事，故鮑氏、潘氏知後大怒。幾年後此書始刻成。

再拆再平，俟尊處有需京用之款，請再由濰寄來。侄向來任勞不任錯，故此次李賈匯條堅未付，如此同。侄爲人經手銀錢，節清節款，不畏繁折，爲人往復過手及暫存之件，俱元包元件元平，雖直至窘，不絲毫假借通融，及爲人顛倒挪易并借匯，故不慣爲人存銀，心刻刻若畏失，自是可笑。往復出入，必取手條收復字樣，仍如事復之，以清楚瞭亮爲事，事近方板而小趣，然自是脚踏實地，當時繁重，後來自己樂易之。實際家君教侄兄弟，常云爲人經手銀錢，須交代清楚，收復明白，有實據，不可致令人查，一錢與千金同，與人往還，不可查人，致令人疑。侄兄弟生小習慣如此。以事本細，故致受污穢，無所得而有所失且大也。且亦人品節閑攸關，此事雖小，可以喻大。潘以瞿事有讓責之意，侄復云生性如此可笑，若人苦其繁且知其苦以爲難，不復使共此事，亦托懶之一道也。侄于至戚至友皆然，二十年矣，附博一笑。又交傳足帶銀，傳足欲代匯與郭姓，侄斷不肯，告以此中有關係，俱元封元件，若誤唯爾是問。因又央求遵以元封妥帶，元包賫呈。又論及酒錢，索束直十千，侄云此太可笑，即匯號及吾登把兒頭皆有定例，何至若此？且爾受陳宅厚恩，何至若此？渠央求寫銀二兩，此八十八金似亦不直，姑從之。請見此信酌付，如何？信皮姑作活寫法。

此叩福安！

正月廿五日竟一日夜　侄懿榮草上

區、鍈有尚浼西泉兄精拓之賜，先兩謝，并乞賜題志之。前五六年前，在博古齋逢兩同鄉，皆濰人，一是宋次山丈之族人，一記似西泉先生，曾爲説洸有『長宜子孫也』等文，『也』字末一筆長幾一周，作綫，又有『弩字多不晰者』等語，果係此公否？便一詢之，作趣譚也。信完又及此語。

按：此係光緒元年（一八七五）正月所書。王懿榮此時雖愈但未徹底復元，仍服用補藥。

二一

壽翁年世伯大人坐下：

前月廿日傅足所帶銀、信、《侯獲碑》本等物，刻想已入覽矣。侄以二月朔定議移寓内城順治門内兵部窪中街西栅欄外迤西路北儘口内第二門，當日定局，擇于十五日眷屬全行移入，因連日僕僕，一城内外搬運顛倒，幾無下足處，一人操勞無將伯也。百忙中於月之九日得正月廿七日賜書，悉諸城事各紙，此事能大能小，只在司牧者善爲之，若其騷然則切迫之灾矣。近中聞畿輔紛紛移家入城者數處，經日始帖然，則亦識此之故，風傳而去耳。亂離之後，人心已虚，值虚而荒，理所必然。屬寄清卿各件并函收入，即寄清卿處，近一摺差甫去，有二信屬寄呈，附納。此次賜西泉兄、子振丈印拓及譚照金文各事，領謝。致石查者，亦交去，并屬復謝。此間人止慕振丈之摹金文，而不悉西泉先生之自出機軸尤爲神明，漢人撥蠟法也，先入爲主，此事亦然。初十日又從子年丈處得十九日賜書，并振丈賞及『乙亥』紀年一印，感謝無似。不片時而敝潘師即來字取尊函讀去，旋又將『乙亥』印借去。借者，攫之别名，乃使侄歡舞未竟一日，而未悉侄亦一意想情願之人，天下人孰不如此耶?·附聞一笑。然吾丈及振丈高誼，則没齒不忘也，容再圖報。鳳翔鼎事當便商清卿，并先索其拓數十紙。又屬爲孫女世兄擇婚事，當稍暇即商之東甫太史，此事必熟商之乃可。潘既取尊書閲，薦僕事尚未道及。何伯瑜信已交去，收條附閲。侄所以遷内城者，以舍侄來庶前在豫軍陣亡，侄之嫡堂侄，長房大宗也，其胞叔舍十八弟已得副將帶隊矣。此子殉難十年，而其所聘蓬萊張氏女亦侄舊戚，堅貞不去，今年過門，而侄城外房頭不敷，又與人同居不便，故移之城内，不止避囂已也。連日手忙脚亂，席地爲此，潦草不恭，請勿責其簡褻。一過三月則安閑如意矣。下次再詳復。

此叩福安！

世侄懿榮頓首上　二月十三日

按：此札書於光緒元年（一八七五），該年二月王懿榮移入東城，此前在外城賃居。

二三

壽翁年世伯大人左右：

三月二日酉刻，由西城根郭匡侯觀察處交到二月十二日至十四日賜諭一件，敬悉傅足已於十一日晚始抵濰，所上各件均已照數鑒收矣。雙龍文範已致子年丈删去矣。通州李氏器遵當留意求拓本。西泉兄《聖教》册仍在李賈處，侄總未見過，往詢兩次，均云有人持去看，未在鋪也。若夏間仍未能銷，遵當與竹銘[一]同年收回。《隸篇》即以前直與此次所示八金之直留侄處覓主。《八大山人畫册》亦存以待價，凡遇交好同道即代爲吹噓，成説再聞。來示所詢侄近況，并教以爲己之學，至詳且盡，感佩不能言喻。種當身體力行，以期不負長者之諄諄也。侄已不服參烏之品，近亦稍覺充實，日内移居稍定，將收拾起舊事業，哼哼八比矣。移居半月乃就，一人躬親，亦疲乏之甚，以心力交用也。承示惠及新得殘瓦十紙，遵檢一分精者寄清卿，侄自領一分，叩謝！又五紙，即遵交伯寅先生收去矣。又惠初拓新得魏興和孫思賓殘石象、齊乾明

[一] 竹銘即曹鴻勛。曹鴻勛，字仲銘、竹銘，號蘭生，山東濰縣人。光緒二年（一八七六）狀元，授修撰。光緒七年（一八八一）授湖南學政，後充武英殿纂修、入南書房，任雲南永昌知府、雲南知府、雲南按察使、貴州布政使、湖南布政使、陝西巡撫。工書法。陳介祺義子，王懿榮好友。

造象石坐各一紙，重以題記，敬以寶藏，九頓不足以謝。前收目中夾回所上各存拓，批示至詳，鑒定確切，已將僞者分人，而以元示真者仍入復上，并附以戟門多字一敦蓋，請哂存。

盂鼎，伯寅先生仍未延人拓，石查諸公亦總未得至，尚是館童用事，惟尚未事大木疾捶耳。鼎圖，侄雖至近，亦尚未得，想精拓則近年未必能有矣。伯寅先生未始以館童爲劣也。來示已取看，然丈所言大椎加氈，深爲此鼎戰栗之説，侄却爲此鼎心感矣。劍泉《傳古啓》款尚未付來，宜古齋李估收條二紙，悉與竹銘所交宋銀同爲一事，即日付之，即如命也。詢其爲西泉兄所作鋼刀，云尚未就，其與石畫閣此次同辦之貨，聞廠人云甚折本矣。屬代致劍泉丈所覓西泉兄新刻二印，即日交去，并屬復謝，潤筆二金及元札并上。子振丈爲伯寅先生所作『壺天』二印，亦即日交去，屬復謝，潤筆三金敬奉，均乞察入，轉交爲幸。魏齊石屬致中飴、清卿各一拓，中飴者交去，所題記語深中中飴書法之偏，中飴好用偏鋒，老成之教，語妙而意摯矣；清卿者遵寄去，蘇七信并致交，何伯瑜信已即日飭交矣。

承惠新裝洋照册一，精妙無雙，且見吾齊三器縮本真面目，不比形拓之有挪易遷就矣。惟洋照爲前人所未有之奇，然甚當於用。即照行樂等事，游子可以寄家慰親，老人可以寄外示子，亦至妙之用，而無傷於名理物數之大之細。伯寅先生云性不喜，子年丈則以爲三代法物不可褻以西洋近玩，似未免迂腐矣。侄則性近求是於理，不以中外拘也。香濤嘗云西學占天製器便用，即聖人復起，亦所不斥，甚然甚然。凡事當觀于其大也。答書復上，用紅箋，以有底格，作字較多，故便之。且侄爲人子者，遇事取吉，亦微衷也。仲飴處《泥封考》，索閲尚未與，渠又派幫總辦禮儀，又日值殿班，不回家日多，故未及。已與侄訂姻，侄長女爲其次兒婦，將以國制除而通柬定親也。事定後又與吾丈結一重姻好，幸附末光矣。方元仲拓一包，遵交伯寅先生收去，其拓鐘乃照英蘭坡物影刻者，拓不緻，而墨又濕，故掩其毛邊之迹，湊難分別矣。伯寅先生花錢如水，近似少窘，得丈指示其所購器之真僞，逐件汰而退之，賈者傷心，亦可笑也。

又外函一，承屬侄暨侄婦爲（孫女世兄）代買各件并清單，俱領悉，種當遵辦。此微事，不足獎勞，然不可不商。此種若花錢而無當，不敷用則不如其已，故不厭其詳，侄于此事不在行，謹據侄婦言以對，并請詢之孫女世兄也。十錦洋綢百摺裙時式者，名花鼓鑲，其名如是，非有花也。花鼓鑲若成衣鋪及街裁縫作者，皆粗而不結實，有宣南一帶南方人家女工者爲佳，賣花客人承辦，時興者無馬面，即要帶馬面者，馬面亦較老樣爲伶小，若有馬面而大者，皆老裙估衣貨，計無人要者矣。故時興者率無馬面，如帶馬面者，亦皆用小馬面，然皆在十兩外，亦有常價，不能差許多。成衣鋪與女工者價相埒，無八九兩内外者，約皆須十二三金，通行如是。因來單詢及并注明馬面要時樣者，故直陳之。惟近日洋綢等綢緞等物，若論顔色、花樣，則較從前鮮明百倍；若論質地，則縐綢緞布較從前厚重細密者亦差百倍。布匹亦然，故不能執舊物以衡新産。然人心粗薄，亦于此可見，而京師尤甚於外省，只顧外面顔色、花樣矣，人物同然，八比亦然，唯古器則仍曰求真舊耳。此洋縐、夏布、洋布、緞匹之通概也。緞子大似當年榜綾，顔色則各種新奇，凡緞匹染青及縐染青者，皆下一路者。以青色中皆用黑礬及石灰，故不及别色之耐久不碎，即收藏日久則自蘇。京師染坊以大順爲第一，外省染貨及洋染皆從此出，此鋪爲福山吕姓所業百年者，其東家即侄之堂兄親家吕壽南兵部也，故侄知之甚悉。來單所開元青縐子，即元青洋縐乎？凡染青及黑色者，俱不耐久收，此深知其底細也。京師黑綢、黑縐等物，及元青、紅青者，多大婚采綢落色，估貨所爲，蓋數萬匹，而京鋪遂以攬用，近二三年恐未能驟了也。

又所購首飾要時式者，包金等物要平頭用者，元單開注如是。京師時式不復平頭已多年矣，近日吴中飴二表嫂新來京師，次日即换頭面，侄婦所見而云然。久不興平頭，仕宦人家無梳平頭者，皆梳時式，故首飾亦隨時式，不能移易用之，而且樣式渺不相同矣。時式頭，官名蘇州頭，纂名蘇纂，俗名卧龍船纂，式甚小而灣，以取輕便，少有髮者皆能梳真纂，無多髮者可戴假纂，不至墮落，頭髮蓋輕便之甚，故首飾翠花頭面皆隨之，皆取輕便。往歲首飾銀兩輕重，今一頭可分數頭之用，其輕便可想而知。此皆南人想法，以輕便文晞髮，以儉省爲妙，□

之大概也。然頭取輕便，飾取儉省，亦有道也。京師覓平頭裝飾，則覺老樣且希見矣。至翠花摺裙，則侄處有熟照顧之客人，即花婆，物有常價，且不二價，通行相同，侄婦即便爲之，祇詢首飾，是仍要平頭者，平頭則非時式；要時式者，時式則無平頭，請詳示之，以便遵買，或此後從京先寄來假纂一枚看之，或仍用平頭者，因注詢及，敢直陳，恐徑捎來則無用反誤矣。至綢布緞匹等物，及打金銀首飾等物，則侄處皆托侄内兄黄寶三比部常辦，渠爲人誠實在行，又與諸鋪熟悉，挑揀價直在行，布帛之成色、金銀之分兩均熟悉，現由京改外同知在直，現辦通州海運，在通，月必來京數次，侄歷年辦此，皆托此公，俟來示詳悉，當代托之，不費事也。以上各件俟定規時，皆具單聞并據元單呈閱。大約婦女裝飾，皆由南而京、由京而東，比東方行時而南人已變易矣，故驟以京裝對吾東人，言必奇悶，而南已鄙爲陳迹，故携京裝至東，東必笑，若取東人至京師，則又必朝不待夕换頭改面矣。工人偷減，無如此時者也。以上大概如是，此侄婦之文亦不及當年之精細，及南鏨之光華矣。京飾洋鏨遠看都精妙，近看其花言，屬敬聞以對孫女世兄行言之者也。侄都不懂，并一身皆粗頭亂服，大有家半山先生之筆意，始備舉以當歲時記、方物志之一，博吾丈一時解頤耳。至應如何置辦，即望據此詳示，遵當種承也。

匡侯觀察聞有不引見即告休之意，然又暫不東歸，見次平丈亦如是説，未知其行期何月。

日内又不見傅足、徐足來，無處寄信請示各事，甚悶。伯寅先生寄件及清卿續寄件，別紙詳記，并望照入示復。劍丈《傳古啓》款日内尚未來。承振丈油素摹示漢印見寄，感甚！當即謀石寄，懇仿爲之，并別紙再詳，先謝。又時式不行排環，又屬購之時樣絨花即大絨花否？所云二兩餘者，是指其直否？此絨花即婚嫁大禮應用者否？若出門戴花，則時式□綫花作好者，如真花而雅，現止有一家作者稱絶，約數千京蚨一支，纂圜亦然，如真花朵，平素戴者皆用綫絨通草，大禮則仍用點翠者（又洋紗者，即洋布花，□亦有佳者，又平素無戴絨花者）。信無便寄，故再縷詳，此復。匡侯兄所帶信，因日内無滩便，故語未結。三月十五日未刻，又奉到車便，畢芬交來三月二日賜書一件，今年春寒异常，京師亦然，去冬大暖之故，此又春行冬令。聞起居偶然感寒，并挾濕稍重，甚念，馳繫之至。近日嗽熱稍減，而覺憊。然感冒雖係小症，而不可令其綿延，不可不急發散，又不可過散，病雖微，不可不加意也。凡小處不經意，最足誤人，伏望珍攝。日内想可元復，幸示及。

古鉢打本朱墨全册十三分一包領到，自領一分，敬謝。餘遵即代銷，尚可速成，當即以此款遵辦所示東箋等物，容再詳。裝法并詳領悉。前止慮匡侯兄行無期，竟不意有此畢足快便，又各種須函詢，竟未前備，甚惜甚惜。又前示未語及此便，想亦值念未及也。潘處寄物各件，詳別紙清聞，先附呈，然亦不多，請按單查入。畢足來言，即擬行，侄移居後所蓄已傾，川信盼而未來，且黃寶三暫亦數日未由通進城，景款亦尚未來，竟未能先將布匹等物無須先商者趁此便發來，尤爲省快，甚惜甚惜。人事差池，往往如是。景索《傳古啓》，如檢齊，乞先寄交侄處，存以要之，元札附呈。此次示中所云此次賜寄新得漢『千秋萬歲』殘瓦，齊出者，并拓十二紙，并屬致潘、吴各一分者，及單致侄之『萬歲』字磚一分，遍檢無之，信封面亦未注及，想漏發矣。

盂鼎圖，潘言曾致精拓數紙，係由渠處自發者，且亦云記得恍惚，未知丈曾收否也。又云信未見復提及此者，或有漏，未可知也。伯寅先生性急，或長致此。《侯獲碑》本二軸已交去收訖。清卿書一、木夾册一，元封留，覓便寄去不誤。《續滙》一節已告年丈。鮑處送來此次所寄書内，屬向東甫取助經孳一事，已撤下，即日交東甫。今午東甫來云即日向友湊集，三五日後即交來不誤，一時亦手中不便也。孫女世兄事已與詳悉之，當遵示留意。經孳辰已來，侄已告其候之。再，所示刻印及作畫等論，侄亦嘗如是云，真確論也。別紙七葉，議論深切時要，伯寅先生亦爲浩嘆，亦曰其言豈一端而已哉。此次嘉順皇后大行禮議，禮臣有誤會，意欲從簡者，已被惇邸力斥之，然真可謂烈女皇帝矣。先民有言：『禮在則然。』今日亦幸不議禮，不然種種棘手矣。又不僅儀注疏漏已也。屬注收字印于《藏古册目》，據目則侄所收尚寥寥，然承意太厚，懼不足副，使心不安，留爲後貺，將來或得以報惠。長者以身心所得誨我步履，周示之䂓，又不僅此矣，幸附鄉後世晚歲末年家子，亦不敢參以客氣也。收目録訖復呈，《藏古册目》亦注收附上。此目内缺距末一事，餘各件詳别紙，伏望照單查入。日來藉賀新居，來縱譚者多，此書乃三四起所成，故潦草益甚。『乙亥』小印領謝再三，皮封六十并簽復納。瞿經孳收條俟東甫交下後送去，再索復呈。所購各種示定後陸續奉上，瞿公先交一信并呈。

祇叩福安！并望珍衛，不盡欲言。

三月十八日辰　侄懿榮復上

外物單一分：

瞿經孳刺史信一件。

皮紙大封可盛東箋者六十并紅簽。

《藏古册目》一本。

拓目一本内夾拓本。

又東海使者所贈東厚箋并封兩大束敬附納，頗宜揮灑。

再，侄前見所寄子年丈之新得琅耶秦鐵權全形者，其銅詔版拓緑色大幅者，甚羡甚羡。如有存者，請題款爲贈一幅。侄系出琅耶，土物心藏，非直懸之爲觀美也。（如無，請勿勞爲幸。

有外行見之，謂爲青緞小帽帶精翠帽花者。其比擬亦奇，附博一粲。）

吴清卿學使寄拓本一束（有横束，束紙有元注）。

潘侍郎前後大小信五函。

又屬先刻印一條附。

又金箋一捲（附捆元札一紙，祈榜書）。

又金文六册，有布套。

又石印十二方。

又寄子振丈銀三兩一封。

附景劍泉閣學二札，并寄西泉兄銀二兩一封。

按：此札王懿榮言身體無大礙，已不用服補藥，略爲壯實。又言移入東城之後事，當書於光緒元年（一八七五）三月。

二三

壽翁年世伯大人尊前：

前日交畢芬復書及各物等件，刻想已鑒收矣。二十日凌晨傅足來京師，又奉到十日賜書一件，拓瓦四紙、磚一紙，祇領叩謝。餘瓦二分八紙，即遵命一交伯寅先生收去，一存寄清卿矣。所寄劍泉丈小封及石印一包，均如命致意，劍翁感激不盡。傅力二千即付。又復上西泉兄筆資四金，元包元札附呈，屬深謝也。此次示來，忻悉近履元復，初七日已出屋門，然病加於少愈，尚望隨時調攝起居珍重爲幸。前信各件，請示已盡，不再贅。東甫今辰交來松江京平卅金，亦定一件，并元札持交經孳刺史收去，有收條一紙，又信一封復命。西泉兄刻『三祝吾廬』印，大似漢人鏡款，深佩深佩。登州文石當屬戚輩力購之，以娱長者。伯寅先生信一封，屬交傅足帶呈，均望察入。此次寄清卿瓦，并秦金石墨册，均擬交經孳帶入秦中也。清卿許久無信來，蘇七新寄子年翁小品一包，無長物。

秋試又到，將收拾起舊事業矣。古人以男兒生三十成名，苦不早，况復無成哉？然爲人作事，不以窮通异致，天本不靳人爲聖賢，人自不爲耳。匹夫而爲百世師，春秋以來，數百皇帝，今且不能盡舉其名，何况狀元、宰相耶？侄自篆聯，每年揭于房門抱柱曰『爲令子純臣，進退悉如吾意；願天下萬世，人物各得其所』，藉以自記所欲，不敢以示人也，敬爲吾丈陳之。又侄二十九歲小照一軸，敬求賜題數字爲榮。蒙丈不弃，引爲忘年，然數年來書札往還，未得一拜尊顔，至今悵望。然侄此照不過一時紀思，至於果相似與否，初不自知也。想到百年後人必以爲果是，則亦無從辨别耳。臨箋帳慕，不盡所言，敬叩福安。傅足言明辰即出都，料理交代，一城内外盡一日而歸，挑鐙敬復，不恭之至。

榮頓首上

按：此札言『秋試又到，將收拾起舊事業矣』，此年因爲光緒皇帝登基，有恩科，王懿榮參加該年恩科順天府鄉試，此札當書於光緒元年（一八七五）秋試前。

二四

壽翁年世伯大人坐下：

月十四日辰刻有李姓車便來侄寓，交下三月廿八日賜書一，敬悉前件均蒙查入。範拓遵擇一分交子年丈入《續泉匯》，其一分侄祇領敬謝。印稿即交劒泉丈。李車言即去，立候復言，容瑣後詳。經孳收卅金去後，至今未行，看來又將完矣。屬件已飭先考較價直與物質地之優劣，俟得示後當遵辦。景款未交。鉢拓已銷太半，東箋已飭坊照辦，另刻款字暨樣式高下矣。侄漸次沉入八比，恐夏秋以來説帖中亦出八比氣味矣。教言切實，往歲香濤亦作是説，而未如丈之透快也。中飴派幫總辦，日日入直，故前收去石像拓本後，至今尚未來復。捐納房又有缺眼，侄止靜聽之，以俟有此金石福否。《嘉蔭簃款識法帖》（仍名清愛堂）在諸城，有人拓之，侄未見，言已缺二石，未悉在麗泉乃郎處或仍在劉家也。侄近得琅邪臺『千萬』字瓦一角，爲諸人所贈。車便遲，信太促，字迹潦草，乞鑒諒。

肅復，敬叩福安！

侄懿榮上　四月十四日

按：此札言『交下三月廿八日賜書一』，按之《簠齋尺牘》，陳介祺之札書於『乙亥三月廿八日亥正』〔一〕，札中言及拓片及不可用八比之事，與此札合，故此札當書於光緒元年（一八七五）。

二五

壽翁年世伯大人節喜：

五月三日甯足至，得四月廿二日賜書，内瓦拓二分，遵以有題字者一分留寄清卿學使，其未題字者一分當即移交伯寅先生，并來取信閱訖矣。復云洋照之法甚精，及鼎圖之當重刻，俟稍有力時再謀之也，屬轉達。日内因右腕作痛，此次未及奉書致謝。此次九瓦真秦斯法，即漢瓦亦异常瓦，侄尚擬乞惠一分也。新拓造象二分，李少石兵部來索一分，節近尚未

〔一〕 陳介祺著：《簠齋尺牘》，見沈雲龍主編《近代中國史料叢刊》第九十七輯，臺灣文海出版社一九七三年版，第四二五頁。

取去，一分再待索，統容下次再復。清卿有書二、瓦録一册，屬敬寄，四月晦日到也。又《隸篇》直十二金，并《古鉥印文傳》三册三金，二共十五金，并交甯足帶呈，乞查入分交，賜復，便轉致也。《隸篇》尚存一部，在此待銷，有議者，尚未成，則不得此直，當以後直報命。七家印譜尚未借得，俟後即遍詢藏家再復。《爨寶子碑》新拓難入目，舊拓不習見，即舊拓中價亦懸殊，分有鄧跋與無鄧跋者，無者在前，則價尤昂，此間翻本數四，元石價不一，難懸擬，容當留意。《龍顔》則多無額陰。伯寅先生云《海東古刻》俟下次足來再當呈覽。京師三節皆京官費話之日，侄前後在此廿一年，年年如是。刻仍元氣未復，不免忙碌。大都平日疏於此事，乃臨時張皇耳。若伯寅先生則七年少農，隨手拋去，一改官便不敷，較侄又兩樣説法矣。瞿經孳甫行，請于復清卿書中，屬就近索之。此公於東甫未交前件事時乃疑侄，故遲之，後則到手時，固不止此一款一處，乃吃花酒、鬧戲子，盡罄其刻資。比出京乃托韓芸舫〔二〕中丞之孫芸孫者，亦京師所謂老琉璃，質其當票三紙，僅得二十金，芸孫中間爲九扣，作十八金，始持以去。子年丈、伯寅先生無不大怒者，難哉。刻想傳足已至，匆匆不及多言。

〔二〕韓芸舫即韓克均。韓克均，字德嶷，號芸舫，山西汾陽（今屬山西吕梁）人。嘉慶元年進士，曾任貴州、雲南、福建等地巡撫，頗有政聲。

敬叩節喜！

侄懿榮頓首上　端五日

吴信二、瓦録一。

京平足銀十五兩，元包元件，顧緝廷工部交。

《隸篇》直十二金。

《古鉢印文傳》三，二共十五金。

另令好手刻一好板（刻硬刻匀鉤好，圓勁便是好），去中間六小字，二三十匣，色要紅足，每匣百，紙必白細，字照拓本刻好。前曾函托含英主人，不知何以未答，此圖不過取其清疏。

按：此札言『五月三日甯足至，得四月廿二日賜書』，按之《簠齋尺牘》，陳介祺之札書於『乙亥四月廿二日』，札中言及『九殘瓦寄二分，乞以有題字即寄清卿，其一致伯寅』〔二〕，與此札合，故知此札書於光緒元年（一八七五）。

〔二〕 陳介祺著：《簠齋尺牘》，見沈雲龍主編《近代中國史料叢刊》第九十七輯，臺灣文海出版社一九七三年版，第四四〇—四四一頁。

二六

壽翁年世伯大人坐下：

十七日辰刻傅足來，接到月之六日賜書，刻想甯僕所帶銀信計查入矣，幸示覆。此次木篋未弆，兹所上各物内油紙外皮紙重裹，傅足言無慮矣。經䔥處書詳前甯帶函，兹遵致子年丈便詢，并傳候東箋，重依來樣款字印式交坊飭造，已送樣看過，稍勝前，惟正值端節前後，工歇未訖，致此次不得附呈。該價尚未計來覆核，因未以所彙鉢拓銷價留付，而以所得各元包先行寄繳，俟箋造訖再請寄直無妨。侄才短心拘，深慮轇轕，不計往返拘泥之勞且瑣，止願其各了各事，一清如洗耳。侄日用出入會計俱如是，生性所致，請勿笑其迂而責其瑣，幸甚幸甚。鉢拓清單并銀外封内詳，乞查納。又屬置各物，照單如數外封内詳，并直目，乞并各物點收查覆。又潘信一、碑本軸一、鮑信一屬轉呈，乞查閲。瓦文留一，祇謝，遵寄陝三，并遵致屬精拓各刻，惟清卿一眼認定宣紙拓石甚粗難下，不悉何爲。額亦乞其倍之。《石門頌》額，侄曾有二，已早分贈小與〔二〕。此間習遇，當再購以贈西泉兄。六朝石五種十紙二分收到，前二分銷

〔二〕 小與即小宇，指王瓘，詳致王瓘札一按語。

與王、彭，兹各補去，又交該直，即遵前示之數一律，惟均尚未交，且并乞補全，彙直拜上，容再繳。又潘屬索一分。此次所銷之前後各件，内有侄未得者，已得之拓則皆詳于寄目矣。《石門頌》則半直難出脱，此物應甚負當年購直。京師此石描失者，皆出裱工于合所爲，此子當年外行時，曾以賤直爲張松坪[一]丈購得此石真宋拓本，後其學漸深而悔之，乃遍求此石本，描失以欺人，甚令人作惡。此間累累，有半舊而爲其弄壞者，真可惜也。張本侄曾賞之。此間稍雨，而工部門神庫、刑部司曹數處火，則旱既甚之故也。魯節瓦許拓惠，瓦全分許拓惠，均叩感。東甫尚敝藏『千萬』字瓦，當拓數紙呈閱，此次夜作覆，姑未及。侄又一秦壺底文，并後呈。《裴岑》石本真而無精者，稍舊皆有描痕，新者如麻布，直見苔紙眼與布包撲字紋耳。未見前款，容取後再復。

先叩福安！

侄榮草上　五月十九日亥

外銀十四兩，□粉一包，布皮一包，并查納。又碑軸一長包，各信及單。包金鏨飾、絨花等再購寄。

[一] 張松坪即張德容，詳致張德容札一按語。

寄來古鉢打本十三册，除惠懿榮一册屬勿庸繳直，前已領謝外，又十二册，原信屬每册拓工二金代銷，今銷過清目附覽：

潘伯寅先生留二册，付直四金。

胡石查户部留一册，付直二金。

王孝禹工部留一册，付直二金。

彭小屏刑部留一册，付直二金（彭係王經手，直銀合在一包付來）。

孫春山兵部留一册，付直二金。

李少石兵部留一册，付直二金。

右銷七册已得直十四金，原包寄呈，請查入。又含英閣胡子英上舍留一册，東箋即歸此鋪辦，屬其造訖，照榮前造送元價，按時價折銀核算（省得錢票有關閉事），先作一半呈様，此直屬勿庸繳，即作定銀，俟造齊將價核準後，此二金作爲先付扣算，省得再往返費事。又寄吴清卿學使一册，直二金，尚未寄來；寄川中銷二册，直四金，尚未寄來。右四册，一待東箋造齊作價，三未寄直來，又第十二册，因内短一葉，又印倒置二葉（係朱印倒二種，暫存或再繳、另補另易，乞示）。

按：此札言『十七日辰刻傅足來，接到月之六日賜書』，按之《簠齋尺牘》，陳介祺之札書於光緒元年五月六日，札中言『乞代致子年，并候近况』之語，與此札『經孳處書詳前甯帶函，兹遵致子年丈便詢』合，故此札書於光緒元年（一八七五）。

二七

壽翁年世伯大人坐下：

六月八日得五月廿四日賜諭一件，寄景閣學新刻印石一方，領悉一切。傅冬回，所上各件想近已至矣。李枚卿〔一〕京便所帶各物，尚未接到。景處印當即移交去，後付來銀一兩、元札一，皆轉致石泉先生〔二〕，足費渠已付。清卿學使布包一，望察納，已切屬徐冬勿濕矣。所寄清卿各物均已達去，前信詳盡，不再贅。東甫於前信到京時，渠已得訃，故前項仍未交來，并聞。敝藏『千萬』二字瓦拓二紙附納，餘再詳言。

此致福安！

世侄懿榮草上　六月九日

西泉兄第二部《隸篇》已售與城内福宅，直依來數八金，有中人，尚未付來。餘尚未得

〔一〕李枚卿即李貽良。李貽良，字繼朋，號枚卿，山東利津人。咸豐六年（一八五六）進士，李佐賢長子。

〔二〕石泉先生即李佐賢，詳致陳介祺札一二注釋。

主。并聞。

按：此札言『六月八日得五月廿四日賜諭一件』，按之《簠齋尺牘》，陳介祺之札書於『五月廿四日』〔一〕，《簠齋尺牘》中，該札之前一札署『乙亥五月廿三日』，兩札連續，故知此札亦書於光緒元年（一八七五）。

二八

壽翁年世伯大人坐下：

六月十四日由李枚卿比部處交到五月廿三日賜諭一件，并造象石拓十五種、玉象一種，各二分，計三十二紙，又《石門頌》描失本一，均領悉。時徐足已先去，計所帶各件，刻想查入矣。六月廿九日傅足來，又奉到月十七日手示，種悉領到。魯節瓦拓本一，豐字古器拓本二，文字精美，究未悉何器，其有中横四乂一器，侄亦有小者，特無字耳。新得董僧侃名一，又吴氏近刻朱子《易·繫辭》稿帖四，叩謝無既。屬寄清卿學使各件，遵數照收，當即覓便轉去。前所上各件，得此次書，敬悉各收到。邇來尊體想大元復，溽暑，伏祈起居珍重，事有拂意

〔一〕陳介祺著：《簠齋尺牘》，見沈雲龍主編《近代中國史料叢刊》第九十七輯，臺灣文海出版社一九七三年版，第四五二頁。

者，望順聽之。此事雖古聖賢亦不能免。孟子所謂養氣先不動氣者是，况無大過慮，祈吾丈爲斯文斯道保重也。補寄石墨二種，其處土城陽徐北，海澈，一石復出，前已寄過，遵撤存之。京師竟大雨半月，終日陰晴不定，街衢泥濘之苦，殊不便行步矣。彭、王二公暫尚未來，容即交去。連次所寄石墨，除第一次元有單外，後即節次録目存查，以防重複。計連次共收至六十三種（除複出之一種），較寄潘處六十五紙計少二種，兹將存目寄奉查閲所缺，校補爲幸。彭、王二君均冀得全分，以此次以後隨得隨寄便易。趁高齋正監人拓石，時不可失也。又前寫所藏石目亦依寫一分備查，以便拓補，均乞賜查爲幸。潘處杭連者聞亦留下。再拓曹望憘石時，侄尚乞一拓畫象之照畫法者一分，數年前在中飴處曾見之也。吴氏所刻朱子《易·繫辭》稿甚佳，刻帖刻先賢注經等迹，勝于止講文翰者，况朱子之迹、注經之稿乎？前人有收司馬《通鑒》稿、欧陽《集古録》稿，惜未得見。尊藏三札甚爲翹正，可見當時譚論之迹，不比詩賦一般僅得前人游藝一事也。

刻手由後追前，必無佳理，時代使然，况近今更無佳手乎？侄嘗謂當時人書，當時匠人刻之，無論工拙，皆勝于後人名匠摹刻萬分。天地止此一氣運，當時刻者手腕與寫者手腕不計工拙，皆息息相通，中有真氣，且能符寫者本色，以蘇、黄當時刻石之品較以後人精摹、從元迹鈎下者，較之自見，雖精亦遜。侄嘗謂甚不取後人刻帖也。若翁鈎者，字似翁，錢刻者，字近錢，無㤜閣帖，先不必別其真僞，止此一部都似一手書，爲可笑耳，故益重此寒金冷石也。侄近患痢，未甚重，年年患之。六月廿一日已録科，在病中，列第一，計出入八比中六閲月矣。餘事瑣屑，遵詳別紙。炎上滯下，不及恭楷，伏乞鑒原，敬請福安！

七月三日午陰　侄懿榮百叩

敝藏壺，形若取□温壺，下底正中有鼻紐，不悉作何用。鼻旁有●銅丁，周圍以刀畫成數字不識，其●四圍作⊙，似藉成『日』字，計共五字，（回環不知從何起訖），止一『亥』字清楚可識，餘皆横斜作道，驟難辨識，似當時工匠劃成者。以『亥』字清晰，是小篆，故斷在秦之先後。深凹不易拓，拓每不緻，容下次多拓數紙備閲。此處匆未及也。

侄力疾頓首

墊款，王留石拓目，亦未核交，留抵王客人款。

以上有餘或不足，俟彙總再核扣，可不必由東匯京，俟核扣清晰，交代完結再聞。洋氈絨花未購，遵作罷，如須用時，寄示再辦，不爲瑣也。此處有可屬，然未必盡能如式入彀，此事人各有一愜心者。屬爲媒事已刻刻留心，祈勿念，必求全美。古鉢印印，其一遵領，留作副，不敢却，叩謝。内缺一印，乞補完爲叩。又朱墨倒置反背者數印，皆當挖表作册，使無迹。清卿留去一册，直二金，尚未寄來。俟後再聞。東甫以憂去官，已出京，前後款俱未付來。爲無干寄寫銷鉢拓二册，直四金，遵留扣抵墊款。彭留石拓未補完，直尚未彙總核交，當留抵。含英估作紙法已喻之。

東箋尚未送來。西泉兄《隸篇》已銷八金，詳前信，價尚未促來，以有中人，再聞。《聖教》總未見，去問則言有人持看。《八大山人畫册》暫尚無問津者。

匡老係鄙人業師，去歲入京祝嘏，以與潘處世好，拜伯翁三次未見，亦未答。嗣潘將以杞伯敦事屬匡，乃邀飲，即托之。去後數月無信，潘不快，又月餘，今年三月也，有信來，言得宋氏覆并圖以來，言索六百五十金。此事鄙人當時在旁，言太昂，此風不可長。非某所敢聞，潘乃力索之，事則潘、匡在京面議，而往來催信則屬鄙人司其事。潘得復寄銀去，匡有收條，即達宋氏，宋氏以敦入濟持銀去。敦在匡處，有信來，使潘專人往取。濟無可靠堪送之人，潘亦言京無妥人，乃寫信交匡轉交首府豫東屏先生之世兄、潘門弟子者，令其專人送敦至京，五月六日事。匡、豫至今無覆音，亦未見送敦人來。潘乃大急，語且及鄙人，因具言匡、豫無信，非鄙人所能遥制。潘又言不如還銀，然此事若匡自求售，則可言之，否則，滯礙難行，甚可笑也。若以交道論之，匡處稍緩散，不能强（無便亦屬實，除非物主差人，誰肯擔此無謂之沉重）。以勢力言之，匡亦休致之朝貴，當年聲施較潘大十倍不止。若以性□速言之，則四月見信，敦已到省，即使專人去取，刻亦到矣。鄙人於匡爲業師，於潘乃坐師，兩處鄙人皆在弟子之列，一切等話所不能傳，况語言在盛氣凌人之間者哉？往見愛此等物者，皆道高性冷之人，若具如此性情，未免相反之甚。書博一解頤，望即丙之。

尊藏石象請擇一浄室秘院按朝代排木架供之（侄之古泉、古石及碑版拓本等事皆歸類爲之，故查時甚便）。其有年款者，無論是象是坐，皆排比倫次；無年款之有象者，彙爲一架；無年款之大石歸碑屬歸一案倫列，小石歸一案倫列。案以類接，可不時查閲也。且後有所得，按年倫次，便叙入矣。小石之尤小者，厢一大木函彙其中，有年月者别置，即拓傳時亦可稽閲遺漏，且可自編一書也。未悉當否。

侄又叩

按：此札言『六月十四日由李枚卿比部處交到五月廿三日賜諭一件』，按之《簠齋尺牘》，陳介祺之札書於『乙亥五月廿三日』，所言諸事與此札合，故知此札亦書於光緒元年（一八七五）。

二九

壽翁年世伯大人坐下：

月廿二日午刻徐足至，得月十二日賜書，敬悉一是。屬致清卿書一、石墨包一，均收到，即覓便寄去不誤。此間入伏大熱，勝庚午，其止因熱而痛且殞者，多山東作苦之賈人，不意吾東亦如是，不數見也。西人早測而言之，竟不誣。潘鄭盦交十金一錁，并胡石查一札俱存，此次不即繳者，以王、彭石拓直尚未彙齊，而川銷之古鉢直已來，俟彙齊清付各墊款後開單寄閱，有餘再繳，一律清晰，省得瑣瀆往返也。傅足想已至，各事想查悉。侄盛熱却未感受，入秋乃肝陽上冲，并脾弱，水穀不化，刻只祝九日矮屋不瘧已耳。侄貢卷謬爲時人贊，其第二藝惟評語太覺不稱，其人則素不識，似貫看《漁洋雜説》者，其評侄文則從此書出而錯一字耳。聞貴宗有藏《桑梓之遺》者，未悉有收先司農公[一]手札在内否？祈詢之。西泉兄八金尚未來，大有八月節賬之意，旗人往往如是，俟來則下次并繳矣。侄所藏壺底拓不緻，請辨之。場後當督人細拓呈閱。蓬萊某氏所藏之敦乃侄家陳設之一，爲敝伯仲以十五千易人，言之慘然，而侄并不知也。有老僕來此言其詳，且云一銅提梁卣、一壺，均不知有字否，均於咸豐入黄縣矣。仲飴移居城内舊第，居然一新，甚快。侄自幼聞峩卿年丈所居此巷之名輒喜。日内止於病中見考，先生來説新墨如何腔調，又不能不見，爲可笑耳。且云久居京城，必有捷徑，復之云若有捷徑，豈至今日猶僕僕隨人提考籃耶？有蓬萊人售古鐘，係後刻字，文不通，并呈閱。匡爲潘購宋器，

[一] 先司農公即王懿榮九世祖王鷺。王鷺，字辰嶽，號相居，又號幾庵。順治十二年（一六五五）進士，累官至閩浙總督、户部尚書，以操守清廉、爲政有方聞名於時。

至今未來。東人放差竟有四人，甚盛。北闈今年人數不多，山東名次在中牌，餘容再詳。

復請福安，合第清吉！

侄懿榮　七月廿四日上書

按：此札言『月廿二日午刻徐足至，得月十二日賜書』，按之《簠齋尺牘》，陳介祺之札書於『乙亥七月十二日』[一]，札中言及寄清卿書等事皆與此札合，故可知此札亦書於乙亥年，即光緒元年（一八七五）。

三〇

壽翁年世伯大人坐下：

侄出第二場，在場門見傅足，知有賜書。十七日回寓，得讀七月廿五日手諭，并各件均領到。傅足明早出京，索信甚力，種未敢率復，容下次再陳。賜件先叩謝耳。李枚卿寄來是消件并聞。潘付之石拓直，先付王客人，銀數足，錢數暫未清，俟彭、王彙齊再清單奉閱。西泉兄

[一] 陳介祺著：《簠齋尺牘》，見沈雲龍主編《近代中國史料叢刊》第九十七輯，臺灣文海出版社一九七三年版，第四五八頁。

書價八兩，福宅交來，藉上祈轉交。餘再縷詳。

闈文口不如心。三日雨，甚疲，故稍静再詳復也，侄以病未復元耳。

此叩福安！

侄懿榮頓首上　八月十七日

按：此札言『侄出第二場，在場門見傅足，知有賜書。十七日回寓，得讀七月廿五日手諭』，『得讀七月廿五日手諭』句，按之《簠齋尺牘》，陳介祺之札書於『光緒乙亥七月廿五日』〔二〕，故知此札亦書於乙亥年，即光緒元年（一八七五）。此札言『出第二場』，係王懿榮參加光緒元年（一八七五）順天府恩科事，《王文敏公年譜》該年有『試順天恩科不第』〔三〕語，即指此事。

三一

壽翁年世伯大人坐下：

（承屬相攸事，極力盡心，不敢恍惚。）傅足行之二日，徐足來，則十九日辰刻也，得九日

〔二〕陳介祺著：《簠齋尺牘》，見沈雲龍主編《近代中國史料叢刊》第九十七輯，臺灣文海出版社一九七三年版，第四七〇頁。

〔三〕王崇焕：《王文敏公年譜》，載《中和月刊》第四卷第七期，一九四三年。

賜書，并承惠子振丈依畫法拓曹石四紙，如此厚貺，何以克副，祇領叩謝！又屬寄清卿一函，當并寄去。傅足索復時，正以初出場，又了節事，迫未及詳復，甚歉。然亦知侄一身經營之苦，每次賜諭以侄病爲念，諭及養身及遇疾服方之當慎，諄切周至，甚感甚謝。二場遇雨，果冷甚，又以該場所帶皮衣適熱而二場去之，乃無禦寒之具，幸邇時火力上攻，不覺其寒，則又壯年之故，然此萬二千人豈無耄學之人伺于其中？此夜在矮屋内乃深念之。侄壯年無成，文字極不如己意，敝師周先生云高人不入名場，甚然。在人不值一笑，在己可當一哭。河陽來詢場事，侄覆云『若虚谷之對盤陀』，不自知其言之無狀也。

壺字容再細拓，却非僞刻，河陽已見之，再呈。東武漢石内有姑莫古名，自不僞，特剔壞耳。字竟與銅器款相似，亦漢石之别品者，聞爲敝友尹慈經秀才收去矣。補鉢拓領，謝謝！前傳函中石目收到，容詳校再復。侄見煦堂[一]所藏各器及泉幣矣，甚佳，特拓本尚未得耳。潘付銷石拓直十金（市平高銀），已付王客人九兩（京松），以高色改京平松江加平加色，下餘銀一兩二錢二分（有换銀一帖，容彙時再寄），换錢十六千四百六十，先付之（因賒在先），尚欠其錢票若干（原欠五十八千），俟彭、王二直來再找付也。侄所塾之十七金，因收到川銷鉢拓之

〔一〕煦堂即許延暄，詳致許延暄札一按語。

四兩自抵，下餘俟二直彙來再核，兩項清付足後即清單呈閱。二直已促，尚未交，原片附呈。侄出場則核計節事，雖苦累，然自是少年應知之況。侄若早生二十年，若諸兄，雖暫不悉此況，終必售蒙姑敦與人而已。敝藏泉化，稍暇當盡拓以報。匡購敦已來，又幸脱此一難，誓不爲人習此等事矣，此中情事許多可笑。曹竹銘同年信已交傅足去，所帶西泉一款，想已至。眼鏡事即商之含英再復。劍泉丈名印前已復，暫不欲刻。家嚴擬請子振丈或西泉兄刻『齊魯諸生』四字，文并乞吾丈寫古文字付之（以器文此四字皆有），容再具石來叩懇也。侄場後屏去一切吃局，自了節事（鮑丈來謔云此是第肆場矣），刻尚未已，以種種須躬親也。（舊當幾七八千金，每節顛倒送利，只送字畫、玉器，不送衣服，如是已十餘年。字畫却有極佳者，年來已贖歸數事。其質没者不計。計現在生息者，又七八千金之本利，不准賣票。家嚴在京前後廿餘年，不向人稱貸，皆出所藏以入質庫，故無外累。）

草上左右，即叩福安！

侄榮　八月廿日夜上

按：此札言『得九日賜書』，署期爲八月，按之《簠齋尺牘》，陳介祺之札書於『乙亥八月九日』〔二〕，

〔二〕　陳介祺著：《簠齋尺牘》，見沈雲龍主編《近代中國史料叢刊》第九十七輯，臺灣文海出版社一九七三年版，第四八〇頁。

所言諸事與此札皆合，故知此札亦書於該年，即光緒元年（一八七五）。札中又言出場後諸事，亦指光緒元年（一八七五）順天府恩科事。

三二

簠齋年世伯大人坐下：

九月十四日京師看紅緑日報將半，傅足來，得賜書，歡憙無量。是日大抵不能對一人譚，得教言并古字打本，幸何如也！蓮池大師成道後，聞報録聲猶心怦怦然動，書生結習未忘，亦是不欺之誠如此，况將以此區區者博親歡乎？今日則村婦被逐矣，事之常也。前一日竹銘同年將移寓孫文起太守舊邸，薄暮忽來，言有事見商，值他出，諒此數日計不再來。此次寄賜蓬萊『長安樂』磚四紙，節墨殘刀背字拓二紙，各遵示分交年丈，共三紙。清卿書及蘇估信之屬寄者，遵即寄往。前信均未得復，皆由子年丈處用布封達去也。煦堂藏器約四十許，種類却不備，精者殊多。其肥城四器不獨字奇，即器之色澤如水洗豆緑淡磁，從所未見。又其柄上有字者一卣，兩耳作人首形，奇古無儷，蓋當年紀武之器。至魯伯愈雙鬲一盤，及其河南所得觶爵之殘破者，皆精美如新刻。又如砝藍俗物飾者，精至此極矣。有一列國鼎，亦佳。當時由中街至後門三轉橋甚遠，及下車，其喬梓殷勤勸酌，曲盡世交之誼，未及録目，亦縱觀未暇。又古泉、古印紛來沓至，皆其官吾鄉廿年來笏叟所得也。向其乞打本，至今尚未來，云其拓僕病，不假他手也。石查泉拓即致索，渠新派充陵差隨扈，即將行矣。侄此番呼負，年逾三十，亦復無聊，將於近一月内椎拓泉石，以報舊惠之先施者。幼雲丈近亦爲侄拓藏泉，每五十一束，一寄賜也。丈惠至厚，當先封寄，以博歲寒一粲。南鼎齋所用榴、葵等花箋皆自製，不專一坊。『復旦鈞天』乃取其辛未賜聯元文以名，然似未愜。又好礬紙，含英已促之。子英與侄同到餘潤眼鏡鋪去商，渠不甚如意，未强，俟再覓一家商之，得則即寄。邸抄即當以侄所閱者，隨足便寄閲，不需直也。虁刻魏本容購寄，不佳且昂，當借寄閲，不足存也。邾公釗鐘，含英得自城内舊家，以字不能出，得直八十金。字字皆可辨，而其上似一層油光，則鏽之經水磨者，字口内則紅緑如錢，然堅不可出，胡估百方不能出，南鼎齋以八十金得之，以易煦堂之河南所得卣四字者。又一父甲爵。

煦堂神手能去古器鏽，不傷字，如法出之，佳甚，字無一傷者，且與尋常文不同。送其初拓一紙，旋令釋復取回，容再索來二紙再寄。其出鏽無别術，只擇上好生山查數枚，用滚水一衝，不使熟即出之，去皮及核，搗亂如泥，不和以水，趁濕敷鏽處，俟其九分乾揭去。鏽厚不見字處用牙鏟輕啓即去，不去再敷，其字口内外及上敷之，九分乾揭去，用牙簽或竹針（云字口牙簽亦嫌重，竹針最上）隨口剔之如泥濘，然不傷字，不傷邊銅，再用細毛短刷刷之，無不如意。云其妙處，只在審山查之乾濕時火候合式耳，或可試之。潘先生性急，則試之不驗。胡石查用之，甚佩且秘。東武漢石已歸尹竹年[一]。《朱博頌德碑》也與本傳合，真物也，惜爲河蝕過甚，稍剔壞耳，字與漢銅器文相類，爲漢石別種。西泉《聖教序》，至今李估未令見，聞其已售，又有云未售者，不悉然否。總未晤竹銘也，侄促之則云已出看也。今日榜發，吾東正榜十人，京官止竹銘一人，副四人，福山脱科。侄不怨，亦不悔，止白日許多無味之勉勸者，爲無謂耳。此信鐙下亂塗，只求盡言，其字之潦草，言或不壯，則誠之不可掩處，乞諒之。餘瑣詳别紙，又俟徐足再詳以付之。

夷事亦消停。夷之諜人仍中華莠者龔名孝恭[二]，聞係定盦先生子也，傳者云，未悉然否。聞此人有奇材。

此叩福安！

世侄懿榮　九月望日月上時上

[一] 尹竹年即尹彭壽，詳致鮑康札五注釋。

[二] 龔孝恭即龔橙。龔橙，字公襄，號石匏，更號孝拱，浙江仁和（今浙江杭州）人。龔自珍長子，曾做英國人幕僚，故此處言諜人，後言其有奇材者，指其通滿語、蒙古語、藏語、英語等事。著有《詩本義》《元志》《龔橙叢稿》。

前買〔二〕王客人物，銀九兩、錢五十八千，見前信。

潘銷石拓直，高銀市平十兩（有來信一紙存之，俟清算後匯寄查悉），即以此十兩加平加色，改爲松江京平，付王客人九兩，餘一兩二錢二分，換錢十六千四百六十，即先付王客人，下欠再補，刻尚未補。

又買物由侄塾付，見前來示，作京松十七兩。以川銷鉢拓二本，直四兩，先收用（下俟別直歸時，自再扣抵）。

王、彭銷石拓各一分，每分六十三種（前信言每種一錢五分），每分計直銀九兩四錢五分，許即交，尚未來，來當扣抵，并以其羨换銀，計當京票欠王客人之數者還王客人，并自抵。王札呈閱。係侄第二次促之者，彭亦王經手，不久當即來統俟清算，并各元單奉閱。有盈却甚少，再聞。吴處未得復，鉢拓一分，石拓一分，直尚未來，來或并前羨統遵付枚卿，渠有信云□□。如此瑣瑣并請聞。

鐘文『陸□之孫』（第二字非高，其一旁似作，左旁又有偏旁，亦非終字，文甚佳。潘寄字未全，延拓剔後頗清晰。郝未悉出于陸終否，偶不憶）。頃又見寄潘書，知振丈拓曹畫

〔二〕此處原文爲賣，實當爲買。後文『又買物由侄塾付』中買與此同。

已寄來（第二函新墨一包中提及，潘屬索）。陵縣新出魏武定元年十月渤海太守王偃志石，見拓本，尚未得。西泉《聖教序》聞李估已售出，此的信，但直則未曉。小節墨刀拓本背司即廿之省，古人省字不拘例也，況在鐘官、施之鼓鑄者？三字刀背亦有此字，小節墨刀則少。三字刀背文司者較常品殊厚，面又平，故可改刻。九字刀背每爲此司，蓋其初作僞者，用此司背文之三字刀刻之，後隨沿之，可笑也。足來每促信，云即取，及寫出必以促迫急就而潦草，乃寫出竟延擱一日不來取，遂使函中多露出一般急躁草率之意，又每不備答，然亦不自掩其過。拆封重繕，恐彼又即來也，故輒書其背。

按：此札亦書於光緒元年（一八七五）。札中言『九月十四日京師看紅緑日報』，指王懿榮參加順天府恩科後看題名録，該年王懿榮不售。

三三

壽翁年世伯大人坐下：

十月三日畢芬來，得九月十九日賜書，七日由丁姓車便得九月十日賜書，各拓如數叩領，感謝感謝！潘信即遵交，有復書呈閲。吴信封好即由塘便達去。兩次屬購物單及畢芬交銀十五兩及前各清單，别函呈查，并餘銀少許，均請收。此間各款，首尾完結，止清卿鉢石二項未寄來，久未得渠信。又胡估造箋未訖，前鉢拓二金尚懸未核也，此外均清楚矣。此次種種，語未及詳復，因侄婦近於九月廿六、七連日忽然咯血成盆作塊，勢甚危險，幸稍止。渠連年乳岩、傷寒，形容骨立，虧損不堪，近以肝旺得此疾，侄家從未經過，其勢咯血，大口輕於大口〔一〕，女輕于男，然此婦病羸所不堪也。侄幸請岳家内眷來一人來照料，連日藥皆奏效，或無慮也。侄今歲出魯芝友先生名琪光房，首、二、三場批得太過，幾五六行，不須聞也。總司批『有離奇語，亦優劣并見』之語，闈中未拆便知。爲榮文則吾鄉牟陌人〔二〕先生及乾嘉間胡稚威〔三〕皆爲之矣，侄却不介意，而婦乃抑鬱致疾，此婦之俗如此，然侄之攻苦含啖，此婦知之，故傷之深也。

潘寄金文六册交畢芬手，屬侄提及。侄又借拓長笏臣丈節墨與六字刀合背一種，成二紙，寄呈。此則極罕見，然理自有之，侄極賞而人不信也。當可存，即不妥，亦數百年前物，侄借

〔一〕大口輕於大口，原文如此，結合文意，似當爲小口輕於大口。

〔二〕牟陌人即牟庭。牟庭，又名廷相，字陌人，號默人，山東棲霞人。乾隆六十年（一七九五）優貢，曾任山東觀城縣（今山東莘縣）訓導。以經學名世，著有《詩切》《同文尚書》《周公年表》《楚辭述芳》等，又通數學、史學等。王懿榮父子刊刻《天壤閣叢書》收録其《周公年表》。

〔三〕胡稚威即胡天游。胡天游，一名騤，字稚威，浙江山陰（今浙江紹興）人。雍正七年（一七二九）副貢，乾隆元年（一七三六）舉博學鴻詞。工駢文，善詩，著有《石笥山房集》。

玩之，長則極秘，此皆婦未病以前事。徐吉信尚未來。京報一束查入留閲。侄心境紛如，百般焦灼中。

乞吾丈再拓郎邪秦權時，爲惠一翠墨，若俗所謂帽式者也，至叩至叩。信迹至此，潦草不恭已極，尚望原鑒。

專復敬叩福安！

侄名正肅　十月初九日亥正

十月初七日，曹竹銘交來銀一包，六十兩，云係西泉兄屬宜古李賈所售《聖教序》帖價，并稱銀，平色俱不甚足。李估已去，因係元包交來，并云西泉兄有屬交侄處之語，未見西泉兄信。竹銘既交，因暫存静候復信當交何便，元封寄呈，祈示復。

侄又拜

按：此札言『十月三日畢芬來，得九月十九日賜書』，按之《簠齋尺牘》，陳介祺之札書於『乙亥九月十九日』[一]，札中言及陳介祺讀題名録，知王懿榮落第，書札以勸慰，故此札亦書於光緒元年（一八七五）。該年王懿榮原配黄夫人病重。

[一] 陳介祺著：《簠齋尺牘》，見沈雲龍主編《近代中國史料叢刊》第九十七輯，臺灣文海出版社一九七三年版，第四九〇頁。

三四

壽翁年世伯大人坐下：

月七日傅足來，接奉十月廿五日賜書，并承惠秦鐵權拓本并全圖，使侄夙願一夕得償，如此厚愛，何以克副！畢芬所上各件，敬悉如數察納，忙碌中尚未致誤，或亦涵容而獎勵之辭。然奈月餘，侄婦病仍未愈，計九月廿六日連夕大口咯血，幸以藥止，半月且健，□乃其不知自養，肝木克肺，動與家人孩提輩作惡，又於十月廿六日，正一月卅日也復患，則氣逆而嗽，一咯一口，勢甚危險，其嗽且至今未愈，已約其家人内眷至，住一月且去矣。侄生卅歲，種種虚名，生長寒門，動履頗悉自慎，嗜好一無如諸兄群從者，而享用亦萬未如一，身爲外任子弟，出入無一自暢，有非寒素所能堪之處。場中試文糊名，人每先知，遂使壯不如人。飲食男女，生性守約，誓不御二女，而一妻動輒垂危，使不能如意，明知天所磨厲，使我將成人道，無如踐性，亦大非易。侄生平無不可對人言之事，爲友朋所信，故不嫌其褻瀆，爲吾丈絮聒也。然於出處小節則必謹，乃持敬之功，廿年來，止佩吾丈一人，即如説帖小文也，人之歲月所遭，爲時豈能不分静躁，動輒易其常，而吾丈自與侄通書以來，以及見與諸老輩函答之件，皆始終如一，首尾不苟，此外諸先生所不能也。此事雖小，可以喻大，則主敬守一之素，非侄輩淺人所能假托摹擬也。清卿有書來，致丈三大紙，乞并附致其石拓寄陝之件，來此信時尚未悉其已至否也，致侄書中尚未提及，榜發即出省矣。所收之陝石有僞者，清卿於此所得尚淺也。

紅布洋染爲真紅洋布，色極鮮艷，見日輒變，遇潮亦花。至京染真紅絶不變，價亦昂於洋染，此大順所夙擅者，比雜色稍貴，然劇值，其染料不但紅花，且收拾南紙鋪之切餘紅紙條子，侄所見者。來示因傅力即行，未及托，并再詢要洋紅乎，京真紅乎？祈酌示，當轉屬也。日内亦尚未及往詢也，故不具復。西泉直六十金仍暫存敝處，鄭盦先生説有潤款，歸下次寄。聞濰縣有新同好，名高嘉鈺者，見碑□劉太持其拓本，磚則佳，金多僞也，丈見之否？此固小巫也。病人未已，匆匆種未致詳。

煦堂鐘拓其精者，當致一紙來，此公亦朝夕往西山去料量地畝，不常睹面。其老翁所藏泉幣亦未見，齊刀仍贗本，如丈言。高郵王氏藏書具出廠肆，於乾隆間各家經説稍備，精鈔手校此多爲匡公購去，然其餘每種多有手迹、札記，侄故質衣得百餘金，物□嘉靖本三禮精完，自憙也。家君任所有西席吴，以選得縣官北上，備言缺分太清苦，每年不過千二百金，又裁去規費若干，此次帶三百金，求贖一票字畫，當尚未議妥也。計本百金，利將二百餘，侄先與之一本一利，尚未許，俟其主估來，尚當加少許矣。又從諸兄購得先司農公手澤，當時來往諸札，皆手自草稿，又有雜記一紙，云『淫可斷，惟書淫不可斷』，得無謂小子今日乎？附博長者一笑。此紙上達，計將及歲晚矣。

肅此敬叩福安！

世侄懿榮拜上　十一月十日

清卿得一史頌敦，又一中阜敦，云將寄一分與丈，未悉此包内具否。

又叩

京報一捆并上。

按：此札言王懿榮婦吐紅大作，甚爲危急，又言簠齋托其買紅布事，結合下一札來看，此爲光緒元年（一八七五）所書。

三五

壽翁年世伯大人坐下：

此書到時計正新年，恭叩新喜，例用紅箋。月前由鮑丈處交下惠寄古化刀拓十九紙，祇領叩謝。内刀拓無與前複者，圓首圓足，三好之安陽，□陽背十二、十三兩幣，雖殘缺不完，乃歷來著録所無，是吾丈創獲，至足珍也。惜《續泉匯》已成，未得譜入。然李、鮑兩丈好古而不甚信小學，致釋字及考文跋尾均未愜鄙人心臆，亦自是一家言，不敢薄也。前譜魯陽圓首大小三品，『魯』字誤釋，當從石查釋作『衡』字爲長。再背文其小一等者，明曰『十二朱』，則稍大者背文之字爲『兩』字無疑，乃釋爲『辛』字，又云當是爲辛者所鑄，是何文理也？釋古文不得以八比用意法行之也。且『兩』字與《説文》意合，意，《説文》已別言之矣。此次丈所得之二品上十二、十三當是記號，數下字仍記幣之分兩數目，義至悉也。十二月十日又得長至日賜書，并新得古敦拓本二，敢再拜謝。前足想早抵濰，清卿寄件附任書上，想均查入。紅布已托大順，是用真紅是洋紅，請示一信。西泉兄、子振丈二處，潘鄭盦先生均有潤筆屬轉寄。子振丈二金、西泉兄八金，前足走後始交來，今以元封元件封好交來足帶呈，乞轉交，示復便轉致。子振丈則以曹畫故，而西泉兄則大印之惠也。又京報接前撥者續上，祈查入。

知明年延東甫兄授諸位世兄讀，甚佩。東甫工夫純熟，心地醇美，爲吾鄉駐京詞林第一，侄所素知也，必可相長。惜古經句讀，自漢以來迄無專門，令人囫圇讀去者，幾千餘年。乾隆間武氏虛谷〔二〕《經讀考异》已是嚆矢，惜無老師逐經依例爲之，以惠後學也。如寶應朱氏説

〔二〕武氏虛谷即武億。武億，字虛谷，一字小石，號授堂，自署半石山人，河南偃師人。乾隆四十五年（一七八〇）進士，官山東博山（今山東淄博市博山區）知縣，罷官後主講東昌啓文書院（在今山東聊城）。博通經史，長於考據，纂《寶豐縣志》《魯山縣志》，著《群經義證》《經讀考异》《三禮義證》《讀史金石集目》《授堂金石文字續跋》等。孫星衍曾爲之作《武億傳》。

《尚書》『今予命汝』句，『一無起穢以自臭』等句，『一』字屬下讀。又有某氏《孟子》『其妻歸告其妾』句，『曰』字至『今若此』屬下等處，皆精確不磨，而本經古義昭晰矣，如此等尤爲可喜也。西泉存款，尚元封扃置，因與虞琴不習見，仍屬竹銘轉達，當仍屬竹銘代交。侄與虞琴世侄至熟，惟不常見耳，今日往訪又未值也。竹銘移于文起舊居，且就虞琴館，尤爲妥便也，容再聞。《八大山人册》容交畢、傅足，此人未悉，不比子振丈、西泉兄之潤筆爲易捐也。尊書聯容向其假來即遵示鈎刻，已是明春事，刻下工人將歇去矣。質書畫事，家嚴寄銀少許，竟出得二票，故物重逢，亦是一快，惟子金重耳。即墨所出三代瓦，乞二種各先惠一紙，以其係在三代者，故思每種得其居首者爲壓卷物也。見之三年，故思之甚，千萬千萬。侄又得一山西所出之小秦前鼎（又得一『千秋萬歲』西瓦，尚奇），以配秦前之壺，惜字少而細淺模胡，拓不甚顯也。有一字真如丈說與泉幣文同者矣，容再拓上。長笏丈已薦廣西臬司。延鐘當致精拓一紙上，餘器侄尚未得其一紙，因旗人之忙，真是從古未有，而又無友助拓者。

匆匆泐此，敬叩春憙新安、合府新喜！

乙亥十二月十一日　侄懿榮頓首上

（是日，户部京察過堂。侄新剃髮，聽點受風，未及恭楷，乞恕之。柯孝廉劭忞[一]信一，乞飭交爲感。）

西泉一項，來示屬詢虞琴欲用時，就近交之。頃與竹銘商，竹銘元片呈閱，日内即移交竹銘，仍由渠設法寄濰也。

簠齋年世伯大人

侄榮再拜上

按：此札落款爲乙亥十二月，則書於光緒元年（一八七五）十二月。

三六

壽翁年世伯大人新喜：

春來時有養日，伏惟起居康娱，即事多欣爲祝！去臘祠賞日後，得奉十二月四日賜諭，并承厚貺尊藏金文全分，并照册目據補，遂使窶人暴富，如此推愛，何以克副！當日領到，祇有

[一] 柯劭忞，字鳳蓀，又作鳳孫，號蓼園，山東膠州人。光緒十二年（一八八六）進士，授翰林院庶吉士，散館授編修，擢國子監司業，提督湖南學政，改授翰林院侍講，後轉侍讀，授貴州提學使，署學部右參議，充京師大學堂總監督。對元史頗有研究，編著《新元史》，負責總成《清史稿》。

遥向泥謝耳。清卿年終信尚未至，或恐年内經手人積壓，然開年已五日，尚未交來。所寄要件一包，容即覓妥便速寄，其差一二日内即來，亦未定也。新得秦詔殘瓦墨本見示，真斯相書之筆情茂美者，較琅耶石字縮小，較銅版放大，且石堅銅澀，泥性鬆膩，故筆意如新發于硎，秦篆如此，嘆觀止矣。世人近好習篆書，餉以此紙，當知古法之至者，雖千百年後，猶能新時人耳目，使之忍俊不禁，有如此者。吾丈昔得鐵權，謂年來大集斯相書而有以感之，何其餉之不一耶？侄每得賜書，訓迪周詳，皆中人疑繁，正以匡侄所不逮。後生之得仰賴老成，正復在此。人之識見，固出于閱歷，然非真於心性融洽、理氣貫通，亦不能令人鼓舞歡忻，嘆爲語之從心頭發也。聖門問道，同是一事，所答輒不同，豈是聖人故爲博辯反難？亦如扁鵲越人之洞見病者之五藏六腑，中人癥結，對針下藥耳。侄若淺嘗，及囫圇讀過，亦不能作是語謊對之，重負吾丈耳。

高郵王氏藏書，大部及精校本已爲有力者挾之以去，其餘零星單行本、國朝各家刻書之初印，及有二王先生點閱者，皆當細檢其隸經學、小學、金石類皆一二種奉芹。惟皆小品，無大部居者，其常行習見物，亦不以奉瀆也，容再呈寄。其書目，則書肆爲其家人開箱簿對者，蕪雜不堪入目，則非王氏之原本，侄亦盡見之，市人且執以爲賣貨，底本真不直一錢矣。小本、單本書則直寫爲零本多少本耳。古人作書，直是心盡，故能啓佑後人，千載常新。侄於秦詔瓦，不能不再三贊嘆也。《續泉匯》商之鮑丈，云已寄退樓大紙精裝者一分，板片已交枚卿寄山東。此間存有小紙粗裝者三分，大紙者一分，是否仍寄吴中，酌示爲要。石查印已刻訖，屬上圜泉拓本四紙，祈查入。侄年内得二瓦範，尚未拓上。又得一印，字不可識，容再拓呈。得一鋼卯，尚是真品，皆零星小物。爲家嚴購得一沈石田細筆《和香亭卷》，是流傳有序之迹，計直六十金。蘇七有寄年翁幼泉、重一兩十四銖，年翁讓與石查，皆真而不精。侄又得一細字鼎，若清卿所得平安鼎形，止蓋文是三四字，惜模胡不清，只辨一[illegible]，又[illegible]字耳，細淺已甚，亦容拓呈。甯足匆匆索書，侄家人病仍有未已者，不及細復，先請福安，并致春憙。想傅、徐等足不日來，當再詳陳也。

并問合府新喜！

世侄懿榮　正月四日上

大順本缸所染真南紅洋布無現成者，其發行貨皆南去，此間行内皆洋紅，京師人止認洋紅，以色嬌而價稍廉，不管其變色及不耐久，而南人則認京染真南紅也。故行内中不存現，大順蘇掌櫃已爲丈選得好細圓綫之洋布大匹者，云一開缸便染第一匹，色須趁暖，故年終不能入缸，俟下次即先寄呈，仍照行價，作爲侄所需者，一樣先染一匹求正，如合再染有花之洋布一匹。東箋、眼鏡已促胡估報命，統容下次。新正其人俱不暇，亦京師之習氣也。《八大山人册》

下次封寄，父辛盉蓋、距末二拓本尚乞補賜。京報一束并上。楊協卿年内無疾而化，其宋本書不悉將來如何。京師金石尚可見，惟宋本則一紙俱無。

按：此札言『得奉十二月四日賜諭，并承厚貺尊藏金文全分』，按之《簠齋尺牘》，陳介祺之札書於『乙亥十二月四日』[一]，由此可知王懿榮此封書信當書於光緒二年（一八七六）正月。

三七

壽翁年世伯大人春喜：

新正甯足回東之便，附呈一函，想已查及。近傅足來詢有書上否，兹就便再陳一切。春來想起居康强、纂著日密爲頌。侄入春托庇平安，侄婦病雖未愈，已稍勝去冬，種乞寬念。惟川中三越月未見家信，刻正盼切也。清卿年終無書來，本月四日始從顧工部處得其去歲冬月九日自秦州試院一書，據稱年内未能即趕回三原度歲，則年終固應無書至矣。石拓一包，由子年丈交袁小午侍郎，托一引見四頭官帶去，此去年八月杪事。嗣於九月廿四日，附便又照一信。渠此次來信，據云九月一信已接到，八月石刻一包尚未收過，此又係陜官待其回三原始面交矣。

[一] 陳介祺著：《簠齋尺牘》，見沈雲龍主編《近代中國史料叢刊》第九十七輯，臺灣文海出版社一九七三年版，第五〇六頁。

先寄後到，往往如是，故年終未得其覆。清卿在試院，此信據稱所得鈎、鏡、玉印、銅石造象、泥封等物甚多，行次俱未及拓，其刻工爲渠刻金文等事，瓦乃刻七十餘種，將以瓦、鈎寄都門，使侄選工監刻，在此督其事，而資仍由渠出。渠行次一工不暇兼顧，亦其勢也。《長安獲古編》原板既歸寶文徐估，子年丈當日屬榮議購，渠昂其直，今老徐既化去，其子乃來求售，榮復云陝中已覆刻罷論。今清卿來書云尚未墨板，擬回京再辦此事。榮就近商同子年丈議，此間以廉直得元刻板片，清卿來再補之，却亦事半功倍，刻尚未議妥。

侄近得瓦一、磚一、印一、秦鼎一，太模胡，拓不緻，非秦，仍戰國器，俱拓呈閲。大順京染真紅洋布一大匹，權作新春芹獻，祈哂存勿斥爲幸，瑣屑不成敬意也。此所謂京真紅，較洋紅染值爲貴，而不及洋紅之能銷，下坊人乃自珍重耳，云其色止而耐云云，榮所未悉也。又京報一束，乞留閲。石查未得他物，只購有明人嚴嵩、馬士英、阮大鋮三札，以三十金售與潘先生。榮以百金賒得梁真定舊藏吴仲圭《草亭詩意畫卷》一，將以合前所得《松泉圖卷》，爲承歡之助，家君最喜梅沙彌畫，而真品亦寥寥也。父辛盉、距末二拓本，千萬叩乞補賜，以補厚貺完美之意。此後如有新得，隨得隨拓，賜則易之也。榮未悉此二種則已，悉之而仍闕如，此心仍懸之也。高郵王氏零本書，寶森堂彙在三大篋，俟其鋪夥撿清當敬奉吾丈一二種以資清覽，容再奉。然篋中皆零本，尚有金石書及小品説經書，雖非秘本，皆經其兩先生閲定，今雜在時文本頭中耳，故書估須分别撿出耳。唐蓉石中書新好古泉，近從其鄉公車得安陽、即墨刀，寶四、六化，精品甚夥。侄以東人而安陽刀竟未得一緻者，止一柄不見字者，收之多年，亦因吾東易得而忽略之甚耳。《映房寺記》亦濰之古石，榮尚未見拓本，吾丈曷不購此石歸尊齋耶？見郭子嘉〔二〕《濰縣金石志》知之。由鮑丈處交來清卿寄吾丈信一件附上，金文巨包俟摺差來再交去，不敢由塘寄也。户部袁小午侍郎有條陳停捐之舉。洋人於正月初與京部院各堂通往拜刺，名如新庶常者，字甚大。聞有借洋人一千萬兩，每月利五厘之説。山東結局向歸甲班管者十許年，近因積習日久，群議章程，十三日在老館定局，星五丈例應輪管，争而未得，恐此後更難奉讓。去歲值局者，以千金止報五百金，六十幾分虚報至九十餘分，查結者又背結局自買私結至五千金。甚矣！士夫之無廉耻久矣。京師無雪，刻又不雨，糧價昂貴。

專此敬叩福安！

世年侄懿榮上　二月十五日

紅布一包，京報一束，吴信一件，拓本四紙。

按：此亦爲光緒二年（一八七六）事。春來王懿榮原配黄氏病略見愈，勝於去冬。

〔二〕郭子嘉即郭麐。郭麐，字子嘉，號望三散人，山東濰縣人。嗜金石，工篆籀摹印，著有《濰縣金石志》等。

三八

壽翁年世伯大人大喜：

三月十六日傅足來，得三月四日手書，并領到拓磚七、瓦器七、瓦一、石五、小節墨刀四，即以其二寄石查收去，屬謝。又瓦當二十，即以寄陝交清卿。凡榮自領者，俱叩謝不盡。又西泉兄屬代銷墨一櫝，并如數收到。且忻悉正月十三日吾丈有毓麟之慶，承示所取名，義甚古而切。又悉祜曾世兄高列郡庠，從此詩禮代有傳人，至博取科第，定在指顧。又聞丈曾於正月感寒，刻又因不寐患目，此信到時，想有悳勿藥，將顛倒此文以祝之矣。賤軀入春惟畏寒自慎，天稍暖便覺暢適。侄婦亦稍勝去年。又驅子女輩入學就傅，稍又安静，可自攝故耳。以前所上各信各物，俱蒙查及，甚幸。侄今年尚未收拾舊業，稍一伏案，以一春總未静坐，人事繁雜。祇緣川中有家信來，家嚴諭以今秋舍妹出閣，此缺十分清苦，加以三年未遷，夙負未償，又遇此喜事，而舊日衣物蕩然，雖婚嫁稱家之有無，而衣飾一種一樣亦不爲多，尚須五六百金。龍安年入不過千二百金，既逢此舉，則全力以赴，不及接濟京寓，因命侄自己在外支持摒擋，且須打算日用，故一春只與利賈沫口，未遑正事。又以去年歲終，正在延企未慰，茲又重勞，刻已安置妥協，四月初將摒除一切，料理秋事矣。清卿書一、紙封一、蘇七信一（清卿寄來）、鮑信二，乞查入。高郵王氏書，寶森尚未部署，下次寄，東箋已促之矣。吳□尚的已寄川，唐蓉石名寶鑑，直隸静海人，辛亥舉人，中書同知。即墨周瓦、邑距末、父辛盉，遇便請拓惠，不亟之，祇欲補足耳。屬寄清卿金文一包，已交其門人晏公寄去，以清卿有信屬交此人故也。清卿於三月十二日寄到京平足銀一百兩，有信屬轉寄，以抵金文之請，并報石拓、鉢拓前欠，共計石拓數目當出自尊諭，兹以元信呈閲。閲訖附還，并賜收此百金一字，容轉復。據彼函當以其有羨餘少許，乞拓泥封耳，種乞查照。所屬代買紅洋布、藥丸、紅結，侄即從清卿寄項中提出購之，外有清單，請閲悉也。傅足此次既携此吳款來，必索脚力，因利乘便，并布、藥及《八大山人册》并以交付帶呈，省得後來再分重費，故合并責勞，外各物有單，請閲收。

西泉屬代銷之墨，現在京師舊墨價昂，皆因庶常、編檢忽然講説卷摺必用新舊墨配合始佳，因此毁却真舊墨不少，亦黑□一劫也。惟廠肆定真明墨價值每墨一兩抵銀四兩許，康熙御製一兩抵二兩許，乾隆御製每兩抵一兩許，若家藏款者減半。遇明墨則易銷，本朝以御製爲重。此價一出，而淀園所出爲人家藏者，率出以易銀，此槎河山莊墨有數家陳列者，與此等皆不在上駟，容探其值若何，但恐不能制勝也。捌兩、拾兩之數均不能到，俟有訊者或於再來信時示一看，或於人問時再一函商均可，請代復爲幸。大順染紅布無再深者，稍深則洋紅矣，彼説云云。前次洋布既出芹獻，似太瑣屑，不足齒及，萬勿見斥，請收還繳直之命，不勝惶恐。

侄尚説實話之人，萬不客氣，此亦是去歲樂事有餘之證，若移至今春，并力索亦不能報矣，亦博一笑。煦堂鐘剔出後，索來一紙呈納。侄又得登州出土古磚四五枚，容再拓。日内紛冗，不多復，乞鑒宥。計此次付傅足物，《八大山人畫册》一（前板面元裂）、鮑信二、蘇信一、吴信一、紙包二；吴寄京平足銀一百兩，内提出京平十兩七錢（元寶一枚），餘京平八十九兩三錢，銀包仍元封一，提銀所買洋染紅布一匹包一，羌活丸四十九，又解瘟丹五十丸包一，内并附生絲紅帽結五枚，每枚京當十錢一千二百文一枚，家家皆然，未免太貴，先儘餘錢六千買五枚呈閲是否。各鋪俱無綫結，云定打而直又倍于生絲者，未悉妥否，如妥，乞示及再買。已提出小元寶一枚，重十兩七錢，除補布價，公砝計用去各直另有清單外，下餘市平足銀四兩九錢七分，復并入大包，即存侄處，留佐下次買紅結或及他物，再報。

此叩福安大憙！祜曾世兄同此道賀！

三月十九日　侄懿榮頓首

尊藏刀範、寶化範正背乞各賜一拓本，以其爲三代物也。秦漢範暫未請。侄亦性癖印石，京師之大，無一工爲紐者，曾得洞石一紐，太不緻。聞濰之胥倫〔一〕及子振丈均工作紐，乞屬祜

〔一〕胥倫，字芰塘，號不滅，山東濰縣人。少時游於簠齋之門，見陳介祺所藏，受陳介祺點撥，得悟古人鑄印法。晚年游京師，爲王懿榮及盛昱所推崇。

曾兄清課之餘，遣人商諸二公，無拘何位，乞賜一飾。原石見方，後或刻狻猊，或獅，或辟邪，止不可馬、牛、羊、狗、象耳，不求細，只求圓熟，潤筆示知即敬奉轉付，瑣瀆叩浼。戟門先生令郎念庭來京，駐數日，以閏月無□，與其侄赴保陽，刻尚未來回。河陽以尊札悉其至京，屬羅致其欲出脱之物。渠變産而挾重資來，則肥馬快車，雅俗之物無所不買，暫尚恐不售物也。其古泉所得劇佳，過濰亦有所得。來僅一晤，乞其陽文卣拓本二，以其一奉入。劉氏尖首刀，刀上畫小刀者，渠得之矣。

侄又拜

京平十兩七錢，合公砝平十兩五錢三分。

紅洋布一匹，銀公砝平四兩四錢。

找回銀公砝平六兩一錢八分，又换銀一兩一錢三分，合錢十五千九百四十，餘銀四兩九錢七分。

羌活丸四十丸，四千八百文。解瘟丹五十九丸，三千文。

油皮紙一千六百文（包物用）。

生絲紅帽結五枚六千（每結一枚錢一千二百文，仍餘錢四百文）。

廿日晨，傅冬來，力言銀包恐道上不妥，不敢帶，前次曾蒙面斥云云。渠自云在此拆兑，或郭或張，到家元平元兑，毫無遲誤，如有稍失，惟渠是問。

再啓者，新出土磚，有質地太粗而鬆者，拂手即落零星磚末，字淺而不經久，未悉合蠟之法如何上蠟，似上蠟則紙質稍凝可以耐久，乞示蠟法。切切。

按：此札言『三月十六日傳足來，得三月四日手書』，按之《簠齋尺牘》，光緒二年（一八七六）三月四日陳介祺有致王懿榮書，書十一紙，所記與此札合，故此札當書於光緒二年（一八七六）。

三九

壽翁年世伯大人坐下：

四月九日得朔日賜書，并收到瓦器鉢字二、距末字一，祇領叩謝。吴處信一，并手收條一，均用前金文包附交其門人晏孝廉西去，循其所屬，爲妥便也。前上各件俱蒙查及，慰快無似。孫女世兄相攸事，容再縷陳。刻因來書於初九日到，即屬含英製箋，前數月已壓平而未印，因其忙考試季也。信到當屬其先成數百寄來，俟交來再作復。奈至昨日爲住京本家春試者看録日，來城内避囂，今已報罷，而傳足適來，促信行，言竹銘喜事，當先行，因概不及叙，草草先復，行脚在門，伏乞鑒宥。

肅謝，敬叩福安，并問合第清吉！

世侄懿榮頓首

又田家信一封，乞飭交。又西泉槎河墨一篋，共甫有出四兩有奇，止能至五兩者，餘未至此數，乞示悉如何，或再留以待，乞示。種再叩詳。

按：此言『竹銘喜事』，竹銘即曹鴻勛，詳前。此指竹銘於會試中一甲一名，狀元。事在光緒二年（一八七六），該札書於當時。

四〇

傅足此番止顧爲人報喜，忽來索復甚急，適有族人落第者在坐，又雜客滿堂，未及縷復即付。以東來匆匆，竟將邸抄忘却。兹去之次日，柯氏昆仲〔一〕將有歸便，先將邸抄一包帶呈。含英東箋，到時即覓公車回便馳呈不誤也。前餘銀仍存侄處，留備購物，或含英箋到，并前鉢拓二金彙以與之清算也。清卿得漢元興鏡，即翁氏〔二〕《兩漢金石記》所著之元壽鏡，此鏡摹本甚

〔一〕　柯氏昆仲即柯劭忞及兄長。柯氏光緒元年（一八六六）後客居濰縣，故王懿榮有托其帶信之舉。

〔二〕　翁氏即翁方綱。翁方綱，字正三，號覃溪，晚號蘇齋，直隸大興（今北京市大興區）人。乾隆十七年（一七五二）進士，選庶吉士，授編修，先後主持江西、湖北、江南、順天鄉試，督廣東、江西、山東學政，累官至内閣學士。精通金石、譜録、書畫、詞章，在文壇頗有聲望。著有《復初齋文集》《復初齋詩集》《石洲詩話》《兩漢金石記》《經義考補正》等。

多，皆以舊鏡元銅翻沙，甚白而糢胡，非見鏡不便信也。

簠齋年世伯大人坐下

侄懿榮頓首

按：此札承上札，書於上札之次日，亦光緒二年（一八七六）四月間事。

四一

壽翁年世伯大人坐下：

月端七日由李枚卿比部處交到四月廿五日賜書，并領到齊刀化拓本十二、古印打本四、六朝石拓本二紙，感謝感謝！丈又得六字刀、節墨安邦刀一，皆吾齊古物，健羨健羨！枚卿處送信人不索復，適於十二日傅足未賫函來索書，甚便甚便。計此刻柯鳳孫昆仲已抵里，所寄邸抄應查入矣。此次又寄來二束，自四月望至今日者，尾續之。承示西泉屬代銷槎河墨五兩或可增與否，代定早付直應之云云，遵照函商索者再四，又得加一兩，計京平松江六金，傅足來立索復，屬其略候片刻，索來即交該足帶上，祈轉飭交，力當浼西泉付也。又侄乞刻一『日光室』三字齋名印，此三字金文皆有之，『日』字、『室』字多，至『光』字則可以䂿（平齋物）字器文分出之，侄無此器拓本，乞吾丈屬草稿也。侄蓄有佳石，示知大小，當奉濆，希先容。又一金，乞代飭紀買濰城藥鋪所賣陽和解凝膏者，即如錢數購之。侄婦乳岩後有流注，三年未化，今始破口，在掖下脇上，幸不着緊要穴也。侄聞黄縣人盛稱濰市有此物，且久著名者。蒙姞敦已以四百五十金爲鄭盦先生購來京邸，經手者，蓬萊慕芸田也。

東箋，含英送樣來看，板樣一如前屬，字亦稍具形似，總未得法，惟字下二横畫爲中一畫直貫去，幾成星字矣。旋駁回，飭去中貫之一小微畫。侄又持屬史工修飭之，史工稍知篆者，已略具規模，蓋至是凡三易稿矣。如此小事，足見京肆刻手之劣也。樣二束先送來看者，不算資，即移奉入，暫以備用。『齋』誤若『星』，『簠齋』爲『簠星』，『簠』音同『福』，則幾可藉祝福星矣。亦可博一噱也。其已審定後者，現已改好，正在刷印，以五百張糊一布榼，飭其先來千張成二榼，下次信便可附上矣，即當以鉢拓含英自留者二金抵之，并侄處所存之四金許，按直核計先付之，後俟見箋時（定本千張者）再印若干，酌示可也。侄得登州古磚十許事，下便再上，『惟土物愛厥心藏』，邇來亦惟吾丈及侄爲篤好也。

此叩福安！

竹銘居然狀頭（東府前書所無）！

侄懿榮頓首　五月十二日

按：此札承上札，言及柯氏兄弟所帶邸抄事，又言『竹銘居然狀頭』，即竹銘中狀元，事在光緒二年（一八七六）春。

四二

壽翁年世伯大人坐下：

閏月八日傅足來京，接奉前月廿五日賜書，領悉種切，蒙賜代購程氏陽和解凝膏一斤一兩，如此瑣屑，上瀆左右，深爲皇悚，不盡感謝。侄婦流注既潰，刻尚未收口，惟日服陽和湯，并敷此膏，幸而精神未減，惟發燒作嗽兩惡并見，爲可慮耳。侄入夏則壯適异常，是天蓄之又將使吃三場粥飯也。生平結下此緣，是亦幾生修到耳。京師亢旱，設壇屢禱不雨，聞此次所詣錢牌係銀牌，未悉何代物，上鎸『不忙』二字，窺厥意旨，或將降大雨於其後耶？訛言可以不作矣。聞吾鄉亦未透雨，西府尤甚，又聞丈有作米餅濟荒之舉，日領者動動千人，真盛德事也。朱注《中庸》『活潑』二字，聖愚祇分此心地，多一番活潑，便是生機，少爲滯塞，便非通相，即老氏所謂善果，佛家所謂功德，只當得活潑潑地一語，即俗人所羡，因果善報，皆從此一點生機現出，故聖門止説一『仁』字，足括一切矣。侄雖不才，於一切力能與人方便者，無不爲之，以方便必待富貴而後行，真無能行之一日矣，小成大成，隨時隨事可也。甚佩甚服。復上小方石一，即遵尊裁代浼西泉兄依古金文刻『日光室』三字，祈吾丈草稿以配合及擇字，非吾丈指示，不能神與古會也。

侄名齋室以『日光』二字，取中壘《説苑》『壯而好學，如日中之光』一語以自勵，不取鏡語，萊陽周孟伯曾爲文以銘之，種祈費神，感且不朽。侄尚無仿金文者一種印也。近來濰人胥姓刻印，亦多圓美，勝京師刻手，知皆爲吾丈所沾溉也。又上高郵王氏《丁亥詩鈔》一册，祈先收存閲。其零本別種，寶森懶於開箱，總未能排出便於清揀也，屢促之矣。經生家多不能詩，此則直逼漢魏，石渠先生詩亦止此一卷也，其大印則無書不然。《淮海世家》似明人舊物，若自刻則太淺而無味矣，老輩亦不論及此事也。吾鄉狀元，國朝先有四人，皆一縣必二，竹銘則東府未有之奇，然濰縣二甲前列者，勝于別府，固知久而必出此一舉也。此後濰必尚有人接踵，祜曾則明德之後，且國朝善果一説最速最靈，較前代尤顯，久有人説矣。古鉢六拓，又不識何器一拓，均領到，至謝。果何器耶？竟不能名，且亦不詳其義，足見古學失傳久矣。銀鉢一字尤精，亦不能辨識。今年聞讀卷者言，第三之馮公〔二〕本擬元，吴興相國旋又疑之，毛宰亦以鼎元須字黑大者勝，乃倉猝而定竹銘，真是命也，然吾鄉只得四第一，覆元、狀元、傳臚、

〔二〕馮公即馮文蔚。馮文蔚，字聯堂、蓮塘，號修庵，浙江烏程（今屬浙江湖州）人。光緒二年（一八七六）探花，授編修，歷任順天同考官、河南學政、江南主考官等職。光緒二十二年（一八九六）遷内閣學士，署左副都御史。善詩文，工書法。此言曹鴻勛中狀元之事。

已向香濤索之，尚未來也。鄭盦先生一函呈閲。又清卿一書并上。含英閣造來東箋二千張，并糊匣四個，元開價值共銀九兩四錢，除去渠自收古鉢拓一本抵去二兩，又將尊存前吴寄項除前買各物已有清單（已詳前信）外，計存銀市平足紋四兩九錢七分付之，又令其升色，作爲京松五兩一錢六分六厘，照元單所開元價，計前後二共收去七兩一錢六分，尚欠其二兩二錢四厘，此次信到，又以尊函示之。以其不工，又與之核減元價一兩，刻計浄欠一兩二錢三分四厘矣。計此時暫無尊處存項，容後再遇别存再付。刻侄處計存尊項止四百文，京當十矣，外有單呈閲。京師之大，近來諸工作皆無細膩工緻如意者，窺其大局，無不草草，學問經濟亦然，自是氣運，即下至小物稱極細者，細校亦是粗形，何也？

朝元，亦從來未有之奇也。修山左館者，頗自負。京報一束，請收閲。蜀中新出漢刻，

敬叩福安！

世侄懿榮草上　閏月十一日

按：此札言『閏月八日傅足來京，接奉前月廿五日賜書』，按《簠齋尺牘》，陳介祺五月廿五日有致王懿榮信〔一〕，叙及王懿榮婦病及買藥之事，與此札皆合，又言曹鴻勛會試中頭名之細

〔一〕陳介祺著：《簠齋尺牘》，見沈雲龍主編《近代中國史料叢刊》第九十七輯，臺灣文海出版社一九七三年版，第五三四頁。

節，又落款爲『閏月』，係光緒二年（一八七六）事。該年閏五月。

四三

壽翁年世伯大人坐下：

前信及各件交傅足三日矣，頃來云各物已交車便，渠因赴涿州，甫回將行，又詢有書如否，因將新報四本再上。京雨甚微，不足三寸。次屏丈有典試粵東之命，傅冬大約遲此喜報，又候數日耳。聞人言又得陰文『四朱』數枚，未悉信否？此大約與宋元嘉磚同出耳。劉宋墓物，東府既出，何不見一劉宋古刻耶？『革曲』二字未悉何義，就潘信得詳其制，亦不識何用也。考試差題『雅頌各得其所，泗濱浮磬，嶧陽孤桐』，賦得『罨畫溪光碧玉泉』得『洲』字。

再請福安！

世侄懿榮　閏月十四日上

四四

壽翁年世伯大人坐下：

六月廿六日傅足來京，接奉此次賜諭，并領到古範拓本四紙、齊刀拓本六紙，敬謝敬謝！

又收到寄付含英閣紙直如數，當即付去收清。得書具悉家鄉荒旱如此，可憂可慮，此則宗族里黨中各賴有仁人君子一二人爲之酌劑保護，各村各縣能各如此聯屬，亂可不作；否則，趁此爲善舉，亦可自衛，陰善陰德，周漢已見此字面，我朝果報之説，行乃歷歷不爽，刻則事半功倍矣。士夫祇譚經濟，然此正經濟中之一事也。清卿寄呈碑本紙包，下方磨損一洞，陝西道上所爲，恐透，中間以紙糊之護之，請查入。『日光』一語，子政取以證壯年，『中』字是此句裏眼，尊説謹佩。侄取以名齋，止取三字便讀，未免牽混，然業師周孟伯先生曾爲書而銘之，文内悉如尊旨，爲之清叙，而榜書仍三字，故印文仍請符之。如長方石式不相宜，乞再示式，當寄請也。竹丈百年天上，聞之悲悼。年翁舌本木强（微聞宧囊北來時，其婿爲之行鹽折本，此老不欲人知，而心事因以不遂云云），奈何？京報一包附上。

敬請福安！

世侄懿榮上　六月廿七日

按：此札言『六月廿六日傳足來京，接奉此次賜諭』，按之《簠齋尺牘》，陳介祺之札書於『丙子六月十四日』〔一〕，札中言含英閣紙箋，又言王懿榮刻日光齋小印事，俱與此札合，可知此

〔一〕陳介祺著：《簠齋尺牘》，見沈雲龍主編《近代中國史料叢刊》第九十七輯，臺灣文海出版社一九七三年版，第五四一頁。

札書於丙子年，即光緒二年（一八七六）。竹丈即李佐賢，歿於該年。

四五

壽翁年世伯大人坐下：

八月朔日傳足來，得七月廿日賜書，并即墨所出兩瓦拓，榮於是有三代瓦文，願已足矣。蘇億年信當即飭人送交信局。信局較提塘爲妥且便，例資四百，恰如尾存符合，即以與之，甚有趣也。信票覆呈查閲。吾東荒旱，人心不靖，聞青州一帶已有兵彈壓，李相〔一〕以夷務到烟臺，刻聞尚未回津。京師陰雨連綿，幸尚不大，天氣陡冷，如十月之交。侄日内料理場具，侄婦所患已愈，入秋又做腹瀉，藥鐺累年不去，亦一累也。清卿暫無信，前得信言及學政交卸後，尚乞假赴蘇省親，至此間總在明春矣。此次賜書，已送鄭盦先生閲過，聞紱翁〔二〕小疾尚未愈，日内尚未通書，不及據復。祜曾世兄想已赴濟秋試。延煦堂秋日病甚，未出户，其所藏器侄已得有拓本，場後當檢以奉補，侄已得有副也。京闈添棚號五百，心頗慰之。京報一包奉納。草復不恭。

〔一〕李相即李鴻章。
〔二〕紱翁即潘曾綬，潘祖蔭之父，詳致潘曾綬札一按語。

肅叩福安！

侄懿榮頓首上　八月三日

按：此札言山東大旱，事在光緒二年（一八七六），一直持續到光緒四年（一八七八），大旱三年，整個淮河以北地區都受到影響，是清朝所遭遇的最爲嚴重之旱災，也是中國歷史上之大災難，史稱『丁戊奇荒』。陳介祺帶頭施粥賑災，存活多人。所謂場事，即光緒二年（一八七六）順天恩科鄉試。此札書於光緒二年（一八七六）。

四六

壽翁年世伯大人坐下：

從鮑年丈處得節墨刀拓本一紙，拜賜敬謝。侄三場完事，已自解脱，心地頓覺清凉。進第一場，侄婦又觸舊症，吐紅大作，刻尚未愈，出場忙窮節，視醫藥，心殊惡不及細陳。附上京報一包，乞查入。下次縷縷詳叙不遲。

敬請福安！

侄懿榮頓首上　八月十九日

祜曾世兄元旌抵里矣。賀賀。

鄭盦先生于役西陵。仲飴回行請訓，已去二日矣，屬以告，并聞。

侄拜

按：此爲光緒二年（一八七六）事，該年王懿榮參加順天府鄉試不售，黄夫人病重。

四七

壽翁年世伯大人坐下：

久未得書，聞料理賑局，日日勤勞。愛人盛德，遜聽敬佩。侄秋試七躓，場後又以婦病，至今未暇奉函，歉仄無似。昨從鮑年丈處得奉所賜臨菑石象拓墨三紙，祇領叩謝。侄近尚無所得。京報一束奉覽。清卿有信寄侄，言即交卸，行向南去矣。有匯寄尊款百金，見存侄處，未見手答，不敢徑交傅足。如何存寄之處，尚望示悉，敬以待命。清卿元信尚未復，此次不及呈閲。匆匆泐上。

敬叩福安！

侄懿榮　十一月一日上

按：此札作於光緒二年（一八七六）。王懿榮該年參加順天府鄉試不中，至此七次鄉試不售，故札中有『侄秋試七躓』之語。

四八

壽翁年世伯大人坐下：

十二月十日傅足交到十一月廿三日賜諭，敬悉一切。清卿一款遵即移交李子嘉〔一〕編修，得有收條呈繳。清卿信附并呈閲，閲後擲還。含英閣月初交來箋紙油紙一包，信一，侄初未悉，因前示未及，胡子英又西去，得示曉然，其紙已來，即交傅足帶呈。京師物價翔貴。

吾丈籌畫賑濟，不遺餘力，盛德在人，甚深佩禱。侄公私牿適，侄婦咯血勞傷，幸過冬至，嗽總未愈，尚未敢保，如此沉疴，一秋冬矣。諺云『破屋病妻，人生累事』。侄本租居，祇有一妻，乃悉其況矣。京師古器尚無所見。有西人崔姓書估來濰，一冬頃歸，見所得漢印皆僞。止六字刀、小即墨刀尚可，書則只何義門〔二〕手批《三體唐詩》致真，皆濰物也。又韓姓由

〔一〕李子嘉即李肇錫。李肇錫，一作肇壐，字子嘉，號錦航，山東諸城人。同治七年（一八六八）進士，選庶吉士，散館授編修。爲國史館、武英殿纂修，兩充會試及順天鄉試同考官，擢監察御史。李璋煜孫。陳介祺爲李璋煜婿，故李肇錫稱陳介祺爲姑丈。

〔二〕何義門即何焯。何焯，字屺瞻，號義門，一號茶仙，憩閑主人，江蘇長洲（今屬江蘇蘇州）人。監生，屢試不第，康熙四十一年（一七〇二）以才學召值南書房，賜舉人，次年會試不第，賜進士，選庶吉士，值南書房，至太子侍讀兼武英殿纂修。長於考訂校勘古碑版，有書名。著有《困學紀聞箋》《語古齋識小録》《道古録》《義門讀書記》《義門先生文集》等。

濟而昌樂而濰，得有宋刻《真西山讀書記》，尚未見，却得文泉〔二〕丈五經歲遍齋校書三種，《穆天子傳》《易林》《古今人表》爲一函，即侄囊所求者，旋爲王松溪〔三〕舍人以一兩六錢得去，侄仍未得也。望便中賜爲物色，并轉懇西泉宗兄爲禱。香濤以明年正月至，聞《吹角壩》石渠已取來，將來并《上庸長》一拓，一并寄奉也。其在川刻《建炎以來繫年要録》二百卷，李心傳者，向無刻本。又刻李燾《續資治通鑒長編》九百餘卷，募費萬金，想一二年未能藏事，刻交書局，已動手矣。清卿明春亦即來京，此間書籍字畫金石，有河陽、延陵、清河三公，餘人不必復問矣。侄亦須移居城外，與香濤同居，舍妹往來亦便。刻尚未定局。亦有西去省亲之意，約在明年矣。

肅叩福安！

侄榮頓首　十四日上

按：此札書於十二月十四日，王懿榮婦尚在病中，且言陳介祺賑灾事，當爲光緒二年（一八七六）底所書。

〔二〕文泉丈即翟雲升，五經歲遍齋係其齋名，詳致陳介祺札一〇注釋。

〔三〕王松溪即王守訓，王懿榮族弟，詳致王守訓札一按語。

四九

壽翁年世伯大人坐下：

去冬曾奉一函，并李子嘉編修收條、含英閣箋一捆，想已查入。新春惟興居多福爲頌。侄春來頑適，侄婦沉疴亦漸有起色。廠市竟毫無所見，祇京畿近出尖首刀數百，市上累累，數日間旋爲人捋盡。敝鄭盦師得二百餘品，侄亦得有二十餘品，内惟有一魚形者尚佳，餘則『王』字、『吉』字尚屬成文，此種惟一筆半筆省文者多，不悉古人何以獨此種簡率也。年翁心事不適，已口不能言，鮑母則奄若朝露。人生窮富只在轉瞬，乃心境即遂以變遷，聞二老相對，只欷歔垂涕，亦可傷也。清卿信一、沈鹿坪世兄信一，均呈閲。又邸抄一束。匆匆草上。

即叩春安，合第清福！

侄懿榮頓首　正月廿九日

京師亦無新聞，祇物價翔貴，米照去春加倍，肉則一千五六百文一斤，春初天津一營有變兵，聞東潰，旋聞已潛伏無事。郭雲仙西去，聞其名目曰『謝罪使』。家鄉荒春，想饑民仍復不少。鄭盦先生乞假養疴數日。清卿須三月來。香濤日内即至，當爲索《上庸長》石打本。

又拜

按：此札爲光緒三年（一八七七）正月所書，此時王懿榮原配黄夫人病稍有起色，鮑康已口不能言，鮑氏卒於光緒四年（一八七八）。

五〇

壽翁世年伯大人坐下：

於寄潘鄭盦先生書中蒙存注，感謝感謝！久未得賜書矣，比想動作有福、實惠及人爲頌！此間來者，喧言賑事，以吾丈精力過人，行善不怠，受者謂陳宅粥獨濃厚，故就食者多，而吾丈日益忙爲辭。侄等逖聽，莫名欽佩。侄以婦病爲累，比來轉劇，恐不復瘥。年翁老境更不堪問，有書一件屬上。京報附呈。

草泐。肅叩福安！

侄懿榮頓首　四月十三日

得漢印一，上一字不識，下畫一鳥，尚奇，未及拓。

按：此札爲光緒三年（一八七七）四月所書。札中言『此間來者，喧言賑事，以吾丈精力過人，行善不怠，受者謂陳宅粥獨濃厚，故就食者多，而吾丈日益忙爲辭』，此指光緒三年（一八七七）山東大旱，陳介祺捐資施粥事。《陳介祺年譜》光緒二年（一八七六）記：『因濰地大旱，饑荒甚重，捐資於城隍廟設粥廠，并率兒孫親往施粥，歷年餘，至來年五月方畢。濟難解危，鄉人盛贊。』此年王懿榮婦病危。

五一

壽翁年世伯大人坐下：

月初公車回濰，曾上一函，并邸鈔一包，又鮑年丈一函，想鑒閲。侄一切如常，侄婦病仍未愈，累人如此。數晤棣生世叔，聞盛惠濟人米粥，而後又濟以麥，敦善行而不怠，是以爲後輩師表也。京師古器無新出者，侄得一印、數十泉，亦無异品。見所寄年翁古陶器打本，古人製作不苟，然亦足徵齊魯大邦文物似較別地爲勝，此亦一端。敢祈惠侄一分，至叩至禱。廠肆亦無所見，惟曾笙巢觀察循例入見，輒出其舊藏售人，亦皆書畫，有王叔明《夏日山居》一軸，見《江村消夏録》，爲延煦堂以二百金購去，又李昇《卧雪圖》，笙公曾以此名齋，竟是僞迹，餘則國朝四王巨軸。聞有宋槧多本，尚未見也。侄得有元槧《隋書》，明庫册廢紙印本，尚完好。以病婦爲累，未得拓墨，故新收各泉及印未試墨，無伴函者。李偉卿〔二〕來此，爲枚卿

〔二〕李偉卿即李貽雋。李貽雋，字肖朋，號偉卿，山東利津人。李佐賢次子，李枚卿弟。李枚卿，詳致陳介祺札二七注釋。

夫婦覓人題主事也。年翁病乃不支，猶手貼拓本，可謂篤好。看來同好者，地下人將日以多，亦至黯然也。清卿日内可到，尚未來，其弟又中高魁，自是佳境。聞昨日子振世丈來京，亦尚未見。仲飴又薦而未中。今年中者，外省書家甚多，而東省則一二人，不如去年矣。

肅上，即叩節安！

世愚侄懿榮頓首　四月廿三日

按：此亦光緒三年（一八七七）事，札中言黄夫人病未愈、濰縣大旱、陳介祺濟民等事，皆在該年，又言『聞昨日子振世丈來京』，此事《陳介祺年譜》光緒三年四月有記：『四月，吴大澂入都覆命。時陳介祺族弟陳佩綱（子振）入京謀食，由王懿榮介紹而見吴大澂，陳佩綱後遂入吴大澂幕府。』[一] 該年吴大澂弟吴大衡中進士，即札中所言『清卿日内可到，尚未來，其弟又中高魁』事。

五二

壽翁年世伯大人坐下：

傅足又來，未得賜諭，甚念。比想起居康娱、頤養納福爲頌！侄入夏以來爲病婦所累，無

[一] 陸明君：《陳介祺年譜》，西泠印社出版社二〇一五年版，第三四〇頁。

可告苦，以一人身兼童僕、媪婢，復以焦灼其心，不意離堂上六千里外，其苦有如此者。病者已篤，勢將不起，然餘生熬人，是有定命。侄生平無欺心之學，是以清興毫無。鄭盦先生、清卿學使徒以筆譚，未暇聚也。清卿所得小品極佳，其『詔發』二字印，依尊説定是秦印，確當不移，不惟字體似之。侄謂裴詔版拓本時直可拓此印，一紅一墨，附於後也。仲飴陵差時出，日無暇晷，不數見，惟香濤以近戚時來排遣耳。侄婦倘從此不起，侄料理事畢，將携一子一女西省入蜀，大小有所怙恃，庶此心得定，則一路隴蜀秦關，當或小有所得，以舒此積結沈鬱也。京報一束，例呈清覽。五夜悶損，挑鐙書上，呻吟滿耳矣。

敬叩福安！

世侄懿榮上　六月十四日

清卿得徐同柏〔一〕金文拓本，内有尊書，得見曩時筆墨。又從商城周相國家得見當時館賦寫本，純是唐賢結體，謹購藏一開，心佩首頓。并此附聞。

侄婦連年所患，屢瀕於危，然終以幸免，此次已是危象。盛夏以陽和湯加重參芪，每服并茸四錢，而外治適得尊信賜購之陽和膏，内又微加以麝香末，竟日奏功收口，此所謂屬有天幸。此膏存蓄，而戚友來乞者亦以濟之，甚感謝也。承垂詢謹謝。惟其中乾而外不强，仍作

〔一〕　徐同柏，原名大椿，字籀莊，浙江嘉興人。精研六書，擅刻印。著有《從古堂款識學》《從古堂吟稿》等。

嗽，婦女輩往往肝盛不知自惜也。潘札呈閲。如其送銀來，如何存置？傅足每以道上驚恐，不敢帶也。潘性最急，交銀來後必日日索表册，侄復以俟東信并册來再交易不遲也。三代瓦，暇仍乞檢拓見惠。尊藏彝器外，範印磚瓦皆有三代者冠其選，惟鏡則無最古者，且亦從來未聞，想鑒亦非晚出後或古則無字耶？

再上壽老世伯大人坐下

侄榮再復六月十四日來書

來足已加酒力如命。

按：此札書於光緒三年（一八七七）六月。札中言黄夫人『病者已篤，勢將不起』。

五三

壽翁年世伯大人坐下：

七月十九日夜傅足來，得七月八日賜書，并領到杞鼎、晋磚兩墨本，敬悉祇謝。聞萊屬饑民重活，群上榜書，争題德門，愚魯天真，感動如此，欽悚莫名。且聞經年布置井井有法，實惠及人，鄉曲推服，衆口一辭，大君子處事於廟於鄉，祇此一理一義，經濟、實學良不分也。清卿已來，所得已略見之，不盡見者，以侄爲病婦所累，一人左右不遑出門也。鮑丈謂幣範亦九字刀之流，詢然。尗釿向屬方肩圓胯，此則圓肩，與安邑釿同，顯係改刻，且皮色亦新。唐符亦多未妥。幣範亦與常見之[illegible]正幣形寬狹不類，古物之奇不出理外，此則古泉之學未深者所爲也。子振丈來此，暫住南學。侄以病人，不得外顧，因與清卿熟商，已延入慈幼堂安置，月脩二金，應酬、鐵筆聽其自便，此暫爲托足之所。清卿濟人甚勇，亦云與吾丈道誼兼篤也。杞鼎乃東土物，楚弓楚得，是用快羨。黔陬磚，字文俱美。今年見廠市人持河南所出一磚，形制與此相若，前後俱斷，其中一段從一『陽』字起，存字三行，亦行三兩字不等，曰『陽遂富貴，必宜子孫』，下皆半行，字不能得矣，亦未購得。敝河陽師以六百廿金得師□日庚敦。京師古物，無物不昂。侄婦今日昏去二次，侄在前屋守夜，無聊已極，信筆復此，看來不此之夜亦不出三日，幸諸事完備，其母家人亦來此守視。計得病七年，病甚一載，侄勞已極。行止暫尚未定，已□矣。柏舟舊藏吴仲圭〔二〕《松泉圖卷》後跋爲高詹事，『江上獨旦，王横雲〔三〕尚書寄以相慰者，詹事志之』，見當時交誼篤雅。此後惟望吾丈時賜教言，爲惠拓墨，庶此秋夜風雨，篝獨鐙坐，得藉以自遣也。

〔二〕 吴仲圭即吴鎮。吴鎮，字仲圭，自號梅花道人、梅花庵主，浙江嘉興人。元代著名畫家，元四家之一。傳世作品有《嘉禾八景圖》等。

〔三〕 王横雲即王鴻緒。王鴻緒，字季友，號儼齋、横雲山人，江南華亭（今上海市松江區）人。康熙十二年（一六七三）榜眼，授翰林院編修，後充日講起居注官、翰林院檢討、侍講、户部尚書。後編修《明史》，入南書房，授工部尚書。精鑒賞，富收藏，尤精於鑒藏古畫，有書名。著有《横雲山人集》。

《上庸長神道》，亦向香濤舍妹倩索得，以事未及取來，下次再奉。此外，蜀刻閑來爲之檢點，自可分副餉呈。兹附邸鈔一束，乞收閱。心事焚如，筆墨拉雜，不恭已極。

復請福安，鑒恕萬分！

姪懿榮頓首　七月廿一日亥刻猶爲夫婦俱存之人，未到曉鐘，不悉如何

沈信已交，説明後由東甫太史來京之便補寄。信内遺漏再覆。

再前所懇西泉兄所作金文『日光室』三字，紫長方獅紐一石，又曾求覓刻紐一小石，如未刻或已刻，祈下次飭交傅足帶下，省得姪西行後便難交寄也。瑣瀆惶悚，至感至叩。

按：此札書於光緒三年（一八七七）七月。黄夫人『今日昏去二次』，危在旦夕，下款署『七月廿一日亥刻猶爲夫婦俱存之人，未到曉鐘，不悉如何』，慘淡之極。黄夫人在此札之後十三日病殁於京師。

五四

壽翁年世伯大人坐下：

久未奉覆示，想起居康娱爲頌。侄八月四日果有糟糠之痛，七年之病至此，雖鐵石人亦不

文矣。侄上有老親，侄婦以少年短折，致高堂馳繫，實爲家庭罪人。謹依古經不成喪之誼，不開吊，不受賻，現諸事妥叙，待車便北上，即雇四騾負婦安厝矣。兒女輩暫送其外家撫養，侄內兄任固安南岸同知也，幸而有此。侄仍居舊寓，待川署來命，歲尾年頭，恐不能啓行也。前二石望附便賜寄。清卿赴津辦賑，聞有齊刀範拓之寄，前適以事，未得往鑒，幸惠一紙，侄獨旦閑居悲感，亦人情也。

肅請福安！

侄期懿榮頓首　九月望日

又鮑年翁屬轉寄呈徐沅卿太守所得『垣一釿』幣拓本一附呈。清卿説有此範，沅卿又得此幣，實則同出一原，皆蘇七所爲，然不敢徑寄簠齋、臆園也。兩物均乏古趣，此一望而知，未悉吾丈以爲然否？山西、河南、陝西皆大饑，朝廷遣官發賑不已，然民困深矣。

致上簠齋年世伯大人

九月十七日　榮又拜

按：此札言原配黄夫人病逝，係光緒三年（一八七七）事。《王文敏公年譜》於光緒三年（一八七七）中提及：『是年八月四日，黄夫人歿於京寓兵部窪中街宅，享年三十七歲。』〔二〕該

〔二〕　王崇焕：《王文敏公年譜》，載《中和月刊》第四卷第七期，一九四三年。

年華北大旱。

五五

壽翁年世伯大人坐下：

侄京寓，去年所歷，幾不堪問。侄婦之事重荷賜賻，當即叩領復謝。知丈賑務甫完，又有整頓書院之舉，是以京書不及作答。而所屬清卿諸事，渠又在清化一帶籌賑未返，侄出京之前三日，渠自河南還都，甫住一日即向津門，匆匆一譚，諸未及詳。侄在部乞假，以三月廿九日携一男一女、僕從三人出都，沿途所經河陝之間連年饑旱，十室九空，率五六村絶無人烟，道殣相望，鳶呑狗噬及人相食，無復人境。稍見一二婦孺，率皆鮮衣整履而鵠面鶉形，無復生色，其衣履蓋無處售計耳。佛家所言善劫更慘於兵火矣，豈人力耶？然追究數十年來太平疆吏，抑誰之咎耶？以五月朔日抵陝，麥餅每斤直錢百五六十文。訪蘇七於撫轅東門，永和齋閉門，訪知蘇賈甫老去六日，而六日竟不能復蘇矣（《左氏傳》）。見其次子及孫，既在事中，便無長物，惟持一漢鏡，外圓内方，界中有兩道細字者，不精，一失蓋之好畤漢鼎及漢印來，漢印多習見者，然皆真品，一大泉及章之破爲兩半者，餘無他品，索價亦較京師爲昂。

又有游手馬呈瑞者，與蘇氏孫俱來見，清卿在陝所得諸物多出此人手。蘇七與蘇四不睦，蘇四物亦經此人手，此人又四走各鄉，挾一至精之日出大光鏡來，又一貨泉文鐎斗，又駝紐一部曲將印。侄時資斧告乏，俱未議及。馬、蘇又引向一鋪，亦見數物，皆小品，然未持一彝器見示，據云近中若出或新出土或舊家所出，渠皆知之，渠從吾丈及子年丈書中久悉侄名，不相欺也。其人皆可取，即譚吐亦較京賈爲佳，究竟内行也。肆中彝器皆真器僞字，字體較蘇刻爲謹嚴，有本且止通套子某作器、萬年子孫等用諸語，亦不多填習見繁文，惟人名率皆可識，又皆有所本，此其漏洞矣。字體皆團結瘦長一路。餘則泥封、莽十布，皆僞。得極精古泉、斷甓，小灘亦多有之，無奇者，然皆真品，侄亦稍得數種。

以五月九日西向入蜀，一路山川險惡，非北人所能耐，入褒斜谷，過觀音堂、鷄頭關，斗絶人寰，求死不得，雖去漢刻摩崖不遠，真無心走訪矣。所過人家，自此以往，墻壁每多花紋磚，有字者少。褒城土人云吴學使過此，曾發其二，皆有文字者。清卿抵京，正值侄婦病重之時，侄家事粗畢，清卿又以賑務遠去，卒卒未獲細談也。以六月六日安抵江油縣龍安府行署，署中自侄嚴慈親以下，托庇平安。侄此行提携細弱，一路冒暑長征，歷險阻之區，經瘟疫之地，大小幸無疾苦，均堪告慰。龍安缺分，每年所入不敷二千金，清苦萬狀，私累不堪，惟四屬清静，公事從容，家嚴藉此稍可養静，向無人事於外，是以六載不遷。侄明春仍復隻身北上，不續不納，從此擺脱清楚，亦殊樂事。子振丈，侄在京時，清卿以書約往津門同辦善舉，此後尚未得消息，清卿云得力不少。侄此行，各物仍存京師，茲彙道上此間兩處所得，拓以呈鑒。六千里紙墨往還，亦人生樂事也。別單以詳所出。川中碑版，暫無新出者。

龍安自移鎮江油，借考棚爲行署，今年值學使按臨，又自考棚外移，行署即官店也，十分逼仄。而學使又忽以病緩期，暫不得還。天氣炎蒸，侄初到又不服水土，匆遽上書，不成文字，止求辭達，真惡札也。此處産箋紙，而質地不佳，即此紅紙便是土産，餘可知已。又無棉連絲，行篋携一二條，止拓泉即畢，拓本不得已用粉连矣。潘先生又權少農，廠肆多添三分年成。年翁老去，侄與石查遠引，春山別有所圖，無復抗手，然而耗財，然亦必有所得也。自江油輾轉寄上。

敬叩福安，合府清吉！

世年侄期懿榮叩上　七月廿七日

家嚴命筆請安。

陽陵侯印五字，製作精美，長安。

錢紐印紐，五銖合文，失印，成都。

又無文。（此成都市上舍弟所得，無一存印者，土人又往往磨去上下，以充古錢，不可不別，在錢紐印中又是一種形制。）

五銖範母泥，長安道上。

五銖錢文磚，褒城。

花紋磚，畫魚，江油。

又魚，同。

乘馬畫象磚，江油。

又，同。

又，同。

利後子孫磚，正者，圍之得全度，江油。

又花文殘，同。

又，同（江油龍氏稻田中所出，質甚鬆，易碎，千餘年來水所居也。江油各磚皆鄰河壩一帶田中所出）。

億年無疆瓦，得自江油熊氏。

漢并二字殘瓦，長安道上。

康寧二字殘瓦（十二字之殘者），同。

開皇張欽造象（字太泐，就石可辨，又無細紙可淺拓。去英豪鎮五里即杜詩石壕也），得

榮頓首上

自黽池槐樹窪村。

端平元寶鐵錢，成都。

按：此札書於光緒四年（一八七八）七月。言『去年所歷，幾不堪問。侄婦之事重荷賜賻』及『知丈賑務甫完，又有整頓書院之舉』皆光緒三年（一八七七）事。王懿榮原配黃夫人於光緒三年（一八七七）八月病歿後，王懿榮於光緒四年（一八七八）携兒女至川省親，其父當時在川任龍安府知府。

五六

壽翁年世伯大人坐下：

前在龍安曾上一書，去年夏秋間事也。伏想起居康强、動作有福爲頌！侄以今年閏月廿四日由龍安北上，中途遇雨，六月三日抵都。因録科等事逼近，即移入東城，借寓盛庶常伯希宅，肅恭親王曾孫也。前寄京箱籠，此來篋笥皆寄城外。有四川新出晋石一、梁石一，均有副本，出場後當以緘納。途中所得零星古器，有一圓印，上有大環，文曰『黄神越章天帝神之印』，乃漢人道家印，所謂佩之入山，不遇魑魅者也。又圓幣，舊釋『濟陰』二字者，其實確非『濟』字。一傳形狀，正文乃爲侄行篋甲觀，餘則漢錢、泉範、磚瓦，無足奇者，統俟搨後拓上。拙著《南北朝存石目》已四次脱稿，刻又重編，有額者從額，無者細酌原文命名。聞濰縣北縣有一[illegible]佛碑，俗名也，是魏是齊，請録文見示。有新得石象亦請示及，搨後即付手民也。侄到京後始見邸鈔，家嚴有調署成都之事，比得家書，已於五月朔日到官，一切托庇平安，并以告慰。八年龍安，非此不足以清積累，惟首府事繁，四川又新政紛興，侄既喜且念耳。仲飴親家刻尚未行，斞生又得晋差，侄來此亦僅晤兩三面也。聞傅足忽來，小寓中匆遽上此一書。

敬叩頤安！

姻世侄懿榮叩上　七月十八日

明日録科。

按：此札書於光緒五年（一八七九）。札中言及閏月，即閏四月，該年王懿榮由川至都，事見《王文敏公年譜》光緒五年（一八七九）：『二月，公由川返京師。』〔一〕《年譜》言二月由川返京，不確，當爲閏四月。

〔一〕王崇焕：《王文敏公年譜》，載《中和月刊》第四卷第七期，一九四三年。

五七

侄頃匆匆宿此，不及走謁，明春再當詣叩。試卷三本、瑣記一紙呈閱。店中借筆，肅上壽翁世伯大人。

世姻侄懿榮頓首

按：此札書於光緒六年（一八八〇）底，該年王懿榮會試聯捷，朝考一等，返里，過濰，不及走訪陳介祺，故有此札之言。

五八

賜諭祇悉。秦瓦詔拓册精美無似，不但文字之福也，叩領謝甚。清卿在三姓、琿春一帶募兵，而餉又中止，在彼庋閣，亦是新聞。天寒珍攝，千萬千萬！明春當具紅氈白柬登堂行館禮也。

肅謝壽翁世伯大人頤安！

侄懿榮頓首

店中無筆，草率乞宥。

京友托求秦詔及瓦詔拓本，每二分，各種石造象一分（須連紙），請依《傳古小啓》繳直。明春面取。

懿榮自求秦瓦詔拓本一分。京朝所議夷務，不見邸抄（政府與言路相水火，遇事特命三王、兩尚書定議），俄約展限兩月，聞有日本國事（海上之師），紙墨不便（梅閣學請造鐵甲船，劉銘傳請開錢路），當面譚也。（由俄至上海，三天可到，曾使陝時有電報。）已召左相。

行次草肅

按：此行次中借筆書之，事在光緒六年（一八八〇）底回烟臺途中。

五九

晨起匆匆就道，未及叩辭，游子之心西行甚亟，伻來得示謹悉。蘇信遵當面交不誤，《傳古目》收悉，即請飭友如目撿此單全分兩分，一分乃漢軍張觀察〔二〕所乞，一分川中所求。張款

〔二〕張觀察即張翼。張翼，字燕謀、彦謀、彦謨，直隸通州（今北京市通州區）人。光緒十八年（一八九二）接任開平礦務局督辦，經營良好，光緒二十五年（一八九九）進内閣侍讀學士，同年以開平煤礦作抵押，向英國公司籌款開辦秦皇島碼頭，光緒二十六年（一九〇〇）八國聯軍侵占秦皇島和開平煤礦，張翼涉嫌盗賣煤礦，光緒二十七年（一九〇一）遭袁世凱彈劾。愛收藏。

到京即屬其交東甫前輩手也。統容抵都門時詳陳。西泉委件，當往审之。旅店借筆。

肅復簠齋姻世伯大前輩大人

姪懿榮頓首

按：此當爲光緒七年（一八八一）二月間事。該年王懿榮由里返京，訪陳介祺。《王文敏公年譜》光緒七年（一八八一）記：『二月間北上，過黄縣，住族人松溪太史家；過潍縣，住陳簠齋太史家。』〔二〕《陳介祺年譜》載同年二月『王懿榮返里回京，取道北上，過潍縣住四日，訪簠齋及高慶齡、高嘉鈺等各金石收藏家。而客簠齋府舍三日，飽覽所藏。此爲兩金石至交唯一之會面』〔三〕。

六〇

簠齋姻世伯大前輩大人坐下：

國制例用素啓。月前在潍飲食教誨，雅愛備摯，至客店夜譚，稻田追書，昔賢風趣重見今日。抵都爲人言之，皆東望傾倒也。計入京門近將半月，因得川書，命爲兒輩延師，致書東

〔二〕 王崇焕：《王文敏公年譜》，載《中和月刊》第四卷第七期，一九四三年。

〔三〕 陸明君：《陳介祺年譜》，西泠印社出版社二〇一五年版，第三七八—三七九頁。

去，連日候復，是以稽遲。溽暑遄征，知不免矣。西泉委件，其畫贋本，不復爲購，已有專書。廠中佳物，見唐解元《南游圖》紙本長卷，爲張吉人太守購去。又見德寶押貨中有一唐畫紙本小軸。明拓《争坐稿》，宋拓《祭侄稿》，皆佳品，題記亦夥。何瑗玉甫由此間南去，聞所携皆宋元高名人物，悉皆重直，一色贋鼎，甚可笑也。左相〔二〕北來，有帶來阿克蘇新出漢石兩段墨本，亦永壽年款，乃四年八月也，爲龜兹左將軍劉平國刻石。此於裴岑、《侯獲》外又多一種矣。滎匆匆將去，未及購之。京師苦旱，近日微雨。侄往年德寶押當已盡贖出，尚有二篋宋元板書及先伯所欠一債尚未清楚，除此則無債一身輕矣。此已屬二十年來所夢不到之事境也。漢軍張觀察翼願依《傳古啓》例購全拓一分，前單已示之，如可，一乞寄京，請用血料小木箱封好，作一清單計直，并脚力若干，寄東甫前輩處，屬其確交盛匠胡同北口内路西楊大井胡同西口路北楊（桂山先生之後）宅内，工部王官名瓘字小宇手，渠當依直交東甫還繳。如零星見寄，則按種批直，隨批隨繳。四川知縣于飛卿同鄉，官名騰，亦乞一分全拓，亦照張説，由徐交王，唯其直則須俟王函到川始能照復北來，亦隨來隨寄，决不誤不遲也。（零寄則須重油紙包，整寄則須木箱，以寄川路遠，又托引見出差諸官爲來往串帶也。侄不在此，故稍不

〔二〕左相即左宗棠。

便。侄自乞鏡拓并鏡範三紙，以成一事，至叩至叩！）鄭堪先生得三塤及各匋完器數事，則皆齊人之詐，而南人不復返矣，又不能實言之也。連日客來如織，行人困乏，塵土滿襟，拉雜肅書，專叩頤安。

九蘭二哥、祜曾世兄不另具謝。

三月廿九日　侄懿榮頓首上

按：此札言及『國制例用素啓』，指慈安太后崩，事在光緒七年（一八八一）。又言『月前在濰飲食教誨』，即指王懿榮於光緒七年（一八八一）二月訪陳介祺事。故此札當書於該年三月。

六一

壽翁世姻伯大人：

侄於四月十五日由京啓行，瀕行，尹慈經茂才又寄一塤來，文與前不同，乃韶塤也，文劇佳，而質破。同時渠并寄一枚與潘鄭堪先生，却完整，文與此同，似有剔痕（見拓本便知，器却真，與侄一相同，恐或無字，渠仿之，不必言，見拓本自知），不如此之精也。侄每見東物外出，心必作惡數日。渠所得太室文三塤（有陽文）則爲僞者，大小不等，榮亦得此僞者四，回京寄呈一笑（此從侄一器翻砂，且作陽文）。潘乃大喜，寄銀與尹，屬多購東物。此吾齊樂器，明明有『韶』字（潘釋『昭』字，非。若告以此字，東物無□類矣），紛紛爲外人所有，則可惜也，請加意物色之（青州河岸所出，尹寄潘信言尚有异文者，不知何等）。

即頌頤安！

侄懿榮頓首　四月望日倚裝

按：此札提及出京至蜀，當爲光緒七年（一八八一）事。《王文敏公年譜》光緒七年（一八八一）：『公乞假由京赴川省資政公，自京起程，遵陸抵川。時資政公任成都府知府。』〔二〕。

六二

簠齋姻世伯大人年喜：

侄東西馳騁，一行三月，今日甫抵京門。前賜函已寄香濤中丞，倘能如意造福，則仁人之言，其利溥矣。長安、河南及先在成都年餘，皆有創獲，從容拓上。負擔未弛，行人將□，匆匆泐布，字迹不恭，伏祈鑒宥。

〔二〕　王崇焕：《王文敏公年譜》，載《中和月刊》第四卷第七期，一九四三年。

并頌合府新喜！

姻世侄懿榮頓首　十二月十四日

按：札中言『東西馳騁，一行三月，今日甫抵京門』，落款在十二月，此當爲光緒八年（一八八二）事，該年，王懿榮八月由川返京，臘月十二日到京。

六三

簠齋姻年世伯大前輩大人坐下：

八月朔日奉到六月廿八日賜書，并收到劍、印各打本如數，并蒙獎藉逾分，拜嘉無已，感悚交深。侄館試後，因得川中家諭，命以買宅卜居，逐日忙碌，尚無頭緒。京師夏間大雨，家家屋漏，不減辛未年也。就中曾由東甫前輩處肅上各函及拓本等，想陸續可到，内有潘尚書所寄五十金，屬求毛公鼎拓本者，又有侄所上《傳古》四匣拓直照單之市足銀二百六十金，收條并以呈覽。敝藏劍蒙釋，『自』字的當不磨，又係通例，而其名又不可識，當詳思而縱説之。潘尚書亦有釋并所索全拓，人便匆迫，容再續報。吾子行〔一〕《三十

〔一〕　吾子行即吾邱衍。吾邱衍，原名衍，字子行，號竹房，又號貞白居士、布衣道士，浙江衢州人，寓居杭州。通書法、篆刻、音律、考古等，著《周秦刻石釋音》《學古編》《竹素山房詩集》等。《三十五舉》爲最早印學理論著作。

五舉》、桂未谷〔二〕《續三十五舉》亦即購上，又有《再續三十五舉》〔三〕者，驟忘其人，亦容再聞。侄尚有懇者，《傳古》全拓内閣有續補，曾寄張彦謀觀察補入者，王孝玉工部處有一單，敢乞賜侄亦一續補之，以爲全豹。又瓦量詔字今二十紙，侄所收全分内者仍前十七紙，亦乞補三紙，後得可補者，想尊處必有區别志記，侄不知缺何種也。泥封内無皇帝信璽一種，三代鉩文止一種，今稱二種，亦祈補入，信璽請格外再賜一紙。古陶内缺鉩文『陳□』一大陽文二字者一種。又見念庭所携尊賜新得周鉩，有子乐子及形，龔定庵〔三〕所稱海上□月鉢類者，近年所得出前拓外者，敢求仍如前條一朱一墨爲一紙者，備賜之。如此瑣瀆，丈恕之，勿怒其煩也。

潘尚書處并乞早復，免其屢詢。侄今年花錢不少，字畫皆奉家嚴令購者，有《蓮華經》第

〔一〕 桂未谷即桂馥。桂馥，字東卉，號未谷，山東曲阜人。精文字訓詁，治《説文》，著《説文解字義證》《續三十五舉》《未谷詩集》傳世。隸書冠絶當時。

〔二〕 《再續三十五舉》作者係姚晏。姚晏，字聖常，浙江歸安（今屬浙江湖州）人。

〔三〕 龔定庵即龔自珍。龔自珍，字璱人，號定庵，又作定盦，浙江仁和（今屬浙江杭州）人，段玉裁外孫。初以舉人例授内閣中書，道光九年（一八二九）進士，官禮部主事，不慣官場，辭職南歸，就江蘇丹陽書院講席。詩文俱佳，著有《定盦文集》。

五卷，松雪〔一〕書者，五百廿金，烟客〔二〕寫經（有戊申年尊題），覃谿寫經，又唐人寫經。又以三百金得景式北宋拓《九成宫》，百金得《岳麓寺碑》（多二百九十餘字），宋拓明庫裝，有板橋題之《道因碑》，又《不空和尚碑》，又臨菑馬氏古陶全器，一瓦鼎，一大瓦豆，大登十五，小登十餘，罍五，曲阜周公廟出土一鼎二字，曲阜某家之『輔伯□父』四行字大鼎，煦堂之『魯士□父』二簠，統再拓上。如此數者，秋節將近，避臺高築，按劍疾視，彼惡敢當，必出此矣，然猶不至此，附博一笑。□寬書稿尚求數本，前惠二册，一寄香濤，一寄河南巡撫鹿滋軒〔三〕。川中來索，竟無之也。念庭在此大累麗珍店，然總不見面。煦堂之僕劉二帶得煦堂要售之物，小件彝器字少者及字畫數事，將東走黄縣，西赴雒洛，估販并下。仲飴時有信來，表嫂

〔一〕松雪即趙孟頫。趙孟頫，字子昂，號松雪道人，謚文敏，浙江湖州人。宋宗室，入元累官翰林學士承旨，封魏國公。詩文清邃奇逸。工書法，諸體皆備，無不冠絶古今。精篆刻、繪畫。著有《松雪齋集》。

〔二〕烟客即王時敏。王時敏（一五九二—一六八〇），字遜之，號煙客、西廬老人等，江蘇太倉（今屬江蘇蘇州）人。以祖蔭襲爵入仕，歷任尚寶丞、太常寺少卿等職。清初著名畫家，尤擅山水，其畫在清代影響極大。著有《王煙客先生集》《西廬畫跋》等。

〔三〕鹿滋軒即鹿傳霖。鹿傳霖，字潤萬、滋軒，號迂叟，謚文端，直隸定興（今屬河北保定）人。同治元年（一八六二）進士，歷任廣西興安知縣、桂林知府、工部尚書、吏部尚書等。鹿家與王懿榮爲親家，王懿榮弟女嫁於鹿家爲媳。

親家太太夏間時出房門稍坐，亦不甚厭煩，家人伺候，自是佳況，并以慰念。少山校刻《印林先生遺集》將竣事〔二〕。餘容再上。

肅叩頤安！

姻世侄懿榮謹啓　八月四日

元嘉造象一紙奉鑒。

按：此札言及『侄館試後』，指王懿榮散館考試，事在光緒九年（一八八三）。《王文敏公年譜》光緒九年（一八八三）：『公散館取一等第二十六名，授職編修。』〔三〕

六四

簠齋姻世伯大前輩大人：

侄僥幸留館，筆墨稍可庋閣。自冬徂夏，俗事都未料理，蜀中又促以買宅、爲大兒説婦

〔二〕少山即丁艮善。丁艮善，原名丁揚善，字少山，山東日照人。精文字、音韵、訓詁，師從許瀚，著述豐富，如《阮氏鐘鼎款識校録》《説文部首句讀》《弟子職校録》《日省齋文集》《篆字論語》等。印林先生即許瀚。許瀚，字印林，山東日照人。精訓詁、金石之學，龔自珍譽之爲北方學者第一，曾主持刊刻桂馥《説文解字義證》。

〔三〕王崇焕：《王文敏公年譜》，載《中和月刊》第四卷第七期，一九四三年。

事，種未就也。煦堂使人來拓侄所得器，藉所就者先上二種。侄路過寶鷄，禱於陳倉陳寶之神，所得古劍在焉，請以釋之。東甫、小宇《傳古》單已覓來，微有不同。于大令覆件將到，容再清理。

肅請頤安！

姻世侄懿榮啓

劍一，請釋，一面重文，曰『永寶用劍』。

鐵泉範一。

方鼎一。

盉一，字在鋬内，得之川中。

父庚觚一。

象形古圓鉢、元嘉象石、六朝殘石、開皇聖□等小銅碑再拓上。又泥封只一奇者。

入秋則暇，從容俟教。此乞先復。

侄懿榮頓首

按：此札言『侄僥幸留館』，又言『蜀中又促以買宅』，乃爲光緒九年（一八八三）間事。

六五

簠齋姻年伯大前輩大人坐下：

前從東甫洗馬處上一書，晨間送去，濰足業已早發，所差頃刻不知遲到幾日，人事每每如此。前索吾邱子行《三十五舉》，今并桂續及姚再續者一并納入。吾邱、桂氏皆吾鄉先喆，當時開山所見太少，至姚丈此書差無故實，不足稱引。榮能三續之，一夕可就，且不蹈常襲故，書成當請吾丈是正之也。姚刻吾邱書校義精審，尚是可取。劍拓全形二紙，單文二紙，拓者心荒不緻，先以呈繳，容當細拓小紙再寄。尊釋『自』字非『寶』字，既屬古例，頓開鄙臆，只在眼前，却未諗也。又從王小宇工部處索得尊寄張觀察書，内有補寄拓物名目，不及重録，即以原書藉上，祈照書爲榮補之，以釋遺珠之憾（寄張書，閲後見還轉繳）。拓者工直，并望示知，即當補上。再皇帝信璽、封泥及三代封泥二（止有一），陶上陳氏鈢，又子欒子後得各璽，均求一紙，是又在補寄張書所稱外者。屢瀆冒昧，伏祈鑒恕。潘尚書催問毛鼎拓本事。榮又從福山得三銖石範，至精，容再拓呈。今日星五丈召飲樂椿園，匆匆作此，仍懇徐洗馬便上。

肅叩頤安！

姻年世侄懿榮謹啓　八月廿五日

按：此札言及《三十五舉》，按之《秦前文字之語》，陳介祺於光緒九年（一八八三）六月二十八日致王懿榮札中提及『敝藏吾邱子行《學古編》，遍檢未獲，乞以藏本録《三十五舉》文即寄，或可代借代購，尤感』[二]，可知此札書於光緒九年（一八八三）。

六六

簠齋年世伯大人坐下：

前數上書，未得賜復。悉吾丈年來有孔懷之戚，是以不復屬瀆。近想起居康强、潭第清吉爲頌！侄仍羈閑曹，鱖潛自適，兹因傅足東歸之便，附上行卷二册，以祈教誨。又四川所拓高頤雙闕畫象全分，及闕上新出横列廿四字，伏望查納。如其北上，付一收字可矣，不必擾及管城。惟六朝小石有後得者，仍欲乞以入録。再前拓之齊刀各範、青州之埴及古陶之字多者，請屬拓工檢齊，侄擬依《傳古小啓》舊例，問直償之，此屬侍史爲之可矣，亦不敢擾及管城也。侄年來所得後即彙上。

專請頤安！

侄懿榮頓首　三月廿九日

〔二〕陳介祺著，陳繼揆整理：《秦前文字之語》，齊魯書社一九九一年版，第一二九—一三〇頁。

六七

簠齋世年姻伯大前輩大人坐下：

杜生錫九於四月晦日到京，得讀月望惠書，祇悉一切。於所言近事種承縷復，至教悱惻，後進所佩。使時賢知此，豈復至有今日之困？不勝憤懣。法越之事，業已議龢，争之者卌一人，各有見解，外間迄不得其詳也。石拓二封，遵已移交，拓直十四金，當交杜生代上。頃得濰車所帶寄示一片中，屬吴婿買布一事，未悉前事，聊復詢之杜生，據云誠有此事，渠誤以單開王宅爲孝緒舍人處，已由渠處代辦妥貼，價已由拓直（京平足色）拆付矣，此請即由杜生手彙算可也。石拓多於敝前日所得，遵以秦石二紙、漢畫二紙提出，當將侄前所存以下各石原包易交敝房師，省得侄再檢閲，吾丈再檢補也。此次寄來《説文》二種、《書目答問》原刻一種（《輶軒語》容再檢川篋），謹以納上。又侄所得殘卣一器拓本一紙，即阮《録》之所謂繼彝也。字既非繼，器亦非彝，此淀園燼餘也，言之浩嘆。又西賈所寄一破鏡，并拓呈閲。香濤既蒙召入，又使出督粤海。外省疆吏空缺許多，俱係署缺，未有替人，雖曰詳慎，然人材枯窘，已概可知，此誰之過歟？滬報所録中外各事，有真有僞，當分别觀之，不可泥也。潘尚書二百金一款，東甫侍講已交侄手，侄已作書詢之，此項如何寄處，或蓄以待之，尚未得復。安邱王君所持賜書，總未見來，竟未得復。《論語集説》却憑空由東甫處交下，此書乃糊却『通志堂』三字印以充舊本者，其下口魚尾處篇篇脱綫。京市此類甚多，肆估皆能辨之，不能以示法家，少爲椎引也。鄭堪尚書在家大患目疾，其性躁所致，果來催《印舉》，幸有以復之矣。侄所求古鉢朱墨本，即在昔年所編小册之外者，如上□行□大夫鉢（杜估曾作一僞者，售潘尚書），又子（次字似）藥子〔二〕又一大圓者等類，祈尊酌自小册所編以後新得者補寄惠之可也。餘委件陸續答上。

此叩頤安！

侄懿榮謹啓

侄前所上二疏邸鈔有誤字，謹以原本録呈大教。

法越和局，五條已詳滬報，不具述。法使届期更派許竹篔名景澄，戊辰翰林也。朝邑有協辦之命，聞今日尚未下。和局之定，起於李相（合肥），劾之者二十餘人，原摺俱發給自看。內惟編修梁鼎芬『十可殺』一疏發與樞廷，一閲旋即索上，未給李看也。現有要事仍待醇邸出始定。徐小山太學究矣，屢爲人所賣，其呆氣可掬。處此世道，呆則不堪矣。朝議初怒唐而輕

〔二〕　此處子藥子似與札六五中所説子樂子爲同一器物。

徐，此時則怒徐而輕唐，然利害均未可預定。閱訖付丙。

按：此札提及『杜生錫九於四月晦日到京，得讀月望惠書』，按之《秦前文字之語》，光緒十年（一八八四）四月望日陳介祺確有致王懿榮一札，札中内容與此札所言皆合〔二〕；又言『香濤既蒙召入，又使出督粤海』，按之《張文襄公（之洞）年譜》，光緒十年（一八八四）張之洞受諭至京陛見，四月二十八日受命督理兩廣總督〔三〕，故該札當書於光緒十年（一八八四）。

六八

簠齋姻年世伯大前輩大人坐下：

閏月四日得前月廿三日賜書，并領到惠寄新得造象、古兵二種打本，至感至謝！夏至前，侄適病瘧，上溯甲戌，事已十年，脾之主信，竟如天道耶？此番既發在夏至前，因亦較輕，惟年力漸退，氣亦漸弱，病輕而苦倍之，此亦人生之境，理應如此。杜估東回，曾上一書，當邀清鑒。盛伯熙、周蕙生以利誘之，一使其導取槐堂藏石，一使其導取翰生藏印，然郭石、高

〔二〕陳介祺著，陳繼揆整理：《秦前文字之語》，齊魯書社一九九一年版，第一四一頁。

〔三〕胡鈞撰：《張文襄公（之洞）年譜》，見沈雲龍主編《近代中國史料叢刊》第五輯，臺灣文海出版社一九六六年版，第七三頁。

印，吾東所出者也。商人重利，百方利導，終將不守。侄生平未曾掙得一錢，卅年消費出自俯畜，然明年幸得一差，無此力也。丈幸設法圈禁之，不使其北遷，吾東幸甚。若長者能自取之，人貴適志，請亦勿恨其居奇也。承示印譜□，終刷甚不緻。邢匠乃刻手，與刷手屬兩事也，且刷竟不能純用墨，非烟不行，墨有旁瀋，烟則膩而不滓也。香濤來，在和議既成之後，樞府譯署無所位置，又適京朝言官交劾粵督，故有此命，然粵之較晋事難倍之。滇、粵二撫已報啓程，滇狡而粵乃甚呆，呆得可笑。幼樵〔二〕之行竟同謫處，中間情事，非一言所能畢，亦其人之所自取，不足深惜。左相之來，朝廷優容之意至矣，大政仍一秉承醇邸，和表上聞而後行之，惟丹青二老之將至矣。《輶軒語》原刻一册納上，以贈文孫世講。鄭堪尚書病目，兕觥已爲其所得。京師天久不雨，糧貴疫雜，甚是可慮。侄近無所得，稍見即拓上也。闐婿人甚冲和聰明，惟體弱，又不專耆學問，尚是少年未解後悔之時，再長則自亟亟不須董也。力疾叩復。

即請頤安！

侄懿榮謹啓　閏月七日

聞東省挖河有得古鑄國器者，已見人所持來拓本數事，拓既不精，字亦剔損，蓋字本娟

〔二〕幼樵即張佩綸，詳致張佩綸札一按語。

細，土鏽又多，遂至於此，然究竟東土物也。此次所示古兵打本，一字在脊，正是鑄物上數種造器者之名，當是同時所出，此外尚有他器否？鄭堪尚書屬求黄神宗伯一石打本，侄亦自求寬紙拓者二張，入前拓彙存。前賜初拓有題字者，紙小，另裝入漢碑類矣。

按：此札言及『閏月四日得前月廿三日賜書』，按之《秦前文字之語》，甲申五月二十三日，陳介祺曾致王懿榮一札，提及所贈拓片，與此札合；札中提及『上溯甲戌，事已十年』之語，又落款爲閏月，當係甲申年，即光緒十年（一八八四），此札書於該年閏五月。此係王懿榮致陳介祺最後書札，陳介祺於該年七月二十日病殁。

六九

壽翁姻年世伯大前輩大人坐下：

畢足至，得惠書，并收到漢畫象石陰拓本六紙。侄正在移居，□屋裝書，又忽感寒，甚苦甚躁。《疑年録》印出即寄，刻無存者。尚有川署所刻書來，而尚未發也。幼樵學士入總理衙門，鋒氣甚厲，不知能持久否。山西事宜每得緒餘，必以寄知香濤中丞。胥芰塘刻印仿單，現爲柏熙庶子招去鑄治。侄新居在東華門外迤北錫拉胡同西口内路北第一大門，吏部尚書廣壽之宅也。小有林亭，住屋仍嫌其少。匆匆一切不及縷復。附呈市松八兩六分（古錢背文有此字），遵交畢足，外有清單。年前想尚可見一信，先不具賀。紅染《印舉》如成，侄留一部，潘尚書索兩部，示直當繳。

肅叩頤安！

侄懿榮頓首

日長至，力疾上。

收到漢畫象陽面朱拓六張，每張銷銀七分；墨拓六張，每張銷銀六分；陰面墨拓六張，直同上。

已銷朱拓二張，墨拓銷盡。□共市平松江銀捌兩六分。朱拓尚存四張，若補朱拓四陰，可并銷。

按：此札得自拍賣網絡。原札照片。

此札言正在移居至錫拉胡同，按之《王文敏公年譜》〔二〕，事在光緒九年（一八八三）。

〔二〕　王崇煥：《王文敏公年譜》，載《中和月刊》第四卷第七期，一九四三年。

致黄宗敬（一通）

一

岳父大人尊前：

四月初吉，曾由京師附福山于桐軒回家之便，藉上一書并壽幛一挂，壽意一分，寶三兄小帽盒一個，及婿鄉試硃卷等事，恭祝壽喜，并叩福安，想早邀鑒閲。

婿今年僥幸聯捷成進士，自壬戌以來，忽忽九次矣。此次殿試，原置前十之第三人，及彙卷時又爲某樞密以其私人易去，竟列後十之第十，遂成二甲十七名。然所得已屬逾分，且前數亦有命定。雖内監試及收掌者言之憤激，婿亦付之存而不論。覆試一等，朝考一等第三，以引見乃按甲第名次排班。婿朝、殿兩試適爲此次山東本省之冠，已於五月初十日有旨授爲庶常矣，現以庶吉士於二十二日到翰林院。福山本科三進士皆授庶常，一即家九叔〔二〕，一又婿謝二舅也〔三〕。

婿兩中秋試，聯捷春官，一命幸叨，雙親俱慶，年未六旬，竊稱上幸，已有書寄成都。婿嚴慈親時有家書，一切平叙，現仍接署成都。外孫男女亦一色旺相，伏祈寬念。惟婿中年失侣，計窮困相依者一十五年，回首牛衣，倍深愴楚，是以矢志獨旦，不貳其德，落落寡歡，此生已矣，念之惻然。八月大拜後，尚擬回里一行，事畢當至府城詣門叩省，再爲面縷。以次由濟南至河南、陝西省赴成都也。現在日事拜客，俗冗不堪。報帖等事隨後寄上。

專肅恭叩頤安，并問闔家清吉！

五月二十三日　子婿王懿榮叩上

按：此札原稿現存山東博物館。又見於于芹著《從信札看王懿榮科考及婚配》，《山東藝術》二〇二〇年第二期，原札照片，有釋文。此依原稿照片、釋文句讀。

〔二〕　家九叔即王乘燮。王乘燮，字季陽，號理堂，山東福山（今烟臺市福山區）人。光緒六年（一八八〇）進士，翰林院庶吉士。散館任知縣，簽發安徽銅陵，卒於赴任途中。王懿榮叔父。

〔三〕　謝二舅即謝雋杭。謝雋杭，字澹卿，號南川，山東福山人。光緒六年（一八八〇）進士，後歷任湖廣道、福建道監察御史，東城、西城巡視，光緒二十三年（一八九七）任雲南曲靖府知府。工詩文、書法，著有《槐蔭書屋文集》《退思齋詩集》等。王懿榮二舅。

黄宗敬，生卒年不詳，字熙庭，山東蓬萊人。監生，一生多在保定、邢臺、博野、永平、密雲一帶任知縣。王懿榮岳父。

此札言聯捷進士，回里，以及經河南、陝西至川省親等，當書於光緒六年（一八八〇）。

致張德容（三通）

一

松翁年伯大人：

昨走謁未值，斛生[一]遣人走索前件，如餉訖望即撿付爲荷。元信附閱。專此即請麾安！

侄懿榮叩

按：此三札見於網絡拍賣，原札照片。寫作年代難考。松翁即張德容。張德容（一八二〇—一八八八），字松坪，號少薇，又號安之，浙江衢州

[一] 斛生即庚生，王懿榮親家吳重憙子吳對。

人。咸豐三年（一八五三）進士，同治十一年（一八七二）任岳州知府，同治十二年（一八七三）募資加固岳陽樓樓基，重修岳陽樓宸翰亭；光緒五年（一八七九），再任岳州知府，再次募資大修岳陽樓。關心百姓，頗有惠政。精通詩畫，喜金石收藏，有《二銘草堂金石聚》。

二

賜題□《扶風馬氏志》想已揮就，不勝榮幸。漢延光石兩拓本閱訖并望附擲。專請松翁年伯大人道安！

姪懿榮頓首

三

《金石聚》一册，香濤屬附謝。吴輿生儀部來信送閱。吴處各本或能附益尊著，多收幾字，亦快事也。延光石果能多幾字否？他日刻成，據所從出，姪亦與有榮矣。專上即叩松老年伯大人升安！

姪榮頓首

按：《金石聚》刻成於同治十一年（一八七二），此札當書於此後。

致楊繼震（一通）

一

手畢誦悉。各拓領謝。委件稍静報命，不敢草草。竹老天上矣，吾丈聞之當爲悼嘆。子年翁舌亦木强，奈何，奈何！尊藏鏄幣曾記一目，得賜者輒注其上，無者闕如。聞有補惠，敬以附上，後來尚望發還。向人乞得『官考』幣紙本一奉贈。戟門之子念庭者，渠五月間來此，未得驗看，旋赴保定去，刻尚未歸也。

此復又雲世十一叔大人

姪榮頓首

按：此札本三紙，衹見後兩紙原札圖片，第一紙内容依可居《王懿榮索泉拓書簡一通》過録，見於《中國錢幣》一九八五年第三期。

楊繼震（一八二〇—一九〇一），字幼雲，又作又雲，號蓮公，别署半緣道人，晚年自號又翁，顔其書室爲差不貧于古齋，收藏泉幣甚富。著有《差不貧于古齋論錢雜稿》。

札内言『竹老天上矣』，此指李佐賢逝於光緒二年（一八七六）闰五月二十四日，本年『子年翁舌亦木强』，鮑康有舌强之疾。此札書於該年。

致宋慶（六通）

一

祝三仁兄鄉台大人麾下：

前讀邸鈔，得悉貴體違和，上廑天眷，給參賜藥，并賞假期，便宜就醫。朝廷軫念勛臣有加無已，欽佩何極。惟扈從移駐何地，近日珍攝何似，不勝馳稟。鄉邦春旱，捐濟米石，功在桑梓，自然福莅長壽，無須頌禱。弟三爲祭酒，綆短汲長，烏善可述，日日傫直，早出晚歸，絲毫無補。歲月催人，無可浩嘆。

專請全安，并希頤養！諸維賫鑒不宣。

鄉愚弟期懿榮頓首　八月初十日

蓮幕鄉戚，同此致候。

按：此六札係王懿榮致宋慶尺牘，見於王啓初《王懿榮致宋慶尺牘考釋》，載《收藏家》二〇〇三年第二期。有原札照片，亦有釋文，此依王啓初釋文過録，標點稍有不同，排列順序亦不同。宋慶（一八二〇—一九〇二），字祝三，謚忠勤，山東蓬萊人，清末將領。早年任湖南提督，所率部隊號『毅軍』；後隨左宗棠屢立戰功，并移防旅順，甲午戰争時奉李鴻章命赴九連城，兵敗，旅順失陷；八國聯軍由天津進犯北京時率部抵抗，後卒於軍中。

札内有『三爲祭酒』之語，又落款稱『制』，可知該札作於光緒二十五年（一八九九）。該年七月十一日，王懿榮弟王懿棨殁於福山，此札書於八月初十日，期服中。

二

謹具不腆潄儀四包，壽幛、宫燭、京煙、活計，聊賀大年。此次公以提督賜壽，特恩曠典，爲湘、淮以來老宿所無，誠如畫錦地文，所謂非僅邦家之光，抑且閭里之榮。且聞有慈聖御筆畫幅一堂，尤爲不次之賞，是公久所欽羨，而以爲在所不可必得之數者，足徵朝廷眷念耆勛至意，共爲觀感，至莫名言。所有一切，爲今立豫甫侍郎（山）〔一〕左右參預，費神無算，望於差

〔一〕豫甫侍郎（山）即立山。立山，蒙古正黄旗人，土默特氏，字豫甫。曾任户部員外郎、奉宸苑卿、總管内務府大臣、户部尚書等職。光緒二十六年（一九〇〇）因反對載漪、剛毅等依仗義和團對外宣戰而入獄，旋被處死。

便員弁來京時修函稱謝，不宜遲誤，至屬至屬。

原函附閱，再請勛安，并賀壽喜！

弟名正肅

按：宋慶生於嘉庆二十五年（一八二〇）十一月十八日，由『聊賀大年』之語可知書於宋慶八十慶辰即光緒二十五年（一八九九）十一月十八日前。

三

祝三尊兄鄉台大人坐下：

臘間得惠書，并承百朋之錫，頓覺斗室生温。正擬布謝，適賡廷令侄世兄來晤，又蒙重裝珍味之貺。得小兒崇烈家信，稟稱優予津貼，以資當差。如此盛情高義，隆施稠叠，何以克當？只有九頓百拜，銘志心版而已，至謝至謝！徐東甫總憲交到團費百金，又承寄發萊義團年捐百金，俱由弟處交所司事收去。惠爾親朋，澤及枯朽，桑梓之誼，所以重賴有仁人君子者，振古在兹，感佩何似！惟公篤棐匡國，力起督師，管鑰北門，朝野倚重，此南宫帖中語，所謂以天下之英負天下之重者也。臨穎不盡，翹企之至。

專肅敬謝，虔賀新喜，并請勛安不戩，合營威喜！

鄉小弟期懿榮頓首

按：落款爲『期懿榮』，故當書於光緒二十五年（一八九九）七月十一日，王懿榮弟王懿榮歿後。此時宋慶正駐守山海關，故札中有『力起督師，管鑰北門』之語。王懿榮次子王崇烈在津多受宋慶關照，故札中多有感謝語。

四

祝三尚書尊兄大人坐右：

京華小聚，快慰生平。啓茆郊坰，重蒙厚貺，雅愛隆情，有加無已，至感至謝！委題慈聖御筆大軸邊款，敬謹書就，當交東鄰續宅，附差便納上，刻想鑒入。所屬分送同鄉京官別敬，當遣奴子遵照原單挨名致送，除陳户部宗撝向例不收，原封見璧外，又有出京之李祥麟、王國慶、馬毓楨、賈鴻賓、徐坊、楊言訥六封及已故之劉仲官一封，通共八封，原封未啓。茲謹交宫仲詹具簿回差之便，包封繳還，即希查复。餘則原單及各處收字，一并附呈。奴子輩既蒙賞犒，重邀脚力，恩逮大焉！感仰無似，并以鳴謝。榆關歲晚，士飽馬騰，想見軍威之盛，聲振華裔，表海雄風，光及閭黨，曷深健羨。所求椽筆賜題『蘇書海市墨刻』，尚望早賜揮灑，以慰渴慕，千萬千萬。鄉邦故實，得此名迹，傳之將來，不至如濰縣所輯桑梓百册，致嘆有明一代竟無戚少保之片紙隻字也。翹盼翹盼！次兒崇烈在津得瞻光儀，諸承教誨，又叨嘘植，敬謝敬謝！

專肅虔賀年禧，并請勛安不僞，合營新喜！

鄉小弟懿榮頓首

登萊相册收條，廿四日公會後始能取得，容再附上。

按：此札言『榆關歲晚，士飽馬騰』，榆關即山海關，宋慶於光緒二十四年（一八九八）在此駐防，此札書於此後。又言『虔賀年禧』，即書於年底。又言求書『蘇書海市墨刻』，下札承此札，言已收到，且下札書於光緒二十六年（一九〇〇），則可知此札書於光緒二十五年（一八九九）底。

五

祝老尚書尊兄大人坐下：

弁來得奉賜題『東坡海市詩石刻墨本』，藴藉超妙，清雄絶俗，如獲拱璧，至謝至謝！春水方生，士歡馬騰，想精神矍鑠，威振華裔爲頌。附便敬上拙書摺扇一柄，漫録甲午舊作一首，即希鑒納。詩字俱劣，不堪承教。然清風徐來，置之懷袖，時一展對，如見故人，重話鄉夢。雖極粗惡，亦諒爲大雅所不弃也。吾楚春荒米貴，地方大吏有派員前往平糶之議，不知曾能稍蘇一二與否？省中欽案重叠，李相查河，溥侍郎查賑，李、溥又合查學政，溥又專查李相與張中丞參款，一時主客騷然，想故鄉如此湖山，置生一番鬧熱，真屬一段奇文矣。

專肅鳴謝，即請勛安，并頌合營歡喜！

鄉小弟懿榮頓首

按：此札又見於唐吟方編《近現代名人尺牘》，第四四頁。此札原札照片又見於孫振民《王懿榮翁同龢的書法及其市場行情》，載《收藏家》二〇一〇年第四期。

札六中言『前奉謝函，并賀春禧』，即指此札所書内容。札六中言『皇上三旬萬壽』，可知札六書於光緒二十六年（一九〇〇），則札五書於此前不久。

六

祝三尊兄大人坐下：

前奉謝函，并賀春禧，諒登籤會。本年皇上三旬萬壽，加恩勛耆，惟公適拜御書匾額之賜，俯聽欣忭，蓬萊珂里，計自沙會。請尚書以後深奉宸翰，輝光閭黨者，至公始爲稱首矣。拜賀拜賀！弟所擬四字朱筆圈出『鸞珊集瑞』四字，謹以奉聞，現在正壓造辦處裝潢，未發之先，只達公處，預知爲喜，暫勿宣示外人。此語出常袞《馬璘頌》『詔以鷹揚之命，於是有鸞旂琱戈之賜』，此正與公名實兼符矣。此紙幸秘之也。

專賀鴻喜，即請勛安不戩，合營歡喜！

鄉小弟期懿榮頓首　二月十五日

按：此札内言『本年皇上三旬萬壽』，此指光緒皇帝三十歲生日，光緒生於同治十年（一八七一），三十即光緒二十六年（一九〇〇）。當時王懿榮任國子監祭酒、南書房行走，皇帝對宋慶有匾額之賜，命王懿榮擬詞，故其先秘告之。

致蔣慶第（五通）

一

箬翁老父台親家大人坐下：

得示祗悉。性甫令郎館卷天題第二，葭莩之光，敢再拜賀！弟以久荒之人，忽值大考，皇恩浩蕩，重如竇東皋[一]先生故事，此真非夢想可到者，深自危也。頑軀以次叨庇平安，家慈在里康强，寒門之福，游子之心也。惟弟日日作無事忙，於人於己，兩無所益。逆想山城斗大花落庭間，反能爲國家作事，并可一室養心，尚能寫出手稿尺許，天下事相反者，適以相成，大

[一] 竇東皋即竇光鼐。竇光鼐，字元調，號東皋，山東諸城人。乾隆七年（一七四二）進士，授編修，先後任順天府尹、宗人府丞、浙江學政、吏部右侍郎、都察院左都御史等，乾隆六十年（一七九五）任會試大總裁。著有《省吾齋詩賦集》。此處所引竇光鼐故事，指竇氏曾大考得一等第二，見於王懿榮致孫毓汶札中。

抵如此。今年春闈後，翰林重複雜考，并同鄉外省之公車都未及周到。蓮池大師入定後，重陽亦復心動，至可笑矣。

專致敬叩大喜，并惟雙福，合澤歡喜！

姻愚弟懿榮頓首　五月朔日　内子兒孫輩隨叩

按：此札與後四札見於網絡拍賣，原札照片。

箸翁爲王懿榮次子王崇烈岳父蔣慶第。蔣慶第（一八二三—一九〇六），字箸生，號杏坡，直隸玉田（今屬河北唐山）人。道光間舉人，咸豐二年（一八五二）進士。先後任山東武城（今屬山東德州）、濰縣、汶上（今屬山東濟寧）、博平（今屬山東聊城）、嶧縣（今屬山東棗莊）、章邱（今爲山東濟南市章丘區）知縣，皆有政聲。以軍功賞戴花翎特用知府。頗有文名，著有《友竹草堂詩集》《友竹草堂文集》。

札中言『弟以久荒之人，忽值大考』，可知該札書於光緒二十年（一八九四），該年大考翰詹，即札中所言『今年春闈後，翰林重複雜考』，王懿榮得一等第六。札内言『性甫令郎館卷天題第二』，係指蔣慶第之子蔣式瑆（字性甫）館考事。蔣式瑆爲光緒十八年（一八九二）三甲第六十二名進士，同年五月改翰林院庶吉士。

二

箸生老父台親家大人矜鑒：

懿榮不天，遭罹凶閔，叨承厚賻，并撰幛賜輓，泣感無地。先慈大事謹以四月十六日百日之期奉安宅穸，上符三月而葬之義，僃匐事竣，以五月十六日携孫輩北上，觸暑便血，委頓不堪。久遲稽謝，至罪至罪。次兒崇烈不知安分讀書，妄思改外，聚其朋從，醵資捐一直牧，先欲指分粵東，忽停分發，遂歸直隸者。弟知覺已成騎虎，責善賊恩，昔有明訓，遂亦聽之。名曰憂家，實亦自便而已。現派赴永定河隨候驗工□溝，來去尚近。弟年來倚廬伏處，料理松楸，京邸無人，是以往來海上，分身并顧，從此四大皆空，一身如粟焉。□其不在我，俯仰時艱，浩嘆而已。

專肅叩謝，伏希鑒察。

棘人懿榮稽顙

按：王懿榮母喪，事在光緒二十二年（一八九六）。《王文敏公年譜》光緒二十二年（一八九六）：『公母謝太夫人以高年往返南北，勞累之餘，時多不適，正月初六日病歿福山城内北街里第。生於道光三年癸未二月二十六日，享年七十四歲。』〔二〕由札中可知，王懿榮四月十六日葬

〔二〕 王崇焕：《王文敏公年譜》，載《中和月刊》第四卷第七期，一九四三年。

母於福山，五月十六日北上京師。崇烈即王懿榮次子、蔣慶第之婿，捐資納官，分發直隸。

三

箬翁老父台親家大人坐下：

前奉惠函，正在憂居，筆硯久廢，未遂裁答，至罪至罪。令嫒（兒婦）自于歸以來，婉順宜家，名聞族黨。去歲所產一孫，大小平安，行將周歲，孰料自今年四月陡患婦科乾血之證，鄙人遂謀諸性甫翰編延醫診脉，中西交治，往來調養。崇烈需次保定，夏秋之間藉差歸視。又幸親家母夫人遠來撫育，方冀團聚開暢，沉疴藉起。誰知寒門不幸，福薄運蹇，竟於十一月十三日丑時撒手西歸，即命崇烈斂墓如禮，殯厝寶應寺，明春輪船啓行，即謀首邱。闔家悲悼，莫可喻言。蒙莊有言：『知其無可如何，而安之若命。』弟誦此自寬，亦即以寬吾親家二老，尚何言哉，尚何言哉！嚴寒日緊，福躬珍重，千萬千萬。時事多艱，杞憂日甚，若弟者，鮮民之生，進既無補於時，退復乖其在我，中夜傍徨，莫知所措。墓田廬舍，久在海隅，□家山破，聲聲字字打入心坎。地下人多，恐不久便有尋親歸省之行矣。嗚呼！

專肅敬詢頤安不盡！

制懿榮頓首　內子兒孫輩隨叩

按：此札書於光緒二十三年（一八九七），該年王懿榮兒媳、蔣慶第女兒、王崇烈婦蔣氏歿於京師，王懿榮書此凶信告於親家。王懿榮尚丁母憂，故稱制。《王文敏公年譜》光緒二十二年（一八九六）：『十二月初九日，次孫生，次子崇烈婦蔣氏出，命曰福堪，字曰次蠡，出爲公從侄來庶後，因福垚既殤，大宗不可無後，又以福堪嗣之。時蔣氏侍謝夫人居京宅。』〔一〕福堪出生第二年，蔣氏歿於十一月十三日丑時。王懿榮又在與女兒王崇烘札中言及此事：『爾二弟婦蔣於本月十三日丑時去世，已擇於十九日頭七之期移厝寶應寺。』〔二〕此事在光緒二十三年（一八九七）。《王文敏公年譜》記此事於光緒二十四年（一八九八）：『次子崇烈婦蔣氏病歿京師。』〔三〕實誤。另，《王文敏公年譜》記王崇烈續娶事在光緒二十五年（一八九九），此距蔣氏歿尚未足一年，恐不可信。

四

箸翁老父台家大人新喜：

開春發歲，惟道履綏康，動作有福爲頌。去夏京朝新政變法，既而復歸於不變，迄今紛

〔一〕王崇焕：《王文敏公年譜》，載《中和月刊》第四卷第七期，一九四三年。

〔二〕詳致王崇烘札五七。

〔三〕王崇焕：《王文敏公年譜》，載《中和月刊》第四卷第七期，一九四三年。

紛，尚未一定。弟以廊廟散人，無所建白，東方大隐，俯仰其間，鮮民之生，無足責也。吾東浩劫，上闕慈廑，既沛恩膏，又勞隨刊，如此高厚，斷斷一個恐不足以副德意，竊爲浩嘆。聞公閉户怡養，選刻歷代詩，自爲千秋之業，欣羡欣羡，异日鎸就全部，尚望惠寄一分，破我□蒙，至盼至懇。

崇烈過班後一年無差，抗塵走俗，所就愈下，聽之而已。福埭、雙成姊弟輩頗見旺相，聊堪告慰。安圃親家精於吏治，不澈不隨，吾東之福。不僅爲珂鄉生色，當必握手言歡，相噓有素，旁觀之清，諸多裨益。不久胡月舫〔二〕再到，以北人而治北事，德星之聚，如弟部民，不能不額手以稱慕矣。性父翰編在此時常相見，家人輩亦數數往來，甚不寂寞。東華門外，黄塵滚滚，昔人見之，詩篇回思，濟上風景，弟半生足迹，計凡四至，而住未匝月，於今時繫夢寐，蓋羈栖一官，前後且三十有七年矣。相見不知更在何日。每溯聲顔，時深翹念。

專頌春喜，并請親家太太閫安！

弟懿榮頓首　内子兒孫輩隨叩

按：此札内言『安圃親家精於吏治，不澈不隨，吾東之福』，又言『不久胡月舫再到』等

〔二〕胡月舫即胡景桂，詳致胡景桂札一按語。

語，可知書於光緒二十五年（一八九九），此年張人駿（字安圃）就職山東布政使。張人駿係王懿榮親家，光緒十五年（一八八九）王懿榮長子王崇燕娶張人駿長女張允淑。

札内言『胡月舫再到』，指胡月舫該年任山東按察使，尚未到任。該札當書於該年春節，故有『專頌春喜』之語。『性父』即『性甫』，指蔣慶第之子蔣式瑆。

五

箸翁老父台親家大人坐下：

前承惠書，備極奬飾，惟公古文爲國朝畿輔之冠，弟叨附戚末，每思厠名大集，以爲他年族姓之榮。今三爲祭酒，無才無學，兢惕時深，公曷爲一文以教□之？禱切盼切！乙未和議，乞假歸省在籍，五月即家超授，六月到官，丙申正月以丁内艱開缺，去年戊戌四月服闋候補，今夏五月復拜恩命，則又以陸鳳石得擢閣學所遺缺也。踪迹如斯，不足爲人師，恒言稱老，則又不敢施之於大老之前，其將何以教我？京居大小平安，福堘、雙成俱極旺相，種堪告慰。惟家鄉大旱，時疫流行，舍弟信卿身體素弱，亦坐腹疾，侵尋未愈，馳繫爲勞，僻處又無佳醫。伯希好游，又於脉理有神解，前年曾謂舍弟肺氣已壞，弟時爲危慮。今已諭崇烈附搭輪船，請其前往，未知如何。若弟者，年將耳順，所當之差，日日下場，若應試者，亦日日度歲，須夜起者，真中外窮人所不堪也。

肅復，敬請頤安！并請親家太太福安、合澤清福！

弟懿榮頓首　內子兒孫輩隨叩

按：札中言『去年戊戌四月服闋候補』『三爲祭酒』等，則該札書於光緒二十五年（一八九九）五月之後可知。札中言『公古文爲國朝畿輔之冠』，指蔣氏詩文俱佳，稱譽當時。又言『舍弟信卿身體素弱』『諭崇烈附搭輪船，請其前往，未知如何』，《王文敏文年譜》載該年七月十一日：『公弟信卿公歿於福山城內北街里第，享年四十九歲。』〔一〕則此札書於五月後、七月前。

〔一〕王崇煥：《王文敏公年譜》，載《中和月刊》第四卷第七期，一九四三年。

致徐用儀（一通）

一

《敬使君碑陰》領到，謝謝！正配敝藏。丈是解人，不獨厚於侄也。現以厚樸、焦三仙煮湯充食矣。烟袋一、碑一包，封一包籍繳，希查入。

此請小翁世叔大人

侄榮頓首

按：此札藏於國家圖書館，稿本。未見原札，依《王懿榮往還書札》過録，標點略有不同。該札具體寫作年代難考。

徐用儀（一八二六—一九〇〇），字吉甫，别字筱雲，浙江海鹽（今屬嘉興）人。咸豐舉人，同治元年（一八六二）充軍機章京，兼直總理各國事務衙門，累遷至工部右侍郎，兵部、吏部左侍郎，加太子少保，授軍機大臣，左都御史，兵部尚書。力主鎮壓義和團，後被處死。

致翁同龢（五通）

一

夫子大人鈞坐：

懿榮於叩辭後，以正月廿二日出京，二月初四日到濟南，見藩、運兩公，知餉已撥成，暫未承領，容見東撫[一]再爲籌商。在省只住一日，十三日抵萊，即晤東撫，聞即日發電報，知懿榮到籍日期，此次懿榮已例發專奏海上大概情形，另紙呈閲。客軍紛紛調赴海豐埕子口矣。東

[一] 東撫即李秉衡。李秉衡，字鑒堂，謚忠節，奉天海城（今屬遼寧海城市）人。先以捐納爲縣丞，遷知縣，光緒五年（一八七九）任冀州知州，光緒七年（一八八一）擢永平知府。甲午戰起，李秉衡被召爲山東巡撫。光緒二十六年（一九〇〇）李秉衡任巡閲長江水師大臣，後八國聯軍攻陷大沽，李秉衡奉命北上『勤王』，力主戰，屯駐楊村，交戰失利，退至通州，自殺殉國。

撫焦勞，日日嘔血，各軍烏合既不得力，東省吏治亦不可問，奈何，奈何，奈何！拜摺後三兩日内調員必可到齊，即先行馳赴登州，周歷十縣，測度情形，折回萊州再與東撫籌商合奏。此時行館龐雜，又無多函封，不及細書。高陽〔二〕老師前，乞以此啓轉閲。沿途自雄縣至濰縣，泥濘難行，東府雨雪甚大，濟陽冰泛口決，過齊河，水纔消三兩日耳。

匆遽肅上，專叩福安！

門人懿榮謹啓　二月望日

按：此札原稿照片見於《王懿榮先生書作集》，第七九—八〇頁。

翁同龢（一八三〇—一九〇四），字叔平，號聲甫，晚號松禪，江蘇常熟人。咸豐六年（一八五六）狀元，曾爲同治、光緒兩代帝師。喜收藏，爲王懿榮座師兼金石同好。光緒六年（一八八〇）王懿榮會試聯捷，中式第一百五十六名貢士，翁同龢爲副考官。王懿榮致翁同龢書札現見到原札照片或影印者五通，尚有五通存於故宫博物院，有一通與《王懿榮先生書作集》重複，《王懿榮傳》第二九三—二九八頁有摘録。

〔二〕高陽即李鴻藻。李鴻藻，字寄雲，號蘭蓀，謚文正，直隸高陽（今屬河北保定）人。咸豐二年（一八五二）進士，歷官禮部右侍郎、都察院左都御史、禮部尚書等職。同治帝師，清流黨魁首。

二

此札述回登州團練事，依《王文敏公年譜》，此係光緒二十一年（一八九五）事[一]。

夫子大人鈞坐：

莒州新出四面漢石拓本一分，敬充鑒賞。昨見厰市原原書屋袁估，詢知未翦《曹全碑》二紙，俱爲徐頌丈[二]之記室汪叔芾[三]部郎購去，將欲加價售人，未悉是否托辭。然究係已斷本，亦所習見也。自南來賣《上尊號刻石》之帖賈李龍言，蘇州流寓李笙漁有未斷本翦册出售，索百餘番，渠以直昂未成交易，此却尚直，榮所見止以李芝陔[四]年伯所得靈石何氏本，不但未

[一] 王崇焕：《王文敏公年譜》，載《中和月刊》第四卷第七期，一九四三年。

[二] 徐頌丈即徐郙。徐郙，字壽蘅，號頌閣，江蘇嘉定（今上海市嘉定區）人。同治元年（一八六二）狀元，歷任南書房行走、安徽學政、江西學政、左都御史、兵部尚書、禮部尚書等職，拜協辦大學士。工詩，精書法，慈禧晚年畫作多有徐郙題字者。

[三] 汪叔芾即汪嘉棠。汪嘉棠，字叔芾，安徽歙縣（今屬安徽黄山）人。光緒拔貢，次年朝考一等，任職禮部，升主事，兼總理衙門章京。後歷任金陵洋務局會辦、金陵製造局會辦、全國厘金局總辦、全國電政督辦、財政部諮議等職。

[四] 李芝陔即李在銑。李在銑，名侯，一字芝陔，號六畝道人，河北涿鹿（今屬張家口）人。富收藏，晚清時期北京地區著名書畫鑒藏家，與翁同龢、寶熙友善。

斷，且因字完具，究非塗填，最可愛也。

專叩福安！

門人懿榮敬啓

按：此札原稿照片見於《王懿榮先生書作集》，第八一—八二頁，具體年代難考。

三

夫子大人鈞坐：

昨日在署所收約千二百卷，分校官遲鈍，計至夜分十二點鐘始能發榜。道路泥濘，歸寓已是寅初。接示祗悉。此事昨在署内見當月官已説過，伯葵亦曾向勰丞言之，今日入署當即飭辦，嚴查該吏，迅速收考。如榮到時，渠仍未辦，再究一切。明日亦可帶補也。此次各省卷除廣東已經奏定額數外，餘省録取一概從寬，非十分大犯規及文理太不通者，始從黜除。昨當月官尚無味苦纏，榮告以此話不能從我輩口中説出，若有取無去，朝廷安用考官？收卷甫完便合榜抬出，只須用一堂卑足了事矣。但我們所黜斷不從刻，凡事皆然，不但是衡文也。

肅叩鈞安！

門人懿榮叩復　廿七日早上

按：此札及以下兩札見於《翁同龢文獻叢編之二　考試·國子監》下，第八二三—八二三頁。該書目録（目録在上卷）提到此三札，第一札書於光緒十七年（一八九一）七月二十七日，第二札書於光緒十七年（一八九一）七月二十八日，第三札書於光緒十八年（一八九二）四月十三日。按書札内容來看，前兩札係王懿榮幫助翁同龢處理廣東録科事。後一札則是王懿榮向翁同龢彙報其子王崇燕及其他考生參加會試事。

四

夫子大人鈞坐：

昨聞鈞體違和，不勝敬繫。頃詢紀綱，知觸患滯下，甚爲馳急。此證可用薑茶、紅白糖各等分，以核桃仁燒焦研末同煎代飲最佳。廿八日廣東録科點完，將封門矣。出結官張蔚增率領考生四五十人并未登册之輩，哭請收考，據稱照結早交助教朱珩手，查學習助教朱珩久未入署，前因派閲卷不到已經飭諭，其實收逾限短補之不合例者，收考二十餘人，由後門點入，提堂免考到一卷，勉强了事，實屬不成事體。昨見樵野〔一〕訪之，亦云聲名夙劣，且曾槍冒入場，

〔一〕 樵野即張蔭桓，詳致張蔭桓札一按語。

似此未便姑容。門生等議欲查例咨回吏部，仍保全其功名，以存寬典，未悉如何，敬候酌示。至廟工已完，内外尚屬齊整，惟成賢街水尚未撤乾，黄幄下墊三黄土，因雨濕性軟，昨見孫五年伯又令加以板墊，寬念爲叩。又查《東華録》，康熙三十三年十一月東巡，祀孔子已行三跪九叩禮矣。太常則例失載，此更在前。將近中秋，早晚寒熱不時，伏祈珍重。

專叩福安！

門人懿榮謹啓

五

夫子大人鈞坐：

頃回寓，敬聞遣使垂詢。小門生崇燕卷在第十三房，周正伯手批云『欠精錬』。張楙權〔一〕又接有友人函懇，後到數人再請補收。此事不比外省學政可以專主，同官五人意見不能盡合，又近有典禮在前，謝之。

〔一〕張楙權即張之洞長子張權。張權，字君立，直隸南皮（今河北滄州）人。歷任駐美公使館參贊兼留美學生監督、禮部郎中、候補四品京堂等職。

卷在第五房，施鶴笙手批云『清朗少警』。□處又聞張季直〔二〕卷在馮心蘭手，黃季度〔三〕卷在趙伯遠手，均未出房。謹復。

敬叩福安！

門人名正叩

按：此札當書於光緒十八年壬辰（一八九二），時王懿榮長子崇燕應順天鄉試，未出房。

〔二〕張季直即張謇。張謇，字季直，號嗇庵，江蘇南通人。光緒二十年（一八九四）狀元，授修撰，後發展實業和教育，是近代中國著名的實業家和教育家。

〔三〕黃季度即黃紹憲。黃紹憲，字季度，廣東南海（今屬廣東佛山）人。光緒十七年（一八九一）舉人，與康有爲、梁鼎芬交誼深厚。工詩畫，著有《在山草堂燼餘詩》。

致潘祖蔭（二十九通）

一

賜諭祇悉。榮昨往哭薈生〔一〕，遇感則慟，歸而作暈。又唁安圃。車不能出前門，繞灣大走，結實人不過悶極，若榮病軀竟不耐也。到薈生處，龍芝生在彼，聾子言其臨去時，將分送各位之印譜，一一手題封識完然，可憐也夫！然人生苦境，速死爲愈，佛家所謂『歸真』，殆不虚謬。孔子聖人，天地生死，總不説破。吾師前屬言之人生必有此一日，不至其時，總以爲無此一日；及至其時，不但本人難受，旁人亦爲之一齊難受，不可解也。伯兮〔二〕病想未愈，不

〔一〕薈生即周鑾詒。周鑾詒，字薈生、蕙生，號季譻，湖南永明（今湖南江永）人。早慧，光緒三年（一八七七）進士，入翰林院授編修，入直内廷，光緒十一年（一八八五）典試廣東。喜金石收藏，與王懿榮爲至交。

〔二〕伯兮即盛昱，詳致盛昱札一按語。

然早來説薈生下場矣。榮則群僕紛散，近如伯兮，未及通詢也。拓本領謝，此物竟比人之壽長，不知魏晋，安論唐宋哉！人生如此等事，不傷身不害世，亦『從吾所好，玩而老焉』，足矣。歐陽文忠之言是也。

肅復夫子大人

門人名正叩

按：此爲王懿榮致潘祖蔭信札，共二十九通。前二十八通見於《諸家致潘伯寅潘紱庭書札》，稿本，國家圖書館藏，《王懿榮往還書札》有釋文。

潘祖蔭（一八三〇—一八九〇），字伯寅，號鄭盦，江蘇吴縣（今蘇州市吴中區）人。道光朝大學士潘世恩孫，内閣侍讀潘曾綬子。咸豐二年（一八五二）探花，歷任内閣侍讀、南書房行走、大理寺少卿、光禄寺卿、工部尚書、刑部尚書、太子少保，光緒八年（一八八二）受命在軍機大臣上行走。晚清著名金石學家，金石著作有《攀古樓彝器款識》，輯有《滂喜齋叢書》《功順堂叢書》等，有詩文集《鄭盦詩文存》傳世。王懿榮座師。

薈生殁於光緒十二年（一八八六）九月，此言『哭薈生』，即其殁後不久。該年王懿榮二月間喪父，五月回烟臺，七月因母親腹瀉回京，後一直在京。其父因該年山向不利，并未下葬。

『又啞安圃』，安圃即張人駿，該年張人駿丁母憂。《張佩綸日記》載該年『九月二十日，晴。回塞上，得大嫂訃，感愴無似』〔一〕。張人駿母歿於光緒十二年（一八八六）九月十六日。

二

前示祗悉。榮以出門，未即肅復爲罪。下人紛散，又未能詣送。古陶字乃真品，廿字亦原來者，斷不僞也，其僞則致多字矣。匾聯今晨領到，先代允勷〔二〕泥謝。其人以宣紙乞書巨匾，其意欲鈎刻後仍以宣紙者裝而存之，黄紙刻後便無之矣，且懼其褻也。鄉間有劉文清〔三〕爲人書『惠迪堂』三字，一刻木，一原紙，有兩家同此一字號者，以三十金購此家之紙本，不與，榮

〔一〕張佩綸著，謝海林整理：《張佩綸日記》，見張劍、徐雁平、彭國忠主編《中國近現代稀見史料叢刊》第二輯，鳳凰出版社二〇一五年版，第一一八頁。

〔二〕允勷即張允勷。張允勷，山東蓬萊人，鄉紳，喜金石收藏，與王懿榮爲同鄉且爲金石同好，曾將收藏之漢代琴亭侯國刻石等贈予王懿榮。此指張氏通過王懿榮委托潘祖蔭爲書匾額事。

〔三〕劉文清即劉墉。劉墉，字崇如，號石庵，又號穆庵、青原、香岩，謚文清，山東諸城人。大學士劉統勛之子，乾隆六年（一七四一）舉人，乾隆十六年（一七五一）進士，歷仕乾、嘉二朝，官至體仁閣大學士，卒贈太子太保。工詩，存《石庵詩集》，有書名。

親見之。薈生拓物一分以去，劉二草率异常，紙墨可惜矣。六鈢朱墨本各一分納上，此榮所抽厘税也，其拓去胥工〔二〕遠甚。

肅復夫子大人

榮叩

按：上札書於光緒十二年（一八八六），言『群僕紛散』，此札又言『下人紛散』，蓋同時期所書。

三

賜示祗悉。小幣拓本有致佳者，有新鮮者，如字者，是正面則至奇矣，當爲舊譜所無，若背面亦一奇也，其餘未暇翻譜，异品甚多。此物之有裨古文，與鐘鼎同功又無同範者，見輒收之，不能與人分之者也。吾師所得種類極夥，亦必須立一目，以考某種之有無，否則見之驟疑爲有，亦驟疑爲無，有疑已有而適無者，有類若無而又多有者，此門生閱歷有得之言也。必一類爲一包，每包書明内幾品，若續入則續添記之，其有异文者并於

〔二〕胥工即胥倫，詳致陳介祺札三八注釋。

包面大字批記之，否則散漫而無紀矣。孫文楷之物，榮所得拓本不全，隨得者隨分副以奉矣。聞次經回，將爲吾師議之，必有以報也。吾師彝器目録曾命編録之，伯熙、薔生、中弢〔二〕亦力促之，榮亦暇爲之。金文各家目與宋本書目并重，一可以見流傳之有緒，一可以稽隨時之隱見，又可以知舊譜所著之存佚，又可以知後出之多寡，又可以知今天下共有之若干。榮早思及此，當亦及此暇爲之。惟此次北旋，剛值中秋節，部署春間大事，拖欠千頭萬緒，以致昏頭搭腦，病本在眩暈，而此事雖不煩躊躇，頗費唇齒，尚未竟也。稍暇，當盡拓周秦圜法呈覽。（清卿器目，榮亦能編之，俱未啓篋，紛如蟲蟻。壽老小品亦有不在全目者。）允勷拓本來亦必速。登州正在院考，書估、古董客麕集郡城，想其近日必披剔不暇矣。

敬復夫子大人

門生名心叩

按：此札言『此次北旋，剛值中秋節』『病本在眩暈』，此當係光緒十二年（一八八六）事，該年王懿榮扶柩之後由里還都，且此時病雖小愈，仍有眩暈。此事在與女兒崇煐書札中曾

〔二〕中弢即黄紹箕，詳致黄紹箕札一按語。

記之：『爾祖母大人慈體素弱，自春以來，悲悼自不待言，每夜長不能睡。此在川署平常事，即是如此，比來益甚。我是以急速北上，於七月廿五日由烟臺乘中國輪船，廿七日抵津，由津坐河船到通，回顧汪洋，益無縴路。初七日抵都，所幸祖母大人腹瀉（半月矣）已愈。』〔二〕八月初七日至京，故言『剛值中秋節』。

四

賜諭祇悉。小幣拓本一包，内有劇佳者，此物與鼎彝同一可貴，榮向所未全，謹領祇謝。松溪已登車赴通，其兄穆庵〔三〕拓已向説。渠身邊即有一全分目，爲薈生曾索及，拓來未及付與，又扃諸行篋以去，急未能取，容渠到烟臺時即寄回呈納。

烏魚穗、魚蛋亦即寄來，作法（魚穗有濃湯者，如葛仙米作法；有和蛋炒者，如桂花魚翅者）已作書詢諸福山人，即榮所吃人家。

張允勷磚，榮以前所得者不全（穆庵亦不全，皆辛巳年所得，又六年矣），未在手下，其全分在東，已祈爲吾師先寄一分，渠尚有求吾師書件。輪局信便甚速，舍弟在家不久即寄來者

〔二〕詳致女兒王崇熯札二九。

〔三〕穆庵即王穆庵，山東黄縣（今山東龍口）人，王守訓兄長。王守訓詳致王守訓札一按語。

矣。中飴許久無信來。

肅復夫子大人

門生名正肅

按：此札言『穆庵亦不全，皆辛巳年所得，又六年矣』，辛巳年即光緒七年（一八八一），又六年，即光緒十三年（一八八七），此札當書於該年。

五

賜示祇悉。高氏所藏漢石，當年曾爲膠州匡先生題過〔一〕，因以知之。拓本未得，即祈惠分一紙爲叩。聞王西泉云渠有二種，未悉皆屬漢石耶，抑又别有一種？其一種則未之見也。念庭鏟幣未有拓本，戟翁有限，念庭又益以數十〔二〕，質没於京庫耳。去諸城巴山莊七百里，人便極少。蘭畦〔三〕在家，亦未通信，渠所得趙、高二估之幣碎數段，龜之木櫝，不能出拓，云將浼濰

〔一〕高氏即高鳳翰，詳致陳介祺札一注釋。膠州匡先生即匡源，詳致陳介祺札一注釋。

〔二〕戟翁即王錫棨，號戟門，詳致鮑康札七注釋。念庭爲戟門長子王希祖。

〔三〕蘭畦即王緒祖。王緒祖，字蘭畦，號鄦閣，王錫棨次子，念庭之弟，山東諸城人。喜收藏，著有《王氏吉金釋文》等。

匠粘合之再拓，是以目見而未有拓本也。圓肩方足一類，字爲舊譜所無。張允勷鼎全形一紙，蓬萊所出『長安樂』、福山所出『大吉日』二種磚各一具，敬奉鈞鑒，真野人與塊矣，伏祈哂存。未能恭楷，尚求鑒宥。

肅復夫子大人

門生名正叩

按：此札言『去諸城巴山莊七百里』云云，此係扶柩回烟臺之後答謝戚黨事，事在光緒十三年（一八七七）。

六

賜諭并高氏漢石拓本領到，敬謝。漢石拓不如從前唐石，備物耳。渠亦祇此二石矣。

肅復夫子大人

門生名正叩

七

夫子大人鈞坐：

前肅復一函，後又奉到賜書，并彝器拓本三事，祇領叩謝。煦堂二器往歲親見，致真之品。新得鄭虢仲某某鼎，文字甚美，又駕此二器而上之矣。文登舍親于氏書究竟歸吾師否？購之太貴，捨之可惜，得之乃又無甚奇异，此物類是。

榮等昏迷，加以病困，匍匐將事，一切外事皆一聽鄉族長者之所爲，不孝惟有刻意地工，并力厝事，然尚恐有精神不到之處，特先事苦不自覺耳。後年安葬，氣體能復，尚可後圖補救，然罪已重矣。月杪當可竣事，以紓鈞廑。

諸鄉喧者，亦頗以土物帶餉，皆埏埴之屬，複者當携以分奉。惟三銖一範，譜中所無，只得一器，拓以呈鑒。此殆漢武幸祠之罘所弃置者，出敝村北，古牟城西溝中，此則以重金置之，爲敝邑文物所關也。亦持此可以遠薦竹老，近酬壽翁〔二〕。餘者來告紛紛，尚無實見。鈞體目疾想已元復，不勝敬繫之至。榮所苦，仍未脱體。援遵前命，以大字書上。郎亭南下，愙齋北還〔三〕，諒均次第如律令矣。

祗叩福安！

門人在苦懿榮謦上　六月望日

按：此言『在苦』，王懿榮父於光緒十二年（一八八六）二月歿，此札當書於該年六月。

〔二〕竹老即李佐賢，詳致陳介祺札一二注釋。壽翁即陳介祺，詳致陳介祺札一按語。

〔三〕郎亭即汪鳴鑾，詳致汪鳴鑾札一按語。愙齋即吴大澂，詳致吴大澂札一按語。

又言『餘者來告紛紛』，可知書於烟臺。札中言『榮所苦，仍未脱體』，指是年王懿榮病未愈，症狀爲眩暈、嘔吐、不寐。札中言『諸鄉唁者』，指福山父老吊唁王懿榮父之事。此年潘祖蔭病目。

札中言『文登舍親于氏書究竟歸吾師否』，王懿榮祖母于老夫人即文登人，此言『文登舍親于氏』即對此而言。後文（札九）所言『于四草書放之可惜，購之太昂』即指此而言。

八

次經信并孫模山〔二〕信，又所示上吾師一書呈閲并繳還。簠齋後來亦常得山蕽物，山蕽之物佚者必多矣。甚矣！礦之不可開也。

肅上夫子大人函丈

門人名正叩

按：李宗岱於光緒十一年（一八八五）在平度開金礦，光緒十三年（一八八七）又在烟臺試辦玲瓏礦局。

〔二〕 孫模山即孫文楷。孫文楷，字模卿、模山，山東益都（今山東青州）人。同治十二年（一八七三）舉人，潛心著述，尤精金石學。著有《適野集》《一笑集》《老學齋文集》《稽庵古印箋》《古錢譜》等。

九

夫子大人鈞坐：

榮於十五日奉先靈東下，由通雇船，河中阻風二日，自津乘坐輪船，海中阻霧一日，於廿五日始得抵里。幸托福庇，一路平穩。艤唱悲酸，停舟昏悶，自罪人處之尤屬不堪，況以榮之連年孽病，暈眩萬狀，皆此生未歷之境。昔吾師南中寄書與榮，有言『四十年來有如一夢，再想重作此夢，此生不可復得』之語。當時讀之，即如《出師》《陳情》《祭十二郎文》諸作，時人所謂古文三墮泪者，被吾師一語括盡。此中事境亦如榮之耳鳴，自聞之而自知之耳。正在作函，適得京寓所寄夏至日賜諭，并陶拓三百卅五紙領到，祇謝。次經所購景明造象乃是真品，此非京肆所有，其字體如簠齋所得諸象多同，諒自是東産，渠以暴得稱奇耳。

榮家山七遭兵燹，先人弊廬，昆仲雜處，皆在瓦礫之中，只餘廳事五間，壁立孤孑。先靈暫停於此，開門見山，然去山又遠，祇滋僻陋而已。現在日夜督造丙舍，造成即廬於此間。擬以六月廿二日恭辦葬事，七月下浣，榮隻身北省，舍弟留東。頃甫抵里五日，一切尚無見聞。李山萇在之罘開礦，尚未動手，其山迤邐不止一峰，海中可見全勝且多産鐵，若其開挖，必有所見。當年東觀刻石必非與之罘刻石同在一處，以其山甚綿亘，可望而知也。如有所聞，再以奉告。于四草書放之可惜，購之太昂，其人已出京否？

匆匆肅復，即叩鈞安！

門生在苫懿榮謹上　五月卅日

按：此札落款『在苫』，可知書於光緒十二年（一八八六）五月。王懿榮父王祖源歿於該年二月十四日，五月王懿榮扶柩南下回烟臺安葬，此札即言回里歸葬之事。該年李宗岱（即札中所言李山農）在烟臺試辦玲瓏礦局。

一〇

韓涅金拓本一，此從吾師新釋。此幣大約與涅金二字同坑新出，近來數數見之。孫模山，青州人，在濟南鹽商茅家處館，去此殆九百餘里，未通音問。此與蓬萊張允勷、黄縣諸丁最近，皆百里内外，可徐徐訪之。又一從侄在寧海當鋪作生，言曾見本州常姓質過一大銅器，陽文字，此必漢洗。又二鼎，已教以拓法，令其訪去，惟贖歸一二年矣。當鋪皆黄縣諸丁所開，其鋪當有銅器，滿期出售而不與東家者，以東家持去便不算本錢耳。

念庭來，只見一面，言及高文翰不日即來，爲薈生羅致漢印百餘紐。有佳者，居奇，甚至聞其逝去，價亦未大落。九蘭高卧不起，晚間會客，故印譜及拓片率無成，然得古泉佳品無郭。郭遂歸郭。京城電報一去，執價不下，陳、郭〔一〕相爭，皮劉三得之，大古鈢，亦不能拓。算，者號申堂，乃匡侯觀察之弟，名煥之，新好而有大力者也，又好明墨。鈢已有僞者，念庭持來打本即僞者，并言同出者尚有二字一玉鈢，則未見拓本也。念庭已窮，自言無所得。蘭谿未來。允勤大病，因無回信。松溪〔二〕之鋪，一齊折本，乃暴窮。舍弟十五日起身，由旱路回京，必過濰縣矣。陸存齋贈新刻仿宋《石林奏議》一種，念庭贈竇東皋七言聯一付，門生每回東必有所得，物莫不聚於所好也。舍弟亦好而無法，因亦無新得。

夫子大人

門生名　呵凍肅復

按：札内言『舍弟十五日起身，由旱路回京，必過濰縣矣』，此事王懿榮在致女兒崇煐札中亦曾提及：『乃叔十一月十五日由家從旱路起身，因輪船已停故也，刻尚未到，大約臘八前後。今年乃叔在家，爲買塋房木料及置買田宅等事，宅已買妥，接到手矣。』〔三〕此係光緒十二年（一八八六）十一月間事。

〔一〕陳即陳九蘭，即陳厚滋，詳致陳介祺札一注釋。郭即下文所言郭煥之，具體不詳。
〔二〕松溪即王守訓，詳致王守訓札一按語。
〔三〕詳致女兒王崇煐札三〇。

二

賜示敬悉。劉二并未見過此物，只言得者曾親送濟南與渠（此純是吹話，濰人豈肯向濟南送與渠哉），而渠已出門在路□時矣。若其有拓本，不知當如何飛揚鼓動以厭利心，再圖誆騙，此虚語也。此次所出不止一器，皆極大，聞有八字者，在皮劉三（濰之土估）手（販銅挑子得自臨菑，以百五十文得之，以六十千售與皮劉三，皮劉三要千金。真可笑，此濰人亦詫爲奇事也），九蘭與之講論，不識已得與否。尹伯元〔二〕憑空花錢打電報問王西泉，此事無西泉干涉，西泉萬不肯空花數金與之閑談，無怪其不復也（聞其不復）。門生聞郭姓及在徐撫家教館，新來之陳姓言之歷歷。西泉爲門生購得元朝大石官印（山東官，亦最奇。此種價廉，故能購之也），已在針車，日内即當進城，且有此次所出拓本全分，特尚未交（皆濰人言，榮前數日始知，而向索書，尚未知行焉否也），内若有重分，即以分奉鈞鑒。劉二、伯元只知其一，清卿亦祇聞其一，豈知尚多哉？門生與吾師向無欺飾，欺飾則不言其尚多，昨亦不先言之矣。師每得外來拓本重分，必先分副以賜，不敢背也，負者不祥。

〔二〕尹伯元即尹元鼐。尹元鼐，山東諸城人，王懿榮好友尹慈經長子，善拓，曾輔助金石家吴大澂拓古器。

專此叩復！

門人名正肅

按：此指濰縣出土舊器之事，蓋在光緒十二年（一八八六）間。

一二

師所刻書，現在印本多者，未悉何種，請隨意賜之可也。簠齋新得四字瓦片，竟有一紙，乃杜估贈者。附以曲成瓦拓（陳未見）及榮得六字刀拓。

榮上

齊子中姜鎛，兩銑一鉦。

邾公華鐘，一鉦。

徐王子沇兒鐘，正面全形一紙（背面已有）。

按：札中言『簠齋新得四字瓦片』，此當在陳介祺歿前所書，即光緒十年（一八八四）前。

一三

榮昨日到薈生處，歸甚遲。仲飴有專人來，明日走。罍斝正在翻撿，撿出即上，不敢遲誤。不在總類，是以須翻，榮之篋笥亦不亂也。信及印拓繳上，此苗篆不甚古，留之以備一種可也，帶此一紙耶（細視之乃絹）？

此復夫子大人

榮肅復

按：此札言『昨日到薈生處，歸甚遲』，則當時蓋薈生尚未下世，即光緒十二年（一八八六）九月前。

一四

川中鹵漆帽架、紅豆木帽架各一具，敬納。漆片者，極爲簡便易帶，舍弟携之歸里贈人，以此種俗陋，不以登大雅之堂也。隨後尚有，容撿到再奉。連日謝送。薈生又遣劉二來，盡拓銅器。搬運坐對，非身嘗不知其苦。拓本撿得即上。

肅復夫子大人

門生名正叩

按：此札言『薈生又遣劉二來』，可知書於薈生生前，即光緒十二年（一八八六）九月前。

一五

賜示祗悉。厚盦〔一〕對收到，當即移交。若農〔二〕處尚有舍弟款字，信卿〔三〕乞吾師轉浼者，與此一氣送去，祈便中并賜一詢。罍罍拓已翻索（臨走時所得，未歸類），索得登即呈納（此物榮有重分），不稍遲誤。張允勷對一、匾一，祈吾師書并附上。連日試出，爲謝送者，歸仍不支。

尊上夫子大人

門生名正叩

按：上札言『連日謝送』，此札言『連日試出，爲謝送者』，當爲同時所書。

〔一〕厚盦即錫縝。錫縝，字厚盦、厚庵，號淥矼，滿洲正藍旗人，博爾濟吉特氏。咸豐六年（一八五六）進士，歷官駐藏大臣。工書法、篆刻。

〔二〕李若農即李文田，詳致陳介祺札七注釋。王懿榮爲李文田之小門生。

〔三〕信卿即王懿棨。王懿棨，原名貽棨，字信卿，山東福山人。王兆琛之孫，王祖源季子，王懿榮三弟。

一六

唐石及玉印拓本領謝。自見大鉨，此種皆瑣屑矣。地不愛寶，焉知此後不有更大者哉？昨見清卿所携小農〔一〕拓本全分，不如吾師有重器，然其鼎敦件件精，多有簠齋所不如者。然地不愛寶，焉知此後不有更精者哉？榮乃列在伯熙所編小藏家内，然如薔生之印、清卿之器，亦不免爲小藏家也。

肅上夫子大人

門生名正肅

一七

清卿前日在城内夜談，甚説二劍之僞，難得難得。遲伯熙未至，而劉二跟踪來矣，持漢印百餘枚，極壞，清卿選其廿五枚也。松溪昨有信至，磚拓亦來，正擬送呈。其兄穆庵不善拓事，視之不出色，遠不如張獨鷗。獨鷗之信尚未來也。萊鷄即當謀之，惜非秋令耳，秋令小鷄

〔一〕小農即丁彦臣，詳見致陳介祺札一注釋。

初長者嫩。

肅復夫子大人（原信附呈）

門生名正肅

一八

夫子大人鈞坐：

天保、武平二象拓本領謝，皆屬真品，不過字稍習見，萬非次經，門生遵即入録矣。聞其所携三石，其一爲何？急未得見。松溪求賜題，拓本原紙呈上（畫象大磚，一面破者，仍乞拓賜，乃求其全）。允勷信至今未來，渠常有病，是以遲遲。聞濰縣陳九蘭獲古鉨無算，且極大，不知確否，已飛書詢之。濰客不來，想九蘭絆之矣。

敬請鈞安！

門人名正叩

一九

松溪拓本收到，容即寄之。濰縣古鉨事，劉二來言之恍惚，後聞郭虞琴中書薰之言，乃真事也，且云不一而足。然濰物每一真者出，必有無數僞者隨之，當早購一真本視之，以防其猝至而爲其所亂也。濰縣無輪便，但等針車、布車耳。

肅復夫子大人

門人名正叩

二〇

拓本領到，祇謝。此字文雖習見，而別有意趣。其結體又是一種，甚美甚美。伯熙、中弢昨俱來，娓娓談薈生後事。聾子因一譜得二十金，遂以千印爲大奇貨，將挾歸打而售之。不知除此數人外再無要者，折本必矣。其佳物俱未出脱，但恐其終必出之不得其所耳。王、張書未來，王、高、杜、劉[二]人亦未來。陝估久無書，渠等不知門生近在何處耳。

肅復夫子大人

門生榮叩

按：此札言薈生後事，則書於光緒十二年（一八八六）九月後。

[二] 此皆爲古董商。

二

黄公鼎又見之矣。伯熙昨有信，説得極有趣也。拓本領謝。白躬父一鬲，勝於無『作』字者，與東武舊器可匹敵矣。象形字一鼎亦佳，記得與師舊藏一卣字絶相似。薈生今日開奠，榮未能去，香濤下人要走，催寫信也。高、杜俱未來，張、王信未到京。

肅復夫子大人

榮叩

按：此札言『薈生今日開奠』，則知當書於光緒十二年（一八八六）九月間。

三

崔子忠〔一〕畫，容即覓出送呈，請吾師刻之，備歲朝之一種耳。尊撰厚庵序文已清出一底。

〔一〕崔子忠，初名丹，字開予，改名子忠，字道母，號青蚓、北海，山東萊陽人，寄籍順天府。明代著名畫家，擅人物、仕女。與陳洪綬齊名，有『南陳北崔』之稱。

伯熙連日在可莊[一]處，尚未到門生寓來也，已傳示之矣。

專復夫子大人

榮叩

二三

拓本領到，祇謝。薈生昨日未刻長逝矣，可哀也。如此等聰明人，不可多得。榮明日午後將往唁之耳。伯熙游山，歸而大病，昨又哭薈生去。

肅復夫子大人

榮叩

按：此札言『薈生昨日未刻長逝矣』，可知書於光緒十二年（一八八六）九月。

[一] 可莊即王仁堪。王仁堪，字可莊，又字忍庵，號公定，福建閩縣（今屬福建福州）人。同治十三年（一八七四）由舉人進內閣中書，光緒三年（一八七七）狀元，授修撰。督山西學政，歷典貴州、江南、廣東鄉試，入直上書房，後官至蘇州知府。工畫，有書名。

二四

書收到，非説部，榮亦未一啓也。[illegible]父辛拓本一紙，係師藏者，何物耶？祈示。又舊拓本一紙有重分，奉上。記得吾師有此一卣，字較此大，即阮《録》中物耶？

肅復夫子大人

門生名正叩

二五

《續考古圖》一部領到，叩謝。伯熙已回，榮尚未知。因先生尚未上館也，或者歇乏乎？何貞老詩云『下山三日夢猶勞』是也。不知上方山之遼磚帶得與否？極可玩也。薈生以玻璃合嵌之者即此。翻檢拓本，師命分贈盛、周〔二〕二分各一（榮自一分歸類矣。不須再懇），新得尊拓本不知夾於何處，猶俸票也。頃欲送之不得，故急。

〔二〕 盛即盛昱，詳致盛昱札一按語。周即周鑾詒，詳致潘祖蔭札一注釋。

肅復夫子大人

門人榮上

按：札二三言『伯熙游山，歸而大病』，事在光緒十二年（一八八六）九月間。此札又言此事，且引何貞老『下山三日夢猶勞』，則此札亦當書於光緒十二年（一八八六）九月間。

二六

賜示祗悉。尊極精拓片領謝，其二紙當分與伯熙、薈生。昨日佳節，游山人必不下山，必能詩者詩，能文者文，今日故與鄭先生俱未回，回路須三日也。張獨鷴當與商之，其甗入志，蓬萊出，其鼎則非其土出，即以尊旨函告之。

肅復夫子大人

門生名正叩

按：此言拓片精美且『其二紙當分與伯熙、薈生』，則書於光緒十二年（一八八六）九月前。此札與札二五俱言拓片分贈盛昱與周鑾詒事，蓋書於同期。

二七

師藏冘敦，『王在周』（吴《録》〔一〕釋『魯』）下分明是『昧爽』二字（吴《録》釋『都□』，『都』字屬上讀），此與阮《録》戊寅父丁鼎釋文同一可笑，阮《録》又將[illegible]字誤作[illegible][illegible]二字（此上、此間均應有剥文，未見此拓，不可知耳），此或拓片模胡，或原器剥蝕繡爛，均不可知，以冘敦證之，其爲『昧爽』二字亦無疑也，且文從字順如此。昔之人罔聞，知其不可以道里計如此。師藏[illegible]器一類此者，何器耶？示知爲叩。

榮所得陰文磚，拓出呈閲。乃『梁適』二字，人名，時代不能早也。又延熹鍾一，字在口上，出萊州。又關中二鼎拓本各一紙，并納上。此與罍斝同捎來者，亦可備一種矣。求賜補拓鐘文，開單附上。

此叩夫子大人鈞安！

門生名正叩

〔一〕吴即吴榮光。吴榮光，字伯榮，號荷屋、可庵，晚號石雲山人，廣東南海（今屬廣東佛山）人。嘉慶四年（一七九九）進士。嗜金石，富收藏，善書畫，精詩詞。著有《筠清館金石録》《辛丑消夏記》《石雲山人集》等。吴《録》指《筠清館金石録》。

二八

明日不雪，敬當趨叩。榮不茹葷酒，只賜一粥而已。

專叩夫子大人福安！

榮叩

二九

夫子大人坐下：

頃奉賜諭，遵用素箋大字，皇恐皇恐。今春惠示金文拓本，謹注別紙呈閲，未知當否？烏魚穗一包，伏祈哂嘗。此物出萊州，不出登州，輾轉購得，是以稍遲。香濤來京，已拜署兩廣□命，其頹唐猶昔。《印舉》一款二百金，簠齋又復折回，云打得時以書易銀，决不稽遲，尤必首寄師處，以踐此諾，書一日不成，此銀一日不取。此二百金現在門生處，繳上耶，抑蓄以待之耶？祈酌示。其書必成之稍緩，大懼吾師着急耳。門生得一殘卣，只餘一底，即阮《録》之所謂繼彝者。當時據人摹本，未審其器，且椎拓不精，重摹尤失，其字亦不辨也。拓奉鈞鑒。簠齋黄□宗伯一石、吴門生陽嘉一石拓本，均飛書索去，寄到再上。門生時□一石，亦即拓出，脱墨再上。有寄洪門生一書，祈飭人投之。京師無所出，蕭索已極。

覆叩禮安！

門人懿榮叩上　四月三十日

按：此札未見原札，依《王懿榮集》過録，標點稍有不同。此札《王懿榮集》題爲『上某師』，實則爲王懿榮致潘祖蔭書札。其寄烏魚穗一節亦見於王懿榮致潘祖蔭其他書札中，潘祖蔭以二百金向陳介祺索《印舉》事，也見於王懿榮致陳介祺札中，故將此札歸入致潘師信札中。

札中言『香濤來京，已拜署兩廣□命，其頽唐猶昔』，按之《張之洞年譜長編》，張之洞拜兩廣總督，事在光緒十年（一八八四）〔二〕。此札當書於該年。

〔二〕 吴劍杰編著：《張之洞年譜長編》，上海交通大學出版社二〇〇九年版，第一一七頁。

致謝偉勛（三通）

一

舅父大人尊前：

甥在京供職照常，甥婦病時犯時好，總未除根。自二月十九日川署一信，後至七月初三日始得甥弟五月十六日一信，渠五月初一日巳時又舉一子，大小平安，甥嚴親均康健，發信時府試未竟，因關防嚴密，故未寄家諭，祇甥弟一信也。附聞，祈寬念。

敬叩福安！

甥懿榮叩

按：此札見於網絡拍賣，原札照片。此舅父指謝偉勛，字方平，生卒年不詳，山東福山（今烟臺市福山區）人。監生，直隸候補知府，良鄉縣知縣，後在山東辦理黄河工程，爲王懿榮繼室謝夫人之父。札中言『甥婦病時犯時好』，此『甥婦』指王懿榮原配黄夫人，此札書於黄夫人殁前，即光緒三年（一八七七）前。

二

舅父大人尊前：

接到賜諭，敬悉一切。川信遵即將去，周宅業已覆之，南川二舅不來。甥望前即行，再遲不得，然已克然矣。聞慈體尚未復元，不勝懸念，不如捨此歸去，静攝半年，不但家事，種種妥帖之甚也。甥此亦血誠之言，不必以即算交待，爲公事之難緩矣。竹銘字已促去，尚未來。糕點一匣，伏祈賞收。

專叩福安！

甥懿榮叩上

按：此係王懿榮致舅父書札，見於陳烈主編《小莽蒼蒼齋藏清代學者書札》，第九六一—九六二頁。

札内勸謝氏捨去事務，『静攝半年』，又言此『亦血誠之言』。『血誠之言』者乃親歷之也，故該札當書於王懿榮大病之後，即光緒十一年（一八八五）後。

三

舅父母大人尊前：

疊承賜諭，祗悉一切。仲廉五表兄到此所寄魚蝦，均已領到。遵呈甥慈，復命致謝。示及近來起居，總未大康復，此係年力所爲，伏祈靜養，不以諸事累心爲要。甥大病三年，根蒂至今未净，孽深罪重，理宜此譴。所幸慈親康健，子弟率常，堪慰。

按：此札見於網絡拍賣，原札照片。此札無下款，當有脱頁，未完。此言『甥大病三年，根蒂至今未净』，又言『所幸慈親康健』，僅言『慈親』未及嚴親，當書於其父殁後，即光緒十二年（一八八六）後。

致許延暄（二通）

一

前聞伯熙言吾兄有與可莊易畫之説，因談及尊藏松圖，此幅幸勿爲外人所攫，非敢妄想，今接手示，竟割愛見賜，如此奇福，敢不拜嘉？只有九頓鳴謝而已。賤恙仍未霍然，内傷之證不能指日復元，甚屬苦悶。新正亦不克出賀。

肅謝煦兄大人年喜！

如弟懿榮頓首

按：此札見於《山東省圖書館館藏珍品圖録》，第一八七頁。許延暄，咸同間人，生卒年不詳，字煦堂，滿洲人。富於收藏，精於鑒别。

此札言『賤恙仍未霍然，内傷之證不能指日復元，甚屬苦悶。新正亦不克出賀』，下札又言『既得巨寶，廠市可不逛矣』，所言『巨寶』即指此札所言『松圖』。下札書於光緒十三年（一八八七），則此札書於光緒十三年（一八八七）春節，此時王懿榮病未愈。

二

年喜以制不克趨叩，兼以齒痛，無能之甚。既得巨寶，廠市可不逛矣。能再有此奇遇乎？許惠大綾條，何不早頒？弟憂病之中，藉此等事混歲月耳。

肅上煦堂大哥大人

如弟制榮頓首

按：此札見於網絡，原札照片。

此札言『年喜以制不克趨叩』『弟憂病之中』之語，落款爲『制榮頓首』，則係光緒十三年（一八八七）春節之事。王懿榮父殁於光緒十二年（一八八六）二月，光緒十三年（一八八七）春節王懿榮在制中。

致李慈銘（二通）

一

愛伯尊兄大人左右：

弟近置團扇一柄，無畫，有李香小象，以其與副榜相習也，買來取笑。顧、許兩兄爲題韵語，其上非得大著不爲光寵，敢祈賜題爲榮，容再走謝。

即請日安！

弟懿榮頓首

按：此札見於網絡，手稿照片。李慈銘（一八三〇—一八九四），字愛伯，號蒓客，人稱越縵老人，浙江會稽（今屬浙江紹興）人。光緒六年（一八八〇）進士，與王懿榮爲進士同年，後官山西道監察御史，著有《霞川花隱詞》《越縵堂日記》等。

李慈銘《題王廉生扇頭李香君小影》三首：

粉本南朝絶可憐，扇頭壁月尚嬋娟。清流何與人間事？花下長翻《燕子箋》。

傾城一笑太情多，十斛明珠奈若何？畢竟秀才空嫁與，輸他一品顧横波。

秋柳情深大道王，掌中猶見舞時妝。祇憐曲裏桃花扇，唐突當年鄭妥娘。〔二〕

此詩第一首後自注『今年廠市購得百子山樵元刻《燕子箋》』，《越縵堂讀書記》中亦記『得《燕子箋》一册，大字舊紙，尚是百子山樵原刻也。直六千，上下卷各有圖六幅，極精妙』〔三〕等語，後署日期爲同治甲戌（一八七四）正月十三日，則此詩寫於該年，此札蓋亦書於該年。該年李慈銘在京會試，不第。

二

秋事迫矣，現尚溽暑。不及走領教益爲歉。《詩經廣詁》忽有所需，乞暫擲還，至叩。少涼面譚。

〔二〕　李慈銘著，劉再華校點：《越縵堂詩文集》，上海古籍出版社二〇〇八年版，第二四七—二四八頁。

〔三〕　李慈銘著，由雲龍輯：《越縵堂讀書記》，上海書店出版社二〇〇〇年版，第一二三四頁。

弟懿榮頓首

此上愛伯尊兄大人坐下

按：此札見於陳鵬舉著《鳳曆堂題記》，第二三頁。

札中言『秋事迫矣』，當書於中鄉試前，即光緒五年（一八七九）九月之前。

致李端遇（十七通）

一

示悉。弟昨日已晤五城，在中城練局公議一日，請各城查出歷來成案，有所區籍，乃可下手。團練一事，在外省必須以地方官爲主，京師則以五城爲主，而我們調度之，大主意俱由我們執持，其瑣細一任五城分辨，呼應始靈也。移捐賑餘之款，正屬用得其所。將來於第一次公摺本内原委奏明，一來可以謝王相，二來可杜□輩悠悠之口。且事勢如此，亦可討兩宫憂勤之好也，甚好甚好。惟須先日招呼生祥，次第取用，亦不能一氣均提，無處存也。祝三〔一〕、景山大軍已到，得其糧臺一信，要招呼寶應寺四市會首爲之買糧。弟趁此到廟傳集會首，一面告以

〔一〕祝三即宋慶，詳致宋慶札一按語。

辦糧，一面約定以辦團，九城一氣，即慈聖面諭『内外聯絡一氣』也。惟盼珍攝，元復相對面話。出城必繞後門，遠避重險，一日之力爲來回路上工夫耽擱去矣。防局咸豐年間在梁家園，此地久廢。光緒甲午在琉璃廠土地祠義倉公所，地方居五城適中之區，官房寬展，昨五城已先爲布置。明日三點，弟在此處與五城會商，再聞。分局均有甲午舊地，均由五城布置。前陳雨蒼所借五衛三營，已提回一營，事急則此二營亦必提回。我們刻已由五城昨日開招，器械號衣雨蒼亦一面整辦，統希寬念。

即頌台安！

弟懿榮頓首

按：此未見原札，依《王懿榮集》過録，標點稍有不同。此爲王懿榮致李端遇信札。光緒二十六年（一九〇〇）五月二十一日，王懿榮與李端遇奉慈禧之命充任京師團練大臣。此十七札俱爲五月任命後所書，内容俱係京師團練事。

李端遇（一八三一—一九〇一），字小研、小岩，號青渠散人，山東安邱人。同治二年（一八六三）進士，曾任安徽學政，官至工部右侍郎。光緒二十六年（一九〇〇）五月，王懿榮與李端遇奉慈禧之命充京師團練大臣，保衛京師。

二

示悉。昨日在琉璃廠安平公所（即甲午舊局，前稿所稱）與五城齊集會商。中城陳雨蒼侍御已將會稿及條款議定，交弟帶回，皆仍照甲午成規。弟今日不出門，將各件擬好，酌量變通，即遣勇送覽，伏祈再加釐定。明日仍與五城約在安平公所重集議定，廿八、九日繕摺，卅日即遞。即以命下之日爲開局之日。時勢如此，不能稍緩，以紓宸廑。開招業已成軍，一并奏聞。寶應寺弟已約期齊集，聯絡登萊商户住九城，内外一氣。宋祝三并屬轉托四市會首辦糧也。惟弟每日到局，須繞後門出順治門，一天工夫俱在路上，尚不直繞後門及西牌樓甬路，并須迂道溝沿以達。義和團步步攔阻，幸帶有城勇數人，渠知是官員，才肯放行，然報名相看，種種苦矣。出門不可不帶城勇，我輩名色號褂尚未做齊也。除三次□起外，交手辦事，今止三日耳。銷假一節，容三十日入直面屬鄭太監，此刻難於帶信也。昨遣四勇前來門下守護，何以不要？昨董軍連搶肅府、徐孫二相府，王府井延宅與義學一掃而空也。弟所處之地，較兄處危險加百倍，不止一夕數驚也。餘再詳。

小研大哥世大人

弟期懿榮頓首

三

示悉。會銜奏請開辦摺片及章程一包，附紀呈閲，閲定即日發下，以便明日到局公酌繕遞，其有不合，即望批改。此係陳雨蒼套取甲午成文所爲，弟又增改變通一切。其中惟捐賑入團一節，可以濟急，可以杜口，可以壓服五城，以後諸事好辦。兄既定此主意，此次奏聞，可紓宸廑，一切順手矣。乞速招呼生祥爲要，由城上派人支領也。看來五城辦事之人以陳雨蒼、彭向青爲主，然公事已不甚密，即如練勇一層，我們本有督帶弁勇明諭，并非專爲護院保鏢，渠等既領練勇口分（原止每日八分，本不足食，弟與城商奏加四分），便是我們携帶出入奔走之人，連日到弟處者俱索飯□，弟賞之而一概逐去，已嚴責練局幫辦辦丁委員矣。弟頃即出城，此層既不應手，奈何奈何！能否先付數□，陸續籌付，不必一氣催提也。尚能再商之否？摺片此層暫删可也。咳！

弟名頓首

四

示悉。奏稿收到。明日出城定局，尚有奏派司員一單，大脚共十八人，我二人分派；小脚商由五城分薦，統歸面商再定。此單爲一摺，省得夾片太多也。傳管俱可奏派人入局，如熟人堪當此任者無多，再請五城薦剡，庶可合手。但此刻本人果在城内與否，未敢定也。

弟期名頓首

兄將應行奏調人員先行開單示下，以便公酌。小差使則以紳士爲主也，俟安排停當，再以奉覽，即爲定稿。

小研大哥再覽

弟名再叩

五

〔一〕即祈明晨速示。劉博泉〔二〕令侄仲木觀察現已回吴橋矣。收支一門失此好手，實在可惜。正擬提入，蘅塘忽得此示，即將仁甫添進。此稿已與五城約定，初六日以前上。弟自入直，此皆瑣屑，必不□起，兄可將息精神，摺内注明留局便可，不須并入矣。刻東交米巷洋人、二毛

〔一〕此處有脱文。

〔二〕劉博泉即劉恩溥。劉恩溥，字博泉，直隸吴橋（現屬河北滄州）人。同治四年（一八六五）進士，散館授編修。光緒三年（一八七七）補浙江道監察御史，後任内閣侍讀學士、鴻臚寺卿等。

群遁藏肅府，甘軍焚燒之後，九松主人家道苦矣。聞宋祝三已到，奉旨即日赴津，恐不及一晤。奏稿明日送五城，再有願入者，留作後圖，以限於人數之例也。

專復小研吾兄世大人

弟期懿榮頓首

內閣中書宋廷模（陳中城雨蒼交），通政錢壽仁（張北城畹九交），五城不能統應酬，亦必有此二三辦事乃可有牽制。錢公据畹九言，兄亦曾加識拔。

弟又叩

六

示悉。仁甫官銜，覆信後乃於單尾得之，可見手忙脚亂之致。摺稿已交雨蒼與五城會銜寫辦矣。昨見直督，刻報二艘沉否尚在懸擬，可見外間公事之糟。得津信，只有何永盛軍尚可支持，兵單極矣。以京師一城布置而論，未免頭重脚輕，以畿輔大勢而論，山海關亦極無準備矣。俄患爲甚，不在以一服八也。昨晚東西角俱停打，豈義勇亦三而竭耶？

覆上小研大哥世大人

弟期懿榮頓首　初二日

七

會稿昨送五城公閱。頃得雨蒼來函，知公議以奏派管帶一層，人少不敷用，多則與前案不合，公商以改奏爲咨，聽之。俟看摺時，飭其於四鐘前速送弟處，遲則東門鎖鑰太早，不及於初四日遞矣。昨交之小委員一名。趁其改奏爲咨，今晨於覆信中塞上矣，笑笑！弟腹瀉乃受風邪入胃之證，非關用心，實則數日道路之累，每日來往計八十里，且步步爲營也。今日聞西石庫打穿後壁，江米巷掘破墻垣，東西兩甬路緊益甚，必須繞德勝門始可出宣武門。宋祝三未晤面，聞將息二日，今日始能請安。鹿賓户部第一脚色，同年熟人，有『大聖』之號久矣，與孫悟空同，應在義合祝詞中。

小研大哥世大人

弟懿榮頓首　初三日

八

昨在局與伯香、雨蒼、向青諸公談及點卯一層，俟各城練勇局新舊花名册造齊送局，再與五城約期擇地點卯。此刻中西兩局招齊，餘尚未能一律。本届情形不同，製辦甚屬費事，至看操一層，現在軍械尚無所措，亦是實情。各城因移文中有限三日之説，甚爲不懌，弟即商向青、伯香抹去矣。點卯一層，我們只管先行擇地，俟其名册到齊，再計定期可也。再各城意思，我們原來係會同，以後有話可以見面對議，不必移文。若爲練勇事，行文各城練勇局可也。此上數層，是昨日尊從去後所説，并此奉聞。初六日纔着實開辦，領款亦不久也。

即上小研大哥大人

弟期懿榮頓首

九

一昨弟絶早出門拜客，比到局，尊從甫行，未及一談。少頃，伯香與四城均到，定初八日辰刻點名之舉。惟是日工夫稍長，聞五城十位齊到，則我局係充主人，似須留吃一頓便飯。當此軍書旁午，不必備酒席也。此并非寒酸氣象，徒爲省費計。弟昨到局，適長班馬瑞以有他事去，未及吩咐。如日内兄到局時，請飭其於初八日預備方便飯兩桌，約四五金一桌便可，稍豐亦佳，不必魚翅耳。此子尚能料理此事，以伺候五城久慣也。即請酌之。餘尚有話，再談。

小研大哥世大人

名頓首

生祥津號已毀，而鶴峰總無消息，甚爲馳繫。

名頓首

一〇

連日偏勞，感感！今日敝署忽免堂期。本擬到局遣勇，探得西式庫午後開炮，并鼓樓後亦復扎住，不得前來，心急如焚。昨夜甘軍奪取英府，移入一營。頃正以大炮轟俄府，四圍槍子亂落如雨。弟一夜未得安眠。東單炮樓仍有搶劫。昨義團到北洋公所捉拿副都統慶恒，聞已正法，另有案情。津探回否？

此上小研大哥世大人坐下

弟期懿榮頓首　十一日

按：札中言慶恒已正法，此係七月間事。由王懿榮致女兒札中知『西式庫午後開炮』亦七月間事。

一一

頃昭小雲尚書，談次始悉津城失事，正是僞扮義團呼門，且屬倭奴所爲，所謂『賜不幸而言中矣』。前稿如可上，五城只見兩三位商之便可矣，不宜泄、不宜遲也。請一文案在堂上寫，公閲無錯字便即封口，交筆□遞上可也。弟洞瀉一日，明晨又須入直，後日當到局，五中焦灼，偏又患病！

此上小研大哥坐下

弟懿榮頓首

按：此札言『洞瀉一日』，札一二言『昨僕直入署，辰出酉歸。小極幸一夕而愈』，札一二知爲七月間，此札在其前一日，亦書於七月間。

一二

昨僕直入署，辰出酉歸。小極幸一夕而愈。今晨有人走告，西式庫地雷即發，萬勿輕繞鼓樓，是以未克到局。若今晚發作，明日先詣吾兄，有面談之處，即祈在府少候，一同到局。

此上小研大哥世大人

弟期懿榮頓首　十六日酉刻

按：札中言『西式庫地雷即發』，可知是七月間事。

一三

貴親家孫二娘專足來一信，送閲，尚候回信。真正喜事！不知弟與老哥在此權作看街老兵，并無一絲事權之可假也。凡事只落在自己頭上便知其難，所有性好議論者，皆屬未曾經手辦一事之人也，畯子更難睹其來旨，又以爲吾輩是統率義和團矣。然濰縣已爛，藉此可知。

即上小研老哥坐下

弟期懿榮頓首

陳雨蒼能事而極好辦事之人，昨經甘軍略一游戲，已屬無聊。若使貴二娘親家、湫鶴峰親家處之，不知遁往何所，不敢相對熱中矣。哈哈！

一四

萬壽聖節，侍郎在廿五日雖遞如意之禮，由首部司員廿四日交奏事處（外貼黄簽於柄上），兄已辦去否？博泉請回京面陳事宜未允（無權無餉，并無義和團，解巾歸矣）。長石并文翼今日帶義和團前赴天津，增□報燒毀山海關外鐵路。弟逐日入直，今日未克到局。

專上小研大哥世大人麾下

弟懿榮頓首　廿三日

按：光緒朝萬壽聖節係六月廿六日，此言『萬壽聖節，侍郎在廿五日雖遞如意之禮』，則此札書於六月。

一五

示悉。下直得回示，尚未及覆。今晨南齋儤直，祇弟一人，有照例寫件差使，不能不到。夥計除徐、張、吴三人不能進城外，鳳石乘車在西長安門，昨爲人捉去，渠勉上鞍馬，浪倉而回。在内聞宋慶三日無下落，其兵進城四處尋覓，前日曾到弟處探聞。□□在長辛店聞蘇□云，頃進城又爲榮相飭出，不應到京也。李秉衡敗退通州，住東關，參陳澤霖退縮不前，請正法，旨改革留。賊已據馬頭，外傳、謊報皆不實也。董福祥昨晚□天有起，當日出城，住張家灣，武衛軍務添派剛毅局，聞昨已搬徙，此真所謂硬下傢伙。又詢來勇遷居何故，云義團到得太多，當時諸公列名向徐相借地，弟即未知，見徐相國回信，始悉此次又聯名向鳳石借館，亦未先商。豈有主人避客讓地與人者！若講挑眼，此則甚于陳傳收支之事。弟昨日覆函，只請諸公起稿奏明遷局一節。照公事説，可謂委曲詳盡矣。妙在住局司員亦無一字細説詳情與我二人，跟着即搬，真實作『都司』二字矣。下直親詣督辦軍務處，晤□藹人，告知昨日□義門内搶錢鋪，掠車馬、糧店，沿街一空等事，渠再三囑咐，以據門報所稟何軍之勇，并詢明被掠人户號□何名及在何地方，即知是何營就近住扎之營□，即行速章參奏，將其營統議處，此亂便息，不可含容遲緩。弟已寫長信與局中各位公覽矣。并説刻下如此情形，正是總局作勁之時，當派巡查司員會同各分局司坊，撥帶練勇多人，按段輪班，晝夜挨查，能拿即拿。人多有火器，不能拿，即據實稟報，由局中參奏。必如此，始無悔『彈壓』二字實義。并飭此後局中巡查司員，每日照巡門委員一樣，具一稟報交局，我輩能周知便能設法矣。然昨日搬局回信至今未覆。敷衍幾日，總以搬回爲是，此亦不必再瀆，以辦正事要緊也。

小研大哥世大人

弟名頓首

以上請嚴門禁，乃求禁匪人，非禁我輩也，笑笑。

一六

兩日未出，非我們托懶，乃門不開也，諸公即作移館之舉！我們已屬局員，辦文即叩門，非安於久不出也。且無論如何，兄尚曾居臺長一日之列。即給鳳石公函，亦不應驟列我二人名，而不使先知也。仁甫即作書與局，何妨請四處司員先搬回原局，説不見我二人信，不敢徑遷也？今日見軍務處□藹人，而前信適在靴内，即與之看，他即笑□□□□□□□，兄何不移書近向此公一告？張兆蘭、許祐身俱未能在城外，作此主見者四人耳。前信宜存蓄之，留作以後張本。總之我二人未出城以前，定規方好，俟城門回文，好定奪到某局也。先語畹九，纔有轉灣之人，説明此時非我輩鬧閑氣之時，於心真不忍也。弟則一意持定請他們起移局情形奏稿，爲□我二人乃不合掌。兄以不怕義和團總不移局，爲之如何！義和團若真鬧局，我們先自請處分，而後懲辦義團。

此信付丙。

一七

弟頃始下直。今日軍情緊急（謡傳二毛已攻入便門，然外城遂無一營耶？），城門戒嚴，不任出入。得五城信并局中知會。五城前信云因義團不便，此又云係因各軍麕集西城地面，前後矛盾，此時并置不論矣（原信送閲，便中發還，留以對校）。榮相已出赴于家園，局員知會，請我二人出城看摺。渠在外城，尚不知便門之事，前門豈任出乎？便以送摺城内看試。聞渠等今日晚間能由前門進城，遞摺與否，真可嘆也！并非我們畏難托懶，兄可就近一詢宣武門便

知。如能出，即速遣勇示知，弟可出城也。外又送來覆軍務處諮文擬底一件，想兄處已有一分矣，不再送閱。〔一〕

弟榮頓首

小研大哥世大人

墻外兵如林立，徵調不已，人馬喧闐已極。

〔一〕《王懿榮集》原注：下有數字模糊不清。

致張曜（一通）

一

朗齋尚書大公祖大人坐下：

春初肅賀具謝，并爲一函，想邀鑒察。旋奉賜書，并惠寄宣箋二百番，給便塗抹，祇領敬謝。此箋光澤不減前明華亭董文敏所用鏡面宣紙，惜晚粗筆枯墨，弱腕拙舌，至不相稱，爲可愧耳。又奉讀籌河大疏三稿，爲民捍患，不朽之業，東省蒙福，從此沉灾可免，真萬家生佛，其爲感戴，不可言罄。萬壽覃恩，叙及任子，上邀懋賞，是其宜矣。江浙偏灾，去年振撫，未知如何。刻聞上海米價漸落，此亦一好消息矣。湖陜情形亦久未見奏牘。京師雪少，冷暖不時，近日輪船北來，家書時至，海隅大雪，可卜豐收。此則天心感召，爲我公平紓一籌矣，先以告慰。華蓋上人〔一〕奉旨馳驛，已於本月二十二日啓行，臨去拳拳，屬爲致謝致念，總以不得取道岱宗一詣節鉞爲所歉也。

專謝復叩勛安，不莊。

晚懿榮頓首

再啓者，春初接有兖沂曹濟道伯權觀察中衡來函，言及聖府地畝事，已飭府屬州縣及各學官約同公正紳士逐一清查，仍由公府自具地畝坐落清册，以備稽核，各處租户彼此并行不悖，冀免擾累而杜欺朦。觀察與晚爲鄉舉同年，瀕行祖餞時，晚曾以此事諄諄相托，到東時得公委任，仰承風旨，故能審詳周密如此，至爲可感。惟該府習氣如京城各府不謀而同，執事一人專爲朦混生活，其所自具清册坐落或佃户賄通，以有報無，以多報少，或於無干民地混報入册，比及查清，時已花銷無數，莫如飭令調齊屯官，起獲底簿，一與該府自具坐落清册讐對符合，逐一清理，尤爲核實，不至牽擾，未知當否？其執事之人，稍有含混，不妨先嚴責一人，以儆其餘，庶懾於威命，或可暫銷積習，根本在此。此事發端自晚，而適值我公又適有伯權觀察，機不可失，過此以往，百餘年間誰復過問？《春秋》之義，專在君臣，孔子制法，爲後世朝廷

〔一〕『華蓋上人』即華蓋喇嘛，此人受惠於張曜，故言及之。

造作如此，至孟子痛□楊朱，亦專爲此義，現在各國亦漸知無君之爲不可，争相取法，功在萬世。飲水思原，當不容已。再者聖府大樓一炬，藏書灰燼，此刻若責以買書，難於驟辦，晚已私爲致書與香濤制軍、子壽〔二〕方伯，於湖北、江蘇刻書最多之書局，先將所有各書解送一分來交聖府，往歲伯希祭酒在國子監時，曾檄取各省書局之書送監備存，以便肄生誦習成案，此事亦煩諮取，勿須入奏，千祈我公一仿爲之。行取各省不費之惠，而尼山、洙泗兩院之書叢來沓至，崇朝可集，惟其十府所存賜本各書，以及微波榭精鈔秘笈，多前明私史，尤屬秘要，現已大隊出門，捆載而北，并聞其《闕里文獻考》板片瓜分，真不成事，可爲浩嘆。然不有廢也，將何以興？此固亦天道乘除之常耳。

再者去年晚募勸山東灾賑銀兩，經李少研鴻臚、張振卿學士屬由京師、濟南孟姓所開瑞生祥號布鋪匯兑轅下，該鋪不收匯費，自屬急公好義。嗣聞濟南京官言及有章邱人、江蘇知府孟繼笙者，先於春夏間倡辦章邱、齊河兩縣平糶，自運米石，不惜巨資，合縣倡義而孟姓爲尤多，又急賑水灾，甚爲利濟。游匯東侍郎言及此次在北省則爲善機之動，風氣之開，肇端於此，深爲可嘉。又言親見其在光緒九年爲前撫陳中丞勒捐，憤未請奬等情，此皆去年閑談等

〔二〕子壽即黄彭年。黄彭年，字子壽，貴州貴築（今貴州貴陽）人。道光二十七年（一八四七）進士，改翰林院庶吉士，授編修。主持纂修《畿輔通志》，著有《陶樓詩文集》。

事。晚與東省商户素無往還，以故門無雜賓，即所謂孟繼笙者，亦素昧生平，迄今未之識面也。今忽其鋪夥介諸公來，以手摺見示，屬晚遞呈我公，意欲請獎，且言公屢有獎藉之恩，至不敢負。兹將原單封上，請飭振撫局查核，并委員前詢其胞伯，前捐果欲移獎與否，種種屬實，再爲恩施，可否之處，伏惟定奪，以便轉覆。大約此事地方官善誘之，則遇事樂輸；勒抑之，則遇事縮抗。不意去年湖州龐姓十五萬之説，竟若預爲此人之地，然龐姓迄不索獎耳，此南北之别開眼與不開眼之分也。然自同光以來，每遇災荒，義紳善舉，京朝募振，此種風氣之開，昔年所無，實爲吉祥善事。自同治間軍務平定、洋務崛起以來，内而部寺，外而各省，種種新政潛移暗變，又成一番局面，又出一番章程，確然□爲古今日大關鍵，惜無巨手能將此一朝典政類記分疏，原流正變，爲之成一信史也。晚將以月杪乞假一月歸里，爲先君安葬，且藉此又得省視，爲游子之一大幸。三月望前北上銷假，且可以解不分會房之誚。附博一粲，再請台安。

二月廿四日　懿榮再拜

按：此札見於《浙江圖書館館藏名人手札選》，原札照片，第一九—二五頁。又見於《清勤果公張曜年譜》，原札照片，第一一四—一三五頁。

朗齋即張曜。張曜（一八三二—一八九一），字亮臣，號朗齋，謚勤果，直隸大興（今北京市大興區）人。咸豐十一年（一八六一）授河南布政使。同治九年（一八七〇）授廣東陸路提督，後隨左宗棠出征新疆，平定阿古柏入侵。光緒十一年（一八八五）授廣西巡撫，光緒十二年（一八八六）改任山東巡撫，治理黄河。

此札最後言『晚將以月杪乞假一月歸里，爲先君安葬，且藉此又得省視，爲游子之一大幸。三月望前北上銷假，且可以解不分會房之誚』。此事又見於王懿榮致張佩綸札中：『侄以閏月廿六日爲先君安葬，此先年所諏之期，當以月杪乞假一月出都，三月上旬北回消假，便又避却會房，亦一藏拙地步，此亦天道使然。』此係光緒十六年（一八九〇）事，該年閏二月。光緒十二年（一八八六）王懿榮父殁後，因山向不利，半土半葬，至光緒十六年（一八九〇）始得正式安葬。此時張曜任山東巡撫，治理黄河。又爲孔府整理田畝、爲募集書籍、爲捐賑人移獎事，俱在是年。《清勤果公張曜年譜》將此札定爲光緒十四年（一八八八），實誤。

致孫毓汶（四十八通）

一

八叔太夫子大人鈞坐：

侄於叩辭後，以二月十三日抵萊，十六日拜摺，爲大雪所阻，廿二日始同濰縣陳怙曾〔一〕太守、萊陽王爵生〔二〕簡討赴黄，家松溪簡討以雪阻濰，後至。黄縣團練，富紳既有醵資，團長亦屬認真，此正在今春危急之際，奮勇若此，以後恐難爲繼。到登州府城時，黑山島炮聲轟轟不

〔一〕怙曾即陳阜，陳介祺長孫，詳致陳阜札一按語。

〔二〕王爵生即王垿。王垿，字爵生，又字覺生，號杏村、杏坊，晚號昌陽寄叟，山東萊陽人。光緒十五年（一八八九）進士，歷任詹事府詹事、翰林院侍講學士、國子監祭酒、内閣學士、法部右侍郎等職。工書法，頗有書名。

不但雪絶，街市蕭然，居民尚未盡回，臘尾春頭，府城内外所落各處大小炸炮子多有未開者，小者亦一尺有大，究亦製造尚未盡得法，水城傅總兵介壽曾送兩种來看，大者高三尺寸許，小者亦一尺有餘，尖頭圓底，上有螺絲口，兩旁亦着兩圓孔，厚亦二三寸許，笨重之至，飛來易見，觸處非極硬之石亦不易破也。每處見地方文武官一日，集城鄉團長一日，商議現在辦法，各處情形不同，除黄縣一處，餘者全無經費，亦衹官隨民便而已。

黄縣紳商俱徙省城，蓬、福兩縣多徙棲霞亂山中，周歷各縣，至寧海、文登、榮成三處，雖已收復，乃雕敝不堪。寧海有孟良、福仙二山口，文、榮有橋頭集、報信村二山口，皆天險可守，不但將帥闇於地勢，此是中國通病，當時事急，各村團長力言哀乞，若扎孟良、福仙，則寧海萬無一失，若扎橋頭、報信，則文登、威海萬無一失，此皆一夫當關，萬夫莫敵之處。辛酉南捻已有明效。而將兵者不顧，總以未接大帥公事不能輕動爲辭，遂致見賊即逃。逃後所過諸村，肆行奸掠，各挾衣物首飾至棲霞、萊陽退兵之地城市，公然拍賣，是以民不畏賊而畏兵。威海至今尚有占踞劉公島之倭寇，時來買取食物，官紳俱不敢到。侄到寧海，曾屬都司趙某暗派外委崔某赴劉公島私掠一次，到文登即屬團長于霖逢私差民人引出威海團長聯絡聲息。

沿途所見各營派隊之兵勇，率皆敗軍之餘、無籍之民，真是有『執冰而嬉』之象。火藥器械到處私賣，爲各團以賤直收去，不但文、榮戰敗所弃，外省新解來之小口勁槍一袋二十枚，原封未動也。所有情形，十縣紳士説者，又三縣團練説者，皆另釘一本呈閲。海上無一營足恃，而海口又無一隻兵船，其奈之何？侄静候批摺以定行止。再侄直年經手存款俱移交振卿〔二〕少詹，仍存生祥號中（有生息），捐款積款約七千内外（連年印結、房租、團費，均有細賬并交）。潘家河沿房産一處倒塌不堪，日久顧人看守耗費，亦非長策，可屬振卿少動存款，重一修造門口，地基抬高，修成或出賃，或即作山左試館亦可，總不可以久懸無着。侄出京忽遽，到東未及静坐，片刻未暇，條上伏祈鑒酌。

敬叩福安！

門下晚生世侄懿榮謹啓　四月四日

鈔録倭寇僞告示一紙附呈，皆得之鄉人者。外一本只可與樵野〔三〕侍郎一看，渠曾官吾東，藉此可知登州兵事。不敢與别人看者，此非所以處地方官之道。

按：王懿榮致孫毓汶前四十七通書札見於《近代史所藏清代名人稿本抄本》第一輯孫毓汶

〔二〕振卿即張英麟。張英麟，字振卿，山東歷城（今屬山東濟南）人。同治四年（一八六五）進士，選爲翰林院庶吉士，後授編修。同治十三年（一八七四）任弘德殿行走，不久告病歸。光緒帝即位後，曾主持福建、雲南鄉試，後升任祭酒、内閣學士、奉天學政、吏部侍郎、都察院左都御史等。辭官後，開始編纂中斷多年的《山東通志》《續修歷城縣志》，使兩志得以告竣。

〔三〕樵野即張蔭桓，詳致張蔭桓札一按語。

檔，稿本影印。未通書札來自網絡，未見原札及圖片，衹見釋文。

孫毓汶（一八三三—一八九九），字萊山，號遲盦，亦作遲盦，謚文恪，山東濟寧人，尚書瑞珍子。咸豐六年（一八五六）以一甲二名進士授編修。同治五年（一八六六）大考一等一名，擢侍講學士。先後典四川鄉試、督福建學政，後擢内閣學士、工部左侍郎等，光緒十五年（一八八九）擢刑部尚書，尋調兵部，加太子少保。

王懿榮在札中稱呼對方爲『八叔太夫子大人』，自稱『世侄』，關係親密。孫毓汶喜書畫古籍收藏，常托王懿榮爲其收藏及鑒别文物。王懿榮致孫毓汶書札大多單純討論書畫文獻，與時事聯繫不密，且又少涉他人，又無日記、來往信札爲之參考，故書寫年代較難詳考。從現在所存孫毓汶所收藏之畫册題記來看，其大量收藏書畫係在光緒十八年（一八九二）之後，此類討論書畫之書札蓋多書於此後。

此札言回登州辦團練具體情况，事在光緒二十一年（一八九五）春。

二

八叔太夫子大人鈞坐：

頃間示下，適有客在坐，未即肅復爲罪。黄鶴小軸呈上。黄鶴山樵行楷帶有外家鷗波筆意，惟書題往往綴以小篆，如款題全用篆書者多半僞作，懼其行楷易露馬角耳。畫則自立一格，不涉水晶宮道人一墨，作披麻皴，筆如牛毛，其純用擦墨者，亦作僞之外教者耳。延煦堂員外所藏《夏日山居》一軸，不輕示人者，正與此幅同。均堪與叔憲〔一〕丈藏孫臣雅題倪迂〔二〕一種可以媲美者也，如有當雅意，即祈留充鑒賞。侄所存尚有此類，特多年不在家庫耳。青老〔三〕畫册擬綴一總題歌行於後，尚未點定，愧不能工，恐有貂續之誚，當從容書上。

專復敬叩福安年喜！

門下晚生世侄懿榮謹啓　十二日

張三丈〔四〕尚有石谷《雲山卧游》長卷，亦得自景劍丈者，與老蓮一册同購，未知又發賣去與否。石查胡丈有惲南田爲魏叔子畫一圖卷，清卿以多金購之。未就此二公者，皆喜稗販，

〔一〕　叔憲即張度。張度，字吉人，號叔憲，又號辟非、松隱先生、抱蜀老人，浙江湖州人。歷任兵部主事、湖南候補知府、刑部郎中等職。長篆隸，頗有書名，亦能畫，富於金石收藏。

〔二〕　倪迂即倪瓚。倪瓚，字元鎮，號雲林子、幻霞子等，江蘇無錫人。元末明初畫家，傳世作品有《漁莊秋霽圖》《雨後空林圖》《梧竹秀石圖》等，元四家之一。因性格迂僻，人稱倪迂。工詩。

〔三〕　青老即崔子忠，號青蚓，故有此稱。詳致潘祖蔭札二二注釋。

〔四〕　張三丈即張度。

長者所諗知也。

侄又啓

按：此札言『青老畫册擬綴一總題歌行於後』，此歌行詩見於《正讀亭詩》，詩曰：

南皮相國八十三，濟寧尚書今六十。二老婆娑政事堂，餘暇更勤圖書輯。
上窮董巨下惲王，不讓前賢侈秘笈。相國承平老畫師，尚書詩壇牛耳執。
狎主齊盟四十年，盛時楷模鑄凌烟。畫中有詩詩有畫，筆參造化示人天。
倚窗潑墨亦偶爾，從此米家增畫船。常熟師傅老好事，追章琢句題連篇。
我觀此畫悟詩律，筆翻墨動非人力。淋漓元氣出真源，何在一水與一石？
收拾金剛此杵中，萬里應須論咫尺。畫也詩也皆餘事，陰陽調燮原無迹。
賤子行年四十九，徒然好古空諸有。愛詩愛畫本性生，大隱金門將白首。
詎藉涓流足江海？但見真氣驚户牖。師門授受舊有詩，敢以詩爲尚書壽。〔二〕

詩中云『南皮相國八十三』，此南皮相國指張之洞之兄張之萬，生於嘉庆十六年（一八一一），至是年八十三歲；後又言『賤子行年四十九』，指王懿榮是年四十九歲，由此可知此詩書

〔二〕 劉承幹編：《王文敏公遺集》，求恕齋叢書，一九二三年刊本。

於光緒十九年（一八九三），此札亦書於該年。

三

八叔太夫子大人鈞坐：

賜示敬悉。青老所藏黃鶴《贈馬文璧卷》及石谷仿黃鶴《溪山無盡卷》，皆亟欲一觀，明日申酉間如命詣前。黃鶴好寫竹趣，已見《漁洋〔一〕集》中。此軸寫於嘉樹軒，即陶南村九成家也，與《夏日山居》僅差數日許耳。侄性喜卷册，長幅便差，尚有一卷《丹山瀛海》，擬自存之，惜暫取不回，不得持以呈閱。此軸當年販自東賈，周圍綾題必又化作一本，不知飛向何處，蓋漁洋曾有詩也。千萬莞存。

肅復敬叩福安！

門下晚生世侄懿榮謹啓　十三日

〔一〕漁洋即王士禛。王士禛，字子真，一字貽上，號阮亭，别號漁洋山人，謚文簡，山東新城（今山東桓臺）人。順治進士，官至刑部尚書。當時詩壇領袖，主「神韵」説。著有《帶經堂集》《池北偶談》等。

四

八叔太夫子大人鈞坐：

伯羲祭酒處，沈石田卷借來呈閲。渠堅欲乞長者爲題一籤，幸許之。煦堂員外家黄鶴《夏日山居》一軸亦許借來，尚未交到也。

專叩年喜！

門下晚生世侄懿榮謹啓　廿五日

按：札中言『沈石田卷借來呈閲』，此指沈石田（即沈周）《送吴文定行圖》長卷，現尚存世，上有孫毓汶籤條『石田翁贈吴匏庵行卷。伯羲祭酒鑒藏。孫毓汶題記』，并鈐有『毓汶私印』。

札内言『煦堂員外家黄鶴《夏日山居》一軸亦許借來，尚未交到也』，王氏致陳介祺札五一有記『有王叔明《夏日山居》一軸，見《江村消夏録》，爲延煦堂以二百金購去』。王氏致陳介祺之札書於光緒三年（一八七七），此札在其後，具體寫作時間不詳。

五

八叔太夫子大人鈞坐：

得賜書并柏羲藏沈卷領到，已賜籤題，當轉付收去。

肅復敬叩年喜！

門下晚生世侄王懿榮謹啓　廿九日

六

王黄鶴《夏日山居》一軸借來呈閲。

肅叩八叔太夫子大人新喜！

懿榮謹啓　人日

七

賜示祇悉。延員外黄鶴《山居》一軸領到，容轉交。林瀚一題，自别處移來，向與柏羲亦曾看出。强國忠畫極佳，國初名手，多半如此，不過三王稍多士夫氣耳，精能或尚遜之。畫自乾隆以後漸壞，麓臺不能辭其責也。强册先繳上，當取《國朝院畫》考查之，再以敬復。

肅叩八叔太夫子大人春喜！

門下晚生世侄懿榮謹啓　初十日

八

八叔太夫子大人鈞坐：

昨遍查《畫史彙傳》及胡敬《國朝院畫録》二書，竟無强國忠之名。胡《録》尾言『若因獻册蒙恩，未嘗供事畫院者，概不叙入』，然即畫院之人，其書所録亦必不能全也。昨册如較四王價廉，確屬可收，亦一時詣極之作，不可多有者。南皮書册奉命題尾，詩字俱劣，謹依《禮》經『無隱』之義，强顔呈上，并餘葉一包附納。上塵棐几，實不堪也。

肅叩春喜！

懿榮叩上　十一日

按：此札言『南皮書册奉命題尾，詩字俱劣』，即札二按語所記歌行詩，可知此札書於光緒十九年（一八九三）。

九

示下，侄晚間出門，未得肅復爲罪。同治元、二之間，栩齋與博古爲海貨牽連，涉訟閉門，實則有雍和宫剌麻與内監爲《石渠》中物，非海貨也。事畢窮冬，又栩無聊愁嘆，爲新正廠甸開張之計，商量石查胡丈，胡遂令其各鋪集聚康、乾間院畫，或臣字款貼落，或款題之稍上、天頭稍長者，盡行割去，各視其筆路所近。胡爲按《疑年録》着四王款，又取歪派山水花卉，明末與國初之無名者割去，便着些气節人、學問人，向未聞其能作畫者，或有年譜可據，或有本事可查及交游人、地易知者，着一二小粘邊語，出人意外，隨意填寫，又覓得前明院畫無款及不知名之人絹本黯淡者，亦盡去其原款原題，於樹根石罅中，人所不經意之處，着一極小如蠅頭之字，宋元人款者若干品，次年遂大獲利益，胡與之分潤。又栩又能以滑石仿刻種種印也，昨廉州畫是其一也。總是乾隆院畫前半高手，不知其復爲誰氏矣，可惜可惜！厥後宋元款黑畫，多爲馮展老收去，又最後剩貨之氣節、學問一路人者，香濤、幼樵、再同[二]收去不

[一] 再同即黄國瑾。黄國瑾，字再同，黄彭年子，貴州貴築（今貴州貴陽）人。光緒二年（一八七六）進士，授編修，任會典館總纂兼任繪圖總纂官。工詩文，精考證，擅書畫。著有《夏小正集解》《段氏説文假借釋例》《訓真書屋集》等。與繆荃孫爲進士同年。

少。其時造意之初，侄與温琴丈俱在場面，所謂見而知之者也。苻農〔一〕丈所得最夥。

博古涉訟繳回之字卷，俱是石丈一手鈎填，畫卷不及臨摹，直刺取無名畫卷割去名氏，隨手照《石渠隨筆》亂填，一色精裱，復元交官，在南柳巷永興寺廟内造辦，諸璽完然。項子京一套牙印本係真物，後爲景劍丈買去者。當時吃飯，琴丈日日奉陪。李竹朋丈家賣出之《嵩洛訪碑圖》，黄小松畫者，照樣造得一分，尚在琴丈家也。同時鄒縣董鳳樵〔二〕爲景門弟子，畫筆最高，尤善臨摹劍丈、四王，每屬其臨一副本，名曰指點用工，實則畫成便歸清秘，呼估瑞堂摹款及對合印色，裝好發賣。有烟客兩巨册，馮展老吃去，後來爲啓少峰重價得者，今則廠市遍知，不復能朦事矣。此侄親歷所知之大概情形也。然其字迹或工或率，千變萬化，猶如其人之面孔，不能使熟人之終不識也，且文字自爲時代，亦不能使黄王派白摺之爲郭蘭石〔三〕、高

〔一〕苻農即周壽昌。周壽昌，字應甫、苻農，號友生、自庵等，湖南長沙人。道光二十五年（一八四五）進士，改翰林院庶吉士，散館授編修。道光二十九年（一八四九）充順天鄉試同考官，咸豐二年（一八五二）大考二等，擢侍講，轉侍讀，充日講起居注官。著有《漢書注校補》《後漢書注補正》《三國志注證遺》《思益堂文集》等。

〔二〕董鳳樵即董毓葆。董毓葆，字鳳樵，山東鄒縣（今山東鄒城）人。咸豐九年（一八五九）進士，官至刑部主事。

〔三〕郭蘭石即郭尚先。郭尚先，字元開，號蘭石，福建莆田人。嘉慶十四年（一八〇九）進士，歷任國史館纂修、四川學政、光禄寺卿等。工書法，善繪畫，山水之外尤擅蘭石，篆刻古樸。著有《芳堅館題跋》《增默庵文集》等。

爽泉〔二〕也。

侄每謂山水詣極，以康熙畫院爲最，有宋元界尺工細之入理，而去其雕飾，刻畫工力不在四王以下，精慎過之，有邱有壑有筆墨。乾隆以來專講筆墨，不顧邱壑，於古人寓意造境之妙渺然無存，專以臨摹當家，東拼西湊，輾轉挪移，不復能自出手眼，遂使千篇一律，終身一色，令人積久生厭，其院畫之爲蘇片，無論矣。錢茶山、董東山一味算子書，又如一範所鑄之錢，下至後來之黄穀原，號稱四王嫡乳，又以生動妍潤出之，其一片翠黛得意處，如新切萵苣笋，亦何嘗不足動人？然左右反覆都是滿盤萵笋片，亦實在不能令人下飯，此所謂有筆墨而無邱壑，無所謂寓意，更無所謂造境矣。大約此事遂絕，不能不推及海西畫矣。即碩果僅存，老輩紛披，有擦無皴，亦不能不像耗子皮，一段洋灰鼠矣。侄妄誕之談，亦附『無隱』之義，爲博長者一粲，不足爲外人道也。此紙閲訖付丙。

肅上八叔太夫子大人

門下晚生侄名心叩　十二日

〔二〕爽泉即高塏。高塏，號爽泉，布衣。工書法，嘉慶年間爲阮元校金石文字，《薛氏鐘鼎款識》出自其手。工繪畫、篆刻。

一〇

賜示祇悉。《烟波子卷》藉紀繳上。此卷久已見過，是明人畫，已有沈石田粗筆一派以後者，張志和有石章連珠印，尤繆。宋人自大小米後便添一種惡趣，高房山、王孟端、郭天錫、方方壺之僞者，皆有此一派，此則添一石田粗點子耳。潞王、董思翁各印皆僞，沈跋亦然。凡宋元人畫，其有圖書印記者，皆銅章水印，或以牙以玉，水印色或紅或紫，自王元章起於元明之際，以後始有石章油印。明初尚多銅印，内廷嘗鑄以賜大官，有表字，有閑章，有古典官名，若古印鉩，三代及漢則牙角、琉璃、瑪瑙、磁料（此物竟最早）、松緑、陶埴之類，無不皆有，尚有晶瑩透滑不知何物者，連珠或三或四，或三角或雜花，古鉩亦有之，至連珠名印，明中葉以後始稍稍見也。

肅復八叔太夫子大人鈞坐

懿榮叩上　廿日

一一

賜示祇悉。曹雲西畫一軸，藉紀繳上。此軸侄曾經見過，款字與别題雖面目不同，是一人所爲，兩『秋』字已露馬角，字是有停雲以後結構，畫是有華亭以後烘染，二印顔色不同，亦是有意區分，乃老充頭貨也。葉氏〔一〕風滿樓物多如此，孫北海印亦僞，是未見北海生平數印何若者，倪中當出《元詩選》與《錢選明集》甲部中，容再查覆。雲西易僞，景劍丈三軸只一真者。風滿樓物多吴荷屋先生鑒定，荷屋賞鑒最的，自著《辛丑消夏録》頗矜審，然其爲人訂定，好爲欺飾，又好售及贈人皆綴以跋，兼乞覃谿合作，每靠不住。

肅復八叔太夫子大人鈞坐

門下晚生侄懿榮叩復　初八日

一二

示悉。謹按乾清宫之東簃爲昭仁殿，自乾隆九年褢集内府所藏宋元板書庋置於此，賜名曰『天禄琳瑯』，《純廟御集》有題昭仁殿詩，重華宫茶宴有用天禄琳瑯聯句詩。《四庫書目》有乾隆欽定《天禄琳瑯書目》十卷，是爲前編。嘉慶二年復有《欽定天禄琳瑯書目後編》二十卷，又嘗取岳珂所刻五經置於昭仁殿之一屋，名曰『五經華宝』。大抵前編所收多崑山徐尚書

〔一〕葉氏即葉夢龍。葉夢龍，字仲山，號雲谷，廣東南海（今屬廣東佛山）人。官户部郎中，有畫名，有《風滿樓書畫録》。

乾學家舊藏，徐所得，皆吾東章邱前明御史李開先字中麓物，後編所收多吾東濮州前明尚書李文敏公名廷相雙檜堂物。吾鄉藏書先於蘇、常，後來聊城楊至堂年丈及勰卿前輩，未始非此風水一脉之延也。附博一粲。

謹復稼老大前輩世大人

世晚生懿榮啓

一三

八叔太夫子大人鈞坐：

溽暑，想起居珍重安善。河南吴仲飴太守寄上祝函一封送呈，請賜收字。前晤孟延弟，談及精舍已成，琳琅滿壁，俟值清暇，當遂瞻仰。

專叩福安！

門下晚生世侄懿榮謹啓　廿二日

按：此札言『河南吴仲飴太守寄上祝函一封送呈』，太守即知府，吴仲飴即吴重憙，此指吴氏任開封知府。按之《中國第一歷史檔案館藏清代官員履歷檔案全編》，吴氏於光緒六年（一八八〇）任陳州知府，光緒十五年（一八八九）任開封知府，光緒二十二年（一八九六）

任江安糧道〔二〕。故此札當書於光緒二十二年（一八九六）前。

一四

頃自太學歸，七省考到也。示悉，四件并繳。東坡書，老充頭貨也。錢、李皆前明前半路院畫後填款者，内府此類甚夥，皆古厚可玩。鄙人嘗擬取此種而去其款，甚有味也。南田贋本殊不惡，不知去誰氏款，又只以二印反覆打之，當時并其印章，亦未及多摹也。請覆遲丈。惟公精鑒，以爲何如。

懿榮頓首

一五

八叔太夫子大人鈞坐：

賜示祇悉。南田册已滌筆竟日，稍静書上，不敢率爾點污。耕烟此卷致真，惜篇幅太短，似有未盡之意，臆度不久城南當有此老佳染劇迹長卷飛行廠肆，曷積力俟之？張三丈仙去矣，

〔二〕 秦國經主編：《中國第一歷史檔案館藏清代官員履歷檔案全編》七，華東師範大學出版社一九九七年版，第三二一八頁。

舊游如夢零落，何堪？

肅復敬叩福安！

門下晚生世侄懿榮叩上　十一日午刻

按：札内言『張三丈仙去矣』，張三丈即張度，歿於光緒二十一年（一八九五）。此札當書於該年。

一六

賜諭敬悉。麓臺一軸，廠賈袁春江所造，畫字枯混，印章亦不堪入目，故其人甚窮，現充畫圖處供事也，可擲還之，藉使敬繳。堯農、麓臺雙璧爲丁叔衡（立鈞）以千零三十金購去。叔衡檢其所藏小品到處求售，欲補此款，恐其難也。樵野侍郎近非石谷不收，亦自立一界限耳。有客在坐，匆匆肅復，不恭。

敬上八叔太夫子大人鈞坐

侄懿榮謹啓

一七

墨井畫册，讀竟敬繳（上海顧氏《小石山房叢書》內有《墨井畫跋》一卷，生平最傾倒王黄鶴《夏日山居》）。問及崇烈，説非堯農物，然的是真品，亦晚年荒率之筆，老境無疑，款印皆佳。墨井無卒年，傳其仙去，實則入西教，殁於粤東耳。其中晚之佳者，多泰西法，山樹皆一堆濃墨，捫之幾欲有棱，大似油畫，則無上之品矣。此册筆墨雖枯淡，望之亦如起毛也。如價不十分昂，確屬可收。河南洛陽出北魏三體殘石經一段，爲濰販以千金購去，懸價五千金，若鄭堪先生尚在人間，當不知若何顛倒矣。此固在蜀石經拓本上也。

專肅敬復八叔太夫子大人鈞坐

侄懿榮叩上

按：札内言『河南洛陽出北魏三體殘石經一段，爲濰販以千金購去』，按《緣督廬日記》光緒二十一年（一八九五）：『（十一月）廿三日赴會典館，晤廉生，出示《三體石經》拓本，共一百十餘字，洛陽新出土。索價五千金，拓本一通索二十金，分書尚佳，古文略似《汗簡》《古文四聲韵》，其殆黎邱之技乎？』〔一〕所記即此事，此札當早於《緣督廬日記》所記（日記

〔一〕葉昌熾：《緣督廬日記》，臺灣學生書局一九六四年版，第二三二八頁。

所記王懿榮已有拓本），蓋此札書於光緒二十一年（一八九五）十一月前。

一八

墨井畫卷讀竟敬繳。此卷中路純是泰西法，紙爲鏡面箋，是此老五十歲上下所作，正中年肆力之際，款字已是髯蘇胚胎，致真無疑。若摹本與贋鼎，當一意横遍蘇體，不敢作此種結構也。墨井與南田皆一派性靈用事，不能求之過高，其詣力去四王甚遠，然墨井又較南田爲密耳。

八叔太夫子大人鈞坐

門下晚生世侄懿榮叩復

一九

賜示祇悉。漁山早年，畫與字皆極工秀，總不能逃出一董世界耳。後來馳騁，乃以匏翁〔二〕蓋面，却終無眉山秘妙一指。此卷當爲入蘇之漸，故知爲中年之筆，的真無疑，非敢在長者儳言貢諛也。仇實父早年款字多唐文代書，亦多文門弟子所爲，後來能詩能字，字與石谷極相

〔二〕 匏翁即吴寬。吴寬，字原博，號匏庵，長洲（今江蘇蘇州）人。成化八年（一四七二）狀元，累遷至吏部右侍郎、左侍郎，掌詹事府，入東閣。工行書，富藏書。

似，此皆從畫裏悟入者。石谷詩且有佳語。

肅復八叔太夫子大人坐下

門下晚生侄懿榮叩上

二〇

墨光如漆，望之若宋拓碑版法帖者，前人唯米老、夏珪，後來惟煙客、漁山能之。南田米家大翠黛是其化身，若徑用濃墨，雖南田亦不敢插手也。此册真乾隆間蘇片，其人只見畫跋，所稱漁山工秀濃腴，并未一見此老真迹之堆墨起毛者。用筆用墨以及印文印色俱是一派，躲閃不敢出現，八九十葉三開，雲氣水回紋，及烘染雪景，著迹不堪，直屬不了。居士貞〔一〕，文門高足，一時尚有畫魂之目，此乃游魂爲變，并穿不上洋灰鼠外褂矣。侄幸附門下再傳，禮經有『無隱』之義，不敢不以實對。

敬博八叔夫子大人一笑。

門下晚生侄懿榮叩復

〔一〕居士貞即居節。居節，字士貞，一作貞士，號商谷，吴縣（今江蘇蘇州）人，文徵明高足。山水畫法簡遠，具宋人韵致。尚氣節，雖窮困，不屑仰事侯門。工詩，著有《牧豕集》。

賜示祇悉。遵當轉告東甫侍郎，再以報命。

肅復八叔太夫子大人鈞坐

懿榮謹啓

二三

漁山八幀，細審之，誠如尊旨，首尾二幀是一人所爲，中六幀又是一人所作，不獨紙心尺寸及有題無題、款字、印章之迥別也，畫筆亦判然不同。首尾二幀亦是仿作，却年代極早，中六幀直是無款一册，除去原來首尾湊集而成，款字不敢多寫，且直不相類矣。原件并袱敬繳，伏乞察入。

作畫用印起於宋末元初，且不盡用自己印，亦殊可笑。倪迂不好用印，王、黄、吴三家生平不過二三印，反覆用之，最易辨。明之沈、唐、仇三家亦然，較元三家稍多。自停雲父子以刻印自豪，晶玉間作，齋館實繁，以至於國朝四家下迄戴文節，遂無一印連打十餘頁之事。相其題款高下，地位寬迮，幾至葉葉變换，不可窮詰，乃使後來作僞者大費手脚，不勝其擾矣，故廠賈秘傳以認印爲第一要義。一册八葉，俱用一印打之，若輩斷不敢信矣。若見不常用之印，亦復認生，亦頗可笑。元明畫家自負名流，最好標榜，往往一畫初成，同好争題，題則一人包作數詩，多半七絶，一人寫之，直是一手所成，或無印記，或有印，是一合印色所打，此非僞也，當時風尚所致，黄、王、吴三公皆然。而倪迂常獨不與，亦或間有之。明則陸包山、周天球、彭孔嘉好爲之，亦間入以文體承昆仲，而衡山常不與。此兩代此六七人共題一卷、合出一手者，乃常事，不爲奇也。至於題畫詩之出韵失調、塵腐荒率者，名家多有之，不能以定真僞也。思翁常寫白字，看來直是忙迫，亦非故作不通。總之，前人以此適意，天趣爲多，絶無滯相耳。粗文無渴筆，但見一味醇厚安穩，故其後多文大昌，細沈無刻筆，一味活動濃至，安置妥貼，本領最大，行輩極尊，當時最爲老師，中年寫趙字，枝節最長，是以後來變成山谷。唐極恣肆，山是一片墨，水無皴，而樹梢人臉極細見紋，往往用泰西法，所謂時大彬壺、粗泥細作者，真品極罕見矣。西城延煦堂員外以太山廿九字易得諸城先戟門叔之子念庭一軸，中破一大孔者，劇佳，字亦精湛异常，可使廠賈借來一看，渠年終或亦肯出售也。餘再報。

匆上太夫子八叔大人坐下

侄榮叩復　初九日寅刻燈下

二三

賜示祗悉。東甫侍郎覆函呈閲。正在校閲選拔之際，猶靳此一席，此人諒來終身是不肯買字畫者矣，附博長者一笑。文待詔《真賞齋圖卷》是天地間有數之物，故能歷劫不磷，六如《松崖》一卷亦然，侄皆斗膽塗抹卷尾中，以後可飭裝池裁去再接處。沈畫《桃花書屋》一軸，致佳，惜爲蜂蝕。蜂蝕乃廠肆行話，實則蠹害，所以不宜長挂，絹亦能蝕也。《溪山新霽》較《秋色》一卷意境尤絶，餘則尋常真品也。惟文、仇合卷乃苻老所收贋本，仇即劍泉丈所藏《方竹圖》摹出，然是廠市所謂老臉者，亦非近人所爲。王壬秋嘗屬張叔年臨之，作《食瓜圖》者，辛未年事，如在眼前也。苻老目光最乏，然得自南皮張振之再傳，乃爲劍丈真有出藍之目矣。明之項子京，國朝之安麓村，一富兒與一長隨，賞鑒最爲殊絶，凡有此二人真印者，無物不真，亦無物不精，若僞印則不在此例矣。項之一套印，前人□爲村氣，乃是牙章，侄都見之。博古所收售與劍丈，劍丈照樣改换字號，刻過一套，更是可笑。廠人用真印，後加於卷軸上者，印色不對，且無後尾題記，價碼一紙也。項氏中年，於名人圖章上好重灑一層真硃末，厚起如許，後來無之，故見有元明真迹而圖章上重甹一層硃砂，不類水印者，亦項氏先一撥所爲也。客來如織，不及夜起清静。匆匆草復，不恭之至，伏乞鑒

宥。原件并繳。肅上八叔太夫子大人坐下

門下晚生世侄榮叩頌　初十日

二四

賜示祇悉，此次發下各件，逐一讀過，《思萱》一種，的是真品。當爲六如早年之筆，一時題志皆佳，就中楊大參洵濟寧人。《越溪》小軸與四絹條皆老年蘇片，是未曾見六如真畫與其習用印章者。《越溪》題詩，字迹在有張得天以後。《灌木軸》當是明人所僞，字似文派矣。唐、文小楷相同者，俱似唐人寫經，行草則絶不相謀矣。明四家亦是極不易得之物，仇則尤難。仇之晚年山水真者，與石谷一色筆墨，字亦極相類，而清麗過之，馮、景兩家只同一卷耳。若方竹絹本、募驢紙本，皆不得以山水論，乃一時小品。昨承看之沈巨册、文巨軸皆贋本，皆非本朝人所爲，祝題字與印皆僞，張三丈只能知四王也。大紙巨軸明末國初時盛行，多半寺觀中物，亦大率江湖一輩人所爲，本領正復不小，名家斷不出此，唐宋人大軸拼絹亦無如此長大者。北苑半幅溪山，正是脱却一半，而意象仍舊完具，是以稱奇。《玉潭山居》不但爲尊藏壓卷，自是京國一時瑰寶，伯希每提及此卷，便悔至折骨。南皮所藏叔明一卷，雖出内府，仍贋迹也。適自署歸，匆匆肅復。

八叔太夫子大人

侄榮謹啓

二五

霅溪二卷劇迹，偏令侄出此惡札，長者何愛侄，而不愛畫耶？題就呈教。董思翁天仙化人，生平懶於矜莊，畫與書流傳真迹最多，率以荒率爲超妙，率意酬應，實則英雄欺人之具，然羚羊挂角，無迹可尋，亦真超妙之至者矣。門下高手最稱趙文度，往往使其著墨而自題之。陳麋公相與標榜之横雲一軸，是矣。仿米兩卷尋常真品，無足奇者。麓臺四印皆僞，紫泥猶浮，未沁紙也。劍丈簽子亦僞，侄與同居共晨夕者四年，所蓄零星，莫不寓目。韵初最愛董迹，又得北苑半幅溪山，自署董室，後以易劍丈《王稚子雙闕》。及好碑版，遂尽出董迹，交易與人，一洗而空，其圖章俱是撝叔所刻，天下古今第一印文，亦最詳慎古雅，此卷所打亦僞，是未知韵初印文爲何如印者。四卷并繳。匆匆不及恭楷，伏乞鑒原。

肅上八叔太夫子大人函丈

世侄懿榮謹啓

二六

示下，適已入署，用照看印千張，頃始回寓。石谷師弟册致真而精，惜石谷太少，價廉可收，俱用明鏡面宣紙，思翁非此不動手也。原册先繳上，伏祈察入。思翁畫總以楊宗廉所收定府之六百金大册爲侄生平所見第一，長者必須借取一觀。石查最善辨思翁，亦善僞思翁，定府一册，石查生平所未見也。思翁上品皆細針密縷，小楷或小行楷著款，或詩或類半偈，無不敏妙入神。不著小印，絶不用一印，如倪迂脾味，若非水墨，稍一著色，真是仙彩。又善楊風子没骨濃緑大山，白雪紅樹，非復人間所有，是以梅村嘆爲天人流也。至草草數筆，倪迂樹石與大抹米家山，皆任意酬應之筆，或加以絶大草字，皆不業之品，觸處即是，亦真不值錢。藏沈畫者，以有瞿忠宣印者爲最，忠宣獨好輯沈，有專書。藏董畫者，以有高江村印者爲最，江村獨好輯董，有專書。其所去既近，所好尤篤，則體認極真。董畫不輕著一人物，是以凡有小人者必佳，亦最貴。展翁一卷在論古，伯熙與李三丈搶之，爲李所得，此不過在尋常中爲佳者，較之定府亦下駟也。思翁之子號季苑者，與先嚴同名，畫亦酷似其翁，至敬矣。

文不及恭楷，匆上八叔太夫子大人函丈

任懿榮叩□

二七

黄鶴、仲圭二軸并張侍郎原札敬繳上。黄鶴《坦齋圖》，真品可寶，亦天地間有數之物也。黄鶴畫，題爲篆書者多僞，更有不堪入目者，侄之《竹趣》、煦堂之《夏日山居》，皆明人所僞，煦堂四元皆僞。侄更有黄鶴一卷，爲《丹山瀛海》，則真寶中之寶，與此軸一鼻孔出氣耳。侄并有梅沙彌二卷，一爲先嚴所收，皆劇迹，此外董元一軸，蕭照一册，亦烜赫有名之物，兩世所收，止此五種。更有元人朱久能《滕王閣圖》一卷，元《四賢相》一卷，明年春融，長者如肯游廠，可向德寶齋取閲，十年以來陸續典出，渠不讓取回藉呈一閲也。不寧惟此，凡宋拓唐碑及四王、惲、吴皆在此一家，不可説也。京師所見真宋元，丈之雪溪，李三丈之燕文貴，張三丈之倪迂，盛柏羲之睢陽五老，并此《坦齋圖》，爲迹真無疑耳。竹朋丈止此無款雪溪一種，陳壽卿丈之王維《伏生授經》卷、文與可《倒垂竹》軸，皆刻刻在心目間，不能自已者也。看慣宋元，則明四家俱是浮烟漲墨。本朝四王詣力遠過古人，至石谷以宋元之豪素，寫唐五代之界尺，山川雲物，下至一草一木，無不安置得所，真是畫聖。然看得越多，越覺惡心，譬如推牌九，翻來覆去，左一張天牌，右一張幺六，總是者些東西，不必讀《南巡盛迹》巨卷而後知其然也。張侍郎百石齋（名）分明畫地自封，想見錢少之故，實在情形，呈明在案，不然沈迷如華中甫，猶倩衡山作圖，終身不改，自悟矣。此軸梅沙彌字與圖章全不對仗。恃愛狂簪，亦《禮》經『事師無隱』之義。草肅不莊。

復上八叔太夫子大人函丈

門下晚生世侄懿榮叩復

二八

八叔太夫子大人鈞坐：

侄家藏《西廬書札》一卷送呈鈞閲，敬乞賜題。什襲秘藏，以爲世寶。此次大考奏請覆勘，實出長者忠告，而侄因此得拔幽滯。沉淪之中，天恩异數，實不敢忘。吾鄉此考得刊一等者，自寶東皋先生（第二）、賈文端公（第五）、長者，下訖於榮，亦僅四人。此段掌故，伏祈叙入，使後來有所稽考，不敢輕示外人。

叩望鑒許，專叩福安！

門下晚生世侄懿榮謹啓

按：此札言大考之事，『沉淪之中，天恩异數』，指由三等拔置一等之事，事在光緒二十年（一八九四）。

二九

兩諭均領悉。盤山李丈《江南秋卷》曩曾見之，在董尚是尋常真品，不如尊藏《鵲華》一軸遠甚。畫中帶人真不易得。董之江南春、江南秋二種甚多，或與眉公合作，或董作陳題，或著色或不著色，皆一時酬應之筆，没骨白雪紅樹即是米家山變相，究勝於米家山。思翁好用人錢，亦好轉押古董，大約生平極懶，亦極窮，尤嗜好極多，凡此皆今日扇對之流，故不及細意慰帖安頓一小人也。畫人亦遂絶少，六百定府册子，則工逾石谷，筆筆透亮如冰糖絲者，絶不用一印章，小楷亦極精湛，真古今尤物也，惜其已帶出京。翁尚書曾借看之，大約思翁生平只此一册矣。凡其著色，必勝於墨，純是仙彩，在思翁仍是擋賬，而南田得之，爲米家大翠黛，乃使人驚心動魄，此古人之不可及處，即此以上例宋元，不言而喻。董用昌字印一大一小，皆秦漢之際古銅印也，至今尚多有之，古人吉祥字印一類中物。麓臺生平杰作，亦止一册，名曰《液萃》，爲其甥周氏畫，見盛大士《卧游山房筆録》中，今藏永寶齋鋪東劉篤敬家。侄領匡鶴泉師去飽看之，前廿年事也。煙客、南田、員照純是董世界人，書畫皆然。麓臺大筆一抹，横衝直撞，亦是從董世界中得膽，未化去縱横家氣質，自爲董所騙耳。石田生平亦止一册，名曰《九段錦》，江村著録，真者前爲舍親于漢卿翁得之，以獻方子箴丈，《夢園録》中所著是也。

匆匆不及恭楷，侍側侃侃，野哉由也！頃始回寓，借卷先繳上。

八叔太夫子大人函丈

侄懿榮叩復

三〇

賜示祇悉。原軸繳上，此藉烘染，以掩其稚嫩，贋本也。樹梢屋角亦渾不似，印文以翻刻出之。

敬覆八叔太夫子大人函丈

門下晚生世侄懿榮叩上

三一

四軸并繳，題在詩塘者，可飭工揭去重裝也。樵畫大軸，京師一時無兩，與雪溪二卷當是清閟上乘。鵲華一軸，直可作鷗波原本觀，不僅以有人物争勝，然此老人物之不輕著手，亦於此可見。季雲丈一軸亦致真。蔭堦一軸，望之如火，最足動人，以流雲收筆，看之則顯然摹本，不但款字少，與兩印章俱不合也，然以之挂壁，見者莫不贊嘆盈庭，誰敢執其咎也？侄爲長者謬賞，不惜重寶，使之塗抹，佛頭著糞，人人得而駡之矣。

肅復八叔太夫子大人函丈

侄懿榮叩上

三二

賜示祇悉。四畫敬繳。均無足置辨，與前樵野所送石谷同，若有人指此卒歲，真苦趣矣，并是怯褄，所謂拉殘摧燒之可也。

肅上八叔太夫子大人鈞坐

門下晚生世侄懿榮叩覆

三三

《御選畫圖奇觀》《天府寶藏名蹟》二册，明人庫裝，籤皆武英殿中書寫，内有宋元舊院扇光本畫，特參以明時劣迹，贋本不少，旁簽内款及各種印記無不僞者，不如張叔未一本所選之精。細審張册絹素，多挖補款字，當時必一如前件，濫填名氏，一洗而空，不礙爲劇迹，是真通人所爲矣。今凡可取者，皆徑以小印押之，遵鈞諭也。吴子苾丈自跋所集《宋元書札册》，言宋元書畫集册往往爲人拆配參雜，分爲數册，但在後人持擇之善，渠家書畫札不知凡經歷多本拆輯而成，所費不支。香濤之子君立孝廉所質出王百穀舊輯宋元書札，曾見《庚子消夏記》者亦然。宋元畫院名手每出一稿，其院徒争仿效之，工拙高下不同，然必名其所出，以爲高派，往往字似蚊脚又似碼數，乍看不識，徐徐會之，乃知爲某家，却不定出自本人之手與否也。鑒家所謂草根石罅有題款者，後人亦漸知僞填之矣，自明已然，與蚊脚款又大异之也。漢玉剛卯字之粗淺者，亦多類此，可會意不可驟識也。孫北海所録巨然、宋復古二卷，同治初年李三瞎子售與高麗人吴逸梅名慶錫者，侄時住西南園，日詣博古，三復觀之，今不知浮沉何地矣。《小米雲山卷》在費屺懷[一]處，水濕已甚，俱是真迹。

肅致八叔太夫子大人函丈

三册敬繳上，伏祈鑒察。

門下晚生侄懿榮叩上

[一] 費屺懷即費念慈。費念慈，字屺懷、峐懷，號西蠡，江蘇武進（今江蘇常州）人。光緒十五年（一八八九）進士，後授翰林院編修。典試浙江，旋以事被劾罷官，遂不復出。以詩文、書畫、藏書爲業。

三四

新喜趨叩，惟康强逢吉，定如私頌。曲阜孔府租田事，山東、江南，侄皆趣之力。江南乃私産，故去年在萊及回京通書及見其幕僚時尤促之急，并告以此事上關懿旨，不可久稽無成事爲辭。香濤却愛作此名挂書本之事，因將來必有人續入《闕里文獻考》也。渠不常作書，書來寥寥之數語，急則打長電報，不怕花錢，此事與去歲南齋奉諭寄刻《承華事略補圖》一事均屬其始終一手經理，好在劉峴莊〔一〕去，亦必推諉歸香濤辦，渠日西方醒，正事尚不及問也，香濤不難遥制矣。山東業田一事，已與李鑒堂面見細説，以前一概不究，好在上有特旨明發，即照數將坐落各處之地，遵撥抵數取償，不兑重税，便直截了當。李亦首肯，此次又於松鶴船廉訪瀕行時切屬速辦速奏，再遲則侄將有話矣。一笑。促之將來兩處奏報，俱屬其以後定例，官徵官解，省得再爲陪臣執命，庶得久遠。侄係原説事人，可以瞪眼，藉慰鈞廑。

煙客、麓臺二軸俱真品，翁少作、孫老作皆真而不佳，煙客軸題辭『甜』字下有似『頓』字，此二字不可强釋，下又有填塗，然圖章均不錯也。其煙客一印即侄押出題廉州畫課所用之

〔一〕劉峴莊即劉坤一。劉坤一，字峴莊，湖南新寧人。官至兩江總督兼南洋通商大臣。

章，早年物也。二軸藉繳。伯熙年底以百廿金得錢雲溪《歸去來圖》一卷，亦項氏舊藏，惜跋尾割去，易一鮮于太常辭，却亦真迹。又見一王晋卿字卷、郭天錫竹卷，皆内府物，此中寶藏時時流出，若早些清查，那有此事！頌丈言懋勤殿庫搬運費事，因此而止，實則年來所查，皆不要緊之物，偷者所不懂也。吴梅村詩亦有題董仿趙畫『羨煞當時兩文敏』句，忽憶及之。陳喆生舍人藏有火燒子久卷，真品，可借閲，何不屬孟延弟求之？看慣宋元，若四王者，只堪挂壁，非工力之不逮，真有時代爲限之也。草復。

肅叩八叔太夫子大人新喜！

門下晚生侄懿榮叩復

按：此言催促張之洞整理孔家田畝事，亦見於王懿榮奏摺及致張之洞書信。王懿榮曾上摺奏請整理孔子祀田并清查地産，事在光緒二十年（一八九四）十一月四日，此札當書於其後，即光緒光緒二十一年（一八九五）初。

三五

八叔太夫子大人鈞坐：

侄大事完竣，於十六日抵都，倚廬卧疴，尚未得謦謝，長者遣使，枉存拳注備至，泣感無似。石丈僅通一信，亦尚未及晤對，聞已老憊不堪。承示煙客大册，反覆審定，字與畫均不是，庚子爲順治十有七年，煙客已將七十，筆下多稚氣，此出臨摹無疑。後跋謂『凡夫那能領會』，即此地無銀卅兩之謔。侄今爲鮮民，又豈僅凡夫，罪過耶。價亦太貴，可入五行志矣。敬繳上，惟鈞鑒。

門下晚生世侄制懿榮叩復

按：札言『侄今爲鮮民』，即無父母之人，王懿榮之父歿於光緒十二年（一八八六）二月，其母歿於光緒二十二年（一八九六）正月，此言大事完竣，即書於回里葬母後。

三六

八叔太夫子大人鈞坐：

高遷大吉，侄以禮居，未敢叩賀。一夏卧疴，家人病者亦踵相接，俱未脱適，屢欲詣前侍談未果。侄藏黄鶴《丹山瀛海》、梅沙彌《草亭詩意》二卷、石田《和香亭卷》、宋拓《聖教》、岳麓《九成》《皇甫》《千文》《道因》，及四王卷册立軸之屬，都在德寶一家，如長者同李三丈同去熟習，定可索觀，即以侄言諭之可也。在家者，松雪《法華》册卷、北苑大幅《瑞應圖》、蕭照所畫《幼文師林》、陳仲仁山水暨唐人寫經數卷而已，廠市别家不知尚有何品，是固無賢者也。前求賜題煙客《訓子書卷》，叩乞速藻，渴盼惶恐。

肅復，敬叩福安！

門下晚生世侄制懿榮謹啓

按：此札又見於《近代名人書札》上，第四四—四五頁，原札影印。此札言『高遷大吉，侄以禮居，未敢叩賀』，當在光緒十二年（一八八六）。該年王懿榮父喪禮居，孫氏入軍機，故有『高遷』之賀。

三七

八叔太夫子大人鈞坐：

日來雪霽風狂，嚴寒欲蟄，未審起居何似？樵野侍郎患咽喉失音，尚擬續假。德寶所押米卷，乃羅質庵吏部物，已約其主賈取出往看，再陳所見。章邱大葱、棲霞百合二種鄉味，附以四川德陽冬菜、河南懷慶山藥，亦滋軒、仲飴所寄，敬充饌席。竊意吾東葱味，擬以畫品，莽蒼老横，當屬梅花、黄鶴，若煙客、南田亦祇南筍北菘，尋常風趣耳，附博函丈一粲。前求賜題王奉常《訓子書卷》，又團扇一柄一面、南皮相國畫雙款，不敢迫促，渴望施墨，瑣瀆惶朿。

敬叩福安！

門下晚生世侄制懿榮謹啓　廿三日

按：札内言呈『四川德陽冬菜、河南懷慶山藥，亦滋軒、仲飴所寄』，則此時鹿傳霖在川、吴重憙在豫。鹿傳霖於光緒二十一年（一八九五）有四川總督之命，吴重憙至遲在光緒二十二年（一八九六）任江安糧道。又落款稱『制』，則當書於光緒二十二年（一八九六）正月王懿榮母歿後。

三八

遲盦八叔太夫子大人鈞坐：

頃奉賜書，并梅沙彌《松泉圖》卷一匣收到。謹將舊藏北苑巨幅一軸藉使拜上，伏祈鑒入。此幅附見張丑《清河書畫舫》，可查悉也。懋勤殿所貯北苑《龍宿郊民圖》卷與此用筆一類，聞慈聖今春取進液苑矣。景劍丈所易沈韵初孝廉溪山半幅，後歸龍泉寺僧，僧被讀，携以出京，今不知流落何所。陳仲仁卷，佳處乃似石谷，然在元人尚屬小乘，後尾題跋甚鮮，長者興到，未悉肯賜着一二語否？不勝翹念。

肅叩福安！

門下晚生世侄制懿榮謹啓

三九

賜示敬悉。倪、朱二軸，染紙粗惡，款字倪尤劣，朱軸安印與尚方各鈐俱屬贋作。朱澤民真迹曾見海豐吴子苾丈家一軸，渲潤密緻，得未曾有，純以用墨勝，與此村煤濃抹者迴殊，尚在仲飴手也。不久仲飴即來，當屬其明年携來一觀。然有山樵一軸，則不堪觸目。二軸藉繳。

八叔太夫子大人鈞坐

侄制懿榮叩復

按：札中云『不久仲飴即來』，王懿榮致女兒札中曾提及吴重憙來京事：『爾翁堂爲我來京，到宅暢談一日，復贈二百金，秋節藉此摒擋矣。』〔二〕王懿榮致女兒信書於光緒二十三年（一八九七），則此札書於此前不久。

四〇

賜示祇悉。董軸、陳卷遵已收入。蕭照《睿應圖》〔三〕當於日内呈覽。前讀尊藏倪迂著色

〔二〕詳致王崇煐札五四。

〔三〕此《睿應圖》，應指《瑞應圖》。

《水竹居》軸，凝思累日，華亭一生從大癡入手，兼祧雲林而設色，佳染純□□仙采，然較之此軸，乃是水精比玉，世人那得取藉？非真鑒其所刻處，皆衣錦夜行、明珠暗投矣。

敬復八叔太夫子大人鈞坐

侄制懿榮謹啓

四一

賜諭祇悉，并領到賞題煙客書札卷，傳諸子孫，奉爲世寶。《漁山卷》遵當敬題，日內奉上。侄有漁山仿黄、王合作一軸，爲此老極筆，惜在德寶，長者前此未索觀也。前擬日內挾蕭照巨册，及元人一白描卷子有明初人題識者詣前，因車馬赴保定去，當於七夕前後始能回京未果。謹肅叩謝。

復上八叔太夫子大人鈞坐

門下晚生世侄制懿榮叩復

團扇仍祈風凉時賜書。

再叩

四二

八叔太夫子大人鈞坐：

久未侍側，伏想頤養康娱，定如私頌。懿榮憂居冗雜，家有病人，甫經了事，毫無清趣。秋間擬携敝麓書畫數事上塵清覽，兼乞賜題，忽忽未果。近聞長者精窮奥業，深入佛海，懿榮舊收有貞觀人書《轉轮王經》及諸城劉文清公家所藏《九品六通經》二段，似北朝人書，尚擬帶呈法鑒。兹送上棲霞百合、之罘蠣房二合，敬祈哂嘗。蠣房用火烘開，張口取仁，或作湯，或用薑醋紹酒蘸食，其殼即所謂牡蠣，最能平肝清胃，殼内自有汁漿也。此藉火車之力，由烟臺來此，僅三日耳。

專叩福安！

門下晚生世侄制懿榮啓　廿三日

四三

賜示祗悉。侄數日感寒，已愈。石丈畫册遵即題呈，不敢稍後。又印文一紙附上，凡慈聖御賜、上賜，侄皆分注清晰。煙客七十以後已是康熙初年，蓋久不北來矣。南田生平只從石谷見得煙客一面，正在彌留之際，其哭煙客詩内有云『縱使雲霄參玉樹，白頭遺恨在滄桑』，又云『典型南國表群倫，綺季商岩與結鄰』，是明社屋後，煙客既爲遺老，并無再至京師之理，眼前雖無他書可據，即此亦無須再證他書，未悉尊鑒以爲當否？賞古老鮑前日携來後八家一米書《樂兄帖》卷，劇佳，是安儀周物，此札套帖中屢刻，惟真定相國及納蘭容若二印皆僞，然索直二千金，又不讓留看，未审長者曾一見之否？米書不比坡、谷，曾遭黨禁，所寫又多，迄今真迹竟稀如星鳳，明人孫月峰已極言之，後來多以俗惡僞作上石，遂蒙俗書之誚，然東坡當時即目之以『清雄絶俗』四字，其必不至如贋本之輕佻俗惡甚明。侄近來頗搜集四家帖，亦稍悟真諦。

肅叩頤安！

門下晚生世侄懿榮叩復

四四

胡三丈畫册領到，遵即題上。

肅復八叔太夫子大人鈞坐

門下晚生世侄制懿榮叩

四五

胡三丈畫册謹題就呈鑒。米襄陽《樂兄帖》卷，曾向賞古老鮑索看否？蘇、米、趙、董四家字均可當名畫觀，若八法則衹有唐初諸公也，未審長者以爲亂説否？

肅上八叔太夫子大人鈞坐

門下晚生世侄懿榮謹啓

四六

八叔太夫子大人鈞坐：

章邱葱、焦皮肉、文登乾蛤肉、鮮晃蝦皆鄉人帶來，伏祈哂嘗。焦肉重爐，不悉中吃與否，蛤肉只合搥碎作湯。

肅叩福安！

門下晚生侄懿榮叩上

四七

太夫子八叔大人鈞坐：

三册一卷敬領到矣。亟想賜一題字，俟裝池再當呈覽。蕭圖最末一葉有潘文勤題，略説主名，然亦復未審。長者熟於坡、谷，何不一爲章子厚洗垢，一爲舍隱，使樊注據《宋稗類鈔》寫得難看耶？皆老〔一〕李孟初神祠碑詩尚未就，就後請題，再速呈教。石丈向不作詩，此軸竟有韵語，然結聯云『昔有李孟初，今有李陔老』語，意殊屬未檢，似於神祠中又將添一神機坐者，讀之深爲懸繫，敬博一粲。初雪甚佳，敬爲起居萬福。

門下晚生世侄制懿榮謹叩復

按：此札稱潘祖蔭之謚文勤，則係光緒十六年（一八九〇）潘氏殁後之事。又落款稱『制』，蓋丁母憂間。王懿榮母殁於光緒二十二年（一八九六）正月六日。

〔一〕皆老即下文李陔老，即李在銑，字子皆。

四八

八叔太夫子大人坐下：

惲册題訖，重以尊命，不揣冒昧，遂成惡劣。侄筆墨荒陋，新裝看葉又不吃墨，真屬污損，惟素葉尚可，再易綾䌫，不難重換，長者鑒酌之可乎？敬以奉繳。

專叩福安！

門下晚生世侄懿榮叩上　十六日午前

南田草衣山水十幅真迹第一。

遲盦八丈夫子鑒藏，命懿榮審定題記。

按：札内言『惲册題訖，重以尊命，不揣冒昧，遂成惡劣』，此南田山水圖册，孫毓汶得於光緒十八年（一八九二），有題籤『南田山水十幀，壬辰十月李山蓑贈。余因足疾，山蓑醫之。此册則開發神智之助，更勝藤杖扶也。老遲漫志』。孫請王懿榮題跋，王懿榮題後署期『乙未八月既望』，乙未即光緒二十一年（一八九五）。

致吴大澂（一通）

一

清卿如兄大人：

石濤和尚畫《蜀山行旅圖》立幀，純用粗筆路，渾厚雄勁，大手筆也。有翁蘇齋〔一〕、阮文達、張叔未〔二〕、吴荷屋〔三〕諸公題跋，朱青雷鑒藏印，索價廿金，弟以十六金購得之。

懿榮頓首　初六日

〔一〕翁蘇齋即翁方綱，詳致陳介祺札四〇注釋。

〔二〕叔未即張廷濟。張廷濟，字順安，又字作田，號叔未，浙江嘉興人。書法家，草隸獨冠當時。精金石考據之學，尤擅鑒別，著有《金石文字》《清儀閣所藏古器物文》《清儀閣金石題識》等。

〔三〕吴荷屋即吴榮光，詳致潘祖蔭札二七注釋。

按：此札見於《書法》編輯部編《書法文庫 流光溢彩》，第三八頁，原札影印。

吴大澂（一八三五—一九〇二），字止敬，又字清卿，號恒軒，晚號愙齋，江蘇吴縣（今江蘇蘇州）人。同治七年（一八六八）進士，授編修，官廣東巡撫、湖南巡撫，後幫辦東征軍務，兵敗革職。喜收藏，精鑒别和古文字考證，工書畫篆刻。著有《説文古籀補》《愙齋集古録》《古玉圖考》《十六金符齋印存》等。吴大澂爲王懿榮金石至友。

致黄昭鑒（二十二通）

一

寶三内兄大人：

前托吴芝生捎去一信，内叙少歆兄事已妥，當看日上工，不識何人見貶，立即辭退，正在賦閑，大有不得了之勢，向弟告艱，亦是無可如何。弟不得已，已借與銀十兩以作捎家，而且無可存身，弟又向德生曹某叙説其情，可否允肯着伊到本櫃以作栖身，而健堂兄已慨諾矣。特此作草布達吾兄知情。終屬至親，難説得了。

專此，請刻佳！

弟懿榮上言　十二月十六日

按：此爲王懿榮致其内兄黄寶三之信札。前十五札見於《王懿榮集》，原未注明出處，現過録，標點略有變動。黄昭鑒（一八三六—？），字寶三，王懿榮原配黄夫人長兄。

光緒二年（一八七六）閏五月二十一日有推薦黄昭鑒署理永定河南岸同知奏摺，摺内載黄昭鑒履歷：『臣查黄昭鑒，年四十歲，山東蓬萊縣監生，報捐布政司經歷，分發直隸，加捐郎中，簽分刑部，復改捐同知指分北河試用。同治十三年三月引見，四月到工，捐分缺先補用免補額。辦理海運出力，保俟補缺後以知府用，先換頂戴在案。』〔二〕

黄昭鑒相關材料傳世較少，王懿榮與黄昭鑒書札多係日常瑣事，如寄醬菜、代覓工做袍、購置壽禮、托買衣帽之事，且文辭簡略，所涉人物亦與史無徵，具體寫作年代難以考證。大體寫作年代在王懿榮父任川政之後至歿之前，即同治十一年（一八七二）至光緒十二年（一八八六）間。

二

寶三内兄大人：

今接子荷兄寄來一信，并紙捲一個，已收清矣。拆閲悉，黄曉之鹿、程壽令人物，均靠不住。依弟之見，皆不必表，將來俟張表兄歸里之際，必着其帶回矣。前函問及吴少鈞携去之

〔二〕　顧廷龍、戴逸主編：《李鴻章全集》七，安徽教育出版社二〇〇八年版，第一一三頁。

軸，未見回。

專此，請刻佳！

弟懿榮上言　三月六日

三

寶三內兄大人：

兹接來諭，領悉將滇黄石售出，未識爲何一塊？另函指明價值，至於多寡，弟毫不在意，吾兄看相辦理可也。在保寄放之藍磁甬，有便捎下，有友想見。别物無須寄，俟弟到保閲後或携回里耳。

專此，請刻佳！

弟懿榮上言　八月廿六日

四

寶三內兄大人：

前飭差由永定遞來諭一紙，捧讀之下，知吾兄刻間公務順適。惟聽差人祺昌口角，此回來京另謀差事，不回永定，未知吾兄識其情由否？倘或識之，定當再另用人。弟處尚有一人名陳恭者，乃係熟識之人，向在川幹事多年，先知其性情，兄如見諒，請即收用，來函賜悉，以便着其前往。諸切弟將保管，無論係何，來諭爲定。

專此，請刻佳！

弟懿榮拜上言　十三日

按：此札言『由永定遞來諭一紙』，依札一按光緒二年（一八七六）閏五月二十一日有推薦黄昭鑒署理永定河南岸同知奏摺，此事蓋在光緒二年（一八七六）五月之後。

五

寶三内兄大人：

啓者：吾兄臨行，曾囑購彩瓶，弟緣公務太繁，未得閑，歸於外客之手，價在十三兩之譜。而鄭盦兄因熟人未得，還去競争一番，亦未能行。其事原先吾兄若再添少許，不至落旁人之手矣。

此請刻安！

弟懿榮上言　三月廿五日

按：鄭盦即潘祖蔭，該札稱潘祖蔭爲鄭盦兄而非鄭盦師，當書於王懿榮中副貢前。按王懿桊殿試墨卷履歷，潘曾任同治十二年（一八七三）鄉試副考官，故該科王懿榮中副貢，此後當稱潘爲師，故該札當書於同治十二年（一八七三）鄉試前。

六

寶三内兄大人：

前奉上蕪函，諒刻間早邀青鑒矣。現下京中有一友人舉意積漢瓦拓，已從弟處拓若干，伊不滿乎意，急急抄襲。祈兄將所藏盡爲拓之，却須得工夫，總還不急，亦可從緩而辦，不可照伊之心意。此事雖係易易，并非寥寥幾個，設兄若無工夫，不能與之拓，可以從張府上尋檢其拓成就者以充之，敷衍了事而已，備妥寄下。

專此，請刻佳！

弟懿榮拜上　八月廿六日

七

寶三内兄大人：

前接來諭，領悉一切。并悉小菜腌妥，無便人寄之故，據云必盛一筐。千萬不可乾着，如乾則無味，不可以不便帶之故而裝以筐。如湯水太多，易一小罎，照函辦理。隨函寄來香腸十條，至祈查收。

專此，請刻佳！

弟懿榮上言　廿三日

八

寶三内兄大人：

來函領悉。緑磁瓶亦收，勿念。前子壽翁來信，道其被家務所累，現在賦閑，不堪言狀，而且手中艱窘，有不得了之勢，以故致函與弟，托爲其謀一枝栖。回想子翁别無所幹，惟有教館，已投情燕庭兄謀妥張司農之館，每月脩金八元，着即來京也。此事本不可先支全數，無如燕翁與張某很靠，細露其情，已由東翁處先騰借洋蚨十六元以備應用，亦可以聊助路費之資，便宜之至。理宜作書通知，着即前來，惜不知下落，復念何勝作函與吾兄，并祈兄道達燕翁費心之處，待某不爲不厚矣。竹溪兄之事刻已了結，前信已布聞。伊現時事已妥當，還是舊事。伊東家總念故德，所以成全。

專此，請刻佳！

弟懿榮上言　廿四日

九

寶三內兄大人：

前信奉上條簍壹個，諒刻下已收矣。內計果品，望祈笑納。莫妙撤下，將原簍捎回叔處。衣料兩包，黃者弟自用，着裁縫作一袍，內有開尺碼；藍者請吾兄留下，惟外褂弟嫌不見佳，奈無甚强者。布聞。

此請刻佳！

弟懿榮上言　五月廿五日

一〇

寶三內兄大人：

前捎燕函，內祈代覓縫工作袍一件，現已兩月有奇，大約告厥成功，未見寄下，刻正等用之時，望祈逢便速爲捎來，要要！昨來諭承問孫芝陽兄之事，未爲順適，於上月底已旋里矣，特此布聞。

專泐，謹請刻佳！

弟懿榮上言　初十日

一一

寶三内兄大人：

啓者：前月之十三日，同家君到保，仍住在德生，所有家眷一切騷擾，筆難盡叙。而且臨行，櫃執事又派人護送，寶屬莫銘心感。於月廿日到京矣，歸竟住在内城。幸公務托庇粗順。專此布泐，即請刻佳！

弟懿榮拜上言　廿八日

按：此札言『同家君到保』，後言『於月廿日到京』，蓋在王懿榮父未任川政之前，即同治十一年（一八七二）之前。

一二

寶三内兄大人：

前奉蕪函一紙，内叙前由德生借使一三十兩，一五十兩，共八十兩正，上月底曾着差人携去照數歸補，作謝。屢次搗□，殊甚歉仄，賴有吾兄情面，不至有阻，兹特作函奉聞。前放之磁物等件，只用兄未歸落，弟囑其差人携回，但未悉有無法帶。弟刻間手下略覺充餘，而前此之饑荒太多，挨次開銷，而又告竣矣，實屬無可如何。與德生之函，諸多客氣語，仍望吾兄書信時亦代弟附謝，來回寄物護送等事，伊櫃上費心之地實不少矣。

此候刻佳！

弟懿榮上言　十二日

一三

寶三内兄大人：

前捎去王善山水一頁，計日諒早見矣。沈石天[一]畫一軸，刻未表妥。鄭盦兄着弟代問八頁大花卉未悉是否高南阜者，若是，伊亦過眼，即不必寄，往返亦不易矣。刻有旁的所獲否？賜悉。

專此，請刻佳！

弟懿榮上言　十九日

〔一〕 原書作沈石天，疑當爲沈石田，即沈周，字石田。

按：此札亦稱潘祖蔭爲鄭盦兄，當爲王懿榮未中鄉試前，即同治十二年（一八七三）前。

一四

寶三内兄大人：

前櫃夥回保陽，托其帶上硯一方，其間之講客另録一單呈閲。張成謀差一事，前未謀着，伊不樂意。耳聞伊現在保陽，可着其速來，以便令伊執信到吴親翁處，諒自有差使也。

專此，順候刻佳！

弟懿榮上言　廿四日

一五

寶三内兄大人坐右：

前函所提杰兄來保，諒旋里之事，後諸事自可商辦。總而言之，尊府亦得需其人，吾兄從中調停，以和順爲是，萬不可得罪於他，他自爾如處己事一樣，兄不算爲之食虧耳。

專此，謹請百益！

弟懿榮上言　十六日

一六

寶三内兄大人：

前隨來人之便帶去鎖一挂、鐲一付，諒刻該見矣。本不成物，祈爲笑納。外有家嚴慈賀喜銀首飾四包，諒已收矣。諸品至祈檢及收清覆函□□。再并去滇黄石一方，其物雖小，樣式甚佳，刻亦不錯，尚可貴也，故敢獻也。今秋吾兄可能到保以行?弟有緊要之事，專待晤面談及一切。

專此，謹侍安！

弟懿榮上言　廿七日

按：該札與札一七見於《旅順博物館藏晚清名人書札選》第二册，第二九二—二九九頁。札内言『外有家嚴慈賀喜銀首飾四包』，則此時王懿榮父尚在，即該札書於光緒十二年（一八八六）前。

一七

寶三内兄大人：

接來函承問祝壽有無不俗禮物，想京城亦無旁的新鮮辦法，亦無非照着俗規，或做壽言或是壽屏，或覓畫工做壽圖，但不悉係何人過生日？係男人、女人？有無官銜、事職？如作壽言可將伊之事職開來以便作妥寄下，到家再覓人書寫或刻板，均無不可。昨接王掌櫃一信，內云已與弟購字帖三塊，未贅是何名頭，含混書來，恐伊看不明白，又恐是見人有遞價者，接而拾之，許好許歹，姑無論如何，未知經兄眼否，祈問一聲并祈一覽，均係何人之帖，一一來函賜知。□能一時寄下，是暫歸兄手，來函時詳告之也。

此請侍安！

弟懿榮上言　二十八日

一八

寶三內兄大人：

前閱來函，所提皮帽一事，弟未能了然，以故未敢擅辦。今寄來舊帽一頂，如看對式，回音賜悉，即照此樣而買。今之時樣者，即此式也。不悉能對意否。衣帽一事，一人看一路。是否祈賜回？至照辦。

專此，即請刻佳！

弟懿榮上言　廿六日

按：此札見於《王懿榮先生書作集》，第一〇九—一一〇頁。

一九

寶三内兄大人：

前由陝經過，所得古泉、古銅器、古泥器不乏，惟道路太遠，携帶不宜，而且爲省費計，裁去矣。□□覺不便□□，提携到保，不再前帶，寄在德生，吾兄如出來，亦可以作現覽。

此請刻佳！

弟懿榮上言　廿四日

按：此札及以下三札得自網絡拍賣，原札照片。

此札言由陝到保，係光緒八年（一八八二）八月之後事。該年王懿榮由川至京。

二〇

寶三内兄大人：

於前日族叔到寓，云與吾兄同路至保，未悉臨行已收弟改作之夾袍帶來否？如帶來，覓便速爲寄京。實逢等用，弟刻間公事繁甚，不能離左右也。吾兄此次還可以來京否？

此請刻佳！

弟懿榮上言　廿六日

二二

寶三內兄大人：

接來尊札，領悉。已識小木箱已收妥矣。內物略見傷損，不必追究。承問古泉盒，前函提過，不過□其意，刻未作成。兄如愛之，弟可加意催索，着其趕緊造作寄下以視，何如？

專此，請刻佳！

弟懿榮上言　初八日

二三

寶三內兄大人：

前由府上臨行交老□袍一件，係着伊改袖，諒刻已作訖矣。望訖覓便寄下，現已至秋等用。前托龍把頭帶去果筐兩個，諒早收見矣。覆音賜下。今秋尚能來保，先期布悉。

專此，請刻佳！

弟懿榮上言　廿四日

致孫汝梅（二十通）

一

此瓦打蠟，决非贋品，然非琅耶臺瓦，亦敝省青萊之瓦也，可收。祈打一本爲賜，切切。

原件附繳。

此復春山十兄大人

弟榮頓首

按：此二十札爲王懿榮致孫汝梅書札，藏於國家圖書館，稿本。此稿本未見，依《王懿榮往還書札》過録，標點略有不同。王懿榮致孫汝梅札皆爲同城短札，從所記内容看，多爲光緒四年（一八七八）前事。

孫汝梅（一八三六—一八八九），初名燕詒，後改汝梅，字問羹，號春山，直隸大興（今北京市大興區）人。光緒六年（一八八〇）進士，官兵部主事。嗜古善隸，能鑒別金石，精歌曲，當時名伶多師之。

二

鏡一具付十八千，距末敬奉。外二封贈沈世兄及我侄玩玩。

春山十兄

榮頓首

三

寵召屆時趨赴，近日毫無所得，尊從到廠否？

春山十哥社長

弟懿榮叩上

四

漢瓦、魏碑拓本并收到，感謝感謝！漢印彙於篋笥，則後兩日檢齊親賫請鑒，不遲不誤。

并討車飾拓本。

春山十哥

弟榮復上

五

師𩛆敦（前贈弟者，拓不及此次，因割款粘連後贈本，而以前所贈者復繳。『畯臣天子』四字易失地位部居矣）、雞觚、康姬大字鬲、孟孫父彝，此四器皆贋刻。弟存之者，以自輯有贋刻一本，入之，留後來者證之。

六

昨連訪不值，奉聞之件如何轉覆，祈速示，以便轉達，切切。少暇容走譚。

特此敬上春山十哥社長

弟懿榮頓首

七

拓本六種領到，謝謝！齊刀祈浼兩侄燈下速爲之，以慰飢渴。弟亦蓄此，不愁無以爲報（刻有齊刀之述，故求速若此）。且有新得彝器拓片四分，病後力稍强即奉酬也。

春山十兄

懿榮頓首

八

扇在篋底，檢出即書。清卿書來附呈，内想有拓本，想勝於書扇也。日來弟病稍愈，婦子尚未霍然。

此復春山十兄

弟榮力疾頓首

九

來示祇悉。漢印一二日即檢奉，頃有客在廳事也，不遲。經書有數事，皆習見物，便中話呈。有《五經備解》兩册，甚妙，已爲捷足先得矣。弟所用之説經者不在此也，亦須話及之。

春山十哥社長

懿榮頓首

一〇

前議公送鐵石兩先生令侄喜幛，清卿已將台銜列入，十八日往送，我輩次日可去道喜，其正日即十九日也。四人，張、吴及弟與兄耳。

敬聞春山十兄大人

弟懿榮頓首

按：札中張即張之洞，吴即吴清卿，此兩人同時在京，當作於同治十一年（一八七二）至同治十二年（一八七三）六月（張之洞赴四川任）間。

一一

頃又與石丈、香兄在景元居賞雨，望即來同賞之，勿以泥濘不前也，速速。

此請孫春山老爺

王頓首　廿三日午

一二

查件收到，費神，謝謝！刻石公玉弟在此。餘晤譚。

春山十兄大人

弟懿榮頓首

一三

六吉紙及一卣、二爵拓本均收到，謝謝！今日尚未洗臉，飯後當去拓。來扇即容并繳也。

此復春山十哥大人

懿榮頓首

一四

春山十兄會狀：

屢謁不晤，想極。兹從四川家信中抽出家嚴命弟轉懇友山十三兄代查之件，祈代轉交并祈詳速開示爲禱，切切。

此請撰安！

弟名心頓首

一五

春山十兄大人春禧：

前爲沈松廷所説之『《淵鑑類函》必須前途較寶名少讓一點方可』等語，今前途云既有閣下爲之關説，兹讓價五金，作價九十五兩，不爲不廉，大可代購，祈即速向松廷一商爲妥（甚爲便宜，過年恐辦不到也。前途原定價百金，吾兄及貴居停給價九十金，今弟擬從中調停，故斷此數，大可作臉。香濤屬致意）。

并候復示，此請升安！

弟名心頓首

一六

送上東撫咨文一函，即請費神，請陳桐齋兄一辦，應用筆資若干，示知即繳。正月正係單月，可以順行矣。二月能投供與否？何日照准？何日上？即請轉懇桐兄費神，早爲一辦，所費示知即繳。此資費力不少（此等餘尾尚如此曲折），又趕以正月單月到此，桐兄應有把□投供，即祈詳示，統容泥謝不盡。

春老十哥

弟名心頓首

一七

手書拜悉，所事統容細談，印拓本容即奉鑒，尚有識數行也。

敬復春山十兄社長

榮頓首

一八

許久未譚，年翁處幛分十二千送上，祈查入。病婦日甚，諸事荒廢，年來心境之劣，無過於此，遲遲之咎，尚乞鑒原。一切偏勞不必虛言道謝矣。

春山十兄手足

弟榮頓首

按：年翁即鮑康，歿於光緒四年（一八七八）三月三日。此札提及『幛』，蓋即挽幛，則書於鮑康卒後不久。此時王懿榮婦病重。

一九

手畢祇悉，外單費心領到，謝謝！此乃川署西席，即復而聽之，不少遲，後則在彼耳。仲魚久未見，亦未答拜。其有癮乎？開元監錢有重者否？

弟懿榮頓首

此復并詢春山十兄社長

二〇

手示祇悉。李碑磚拓領到，謝謝！近又有所得否？弟前月廿六夜五更時有偷兒破窗（靠窗一流不多），手竊書籍（温、李等詩集及明抄《經籍志》）、舊玉、當帖（更苦）數事，幸勿他品心上之物，然舊玉之緣計自此盡（一掃而空之），兄聞之能勿黯然也！朱古初山人昨來，今早鄉人北上，餉弟漢印一顆（字多而文奇），容即拓呈。説帖草草。因夜夜防盜，故精神不屬。

春山十哥長前

弟懿 重九前二日

左行漏寫『榮』字，足見其顛倒矣。

致張之洞（九通）

一

香濤妹倩老前輩親家大人：

一前再同三世兄本輔孝廉入鄂，曾附一函，想邀鑒及。比來朝廷鋭意求治，新政繁興，用人日亟。此皆平素諸老朽全無心肝，一味奉行故事，大局不支，以至今日，使聖心有所激而發，獨使至尊憂社稷，深可悲也！然此時事雜言龐，實難置喙。變法而不變心，更且於變之中，有明目張膽以行其私者。當稍從容以觀其定，再從已變之中，補偏救弊，一爲論列，即本人之心地手段無不躍然紙上，合盤托出，不能自欺以欺人矣。

新城族弟億年，字曼卿，以知縣分發湖北，來庇仁宇。此漁洋尚書〔二〕七世嫡孫，年少有

〔二〕 漁洋尚書即王士禛，詳致孫毓汶札三注釋。

才。新城中衰已久，此戚族醵資所爲。閣帖所列右軍諸札，有問西蜀楊子雲、司馬相如俱有後否及文翁石室諸語，昔人艷稱。想公雅人，適遇此子，當於冗閑之中稍垂青眼，一賜護持，不至使其漂泊流離於東南西北間也。今附上新城遺書三十六種（一木匣），權作弟所奉贈。此渠欲先表其家世，使弟有所藉口而已，伏祈賞納。到省時千萬早與一見，栽培訓誨，惟公是仰。其父翺以拔貢四川未補缺之知縣以終，家兄名□爲之撫孤收養，始得成立。倘不急爲枝栖，游騎無歸，弟亦不得辭其責矣。至懇之。人便匆匆，餘容再詳。舍弟信卿服闋來京投供，現爲端午橋京卿奏充工商局參贊。此局規模尚未大定，亦屬極無邊際之事。候試特科，尚無日也。

專此，敬賀秋禧，并請勛安，合署清福！

弟懿榮頓首　內子、兒孫輩隨叩　七月廿九日

按：王懿榮致張之洞前五札藏於烟臺博物館，稿本。

張之洞（一八三七—一九〇九），字孝達，號香濤，晚號抱冰，謚文襄，直隸南皮（今河北南皮）人。咸豐二年（一八五二）順天舉人，同治二年（一八六三）進士，授翰林院編修。歷任山西巡撫、兩廣總督、湖廣總督、兩江總督、軍機大臣、體仁閣大學士等。主辦洋務，發展實業，提倡『中學爲體，西學爲用』。遺著編爲《張文襄公全集》。王懿榮妹丈。

由『舍弟信卿服闋來京投供，現爲端午橋京卿奏充工商局參贊』，可知此札作於光緒二十

四年（一八九八）。王懿榮弟王懿棨在京候職，因戊戌變法，京都成立農工商總局，王懿棨日受重用。後變法失敗，王懿棨没候到實缺，回福山故里。

二

香濤妹倩老前輩親家大人坐下：

得書如獲拱璧，蓋正在艱難憂憤中也。前已有零紙條聞數事，未具款，屬玉叔令侄附竹報中速上，刻想鑒及。弟自奉簡命，實作看街老兵，朝廷亦未嘗以兵事責之。然自甲午以來，及今又六七年，中國兵事仍是不行。津事日亟，則重臣之不得無罪，夫復何辭？鯫生一命何足道哉！弟全眷俱在京寓，師旅飢饉，一時洊臻，好在爲時亦不必能久。次兒崇烈先於五月十二日乞假，携其婦子乘海晏輪船徑歸里舍，紫竹林槍炮聲中，弟又少此一種心事。至京師地面，如甘軍及義和團一日不出，便一日不得安靖，公能稍爲捐置相助否？此垂涕泣而道之者也。

即頌勛安，并詢合署清福！

弟期懿榮頓首　六月廿三日

按：此札現藏於烟臺博物館。札言『自奉簡命，實作看街老兵』，可知作於光緒二十六年（一九〇〇）年五月王懿榮被任命爲京師團練大臣之後。

三

香濤妹倩老前輩親家大人坐下：

各電示俱悉。朱編修延熙處，定於九月廿六日吉時放定换庚帖過禮。大媒四人：博泉前輩、喬生、菘畦及弟，名仿中弢時辦法，兩家拜换，鄙處作寄書郵耳，最爲簡便，種種辦妥，當日完事。弟所承委代辦尊府回禮，係紅頂絨緣暖帽一具、絨口綢裏官靴一具、龍光八團綫縐紅青天藍袍褂料一套、一品平全仙鶴補服一副、緑松石洋珊胡配項銅歡子朝珠一盒、《大學》四書、《尚書》二套、端硯一匣、徽墨一匣、湖筆一匣，共成十種，具執事全帖，并禮單、大媒姓氏、賞犒等封，共用去京平松江銀四十三兩五分正，即在去年代買《聖教序》價節省尾存之五十金内動用，尚餘六兩五分，仍存弟處。此外尚存山西所寄購買舊書、弃扇未用之三十金，净存執事三十六兩五分也，非弟所墊，不必電還。餘細賬原單，仍堆弟處，不以瑣瀆。朱家定禮：如意一匣（三鑲者）、首飾二匣、一點翠一包（金者）、紅緑洋縐二匹（一匣）。龍鳳帖、求親帖俱存弟處，暫無便寄，請告二嫂親家大人，爲弟覆命可也。

黄樓、白泉令侄，同懷同榜，德門積慶，如此流長！吾前輩教養兒子有成，以佩以羨。天若使豚犬下次得與兩甥同舉，則中表同科，亦是一新花樣，弟則姑作癡説而矣。江宅事議者紛紛，尚未定局，以次再聞。中飴與再同爲婚，吴子黄女。寒家亦與再同爲婚，舍十八弟四妾所生女，而再同三兄子也。弟考差不放，又無差可當，只有應考御史，如此悖運，尚不知能取與否。青老與崇風子事，派查者福潘。潘甚作難，刻尚未復。弟不幸而與吴澄、梅鷟、閻若璩、孫星衍同案被參，惜不得執事來爲一查辦也。再同信一、麐兄詩一，并索上。

此請勛安，并賀大喜！

弟懿榮頓首　十月二日

按：從札中内容看，係張之洞與朱延熙編修結親事，張之洞未到場，委托王懿榮代表。按《朱氏家譜》：朱延熙原配余氏，於光緒十五年（一八八九）病故，此年『續妻直隸南皮縣湖北候補知府，賞戴花翎張之清公女，湖廣總督、文淵閣大學士、軍機大臣、贈太傅、謚文襄、名之洞公胞侄女』，於光緒十五年（一八八九）九月間訂婚，王懿榮代替張之洞回禮。札中言『弟考差不放，又無差可當，只有應考御史』，按《王文敏公年譜》，此年十一月考御史第一名。

四

香濤妹倩老前輩親家大人坐下：

舍甥蓬萊慕昌濂，先嫡堂姊三子，即公族鼎甫孝廉元來所聘慕烈女之堂兄也，詩學傳家，頗能吟咏，又善刻磁。貧無所依，與弟熟商，捐一雜職，以謀糊口。弟使之請分到鄂，一依姨丈作計。乃甫經領憑，而公有兩江之命，又欲改指東吴，而部例不准，且亦筋疲力盡，數之不偶，一至於此！今竟詣鄂，先行來吴，叩乞一見，可留則留，材堪造就，不至淪入魔道。如不能留，即乞速爲謀之鄂屬，使其得有枝栖，弟可以藉此補道，不但一人感激已也，至叩。

專請勛安，合署清福！

弟懿榮頓首　內子、兒孫輩隨叩

按：此札中言『弟使之請分到鄂，一依姨丈作計』，此時張之洞任湖廣總督，故有此舉。後又言『甫經領憑，而公有兩江之命』。按《張文襄公（之洞）年譜》，張之洞有『兩江之命』係光緒二十年（一八九四）十月初五日，《張文襄公（之洞）年譜》載該年『初五日奉旨劉坤一來京陛見，兩江總督著張之洞署理，迅赴署任，毋庸來京』〔一〕之語可證，又該年『（十月）十六日接署兩江總督』亦可證。此札當書於此事後不久。

〔一〕胡鈞撰：《張文襄公（之洞）年譜》，見沈雲龍主編《近代中國史料叢刊》第五輯，臺灣文海出版社一九六六年版，第一二七頁。

五

香濤妹倩老前輩親家大人坐下：

江蘇即用知縣施大令沛霖，字潤齋，靖海將軍施襄壯公琅之裔孫，前龍安知府施公燦之子，庚寅進士，試吏江南，丁艱起復，需次金陵，近隸部下。其人家貧劬學，踐履篤實，精明内藴，例案熟悉，爲牧令中杰出之才。龍安與先君在京同司，在川爲前後任，弟知之有素。去年近支出侯爵，渠於次當襲，不肯承蔭，乃屬之其子，乃得趨蹌左右，奉承教令，幸有以振拔之。方今敵膽日張，岩疆割弃，安得如施襄壯父子兩造臺灣，爲國家建不刊之勛？則其子孫之在今日，尤當事者所宜加意護持，或得世濟其美，未可量也。此函爲薦材而發，故不憚破例冒瀆。

專頌勛安，合署清福！

弟懿榮頓首　六月廿三日

按：此札言『需次金陵，近隸部下』，則在張之洞光緒二十年（一八九四）任兩江總督之後。又言『方今敵膽目張，嚴疆割弃』，此指《馬關條約》簽訂，事在光緒二十一年（一八九五），則此札書於該年。

六

香濤妹倩老前輩親家大人坐下：

在萊州得二十五日電示，家慈將以廿六日由南京啓行東歸，弟先以廿三日接到十八日廷寄：『和局已定，無庸招募，着即回京供職。』弟當即具疏乞省親假兩個月，於廿七日拜發後，遣散將哨等人，即日首途，月晦抵里，至今尚未得南來消息。八年未歸，又是兵荒遷徙之餘，在家灑掃庭除，安置鍋竈，藉此承歡，稍圖定省，亦此生一大樂事。惟是家慈携全眷在此居住數月，往返資乘坐耗清俸應不下千金，且以事出倉猝，敝兄弟俱未在家，故爲此急就，感戴之下，益深歉仄。烟臺去治署才五六日水程，弟在家兩月乘輪北上，亦不過四五日，中間可得寬綽十許日，本擬微行來詣，一爲叩謝厚誼，以快十餘年未傾之悰，以泄中外大局之忿，惟限於資斧，不忍再以絡索於公，僕病未能也。此行賠銀五百餘，皆所稱貸於鄉，而部擬省庫月餉二萬五千有奇，絲毫未動，只是所費部支二千，大爲東撫所詫，渠亦只能於此種事大詫而已。瀕行慨贈千金，弟復以此係急難，并非謀差，斷無此等行徑，辭之以去。即此所賠之數，不過抵書房一節賞犒而已。且賺得不起草、不寫字、不作詩，爲便宜甚大也。笑笑。回頭一想，夜夜五更秉燭揮毫，寫完即掀靴頁，無怪公之當年力言斷不能充當此一差也。可畏也夫。

此次和局，不言以區區登屬而論，所可惜者，弟周歷十屬盡得形勢，各縣大姓皆屬舊戚，萊陽、棲霞西南鄉一帶人最剽悍，群言於弟，官募斷斷不出，若弟之招集，乃自己家事，情願出連環保結，即本族子弟亦情願由縣結送，以後死喪斷不相怨，但使吾郡冢墓不至淪入异域。蛇無首不行，弟則此刻登、萊兩郡京官之最大者。只是不去，便相依爲命，决無後來相累之處，反以見慰，人心甚齊，最爲可用，而言及海上諸軍，皆湊集遼東敗卒，犟綏逃餘而成。主帥昧於地勢，營哨一味剋扣，兵之所過，毒甚於賊，皆太息痛恨，爲可念也。且弟所招吴某，即黔、蜀哥老之魁杰，隴回禹某即回家投誠之孫，其祖八十老酋，尚且健在。一稱有敢死之黨三千餘，一稱素養馬隊五千餘，若一旦用時聲呼即至，馬匹且不須買，并能衝抄，不徒偵探，加以鄉里子弟可得萬人，此時雖已，將來若有臺澎之舉，不徒乞外洋保護，且不愁海面無兵艦，只此一片净土，老羆當道卧，豹子焉敢過也？鄉先生有智謀可用者，亦采得數十人，沿海營圈遺迹了然，皆前明基址，針對海口水中無礁石，小船可搶岸處所所安置，星羅棋布，密如散絲，東省大小將帥王八蛋，烏足以知之哉！東撫謀國，椎心嘔血，自是當今純臣第一，然一不曉洋務，二不知兵事，三且不看京報，以東薪爲牛羊，機局太小，不可以爲滕薛大夫，然已萬中選一矣。奈何，奈何！

專謝，敬賀午禧，即請勛安！

弟懿榮頓首　五月五日

按：此札未見原札，依《王懿榮集》過録，標點稍有不同。由札中『在萊州得廿五日電示，家慈將以廿六日由南京啓行東歸，弟先以廿三日接到十八日廷寄：「和局已定，無庸招募，着即回京供職。」』之語，可知係光緒二十一年（一八九五）王懿榮辦登州團練之事。《王文敏公年譜》光緒二十一年（一八九五）『本年正月以回籍辦理團練入奏，蒙旨允准，須發餉項，此又向來辦理團練者所未經見之殊恩也。束裝方急，東海關道劉薌林觀察（含芳）飛函相告，於正月初三日專輪奉謝太夫人赴公妹婿南皮張文襄公（之洞）江督任所。文襄公爲謝太夫人賃宅南京城内花牌樓大街，供應一切至爲安適』〔二〕。張之洞接謝太夫人至南京，於四月送回。

七

香濤妹倩老前輩親家大人坐下：

弟會同奏派諸公及招致營哨各員，自二月廿三日起，至三月廿九日止，周歷十州縣，親見各地方官及城鄉各團長，宣布皇仁，備問疾苦，周覽形勢，講習訓練，聯絡一氣。十縣之大姓率皆戚黨親族，於地方要害兵將情狀，百姓休戚，纖毫畢悉。威海迄今仍有倭寇往來，總是未

〔二〕 王崇焕：《王文敏公年譜》，載《中和月刊》第四卷第七期，一九四三年。

復，官不能去。二十五營皆敗軍之餘，無籍之衆，無一可恃，見賊即逃，擾民有餘，以致民不畏賊而恨兵。賢如李鑑堂，尚且不能周知，此天下古今之通病也。倭寇率多女婦充數，亦是弄兵而嬉，民間言之如繪，官兵竟一面未見，事不可爲，數到使然。弟不信也。弟有逐處所得細狀，累成巨册，寄與高陽、常熟看矣。所得倭寇告示信件，亦附與之。登人與倭韓通商已五六百年，此刻舟估往來如織，太平交易非海關所能查禁，兩處情形朝夕即達，并不得以滿地奸細科之，可危也夫，可悲也已！弟在敝郡府城詣明戚武毅公祠堂，展拜遺像，在萊陽即得戚家寶刀，并佩玉，皆有款識，刀文云『萬曆十年登州戚氏』。玉文兩面詩，白一面云『雨露清馳道，風雷翊上軍』，一面云『提劍雲雷動，垂衣海岱清』。鞘皆明裝，此生真不負爲登州人，或亦刻《止止堂集》之報耶？刻在萊州奏報十屬團練現在情形，并請旨和議後是否仍練鄉兵（和議即成，俄亦必起，如何如何），及此後月餉所出，如餉源無着，鄉兵不練，弟即回京當差，前所撥存，絶不動取。弟所招致宿將，有多胡、金、楊諸舊部，皆百戰之餘，堅苦耐勞，即移交東撫，選擇備用矣。若實使練鄉兵，所選皆十屬子弟，個個皆有貫之人，弟等一切舉動，營哨各官利弊，鄉里無不周知，當爲天下第一營制，敗無所逃，散亦易遣，實事求是，不敢徒托宣言，如是而已。

兹有三要事切懇於公。若和議不成，南防吃緊，事所必然，可即着舍弟送家母及眷屬移住上海，此爲保護商務之區，不比南京尚在人心驚惶之地，此時公國而忘家，更不暇兼顧戚族（所謂事至無疑，不可客氣，切切叩之），事所必然，乞爲舍弟説一上海坐□洋務等差，月得數十金，可以暫充旅食，不至彼此隔絶，濟援不給，事已，渠即侍歸東下，亦不久戀此差，此番恩義，鄙人此生不惜捐糜頂踵，遇事圖報，此其一。又弟所奏允清理衍聖公府地畝一舉，前已附來差回便，專函縷陳，趁公現在總攝，任内無論軍務如何，早些派人一辦，曉以大義，飲水思原，時事如此，過此以往，未之或知。若復隱匿，即予以嚴參，是亦人非人等，不足顧惜久矣。此其二。弟一生出處不能自主，充當南齋不能詩賦工楷，辦理團練不能騎驢，性畏爆竹，只有去夏太平，奉敕前往乾清宫、懋勤殿、昭仁殿、景陽宫、御書房、古董房審定書畫，鑒别古器，此則自信不疑，當爲地球之内、曠古以來第一稱職之官，雖前賢復生，不敢多讓者也。附博一笑。大甥及兒子闓文尚未一見，此刻必不在此，此則與公當正同。

專頌勛安，閤署清福！

弟懿榮頓首　三月正當三十日

按：此札得自網絡，係雅昌拍賣之物，原札照片，後附書皮一紙，上署『王文敏公遺札，澩雪廬識』。此札言及光緒二十一年（一八九五）登州團練之事，當書於該年。

八

香濤前輩妹倩閣下：

摺差甫去，忽然憶及前函漏復一事，適清卿中丞摺差亦到，附此奉聞。聞内務府總辦文煥如郎中言及此次大婚禮，用度一意節儉，上次所費計五百萬，此次意在百萬，不知密否，所聞止此。適有山東諸城尹先生元鼒〔二〕者，現在清兄幕中，日以篆刻、椎拓爲事。其父慈經拔貢爲山東高材，現調赴國學，重修石經者，潘尚書、汪閣學所取士，其祖吏部耀宗在咸豐間與朝邑齬齟，後在東殉難，遂格於恤典者，其鄉榜與青相同年，前三年兄在舫亭所見一少年者是也。渠後來隨清兄，中俄分界案内得敘□□，今來信懇弟屬向執事麾下瑩求一防務，數年可得一保的差與名投效。渠近在撫幕，所司清閑，力能兼充，以後若有微勞，以望分發。其家寒素，不能措捐也，志不在薪水。人頗解事，乞推愛噓植之，如始勤終怠，亦即予以揮斥，如何如何？弟迫於情事，與之三世至交耳。

再請勛安！

弟制榮頓首

〔二〕尹元鼒即尹伯元，尹彭壽長子，詳致潘祖蔭札一一注釋。

如可俯從，此信可與清卿看之。

按：此札見於《趙鳳昌藏札》，第七卷，第三六七—三七三頁。札中言『此信可與清卿看之』，可知此時張之洞與吴大澂在一處爲官，當爲光緒十三年（一八八七）二月至光緒十四年（一八八八）七月間事，此間張之洞任兩廣總督，吴大澂任撫院。《張文襄公（之洞）年譜》載光緒十三年（一八八七）『二月吴撫院大澂抵粤』[二]，又光緒十四年（一八八八）『七月，鄭州河工垂成而潰，十一日奉旨，吴大澂署理河東河道總督』[三]。

九

早間曾復一函交摺弁持去，適聞敝同年益菊蓀觀察歿於韶州，其兄惠菱舫都轉來，乞弟與柏義祭酒轉懇執事俯念僚屬，發大慈悲，爲之募歸旅櫬，感激不盡。并有信并懇清卿也。

此懇。即頌勛安！

[二] 胡鈞撰：《張文襄公（之洞）年譜》，見沈雲龍主編《近代中國史料叢刊》第五輯，臺灣文海出版社一九六六年版，第九四頁。

[三] 胡鈞撰：《張文襄公（之洞）年譜》，見沈雲龍主編《近代中國史料叢刊》第五輯，臺灣文海出版社一九六六年版，第一〇〇頁。

香濤妹倩前輩大人

弟制榮再上　七月廿三日

左空

按：此札見於《趙鳳昌藏札》，第七卷，第三七四—三七六頁。

此札承上札，韶州在廣東，札中言益菊蓀歿於韶州，請張之洞幫忙募歸旅櫬，因張之洞曾任兩廣總督，故有此請。又言『有信并懇清卿也』，則此時吴大澂與張之洞同地爲官，即光緒十三年（一八八七）二月至光緒十四年（一八八八）七月間，落款爲七月廿三日，此蓋爲光緒十三年（一八八七）事，因光緒十四年（一八八八）七月廿三日，吴氏已往鄭州署理河東河道總督之職。下款稱『制』，因王懿榮父王祖源於光緒十二年（一八八六）病歿於京，此時尚在服中。

致張蔭桓（九通）

一

示悉。《皇甫誕碑》一本繳上。此是翻綫斷本者，所據翻底本亦不甚高，是『務』字已壞本也。祈文端説帖不下斷語，只以『舊拓』二字敷衍之，此老物之精也，然非所以處門生也，笑笑！感官作嗽，閉户避風。

樵老大公祖大人

懿榮叩

按：此札與後兩札未見原札，依《王懿榮集》過録，標點稍有不同。

張蔭桓（一八三七—一九〇〇），字皓嶠，號樵野，又號紅棉居士，晚號芋盦，廣東南海（今廣東佛山）人。外交家，曾出使美國、西班牙、秘魯，官至户部左侍郎，因支持維新變法謫守新疆，義和團運動時被下旨處死。喜收藏金石字畫，與王懿榮多有交流。有《張蔭桓集》傳世。

王懿榮致張蔭桓書札多爲鑒别古畫，無干時事，無關他人，又未署期，故書札寫作年代多難以考證。

二

壽喜走叩未值。今日敝省奉有蠲緩錢漕恩旨，應行具摺，摺仍用黄表朱裏否？明日齋戒，六七日忌辰，均合遞與否？伏乞示悉，至謝！

肅上樵翁大公祖大人

弟懿榮頓首

按：札中言『敝省奉有蠲緩錢漕恩旨』具摺謝恩事，此事又見於王懿榮致徐會灃札，札中言『謝蠲緩錢糧恩。擬請費神便飭九卿朝房白蘇喇，務於明早到侍處來取此摺件代遞』，所記與此事同。該札後又言『若此種者，不漂南齋，則呼唤自便，不至又累執事如此』。所言『不漂南齋』，意指王懿榮考差南書房未取録之事，依《王文敏公年譜》，此事在光緒九年（一八八三）〔一〕。

〔一〕王崇焕：《王文敏公年譜》，載《中和月刊》第四卷第七期，一九四三年。

此札書於當時。

三

惠示煙客册八葉敬繳。此煙客中極意經營之作，尊鑒不爽。此見華亭以後所爲，不見楊通永所得定府董册，不知此册之所出也。常熟先生固當知之，惟價則不廉矣。

此覆樵翁大公祖大人

弟懿榮頓首

四

石谷十葉讀竟繳上。的係真品，此全脱去本家門面，字與畫多涉南田筆意者，『碩果』二字小印，亦不數數用也。惟《毛詩》之説直太昂耳，不到二百金，似可取之。常熟尚書昨册題詞，謂其『不能高簡』，此真得石谷畫髓者。石谷本領精能，出元明四家上，何況本朝，然終不能高簡，與員照〔二〕同。虽疏亦密，員照便無論多少，終是黏膩耳。此册一味高簡，用其所短，故不得

〔二〕員照即王鑒。王鑒，字玄照，避康熙諱改字元照，亦作圓照、員照，號湘碧，染香庵主等，江蘇太倉人。清初畫家。

不涉入惲趣，以『硕果』小字印記之，正是其變調得意處。未悉尊鑒以爲然否？胡説胡説。

肅上樵老大公祖大人

弟懿榮頓首

按：此札與後一札見於《近代史所藏清代名人稿本抄本》第一輯，第四〇册，第三一六—三二一頁，原札影印。札中言『惟《毛詩》之説直太昂耳』，『《毛詩》之説直』即三百金之意。

五

萊丈〔二〕命題褾册收到，容即遵題，此真貂續之慚矣。張吉人丈前得景氏石谷兩大卷，一《北山圖》，一《卧游圖》，亦巨觀也，想萊丈必早見之矣。褾册當留三四開，餘即納還。又有客來，未及細檢也，一連兩日天字韵耳。

肅復樵老祖台大人

弟榮頓首

〔二〕萊丈即孫毓汶，字萊山，故此處稱萊丈。詳致孫毓汶札一按語。

六

遲丈屬看麓臺卷繳上。此畫前曾寓目，的真的真。跋與畫兩時所爲，此可當麓臺畫稿看也，學梅沙彌真得其神，前賢何可及也。叔衡屬送各種卷册與公及遲老看矣。四王知非所亟，故不必送觀也。連日大冷，夜間感冒，有并未感冒而相率注感冒者，鄙人是以不得遞感冒也。苦熱苦熱。

肅復樵翁大公祖大人

弟懿榮頓首

按：此札見於《近代史所藏清代名人稿本抄本》第一輯，第四一册，第四七七—四七九頁，原札影印。

七

南田册，贋本也，印章不堪。便面一册，下及國朝人矣，致真亦有趣，惟金箋多脱色，却不爲精也。若欲備數，自不可失，若求精，沈、文、董皆一時酬應之筆，且金又脱落耳。石谷師弟册石谷太少，畫亦不密，二百之數登峰造極。

肅致樵老祖台鑒。原函敬繳。

懿榮頓首

按：此札見於《近代史所藏清代名人稿本抄本》第一輯，第四一册，第五五五—五五六頁，原札影印。

八

示悉，郭河陽一卷，題尾的真，畫心换之久矣。册曾於十年前見過，煦堂持示，那琴軒之弟物也。只末一幅猫兒，是明畫院物，宣和印僞，餘盡蘇片。二件并繳上。愚昧之見，未知當否？伏候鑒定。

肅復樵翁大公祖大人

制懿榮頓首

按：此札見於《近代史所藏清代名人稿本抄本》第一輯，第四二册，第一六八—一六九頁，原札影印。

九

昨日抵都，尚未覆命，未克走謁，行李尚滯通州。海味四种，居川之禮，伏乞哂入。徐信一匣，納上。聞伯熙大病，亦未及往視，來信索公所蓄檸蒙水，有之否？

專上樵翁大公祖大人

懿榮頓首

按：此札見於網絡，原札照片。札内言『昨日抵都』『行李尚滯通州』『居川之禮』，可知係自川至京，此蓋光緒八年（一八八二）八月間事，此時王懿榮自川回京應館試。

致徐會澧（二通）

一

東甫老前輩大人坐下：

頃晤李小研光禄，談及十三日同鄉京官具公摺進内，謝藹緩錢糧恩。擬請費神便飭九卿朝房白蘇喇，務於明早到侍處來取此摺件代遞。例與酒力捌千，當即面付。并請囑其接摺下後，務到六項公所面交。侍等便即跪謝也。至懇至懇。侍初當值年，一切仰仗之處甚多，幸勿責其瑣渎。若此種者，不漂南齋，則呼唤自便，不至又累執事如此，爲之一慨，即博一粲。

此頌台安！

侍懿榮頓首　十一日草

按：此札見於網絡拍賣，原札照片。

徐會澧（一八三七—一九〇六），字東甫，山東諸城人。同治七年（一八六八）進士，翰林院庶吉士，任侍讀學士、光禄寺卿，後又出任江南鄉試正考官、順天府學政及順天府尹，晚年升任兵部尚書。工楷、行書，爲慈禧太后所賞識，故宫博物院存有其書迹多幅。札内言『若此種者，不漂南齋，則呼唤自便，不至又累執事如此，爲之一慨，即博一粲』，『不漂南齋』意指王懿榮考差南書房未取録之事，按之《王文敏公年譜》，此事在光緒九年（一八八三）〔二〕。又言『謝蠲緩錢糧恩』，按之《翁同龢日記》，同年十一月初九日，『請安，到書房稍晚，山東蠲緩錢糧旨凡三十餘開』〔三〕。此旨下於該年十一月初九，王懿榮等同鄉京官擬於十三日謝恩，特囑咐相關同僚幫忙遞摺，故知此札書於光緒九年（一八八三）十一月十一日。

二

示悉。稿送濟寧尚書處閱，刻未發還。草底已□。容交還即呈鑒不誤。楊蘇刺明日乞諭令來侍寓爲幸。

〔二〕王崇焕：《王文敏公年譜》，載《中和月刊》第四卷第七期，一九四三年。

〔三〕翁同龢著，翁萬戈編，翁以鈞校訂：《翁同龢日記》，中西書局二〇一二年版，第一八二八頁。

此復東甫老前輩大人

侍榮頓首

即頌年喜！

按：此札見於網絡拍賣，原札照片。濟寧尚書即孫毓汶，山東濟寧人，按《清史稿》，孫毓汶光緒十五年（一八八九）任刑部尚書，故有此稱。此札當書於孫毓汶任尚書之後。

致李桂林（二十七通）

一

錚老前輩賜函并挽幛，叩領，稽謝，容再專覆。《衛景武公碑》拓本不舊，所謂『鼉、鼍、金、石』四字，已有剥痕，此在何、沈未拓稍前耳。原本敬繳。侍腹瀉總未愈，一飯三遺矢。少玉〔一〕前輩約吃保安寺街汴厨豫厨山莊飯，竟未克到，亦未能寫字。『矢人而耻爲矢』，非耻之也，實在爲累，若車上忽來，如何了法？尚未能赴伯希處。專謝！

肅覆子丹年老前輩大人

侍制懿榮頓首

〔一〕少玉即張仁黼。張仁黼，字少玉、劭予，號孟藻，河南固始人。光緒二年（一八七六）進士，選庶吉士，授編修，入直上書房，後遷鴻臚寺卿。工書畫。

按：前二十三札見於《王文涽與李子丹太史書》，原札石印照片，蒙山東社會科學院劉曉煥先生及夫人雅贈，感激不盡，特此鳴謝！

李桂林（一八三七—一九〇四），字子丹，直隸臨榆（今屬河北秦皇島）人。光緒二年（一八七六）進士，授翰林院編修。歷官巡城御史、山西大同府知府。著有《吉林金石志》。光緒十九年（一八九三），王懿榮任河南鄉試正考官，李桂林任副考官。

此札中言及『挽幛』，落款稱『制』，蓋書於光緒十二年（一八八六）王懿榮父王祖源病歿後不久。

二

丹公前輩大人

一文和尚磚，字在平面，有如掌大，美逾《龍藏碑》體，惜下截損却半字，質亦堅緻，幼樵前輩强分差囊，只可付之，然已甚惜。惜在寺館，未向此禿多索幾枚以復，何日再能重遇耶？

侍榮再上

三

《大金集禮》容檢出即奉覽。雜在篋中，春間堆積之也。趙《膽碑》舊拓，在袁回回處。廠東門無字號，新置一婦，詢之便悉。元長、元度書皆極佳。《陳文澂列傳》乞示一底，便覆敝房師陳先生〔二〕也，至懇至懇。

匇覆子丹老前輩年大人

侍榮頓首

四

賜聯閎雅，感謝無似！今日午前，即將詣前。宏京堂有新來書，公見之否？聯文豈但内行，直爲侍增光矣，欣佩之至。昨又賒得數種，因已過年矣，容面罄。

此謝子丹老前輩大人

侍榮頓首

〔二〕敝房師陳先生即陳啓泰。陳啓泰，字伯屏，湖南長沙人。同治七年（一八六八）進士，授編修，後任江蘇布政使、江蘇巡撫。擅書法，精於《文選》和音韵考據。陳介祺係王懿榮庚辰科會試同考官，故爲房師。

五

初五日松筠之局，費神偏勞，感荷不盡，惟侍衰頹健忘。是日清晨，客來如織。傍午，伯希約同往看徐大馬之病。臨去匆遽，竟忘記飭奴子一人前來伺候。今日公車來謝，始行追悟，死罪死罪。一切應攤分若干，專聽吩示。至瑣瀆清神，厚勞紀綱，九頓不足以謝，統容面罄。

專上子丹老前輩年大人

侍榮頓首

六

示悉。伯遠啓文，容細讀再復。壓桌敬璧上。是日侍忘記飭人去，若輩無功，仍以犒尊紀。渠等當日亦不提我一句，亦當有以罰之也。所謂交涉者何事？此乞示下。

復上子丹老前輩年大人

侍榮頓首

七

示悉。前事奴子輩届時不一提醒，使我昏瞶如此，理當有以罰之，乃蒙公如此體恤，優賞遵命領取，令其對紀綱叩頭乃已。趙啓中，某閲卷者，潘文勤師，某督師者，彭剛直乃誣其索賄，甚矣曲筆也！惟某侍御則不甚記憶，約是王憲成字蓉洲者，不確記也。其人家教鄙吝，天下已極。

肅復子丹老前輩同年

侍榮頓首

八

示悉。敝省《通志》舊印本領到，至謝！岳中丞乃威信嫡子。舍下戚鄙修書極壞，連日出門，未即肅復爲罪。所示顔書三表，平原本無此種，乃帖賈規依《座位》所僞造，不登大雅之堂，無足辨白。聞新有鸞膠之喜，吉□何日？當届時詣賀也。張廉訪聞又進城矣，已晤面否？餘容再上。

敬賀子丹老前輩年大人

侍懿榮頓首

畫一保案，楊生亦熺，有所陳白。

九

《郘目》奉上。汴中書箱，昨以冬至家祭謝客，始行打開，稽遲希恕。僕人東下者，回家鄉所帶海帶魚一盤，棲霞百合一盤，敬以奉餉。百合沙而不苦，與汴產又异，請嘗之。大煮不須剥皮也。汴墨尚能分惠十許本否？《同闈録》乞取一二本，侍自存之。凡物一入侍手，無不耗散，此其一證，并非不吝嗇而出之，然轉瞬即罄，豈獨差囊。一笑。公近日作麽生？監本《金史》一包，當家之書，不可不收，侍則當年南北雜湊而成，可慨也。

丹老前輩

侍榮頓首

按：此札言『汴中書箱』冬至始打開，蓋書於光緒十九年（一八九三）。該年王懿榮與李桂林主試河南。

一〇

液池熏魚、棲霞百合二榼，奉佐晚餐。

肅復子丹年老前輩大人

侍制懿榮頓首

二

慈聖御筆畫，山水分四季，各十首。松樹蝙蝠、松蝠靈芝、桃樹芝草、松鶴、松鶴海屋、九桃蝙蝠、荷花鳥、菊花鳥，以上俱壽意。陸續賜下，俱以七絶十首爲度。

三

昨乞賜詩，謹開單呈上。此舉不翅濟貧，以多爲貴。

此上子丹年老前輩大人

侍榮頓首

改日九頓至地，以流血爲度。

按：此兩札爲王懿榮向子丹丈乞詩，詩題於慈禧御筆畫，現留存其一，上署光緒甲午，即光緒二十年（一八九四），此兩札當作於此時。

一三

二碑讀竟，藉使敬繳。兩本皆明拓，柳碑三字筆畫所存太少，不足存。詩有中晚之分，字體亦然，顔、柳已失古法，全仗支撑，何可上擬虞、褚？尊見高明，何待鄙論？

肅復子丹年老前輩大人

侍制名頓首

每種值銀七八兩耳。

一四

示悉。《志傳》一本收到，謝謝。洪武紀年，遵酌『千販』二字，筆誤。兵乃清兵，原傳即含混言之，此照録應如何添注之法，再乞詳示。《多寶塔》鑿字太泐，字口亦不甚光，明拓是也。十六金却不甚貴，此尚易得。

肅復子丹年老前輩大人

制榮頓首

一五

連日奔馳，失迓爲罪。通伸港見炮，敝縣已矣。公所剩賞對，有無款者（未題款），乞協濟侍若干，至叩至叩。或别人有之，亦祈代挪，侍勘合所載，如馳驛一同。無錢賞人，不能不藉此也。

專上子丹老前輩同年大人

侍榮頓首

一六

賜專至寶，敬謝敬謝。大題一種，侍當向家菘畦簡討借，臨時交書手照鈔一篇，各房傳觀備勘足矣。我輩老眼不復能看此等小字本書，亦可嘆也。輜重收拾，該鋪自稱今晚送到，侍明日午前啓行，到長新店會齊。馬夫一層，聞於後站有關，臨時同酌，或謂須京票百餘千，或謂折銀與之。試卷二册附呈大教。

肅上子丹老前輩大人

侍懿榮頓首

按：此札言『長新店會齊』，指出京，蓋書於光緒十九年（一八九三）夏。該年七月十六日王懿榮出京至河南任鄉試正考官，李桂林任副考官。

一七

昨聞人言江浙闈墨俱不見佳，其餘不足畏矣。許分賜汴墨百本，謹遣車來取，并乞題名數本，即付下走，統容再謝。

此上子丹老前輩大人

侍懿榮頓首

按：此言『濰縣鑄名字印胥工來矣，仍寓伯兮處』，按之《盛昱年譜》，事在光緒十二年（一八八六），此札書於該年。

一八

濰縣鑄名字印胥工來矣，仍寓伯兮處。

當遣下走一人隨同尊价以供驅策，并敬聽攤分，至謝至謝。

示悉。原單藉上，一切偏勞，瑣費清神，感激之至。京官陪客尤屬佳妙。侍是日不克到，

肅復子丹年老前輩大人

侍榮頓首

一九

題名及昨日所書知單納上。□一卓能，倉猝所辦至美，一切偏勞，叩頭無算，少頃詣前。專復。

肅上丹老年前輩大人

侍懿榮頓首

二〇

噉之殊不苦澀，何以來此輒變，得無亦有真假耶？侍貧而能病，非貴而能貧者比。笑笑。承念至感謝。味餘□之分教，大約沾染不少，宜其當遭此劫也。有所得否？有□之人，可健羨矣。

子丹老前輩大人

侍懿榮頓首

二

惠賜松花江魚，祇領拜謝，久聞人言，味美於鰣，今將試之矣。不辨其地之爲宋瓦耶？蘇完耶？《袁氏叢書》二夾板納上。許仙屏丈，聞住馬格拉廟。新春新喜，尚未請叩爲歉。專復。

敬謝子丹年老前輩大人

侍懿榮頓首

三

示悉。《康成傳》舊本，此處乾嘉老輩屢言之，及錢氏《曝書雜記》猶盛稱之也。《四夷傳》容即檢閱。侍所藏慶元本《後漢書》特四分之一，其一半在李木齋〔二〕處。大約嘉道以來，即零落矣。《大金集禮》容再撿上。

肅復子丹年老前輩大人

侍制名頓首

〔二〕 李木齋即李盛鐸，詳致李盛鐸札一按語。

二三

新喜，容即趨叩。昨失候，出城送高陽師祝敬，歸途相遇於東華門夾道，公已黑甜鄉於車中矣。笑笑。承賜野鷄、松花江魚异味，珍荷之至，祇謝祇謝！帖之佳者，只是筆畫犀利，如新寫出者，可愛之至。《快雪》初拓三種，後有板橋跋，此種而拓墨殊舊，有小松題籤。又一《快雪》殘本，只蘇、黄、米三家帖有板橋題，都是初拓，字鋒如新寫出者，帖之可愛，正在如此。錢若不多，坐看賣出，亦殊惜之。日内又感冒，後日不欲進内，然挨過此兩日，後日便又怡然涣然矣。得炭敬八百金，不爲少。米鋪欠五百，付二百；夫料欠三百，付一百；估衣欠四百，付一百（未做一件，皆婚嫁喪葬所積而成）；餘四百金是送利息五六處。此十年以來之所積也，能不痛駡財神乎？

肅叩子丹老前輩大人年喜！

侍名頓首

今日送師門二十金，十分也，坐車消遣。

二四

示悉。信、扇即當轉交，所詢非筆墨所能罄，异日面陳何如？

肅復子丹年老前輩大人

侍制懿榮頓首

按：此札未見原札或圖片，依《王懿榮集》過録。

二五

示悉。明刊《朝實録》藍格寫本，香濤得之，河間劉氏及獲諸廠市者，悉數已全部質於永寶，將二十年，未發篋矣。洪、宣、正、景四朝人文集約略有之，堆垛不堪，稍暇再撿之。遇有所得，當以俱上。前史懵於部族，任意避削，尊論至確，甚佩甚佩。公請河南公車，分賬示知爲叩。得錢即充，稍縱即逝矣。

肅復子丹年老前輩大人坐下

侍懿榮頓首

按：此札與以下兩札見於網絡拍賣，原札照片。具體書寫年代難考。

二六

示悉。集句極佳，恭維至矣。上款大雅，下款宜做某人撰集、某人書，不加姓氏，益形親密，下用兩人名印，帶姓者佳。如此而已，再定奪。又一紙與鳳孫書，望公飭人就近送去。昨往看午橋病，失候甚歉。

肅復子丹年老前輩大人

制懿榮頓首

二七

示悉，爲小帆〔一〕前輩集聯至美。侍有舊紙，稍霽當書以寄之。爲李文正挽聯切當，大雅一時，當無與挽手，佩服佩服！昨李世兄遣吴稼生送哀啓一草，屬閲定，覆以國喪，元良海内周知，孝子不必作哀啓，以斷不可，懇告之。《房元斷碑》，李芝老藏半間堂之半本，天下第一，侍所有乃孫文定物，相去天壤矣。又先尚書列傳末應添一紙，乞附致館夥叙入，

〔一〕小帆即張曾敭。張曾敭，字小帆，又字潤生，號静淵，直隸南皮（今河北滄州）人。同治十年（一八七一）進士，後任編修，歷官湖南知府、廣東知府、浙江巡撫。

叩懇。

子丹老前輩大人

侍制懿榮頓首復

致慕容幹（一通）

一

先尚書詩及郡中先哲詩，謹録呈納。敝縣郭、蕭兩公向不以詩名，謹就家中舊藏手迹録出，如鈔中無此二公詩，可酌存之。貴縣張公亦係弟家戚鄙，竟不知其人出處，未能注也。先嚴詩文正在繕寫，寫竟再呈鑒察。

專上子荷七哥前輩親家

弟榮頓首

牟家三先生〔一〕詩俱有之，且多，此事差强人意。又拜。陌翁詩極多，必有總集，此從各處

〔一〕牟家三先生指牟庭、牟應震、牟昌裕。後文陌翁亦指牟庭，詳致陳介祺札三三注釋。

搜輯者，九牛一毛耳。先集一册，敬求勘定（詩文俱祈批點，早發下爲叩），泣感無似。黄縣相國賈丈雜詩，伯熙祭酒家有之（爲達齋上公題卷子者，聞有許多），弟病憊未暇往鈔也。《鴻雪因緣》渠處無之，徐徐弟當從廠肆過録再上。

專致子荷七兄親家前輩

榮頓首

麟見亭丈〔二〕《鴻雪因緣記》中有先祖長歌一首，如晤嵩犢山〔三〕前輩，可借録也。

弟又頓首

明黄縣范閣老詩記得黄縣舊志中有之，又萊山廟中有戚南壇之老翁所撰之碑，是詩是文，函詢松溪便可知悉。渠曾對弟熟稱之也。

又拜

周生詩文暫付一閲即繳。以後在郡所爲文，何不即行續入本子内？

〔二〕麟見亭丈即麟慶。麟慶，姓完顔，字伯餘，號見亭，滿洲鑲黄旗人。嘉慶十四年（一八〇九）進士，授中書，道光間官江南河道總督，在任十年，居功甚偉，後黄河决口，遭降職。著有《鴻雪因緣圖記》。

〔三〕嵩犢山即嵩申。嵩申，字犢山，滿洲鑲黄旗人。同治間進士，累遷内閣學士。光緒九年（一八八三）遷禮部右侍郎，後任户部右侍郎。光緒十四年（一八八八）擢理藩院尚書，後調任工部尚書。光緒十五年（一八八九）調任刑部尚書。

按：此札見於廣東崇正拍賣有限公司二〇一六年秋季拍賣會展，原札照片。上款『子荷七兄親家』指慕容幹，生卒年不詳，字貞甫，號子荷、慈鶴，山東蓬萊人。同治七年（一八六八）進士，授編修，歷任順天鄉試同考官、福建副考官、陝西學政、記名御史。善書畫。曾與方汝翼、賈瑚、周悦讓合纂《增修登州府志》。

札中内容爲彙集登州先賢詩文集事，此當爲準備增修《登州府志》。增修《登州府志》成於光緒七年（一八八一），此札當書於此前。

致汪鳴鑾（十八通）

一

星軺還朝，聞之甚喜。惟晚一病經年，近又感冒，幾如大傷寒，致枉顧，未克迎迓，至以爲歉。家刻叢書第三函補呈，即祈鑒入。稍愈當再詣談，不盡欲言。

肅上郎亭吾師年老前輩大人

晚榮頓首

按：此下係王懿榮致汪鳴鑾書札，共十八通，國家圖書館藏，稿本。《王懿榮往還書札》有釋文。

汪鳴鑾（一八三九—一九〇七），字柳門，號郎亭，一作郋亭，浙江錢塘（今屬浙江杭州）人。同治四年（一八六五）進士，散館授編修，歷官陝西、江西、山東、廣東學政。後遷内閣學士、工部侍郎、總理衙門行走、吏部侍郎。精《説文》，能篆書。

此札言『惟晚一病經年』，當書於光緒十一年（一八八五），王懿榮於光緒十年（一八八四）五月間始病，至此經年。

二

亢旱違龢，伏望珍攝，甚念甚念。黎峒丸蒙費神輾轉購覓見惠，感謝至不可言，病婦疹後結瘰應用，是以瀆求。題名已得一本，原件繳上。芸閣〔二〕、蒲孫〔三〕俱入藥籠，甚佩精鑒。

肅謝郎老前輩年大人

晚榮頓首

按：此札當作於光緒二年（一八七六）。信中提及『亢旱』，該年京師及山西、山東、河南

〔二〕 芸閣即文廷式。文廷式，字道希，號芸閣，江西萍鄉人。光緒十六年（一八九〇）榜眼，官至翰林院侍讀學士、大理寺正卿。維新變法失敗後被通緝，流亡日本。工駢文，能詩，尤精於詞。著有《文道希遺詩》《雲起軒詩鈔》等。

〔三〕 蒲孫即程秉釗。程秉釗，字蒲孫（一説號蒲孫），安徽績溪（今屬安徽宣城）人。光緒十六年（一八九〇）進士，改庶吉士。通禮學，潛心研究金石文字之學。

大旱，王懿榮致陳介祺信中屢次提及，此大旱持續數年，又加以蝗災，民間十室九空，甚至人相慘食。又提及委托購買黎峒丸爲妻治病事，王懿榮於光緒二年（一八七六）四月致陳介祺信中，亦委托陳介祺幫忙購買濰縣程氏陽和解凝膏，其原配黄氏患乳岩之疾，後又兼以吐血之症，殁於光緒三年（一八七七）八月四日。

『藥籠』乃指人才儲備之所，此指光緒二年（一八七六）汪氏典試河南。『題名』指當年鄉試題名録，『芸閣』『蒲孫』乃指所録之人。汪氏典試河南之後，陸續典試江西、山東等地，向以真才實學取士，故而自號『得士』，此一明證。

三

前日見少軒〔二〕，云將爲公診，未悉近日興居何似，至爲馳繫。晚感寒十日，未能出門，正公在執持文衡時也。近始霍然。天寒，伏希珍衛。

〔二〕少軒即張勛。張勛，字少軒，一作紹軒，晚號松壽老人，江西奉新（今江西宜春）人。早期隨袁世凱組建新軍，後參與鎮壓義和團運動。溥儀即位後任江南提督。辛亥革命時，在南京鎮壓革命黨人，失敗後退到徐州，被清政府授爲江蘇巡撫兼署兩江總督、南洋大臣。後幫助袁世凱鎮壓二次革命。一九一七年，張勛進京，迎溥儀復位，史稱張勛復辟，但很快失敗。

肅上郎亭年老前輩大人

榮頓首

按：此札係王懿榮提醒汪氏注意身體。後面提到『公在執持文衡時也』，蓋指光緒二十年（一八九四）汪鳴鑾奉旨主禮部試，此時汪鳴鑾奉旨在總理衙門行走。

四

示悉。興居亟宜珍重，不勝馳繫，稍暇當從容請聞。

復頌郎老前輩大人晚安！

榮頓首

五

示下。適赴天寧寺，未克即復爲歉。帖體詩四本奉覽。

肅上柳門年老前輩大人

晚懿榮頓首

六

昨譚甚快。送上寄清卿前輩信一件、京松三十金（恒和銀票，不至關閉，然亦求速用）、幛一包，敬祈費神轉寄爲叩。此後如再有友朋屬轉寄者，應交何處？尚望示知。統希驗入。

肅上郎亭老前輩年大人

晚懿榮頓首

七

闈墨題名多本，敬謝。尤鳳邱畫一幅，頗精緻，真品也。昨與之議定廿金，不貴，又扇三柄，則索四金一柄，稍貴矣（少頃渠來詣前，不用者即還之），皆清妙齋物。此賈乃裱背出身，與定府及鄂宅通市，較廠市之真古玩鋪稍廉。常熟〔二〕與晚常與之交易，若裝潢不新，及須配盒子者，可使其立致之也，至便。少頃其夥尚持來數種（有畿輔人物書畫），晚先與之斷價，我

〔二〕 常熟即翁同龢，詳致翁同龢札一按語。翁氏乃王懿榮座師，汪鳴鑾亦係翁氏門生。

公少待，如不出門，渠徑詣門下呈閲，可留則留，否即退還，令其再浼。所謂議定者，乃斷其直，非散金留其物也。書則翰文，少遲亦來。此復郎亭年前輩老夫子大人

名心頓首

按：此札言及購買清妙齋物事。王懿榮常閲市，與市肆諸賈熟悉，深諳交易之道，從上下信札來看，有汪氏委托王懿榮購物等事，故去札告之。『書則翰文』，『翰文』即翰文齋，京中書肆。

八

示悉。吕紀字廷振，鄞人，弘治間仁智殿供奉，官錦衣衛指揮，能以畫諫。藍瑛字田叔，亦曰蝶叟，錢塘人，天啓間傳浙派者，其子珍亦能畫，入國朝矣。適在□□，匆匆肅復。郎老前輩老夫子大人

通家晚生懿榮頓首

九

清妙送來戴明説〔二〕山水一軸（價十二金，國朝滄州人，其畫曾入御賞者，此雙款畫）。勵文恪公〔三〕（記不清楚是否『文恪』），静海人（六金），未悉可入選否？此與尤求小軸、貢扇均一家物，留否？即酌示之。

此上郎老前輩

晚心頓首

按：此札與前兩札當爲同期，所言尤求小軸、貢扇等内容亦見前札。

一〇

得示驚喜，惟恐太白錯認魯公耳。前日一宿未睡，匆匆了事，乃大不堪。若遇故人，更覺

〔二〕戴明説，字道默，號岩犖，直隸滄州（今河北滄州）人。明崇禎七年（一六三四）進士，清順治十三年（一六五六）擢户部尚書。工詩文，精山水，尤善畫墨竹。

〔三〕勵文恪即勵杜訥。勵杜訥，字近公，號澹園，謚文恪，直隸静海（今天津市静海區）人。諸生，以工書供奉内廷，康熙十八年（一六七九）試博學鴻詞，特旨授編修，歷官右贊善、左贊善、翰林院侍講、光禄寺少卿、都察院左副都御史、刑部右侍郎。卒後追贈禮部尚書、太子太傅。

愧對矣，有一二語可印證否？祈密示我如何？鼎甲白摺奉上。

復上郎亭先生

名心頓首

二

翰文齋送來已釘者《玉函山房》一部，説定九金（大約非山東板），甚廉，請鑒閲。實可充送。若再要三部，可屬其趕釘包好貼籤也。

此上郎老前輩老夫子大人

名心頓首 初九日

三

委購之件已飭辦去，明日報命。家刻叢書奉上兩分（每分四套），此亦山東土産，可以搭配分送，即希哂納。闈墨及題名尚乞再賜數本。

此上郎亭年前輩老夫子大人

晚榮頓首

一三

示下，昨先出門，歸遲，未及肅復爲罪。《孔叢子》七卷本奉覽，此種宋元明本七卷者，晚俱見過，十卷者則陋本矣。此非僞書，亦非《孔叢》，《孔叢》久佚，是曰《孔藂》，蓼侯之子也，所以有『連叢』之名，孔臧之賦，萊陽周先生[一]說也。

敬復郎亭年老前輩老夫子大人

晚榮頓首

一四

法書千萬留賜三兩開，以爲將來典型。至懇至懇。

再請晚安！

榮又拜

[一] 萊陽周先生即王懿榮業師周悦讓，詳致陳介祺札一注釋。

一五

麓臺司農畫二軸繳上，皆贋作，不必計直矣。何日清暇示知，將訂期恭請。

此上郎老前輩年老夫子大人

晚榮頓首

一六

河圖昨領到，有寄清兄一書，請附去。

敬上郎亭年老前輩大人

晚懿榮頓首

一七

中飴卸署開歸道，現回開封府任。

此復郎亭前輩老夫子大人

年晚懿榮頓首上

按：『中飴』即吴重憙，『開歸道』係官名，正四品。吴重憙致王懿榮書札中曾言：『憙回本任大約在八月内，悖運悖時莫此爲甚。』此信尚提及王懿榮考差名列一等第六之事，事在光緒二十年（一八九四）四月。吴重憙曾於致王懿榮又一札中提道：『半載以來，駒隙甚覺匆匆，以至久失箋候，惶恐惶恐。正月十九、四月十八所賜兩函於正月廿四、五月初六先後接到，知執事於二月杪與松畦太史結伴東歸，四月初五回京銷假……憙自到汴以來，事繁才短。』此言王懿榮與松畦東歸指回籍辦團練事，係光緒二十一年（一八九五）事，蓋吴重憙回本任即發生於光緒二十年（一八九四）八月間，故該札當書於此時。

一八

頃樵野〔一〕見過，云有事屬晚轉懇執事。接派醇邸〔二〕祠差，内有原派司員延齡一名（此人某亦識之，豫東屏〔三〕中丞之侄也），千祈蟬聯勿撤，其人妥帖勤能，且係慶邸〔四〕妹婿云云（醇

〔一〕樵野即張蔭桓，詳致張蔭桓札一按語。
〔二〕醇邸即醇賢親王奕譞，光緒皇帝生父。
〔三〕豫東屏即豫山。豫山，字東屏，滿洲正黄旗人。曾任河南按察使、湖南按察使、山西布政使，光緒十五年（一八八九）任山西巡撫，光緒十六年（一八九〇）卒於任所。
〔四〕慶邸即慶親王奕劻。

祠即係慶邸照料）。晚照屬奉聞，即惟鑒酌。宋本各書及以外各種明早奉上。

專呈郋亭先生坐下

名頓首 廿五日申

付丙。

按：此札言『豫東屏中丞』，中丞即巡撫之稱，當書於光緒十五年（一八八九）至光緒十六年（一八九〇）間，此時豫山任山西巡撫，故有此稱。

致傅雲龍（二通）

一

日前走訪不值，甚悵。允賜大著，急於一讀，即請交下走領回。後當以所蓄各種拓本爲報，益面謝也。日内尚有請教之件，遇有清暇示知，及當趨詣。

肅上懋園仁兄大人

弟懿榮頓首

按：此兩札未見原札，依《王懿榮集》過録，標點稍有不同。

傅雲龍（一八四〇—一九〇一），字懋園、懋元，浙江德清人。光緒間官兵部主事、直隸候補道、出洋游歷大臣。工文詞刻印，著有《日本金石志》等。

二

大著信今傳後有用之書也。至刻印精妙，猶其餘事，敢再拜謝。兹先以藏器拓本自存者十二軸奉報。漢碑未見著録者數種，日内檢出即上。於有當面請教之件，弟自明日起無日不到館也。

肅上懋園仁兄大人

弟榮頓首

致繆荃孫（九十三通）

一

《吹角壩摩崖》漢刻石本一通，孝達學使自蜀寄來，屬轉送鑒釋。此刻昔年劉燕庭方伯訪得，拓百餘本，而不入《三巴漢石紀存》，蓋心疑之，然非僞刻也，多見漢石者自知之。以其第二行下三字辨識之，名曰『嚴李男摩崖』，『李』或爲『季』，初不名爲《盧豐碑》也。石形亦確非碑，其混同一名者，自趙撝叔《續訪碑録》始，孝達仍沿之也。實則宋人所稱《吹角壩》一刻，未必即此物。鄭子尹〔二〕亦名以《盧豐》。趙、鄭石墨之學，俱不可信也。

〔二〕鄭子尹即鄭珍。鄭珍，字子尹，晚號柴翁，貴州遵義人。道光間舉人，官荔波縣訓導，補江蘇知縣，未赴任而卒。精經學、小學。著有《儀禮私箋》《説文新附考》《説文逸字》《巢經巢詩鈔》等。

姚氏〔二〕《咫進齋叢書》校定新葉領到，敬謝，當以抽補。昨日赴後門納卷，失候甚罪。俗事累人，不知何日了手。兹附上敝郡新出《琴亭侯李夫人石門題字》，乃東漢刻石，未經人拓者，故文字精美如新，未見著録，此初出時拓者。《吹角壩》一刻，弟有舊本，此本亦先以歸兄，埸後當出舊本對釋。尊校《韓詩外傳》有復本否？

敬上小山仁兄大人

弟懿榮頓首

戴集收到。

按：以下係王懿榮致其房師繆荃孫信札，共九十三通。前八十九通見於《藝風堂友朋書札》，此書有一九八〇年版和二〇一八年版，兩版俱爲簡體字印刷，今依二〇一八年版過録。《王懿榮集》共收致繆荃孫札九十通，前八十九通録自《藝風堂友朋書札》一九八〇年版，唯文字及標點稍異；後增一通，今未見原信，亦録以存之。又來自《王懿榮先生書作集》一通，《王懿榮往還書札》兩通。

〔二〕姚氏即姚覲元。姚覲元，字彦侍、彦士，號一瓢居士，浙江歸安（今屬浙江湖州）人。道光二十三年（一八四三）舉人。好金石，工小篆，兼工古文辭，旁及印刻繪畫，無所不通。搜集古書數萬卷，多宋元刊本，晚年寓居蘇州，專以校刻書籍爲娱。咫進齋爲其書齋名。

繆荃孫（一八四四—一九一九），字炎之，一字筱珊、小山，晚號藝風老人，江蘇江陰人。光緒二年（一八七六）進士，曾任清史館總纂，後主講南菁、濼源、鍾山書院，創辦江南圖書館、京師圖書館，是近代著名藏書家、金石學家。

同治九年（一八七〇），繆荃孫首次入都參加順天會試，始與王懿榮相識。王懿榮於光緒五年（一八七九）八月中順天鄉試，房師爲繆荃孫。《藝風老人年譜》記載繆荃孫推薦王懿榮試卷事，後言『舊友也』〔二〕。二人有師生之誼，又爲金石同好。

目前所見兩人之通信始於此札，此札言『孝達學使自蜀寄來，屬轉送鑒釋』，孝達即張之洞。依《張之洞年譜長編》，張氏任四川學政至光緒二年（一八七六）十一月，於光緒三年（一八七七）二月至京覆命〔三〕，此言『自蜀寄來』即尚在川期間；又言『屬轉送鑒釋』，則此時繆氏已在京，按之《藝風老人年譜》，繆氏於光緒二年（一八七六）二月廿一日始至京師〔三〕，三月參加會試，則此札當書於光緒二年（一八七六）。

〔二〕繆荃孫著，張廷銀、朱玉麒主編：《藝風老人年譜》，見《繆荃孫全集·雜著》，鳳凰出版社二〇一四年版，第一七三頁。

〔三〕吴劍杰編著：《張之洞年譜長編》，上海交通大學出版社二〇〇九年版，第五一頁。

〔三〕繆荃孫著，張廷銀、朱玉麒主編：《藝風老人年譜》，見《繆荃孫全集·雜著》，鳳凰出版社二〇一四年版，第一七一頁。

二

前讀丙子行卷，嘉慶甲子、道光丁酉，兩代年誼，重續舊好，義爲兄弟。來示稱謂，請收回成命，皇恐不知所云。嘗謂六朝書脉嫡派，在唐惟李北海，宋惟東坡。乃世傳兩公石墨，皆出覆本，祖刻絶少，刻帖則不在此數。李書《任令則碑》既蝕，《雲麾》陝石以重磨而瘦，《麓山》以重開而肥，惟敝省濟南《靈岩》一石，尚出唐刻。阮《志》僅據舊拓傳本，原石至咸豐間始大顯。昨有山東公車，見贈一紙，弟已復出。午間既呈《李秀》搴本，兹再上《靈岩》祖石，即祈撿入。昨又得《玉海》元本，内之《易鄭注》一本，明印元刻尚存許多，亦可賞玩，并聞。

再上炎之五兄世大人坐下

弟懿榮頓首

按：札内云『前讀丙子行卷，嘉慶甲子、道光丁酉，兩代年誼，重續舊好，義爲兄弟。來示稱謂，請收回成命，皇恐不知所云』，『丙子行卷』指光緒二年丙子（一八七六）繆荃孫參加會試之行卷。

札中言稱謂事，係光緒二年（一八七六）八月，張之洞娶王懿榮妹王懿嫻爲繼室，而繆荃孫爲張之洞之弟子，所以繆氏擬以長輩稱王懿榮，王懿榮認爲「義爲兄弟」，當以兄弟相稱。此札當書於張之洞續娶王懿嫻之後。

三

許久不晤，纂著日密。不敢走詣，十八日後當趨賀并縱譚也。彦侍丈處，致書三年，不答一詞。去年見惠姚刻叢書，《三十五舉》尚不在内，此後續有各種，亦所未悉。望通信時代爲一索，齒及賤名，同司十年，不至忘也。香濤太史所帶蜀刻，至今尚未發篋，故亦未向索也。昨在張吉人處，見浙刻《於越先賢像傳贊》，任熊〔一〕畫象，精誼入古，甚覺可愛，已浼笣兄〔二〕訪購，未悉吾兄曾見之否？翁刻《雲麾》一種附上。

此上炎之五兄世大人坐下

弟懿榮頓首

〔一〕任熊，《藝風堂友朋書札》原作任薰，據文意改。任熊，清代晚期著名畫家，有《於越先賢傳》等傳世。

〔二〕笣兄即錢振常。錢振常，原名福宗，字笣仙，浙江歸安（今屬浙江湖州）人。同治六年（一八六七）舉人，同治十年（一八七一）進士，選庶吉士，以主事簽分禮部，晉授中憲大夫。光緒八年（一八八二）告歸南下，主講紹興、揚州、蘇州書院。工詩文，善書法，爲時所重，與其兄錢振倫合著有《樊南文集補編》等。長子錢恂、次子錢玄同皆有成就。

按：此札言『香濤太史所帶蜀刻，至今尚未發篋，故亦未向索也』，則書於張之洞自川至京覆命之後，即光緒三年（一八七七）二月之後。彦侍丈即姚覲元，見前注。姚覲元曾在京作部郎官。同治三年（一八六四），王懿榮舅父熙庭公捐辦天津海防有功，部議給奬，移奬於王懿榮，籤分至户部，其於該年六月到官，故此札言『同司十年，不至忘也』。

四

示悉。楊又雲處蜀石經，須親自假取。日内因病婦爲累，未及出門，容稍暇假來送閲。近日得何秘籍？肅復。

藉上小珊尊兄世大人

弟懿榮頓首

按：此言病婦爲累，指王懿榮原配黄氏患乳瘡吐血之症，黄氏歿於光緒三年（一八七七）八月。

五

蜀石經已向又雲司馬借留，渠又附裝副葉，擬請即以比校异同（弟首舉盛名以對）。題記卷末。刻尚未裝就，且屬弟覓香濤學使爲題觀款也。明監本史書兩種承惠讓，至感，已屬李賈移記弟簿目下，附聞。弟時所不需，如閱畢時示悉，當遣人走領。爲函重多，城內外移送不便，勿勞紀綱。

又叩

六

蜀中有徐姓刻《北塔寺唐人寫經帖》一種，此君未悉何名，祈示。未悉公車有携來拓本者否？

弟榮再拜

復上炎兄坐下

七

炎之尊兄世大人：

弟所收微波榭刻《孟子》趙注，第一本缺一葉。乞借尊藏首册，屬人照鈔，即日奉繳，至感。

此請著安！

弟懿榮頓首

八

微波榭刻《孟子》首册敬繳，感謝感謝。前譚甚快。

此上炎之尊兄世大人

弟懿榮頓首

繆老爺，外書一本。

九

昨縱譚爲快，除此只終日悶坐，播弄拓本磨日而已。大有同行之意，殊妙。貴同寓章公〔二〕，必帶有《漢書地理志校注》及所印《華陽國志》佳者，肯任值否？當祈代購各一部（示值即

〔二〕章公即章壽康。章壽康，原名貞，字碩卿，浙江會稽（今屬浙江紹興）人。曾與繆荃孫一起協助張之洞撰《書目答問》，光緒三年（一八七七）以知縣發湖北。好古敏學，竭力校勘，藏書數十萬卷，輯有《式訓堂叢書》，刻有《絶妙好詞箋》《會稽三賦注》《華陽國志》等。

繳）。如不肯任值，千萬勿詢。此公與我輩同好，無以爲報，又素無一面，殊不便也。祈秘示之，至感。酷暑蒸人，無聊之至，瑣瀆。

敬上炎之五兄世大人

弟懿榮頓首

香濤所帶蜀本，至今未發篋也（恐渠亦不自省憶有何物矣）。

按：此言『貴同寓章公』即章壽康，按《藝風老人年譜》光緒三年（一八七七）：『五月，梅君移寓，因遷居永興寺，與吴幼農庶常同居。後章碩卿引見，亦同寓。』〔一〕則此札書於光緒三年（一八七七）五月之後。又言『香濤所帶蜀本』，則係張之洞到京之後事。札中言『大有同行之意，殊妙』，指王懿榮、繆荃孫皆有去川之意，按《藝風老人年譜》光緒三年（一八七七）：『八月，乞假回籍掃墓，仍由鄂中水道返成都。先大夫客方子箴年丈川署。』〔二〕則此札又在光緒三年（一八七七）八月之前。

〔一〕繆荃孫著，張廷銀、朱玉麒主編：《藝風老人年譜》，見《繆荃孫全集·雜著》，鳳凰出版社二〇一四年版，第一七二頁。

〔二〕繆荃孫著，張廷銀、朱玉麒主編：《藝風老人年譜》，見《繆荃孫全集·雜著》，鳳凰出版社二〇一四年版，第一七二頁。

一〇

日前枉顧，適弟持醫方出門詢人，失候甚罪。行旌在即，何日示悉，尚圖良晤。有人屬弟浼兄代購《漢書地理志校注》一部（自悉其人），以寶森中飽無實也。元直示知，當即繳上。碩卿兄又得何秘籍？鄙藏石象，稍暇即浼陳家拓手細拓以報。今年爲病者所累，清譚幾廢，近日尤甚。或歲尾年頭，共在蜀中話京師事耶？頃正作札，又得人書，并詢《華陽國志》之直，祈并示及爲荷。

此上炎翁五兄世大人

懿榮頓首

按：札中言『行旌在即，何日示悉，尚圖良晤』，可知該札作於光緒三年（一八七七）八月繆荃孫出都前。又言『或歲尾年頭，共在蜀中話京師事耶』，是年王懿榮原配病重，勢將不起，王懿榮打算待其妻歿後，攜兒女至川省親，故上札言『有同行之意』。

一一

炎之吾兄世大人：

別來年餘，顛倒夢想。弟三月晦日出都，所有書篋，與尊藏同屬一地李賈之力，可笑人也。六月六日，到龍安府署，托庇平善，借〔二〕堪告慰。《黄蕘圃題跋》想已刊成，如有副本，請以見惠，至謝至謝！碩卿聞由湖北來川，未識尚在此間與否？若與渠通信，如何傳遞之處，請開示一紙。弟以鰥夫携兩孩走四千里，一路山水，僻險可惡，北人所不慣也。邇來得何秘籍？示目爲快。秋凉，弟尚擬來成都一游，當快談也。鄭堪先生、孝達編修，均屬道念。來此三日，適有此便，匆遽幾不能成字，鑒宥勿罪。

書上左右，并請侍安！

弟懿榮頓首　六月九日

按：據《王文敏公年譜》，此係光緒四年（一八七八）事。王懿榮原配黄夫人於光緒三年（一八七七）逝後，王懿榮於次年乞假赴川省親〔三〕，其父當時任四川龍安府知府。札中言『别來年餘，顛倒夢想』，繆氏於光緒三年（一八七七）八月乞假由京回籍掃墓，與王氏分别近一年，故有此言。

〔二〕《藝風堂友朋書札》兩版本俱作『借』，《王懿榮集》作『藉』。第四通中『借上小珊尊兄世大人』，新版作『借』，舊版作『藉』，《王懿榮集》作『藉』。今皆依新版作『借』。

〔三〕王崇焕：《王文敏公年譜》，載《中和月刊》第四卷第七期，一九四三年。

二

炎之五世兄大人坐下：

月前所上一書，計塵清覽。弟盛暑長途，頃始休息。鄧井、川東俱作書，由馬封遞去，至到與不到，復與不復，均亦置之。結習未忘，聊復爾爾，如此而已。香濤在蜀所聚碑本，在京未給同人，屢尋不得，蓋早已失去，而此公不知也。清卿至今日尚未識《上庸長》一石墨影。弟以四五千里遠來無事，不得不早爲搜輯。兹所懇者，請開示所詢各種主名地址，及曾否又有新出，不得不瑣瀆於大鑒家前矣。《趙懿簡碑》所在，請示地名。章子厚題名，是否即在草堂寺？王欽若書，是何主名，或碑或題名？此外唐宋諸石之烜赫者，或字體瀏美，請舉示其尤者，則感荷百倍矣。《黄蕘圃題尾》，已刻未刻？尊處或鈔有副本，請發下一讀。不過十許日，弟即有之，此間書手多也。種種煩瀆，至好想不見責。弟在此甚悶，好寫説帖，亦染鄭盦先生之積習矣。京師事此間杳無所知，真在桶底，邸抄甫見四月末者，餘可知矣。

再上，并請侍安！

弟懿榮白　七月九日　江油

按：此札落款屬明寄自江油，係書於光緒四年（一八七八），此年王懿榮在四川龍安。

一三

炎之五兄世大人坐下：

弟到川後，連上兩書，統遞省會公寓。嗣聞尊從早在川東，故未覆示。比想已輾轉此間，計塵清鑒，幸賜鑒察。彦侍丈、碩卿兄兩處，弟亦有書，從馬遞轉達，更未悉何日得到，何日得復也。此函由江油中壩水路覓便奉上，亦不悉較馬遞如何。想浮沉兩字，更屬本色語也。所懇者，廣元縣千佛崖有隋造象一二種，弟來路至此，適改由船行，遂可望而不可即。請示其主名及年月，得據以入録，幸甚幸甚。既得確示，照單再寄省肆，則不患無覓處矣。

三上，虔請開安！

世小弟懿榮頓首　七月廿四日

院試停期，行署乃暫不能移還。所處逼仄，至不容膝，悶損作書，知不責其屢瀆。

弟又拜

按：此札言川署事，書於光緒四年（一八七八）七月，當時王懿榮在川省親。

一四

炎之五兄世大人坐右：

刻得賜書，不翅拱璧，適有人便在門，謹先拜覆。承示新出漢《高頤右闕》、《上庸長》畫象三段、忠州《丁房闕》畫象二段、梁天監《鄱陽王題字》、隋大業《縣界碑》，省中碑賈如蓄有副本，望祈先爲賜購。用銀若干，弟有書致家十五兄甘肅提餉直隸州王名季寅，住雙柵子，門首必有銜條，請飭開單往取，便即清付矣（即付此次信便同遞也）。所以急急者，誠恐驧從九月中入都，計此時弟尚未能來省，以後求之難矣。香濤仍在舊居，近得其六月一信。又悉謝麐伯作古，清卿在河間未回。弟十月中旬來省一行，明春二月由江油入都。夏間長安小住，得南雍本《北齊書》《周書》，均有補刊之葉，不及翰文《北魏書》也。餘容再譚。人便匆遽，不及詳復。川東、鄧井，大約前信浮沈久矣，如致書，希代達。

即日復上，專請侍安。

世小弟懿榮頓首　九月二日復八月十九日書

按：此札亦光緒四年（一八七八）書於川中。札中言『弟十月中旬來省一行，明春二月由江油入都』，入都事在光緒五年（一八七九）。

札中記『弟有書致家十五兄甘肅提餉直隸州王名季寅』，即王季寅。王季寅，字石塢，王懿榮族兄，當時在甘肅任職。事見《福山石塢王君年譜》。

一五

炎之五兄世大人坐下：

九月二日由江油孫明府處，得八月十九日賜書。書甫到門，適有敝同年熊廣文家便進省，匆遽作答，懇其附遞，未及細復。此次來書，示及種種，感謝感謝！懇兄代弟先購各種，已詳前函，想蒙鑒許。弟此次由京來川，自携一兒一女，所歷山行，大非北人所耐。孩輩過鷄頭關恐懼叫號，弟已求死不得。褒斜一帶，古刻雖近，無心走訪，甚爲掃興。兼以畿輔河陝一帶，物價百倍尋常，挾資滿擬充足，乃中流不繼，行李俱寄存陝垣嚴雨人年丈處，比始遣人往取，行甫十日也。明春一肩行李，必有資暇，又恨不能與兄追隨同行也。惟過澠池之土壕，於村廟中得石象一軀，開皇張欽所造，惜太剥蝕，載之以行。北朝碑本，弟副者尚夥，明年京師相見，當出以分藏，俱在京師，此處未及帶來。彝器拓本亦有重者，前許與清卿分之，亦未及檢。俱誤在去歲弟斷弦一事，不及爲也。然亦從此不續不納，精神完堅，將來成就一書販碑估之學，亦未可知。陳壽卿丈各種拓本，詳其所刻《傳古小啓》中，亦在京師，未及携來。此老雅好今錢，俱有拓資，詳見《小啓》。然其拓墨之精，古今所無，工本亦不支也。將來或石或金，若欲購之，弟可爲力，亦須明年重返京師矣。彦侍丈正在升官之際，前信即或未失，刻計必無暇復我。碩卿則在苫塊，尤非所宜瀆。兩家已刻未刻各書，請示一目，及蜀垣各刻，并録示爲感。騶從去後，弟則無從問津矣。錢蘭陂住省何處，祈示及。聞近又改號曰□江，是耶？明春之行，萬不敢遲，此時已刻刻計之，存注感甚。

吾兄是否由水路北上？寶眷一房亦同行耶，抑或仍係一人？如過鄂，能爲代購劉楚楨《論語正義》一部，留京見擲？所直存記，弟至京詣取，先以爲懇，至要至叩。平武《真武象》，署中已蓄有石本，至牛心山閘尚有唐刻，則未見也。龍屬各刻，已浼人購拓去矣，惜無宋前者耳。學使按臨此區，行署移在官店，逼仄嘈雜，以借判筆作字，故不覺其油俗如此。去後移還舊署，又須張皇半月。弟書篋筆硯，俱羈西安行李中，刻尚未取還，止上下六人各携一被而來，鰥者之苦如此！呱呱黄口，沿途以父代母，滋味萬狀，不可説也。幼農〔一〕同年得何佳書？省會好此者多。弟十月之行，不過多收破銅爛鐵，若精槧佳鈔，知難而退矣。彦侍丈近亦收古印。重慶有教場壩，多荒貨攤子，兄曾見其所得否？友朋中有得何秘籍者，望示一二，以慰岑

〔一〕幼農即吴祖椿。吴祖椿，字幼農，四川華陽（今屬四川成都）人。光緒三年（一八七七）進士，散館授編修，曾任江西饒州知府。

寂。惟弟與吾兄浼李老雨所質之書，明年子錢可知矣，弟則三分也。家君在此，六載不還，從前京曹廿餘年，况味相同，此缺清苦，弟亦未料如此。考棚隨來書客，竟無一書，弟僅收得《湖海樓叢書》一部，聊以解嘲。尚是重慶書客，想早經閲弃矣。此函即浼孫明府便復上。

即叩侍安！

小弟懿榮頓首上　九月三日

不悉何日始到。

按：此亦書於光緒四年（一八七八）。札中『明春一肩行李，必有資暇，又恨不能與兄追隨同行也』一句，所言甚明。依《藝風老人年譜》，繆荃孫於光緒四年（一八七八）十二月先行至京。〔二〕

一六

炎之五兄世大人坐下：

弟來川後，無一人往還説帖，止與老兄嘵嘵不休，可謂再三瀆矣。又有瀆者，聞尊經書院

〔二〕繆荃孫著，張廷銀、朱玉麒主編：《藝風老人年譜》，見《繆荃孫全集·雜著》，鳳凰出版社二〇一四年版，第一七三頁。

有照歸、方合評《史記》批就者，此項人士必無與吾兄熟識者，未悉敝同年吳友農庶常處有可通假者否？舍弟每思借一本照批也（吳制軍刻者，驟不明白所説頂圈、坐圈也）。尊從若返京師，弟又時與友農作瀆矣。笑笑。

敬承侍福！

世小弟懿榮頓首

按：此札中言『弟來川後，無一人往還説帖，止與老兄嘵嘵不休，可謂再三瀆矣』，可知王懿榮仍在川中，亦光緒四年（一八七八）事。

一七

去冬在蜀垣，年世伯大人召飲，賜自製金橘。長者拳拳之意，頂踵畢至。弟去後，又長通音訊，現在康强逢吉，合潭清福，敬以慰聞。昨在香濤處，得筂兄賜書，知同惠顧，有舍車之虞，頗深懸念。有湯子珮信一封，先以送閲，統容晤罄，稍暇即趨詣。

炎之吾兄世大人

弟懿榮頓首

按：由『去冬在蜀垣，年世伯大人召飲』句可知此札書於光緒五年（一八七九）。此時王懿榮已回京，故札中有『稍暇即趨詣』之語。

札中言『年世伯大人』，即繆荃孫之父繆焕章，字仲英，號雲樵，道光十七年（一八三七）舉人，官貴州候補道。按之《藝風老人年譜》，此時繆焕章在川，『先大夫客方子箴年丈臬署』[二]。因繆荃孫父在川，故王懿榮得川信，時告之繆荃孫，以慰相思。

一八

去年在天寧寺，晤黄子壽年丈[三]，曾説及藏有古磚，即在保定，請費神轉懇再同兄賜拓數紙，并取得韓氏造象也。

筱山五哥世大人

弟懿榮頓首

按：此札具體年代難以考證，札中言『去年在天寧寺』，則王懿榮連續兩年在京，且在中進士之前，由此可知蓋在光緒二年（一八七六）繆荃孫四月中進士之後至光緒三年（一八七七）之間。

[二] 繆荃孫著，張廷銀、朱玉麒主编：《藝風老人年譜》，見《繆荃孫全集·雜著》，鳳凰出版社二〇一四年版，第一七二頁。

[三] 黄子壽即黄彭年，詳致張曜札一注釋。

七）八月繆荃孫回籍掃墓之前。

一九

龍安宋刻一分，無拓手，此取之鄉間，《真武象》并神號糊匠所拓，反覺清晰，奉上二分。尚有大觀敕賜御書一碑，高可丈餘，曾記年月，夾在書中。宋碑不直專打木架，因未拓也。登龍洞題名，舍弟自爲潑墨。洞高水寒，摇船甚險，又非匠手，遂而如此，然初拓第一本也（想刻後至光緒戊寅，始有問津耳）。紹定題名，路上雨濕，與書俱損，不堪持贈，請先以入録，弃之簏中（洞上尚有小字者兩段，高不能攀，當年必無水，而土亦高也），舍弟蓄願，稍爲寬裕，定顧人悉拓（想自居其名），分贈同人，渠所訪獲也。

筱山五兄

弟榮頓首

以《圖山圖》附上。

按：此札稱繆荃孫爲『筱山五兄』，可知書於光緒五年（一八七九）王懿榮中順天鄉試之前，且在京，并以在蜀間所拓龍安宋刻及《圖山圖》附上，可知書於是年六月由川抵都之後。

二〇

夫子大人坐下：

試策五道繕就，恭呈鈞誨。榮日内爲煤氣所薰，幾同大病，未及自書，倩人所爲，字迹草率，如不可用，尚望擲還再寫。又每篇俱按定場内卷幅字數，計後尚餘默寫起講地步，惟書者未能各篇首尾銜接，遂形紙費，伏祈鑒察。一俟榮稍愈時，敬當趨叩，詣陳一切。

專肅，敬叩福安！

門生懿榮叩上　十月十八日

左空。元件附上。

按：此札上款爲『夫子大人坐下』，則書於光緒五年（一八七九）鄉試中式之後。書信内容是贈以中式試策，則與試事不遠，蓋是年十月間事。

二一

肅上夫子大人

榮昔年撰語，自爲小聯，敬請鈞誨。非桂非鄧，自是一種形相也。

榮叩

二三

夫子大人坐下：

頃浼人録得試卷内批，特送呈鑒閲，未悉確否？榮深恐其敷演也。師必記憶，故敢呈覽，覽後賞還。又晤許竹篔[一]，知碩卿及調元（忘其號）均在川垣，未悉其有函寄吾師否？又刻何書？祈示及。

肅上，敬叩年安！

門人懿榮上言

又叩

榮弟習與書畫金石相近，不喜板本，故與之不熟，未知消息也。來信言出宋槧數種，榮深恐其上當，皆佛書，故爲數公所弃也。

[一] 許竹篔即許景澄。許景澄，原名癸身，字竹篔，謚文肅，浙江嘉興人。同治七年（一八六八）進士，改翰林院庶吉士，後授編修。清末外交官，京師大學堂總教習，光緒二十四年（一八九八）任總理各國事務衙門大臣、吏部侍郎。義和團運動時，許氏極力主張鎮壓義和團，反對對外宣戰，被頑固派視爲邪説，和袁昶一起被處死。

按：此札承札二〇，呈繆夫子以試卷内批，又言『師必記憶』之語，蓋亦在光緒五年（一八七九）間。

二三

蒯夔州之子進京，送人影宋刻《管子》，棨所未得，未知即係碩卿所刻否？碩卿前言其書已爲彦侍[一]借去要刻，姚已刻耶？抑子高書局所借韵初[二]家真宋本，南局刻之耶？吾師如知之詳，祈一示及。頃得川署九月廿三日家信，二玩子果與熊太守大鬧，不出鈞鑒矣。棨親供填訖，嗽病將作。

草上夫子大人

名心叩

按：札中言『頃得川署九月廿三日家信，二玩子果與熊太守大鬧，不出鈞鑒矣』，蓋係光

[一]《藝風堂友朋書札》兩版本後皆無『丈』字，第四十七通各本俱作『彦侍』，亦無『丈』字，今依之。

[二] 韵初即沈樹鏞。沈樹鏞，字韵初，一作均初，號鄭齋，江蘇南匯（今上海市浦東新區）人。咸豐九年（一八五九）舉人，官至内閣中書。收藏豐富，尤喜漢唐石刻。與吴大澂爲姻親，卒後其藏物多歸吴大澂所有。著有《漢石經室金石跋尾》《王懿榮集》後有『丈』字。等。

緒五年（一八七九）間事。『姚已刻耶』姚即姚覲元，字彦侍。見前注。

二四

賜諭祗悉。煤毒宜吃午時茶，或試嗅卧龍丹，榮如此得減。川中八月信來，寶道請咨回籍，餘無新聞。稍遲趨叩。

肅復夫子大人

懿榮覆上

二五

賜示領悉，稍遲當向索取來呈閲。榮得八月中旬川信，毫無新聞。伯希得九月川信，言及唐道調充武闈提調，餘無别事。太夫子大人青城、峨眉之行，未悉何日回省？榮近亦心緒不佳，并爲南皮一事，未遑及他也。

肅復夫子大人

懿榮叩上

按：此蓋光緒五年（一八七九）間事。札内云『榮近亦心緒不佳，并爲南皮一事，未遑及他也』，《王文敏公年譜》光緒五年（一八七九）：『八月，公妹張夫人歿。』[二] 王懿榮胞妹即張之洞繼室王懿嫻病卒，故王懿榮心緒不佳。另言『太夫子大人青城、峨眉之行』，按《藝風老人年譜》光緒六年庚辰（一八八〇）：『八月出京，時專人赴蜀迎先大夫并姥屬入都。』[三] 繆荃孫父『青城、峨眉』之行，蓋在此前。王札言及『伯希得九月川信』，可知書於九月之後，繆荃孫光緒六年（一八八〇）八月出京，由此可知此札當書於光緒五年（一八七九）。

太夫子大人指繆荃孫之父繆焕章。見前按。

懿榮復上

二六

賜諭祇悉，伏維起居康娱爲祝。命書各件，容即塗呈。

肅叩夫子大人新喜！

[二] 關於王懿榮胞妹去世時間，《王文敏公年譜》記在八月，《張之洞年譜長編》記在二月。此札當書於九月之後，言此時心緒不佳，蓋《王文敏公年譜》所記較爲準確，故從之。

[三] 繆荃孫著，張廷銀、朱玉麒主編：《藝風老人年譜》，見《繆荃孫全集·雜著》，鳳凰出版社二〇一四年版，第一七四頁。

二七

天津子蟹、西山石鷄，鄭堪先生所貽，謹以分奉師席。年事已近，蜀垣雖非榮與吾師里居，然去此又五千里外，佳節同逢，不禁西望。惟無嫗婢嘈雜之苦，亦是客中一適。師必强從以爲然也。

肅上，敬叩夫子大人年喜！

門人懿榮謹啓

二八

野物二包，伏祈哂嘗。

《爾雅》單疏，祇領叩謝，容補寫後，即將師本繳上。牟書籍呈，請飭寫官并爲榮録一分，以寄敝郡志局，榮自存此底本也，字價依繳。榮又得正月八日蜀中家書，别無新聞，郡署出有花紋古磚，無字。舍弟又搜得一段畫像，在署壁中，未拆出，亦未拓來。

專復，肅上夫子大人！

榮叩

二九

榮之行卷，二、三場刻未竣，頭場首藝亦刻好，惟二、三藝及覆試等詩文，榮業師周孟伯先生至今尚未寄還。行脚甚夥，恐爲雪阻，須明年元宵始能完工，分呈各師門矣。再聞。

榮又叩

按：此言刻鄉試行卷事，亦書於光緒五年（一八七九）間。言『恐爲雪阻』，當在冬季。又言『須明年元宵始能完工』，則指光緒六年（一八八〇）春。

三〇

命書吴君楹聯，謹以呈繳。門生杜門力嗽，并不能用功，苦而無當。得蜀中去臘二十四日家書，惟山東信去年十月中發，乃至今稽遲，不勝悶憒。試卷尚未就緒。幼農到否？又譚叔裕[一]學使亦復至今未到，亦携有門生家書也。一人羈迹，只日日盼家書，爲真性情耳。舊書古物，近中一無所見，廠肆蕭條日甚，近惟洋板小書充衢滿巷。

[一] 譚叔裕即譚宗浚。譚宗浚，字叔裕，廣東南海（今屬廣東佛山）人。同治十三年（一八七四）進士，授編修，後接任張之洞督學四川，光緒八年（一八八二）又充江南鄉試副考官。工駢文，著有《荔村草堂詩鈔》等。

肅上夫子大人

懿榮叩上

按：此札言『去臘二十四日家書』，此『去臘』當指光緒五年（一八七九），則此札書於光緒六年（一八八〇）。又『譚叔裕學使亦復至今未到，亦携有門生家書也』，則此札書於譚叔裕任四川學政時。

三一

直幅一紙謹書呈繳，楹聯容即書上。榮多年不作楷書，初試大卷，既遲且笨，不堪自閲。如再僥幸，必歸教授，甚爲着急。葛世兄來見，借悉蜀官瑣事。榮年底未得家信，陳伯雙〔一〕聞已到，吴幼農未悉來否？黎廉訪〔二〕聞與崧鹽道并到。試事累人，廠事荒矣。

〔一〕陳伯雙即陳懋侯。陳懋侯，字伯雙，光緒二年（一八七六）進士，散館授編修，光緒五年（一八七九）視學四川，光緒十一年（一八八五）任順天鄉試同考官，後任湖南主考官，又補授江南道監察御史，多有政聲。著有《知非齋易注》《易釋》等。

〔二〕黎廉訪即黎兆棠。黎兆棠，字召民，咸豐六年（一八五六）進士，後歷任禮部主事、總理衙門章京、儀制司主事、江西南安知府、江西糧臺、臺灣道臺、天津海關道臺、直隸按察使、布政使、福建船政大臣、光禄寺卿等。

肅叩上夫子大人新喜！

榮叩

按：此札書於光緒六年（一八八〇），札中提及陳伯雙、吴幼農者皆係川官，係帶王懿榮家信者，故屢問及。札中言『試事累人，廠事荒矣』，指參加該年會試。幼農即吴祖椿，見前按。

三二

安邱書六本送呈，鑒入。許惠門生陸刻《爾雅》單疏，請賜擲下走爲叩。

肅上夫子大人

懿榮上

師處寫官如暇，可爲人寫書，門生擬顧寫棲霞牟氏書（并乞師鑒閲，門生將入場矣），以寄登州志局，師亦可自留一分矣。寫價一依門下舊數。

又叩

按：札内言『門生將入場矣』，指參加光緒六年（一八八〇）春試，此札當書於春試之前。

三三

賜諭祇悉，當即封固，敬祈賞趁吴公之便寄去是叩，容晚間呈上。榮之進場，明辰始敢定局。一連十許日，四處狂奔，作字手不自主，每逢場前，必致促迫。收拾行囊，總在明辰，亦一奇也。榮眼已大花，伏祈鑒宥。

肅復夫子大人

懿榮上

按：由『榮之進場，明辰始敢定局』知爲參加該年會試事，則該札書於光緒六年（一八八〇）春間。

三四

家書一封，書包二事，敬祈飭紀轉交吴少岩先生，未免冗瑣，上瀆鈞顔，屏息皇恐，伏祈鑒恕，并賜諄托爲叩。又朱墨合裝本試卷二本，叩請寄呈太老夫子大人鈞閲。朱印本在先，有訛字，止好家存。

肅叩函丈

懿榮叩上

吴少公處不及走叩，祈賜婉達（明辰擬即移去矣）。

按：札中言『又朱墨合裝本試卷二本，叩請寄呈太老夫子大人鈞閲』，此係鄉試後刻印試卷成，蓋在光緒五年（一八七九）底至光緒六年（一八八〇）初。

三五

《楚詞》即黄氏書，惟首葉缺去前半，中間又有挖字，有人疑爲元明間槧，然究竟舊本，必异常流。現在以美辭游説之，尚未見覆也。惟借來其期亦必至促，可盡力以完之，亦殊佳。命書各件塗呈，祈轉納。苦無佳緒，遂成惡札。門生此時如鍋上蟻，不知其然而然也。博古買得李少石家一箱碑本，有軸有片，雖無甚舊本，率皆精完。師如閲市，便往一看，以門生薦語告之，價亦當不至十分頑惡也。

肅上夫子大人

門生懿榮叩具

按：札内言『門生此時如鍋上蟻，不知其然而然也』，此蓋在會試之後等放榜之時所書。

三六

門生幸中，特來肅叩。此次房主爲陳伯平先生，坐主翁常熟也。謝門生出王益吾〔一〕先生門下，并以附聞。

肅留，敬呈夫子大人！

門生懿榮上

按：由『門生幸中，特來肅叩。此次房主爲陳伯平先生，坐主翁常熟也』知爲光緒六年（一八八〇）會試中式事。按《王文敏公年譜》光緒六年（一八八〇）：『公應會試聯捷，中式第一百五十六名貢士。考官爲顔札儉卿尚書（景廉），副考官爲許昌德侍郎（應騤）、宗室素文尚書（麟書）、翁叔平尚書（同龢），房師爲陳伯平太史（啓泰）。』〔二〕

〔一〕王益吾即王先謙。王先謙，字益吾，又作一梧，住宅名『葵園』，故又稱爲『葵園先生』，湖南長沙人。同治四年（一八六五）進士，選翰林院庶吉士，授編修，累遷翰林院侍講。光緒十一年（一八八五）任江蘇學政，校刻《皇清經解續編》，《南菁書院叢書》等，著有《漢書補注》《後漢書集解》《荀子集解》《詩三家義集疏》等。

〔二〕王崇煥：《王文敏公年譜》，載《中和月刊》第四卷第七期，一九四三年。

三七

賜諭祇悉。禹陵石墨領到，敬謝。章書遵即書檢藉覆。謝門生印章，刻好打訖，前件即呈。樊文老〔一〕不往還者十許年，其書前曾見過，只可取資名目。種須另致，當懇吉人轉詢其子和叔也，容再報命。韋昭共有著述幾種？伏祈示教。

肅復夫子大人

門人懿榮叩復

三八

賜諭祇悉。韋昭書名一紙，叩領祇謝。樊目已浼吉人先生往借之矣，容取來時呈閱。香濤屬敬告川信渠處已發。刻有人送看《石鼓》舊拓一册，尚佳。譚叔裕前輩所拓《王稚子闕》有畫象，榮已得之。

肅復夫子大人

榮叩

〔一〕樊文老即樊彬。樊彬，字質夫，號文卿，又作問青，天津人。生平篤好金石文字，搜羅海内碑刻兩千餘種，著有《津門小令》《問青閣詩集》《畿輔碑目》等。

碩卿書籤附繳。其《經籍跋文》榮已有之，《拜經樓書跋》尚未得也。

三九

夫子大人坐下：

送呈大卷一葉，乃前書之僅存者，甚不愜意，祈鑒存。再昨示及宋本《國語》并《補音》，敢祈飭价取付一本賜觀。如榮力可圖之，再求吾師爲賜購之也，不勝叩禱！榮亦不對香濤説矣。

肅叩福安！

門生名正肅

四〇

頃問侍譚歸寓，袁君〔一〕適來去矣。當即修函如命，遵爲騰挪，僅得廿金。以榮新拼湊贖

〔一〕　袁君即袁昶。袁昶，字爽秋，又字重黎，浙江桐廬人。光緒間進士，曾上書光緒，提出變革主張，後任總理衙門行走，授光禄寺卿，太常寺卿。後義和團運動興起，袁昶力主鎮壓。後又反對圍攻各國使館、對外宣戰，被慈禧太后處死。著作有《漸西村人初集》《安般簃集》《亂中日記殘稿》等。

書，又值中秋之將至也，業已徑送以去。在廠市遇張吉人、王小宇兩丈。又翁師來札，促寫今年經文，榮寄周先生閱者，尚未見還，謹再録草底，浼書人寫之矣，祈賜一促。

肅上夫子大人

榮上

按：『翁師來札，促寫今年經文』，『翁師』即翁同龢，王懿榮座師，見前按。

四一

委書額聯，書就呈繳。榮俗事未清，急不得行，甚躁。東西往返，尚有七八千里，行程在歲尾年頭也。

專上夫子大人

榮上

《蕘圃書跋》，如便祈賜假一讀即繳。

又叩

按：此札言『東西往返，尚有七八千里，行程在歲尾年頭也』，指王懿榮得中進士，回里，又至川省親，事在光緒六年（一八八〇）底，此札書於該年。

四二

賜諭祇悉。書收到，聯額遵即書上。榮五策甫就，碑目又荒，論疏尚未成書。志在碑目，就緒而後啓行，重分容以彙奉。《朔方備乘》先繳上，敬謝。

肅復夫子大人

懿榮上

四三

黄跋三本，謹繳上。又昌平新出魏象一紙，可入《順天府志》。又江西漢刻小石一紙，向未見著録，足爲江西石志之祖，凡二拓本呈納。趨叩未值，留呈夫子大人。

懿榮叩上

謝門生經文如何交代？伏祈詳示。

按：此亦光緒六年（一八八〇）間事，此年繆荃孫任《順天府志》纂修，故有『又昌平新出魏象一紙，可入《順天府志》』之語。

四四

綿州《文托生母造象》數事、大業《始建縣刻石》，前示尚有重分墨本，敬祈賜下。

門人懿榮敬上江陰夫子大人

四五

夫子大人函丈：

榮以本年六月抵蜀，旋於月之廿二日由桐九先生處得奉賜諭，衹悉一切。承命向王蓋臣大令致書索逋一節，家嚴當即具函，附尊書專差遞去，當得復書。嗣於七月六日，王公將原借吾師之款九七平紋銀二百兩正如數交來，現存榮處。刻下未悉吾師已抵京師與否，先以此信浼孝玉工部探遞，如已至京，榮即將原函原款由協同慶號匯繳京師，再爲縷陳一切，兹不先贅。

榮此次來蜀，尚未見葉夔生[一]顏色，來即值府試，因亦未先與之往還。惟師處之劉氏《金石苑·三巴㝅古志》一書已爲渠拆散，零入渠所著《全蜀金石志》稿本内，省其覆録，竟毁元

[一] 葉夔生即葉毓榮。葉毓榮，字厚甫，更字夔生，四川華陽縣（今屬四川成都）人。咸豐十一年（一八六一）舉人，同治四年（一八六五）進士，主講成都芙蓉書院約三十年。平生酷愛金石，撰有《全蜀金石志》等。

書。劉氏原書，乃當日大老自作，不講體例，未遑援據，僅以《四川通志》納於跋尾。堤江〔一〕既讀而諗之，以告燮生，遂并原本塗抹改竄。計此時即將原葉揭出，已不成物矣，勿須置念之矣。此榮之所以不輕借書與人者也。此書板片早毀，然北地尚可物色，榮當力爲吾師求之。川省官場世風日下，不可久居，家嚴已有退歸之意。在成都二年，僅將京外舊債還清。榮去年出京，托孝玉代當之書，甫寄款來求贖。此身暫時無累，已屬萬幸。家嚴慈皆六旬外人，遥遥七八千里（此以山東言之），榮再四陳請，情願以菽水奉歡，不復聽人之指揮徵調爲矣。餘容再陳。

敬叩福安！

九月九日　門人懿榮上

按：由札中『榮去年出京』和『榮以本年六月抵蜀』之語可知，此札當作於光緒七年（一八八一）王懿榮第二次至川省親時。『去年出京』是指光緒六年（一八八〇）王懿榮會試聯捷之後出京回里之事。

〔一〕堤江即錢保塘。錢保塘，字堤江、鐵江，號蘭伯，浙江海寧人。咸豐九年（一八五九）舉人，曾在廣東、四川等地任縣令，有政績。好古泉，收藏極富。

四六

夫子大人坐下：

前從王孝禹工部處肅上一函，備陳王蓋臣大令經手一節，未悉尊從已抵京師與否，屬其探投，刻想已入鑒察。原信并還銀二百兩尚存榮處。時屆年終，知師門需之必亟，又不敢遽匯，恐其交空，伏祈示知住止，刻即由西號寄上也。榮嚴親署缺已經二年，俸滿已逾，將藉請咨爲引退之計。明年榮侍奉北上，全眷以來。此時川垣百物蕭索，官場局面日蹙，榮在此雖無酬應，終日浮泛，亦未能沉心用功，甚爲焦急。會府及學道等肆，舊書佳拓名迹，斷港絶流，只壬秋〔一〕物色去足本《文苑英華》一千卷，挾之南行。

肅叩福安，并叩太夫子大人頤安！

十一月九日　門人懿榮上

按：札中言『未悉尊從已抵京師與否』，按之《藝風老人年譜》，光緒六年（一八八〇）

〔一〕　壬秋即王闓運。王闓運，字壬秋、壬甫，號湘綺，湖南湘潭人。咸豐七年（一八五七）鄉試中舉，會試屢試不第，後應四川總督丁寶楨之邀，主講尊經書院，後講學於湖南思賢講舍和船山書院，光緒二十九年（一九〇三）任南昌江西大學堂總教習。精經學，著有《春秋公羊傳箋》《周易説》《詩經補箋》等。

八月繆荃孫出京迎父入都，光緒七年（一八八一）年秋還京[二]，王懿榮於光緒七年（一八八一）在川省親，故知此札書於光緒七年（一八八一）十一月間。

四七

夫子大人坐下：

十一月初吉，由筠孫世叔處得奉賜書，欣悉吾師已於秋間奉侍太老夫子大人并全眷安全抵都。伏想上侍康娱，起居萬福，至如頌私。大川㵎涵秋閣，朱野雲[三]畫師舊居曾繪有《涵秋閣上看南窪少年打仗圖》，一時題咏甚盛，最爲著迹。往年彦侍同部及六希同年先後賃住。壬申冬，榮與同人作消寒會，六舟前輩并六希醵會，每主其中。樓下海棠一株，當春盛發。德研香曾爲楊鵠山對臨一小幅，此又是一般人群聚時所爲矣。燕山蜀水，每每展憶，不覺十年，爲之惘然。吾師手聚數萬卷書，婆娑其上，至不負也。

家嚴月内肅函恭賀春喜，刻想未到。頃又奉惠書，并上覆函，伏祈鑒查。榮曾由王孝禹工部

〔二〕繆荃孫著，張廷銀、朱玉麒主編：《藝風老人年譜》，見《繆荃孫全集·雜著》，鳳凰出版社二〇一四年版，第一七四頁。

〔三〕朱野雲即朱鶴年。朱鶴年，字野雲，號野堂、野雲山人，江蘇泰州人，著名畫家。

處專函協同慶號，附函肅上兩書。今既確悉吾師新宅住址，謹將夏間承囑向王蓋臣明府索逋一事來往各信，又渠致師門專信，并索來銀九七川平紋銀貳百兩正，徑由協同慶匯函匯上。所有匯費，榮已由川先付，寄到請賜收字，不須復出匯資。至王大令曾云，舊券尚在林書原年丈處，及先有交彼處五十子金之説，請由師處寄函與林丈商量可也。林現充院試提調，堤江襄校院試卷。

徐山充尊經代辦《名臣碑傳集》鈔録數人之處，已與之函商，尚未得復，其書尚存唐鄂生觀察處。碩卿、小雅昆仲專以鬻書爲事，刻工爲此間第一，然榮究惜其所刻無甚正色秘笈，然已勝俗流萬萬矣。此間刻手，以郡齋爲下，以所刻皆蒙讀書。舍弟抱疴一年，尚未復元，不暇兼顧耳。示及沈子湄近得元本《史記》，至爲健羨，以榮曾立志搜集舊本史書，曾得數種故也。聞國史館現修《儒林》《文苑》兩門，正宜正宜。惟須吾師與榮等從事其間，或可助理諸老前輩，如之何哉？即稍知前人根柢，而其學之生平得失，無從下手，猶芻狗耳。此言只能向師前率爾，不可爲外人道也。

肅復，敬叩年喜侍福！

十一月廿二日　門人懿榮上

外平武復書一函、來往書一函、還銀二百兩正，附呈。

家嚴覆函一封，并上。

按：札内言『欣悉吾師已於秋間奉侍太老夫子大人并全眷安全抵都』，可知該札書於光緒七年（一八八一）十一月。

四八

賜示祗悉。二書領到，又尊藏二種，留讀再繳。碑客李佔許爲伯熙致涿、房一帶石像，錢去而石不至，亦不見矣。伯熙爲人，性最遲緩，東邊之行，恐未必能成。日前命書各件，門生昏迷之中迄未上報，容即檢出書呈。

敬復夫子大人，并叩節喜！

門人懿榮叩復

四九

夫子大人坐下：

榮以感患咽喉，未克趨叩〔一〕，伏想起居康娱爲頌。碩卿書封面，力疾寫就，甚屬惡劣，謹

〔一〕《藝風堂友朋書札》兩版本皆作『摳』，《王懿榮集》作『叩』，當爲『叩』，故從《王懿榮集》。

以呈鑒，并寄去信一封，叩祈賜達。《酌中志》鈔本一册敬繳，《隋書》尚擬展讀數日，再當躬呈也。

專肅，祇叩福安！

門人制懿榮謹叩

五〇

吴仲飴刻《滹南遺老集》一部，原封呈上，伏祈哂存。其志欲彙刻金源五家集，《滏水集》亦明曹潔躬鈔本，吴尺凫校，乃借取伯羲者。惟李俊民《莊靖集》無之，吾師曾見此集佳本否？乞示之。

肅叩夫子大人節喜！

門人制榮謹啓

五一

賜示祇悉。周孟伯先生《倦游庵文集》已向陳小筱户部討取，俟取還，當與先祖奏疏一并送呈。再旗人有慶伯蒼〔二〕者，文集爲一代之冠，皆道光間人，鈔本在錫厚庵都護處，惜厚庵病沉，不能索借也。門生廳事所懸《劉平國刻石》挂幅，乃家念庭大令索題者，早已題還。此乃恭鏜所拓，極精，周蕙生攫取至十餘分，門生尚在物色，得即呈閲。以前所得左文襄本，最初最劣，幾同無字也。

肅復夫子大人

門人制懿榮啓

道光以來文集，竭力物色，惜詩集多而文集少也。

五二

夫子大人坐下：

《陶隱居集》二本繳上，補鈔篇葉一分敬呈。此本與汲古本同出《道藏》，此補自可據矣。又山東造象一紙呈納。日前師説畿輔新出延昌年款造象一種，祈賜假入録，并示知地名爲叩。涿州四面象一種，榮已得之矣。

〔二〕慶伯蒼即慶霖。慶霖，字伯蒼，滿洲鑲黄旗人。舉人，以蔭補官刑部，工楷書，好詩詞。

肅叩福安！

門人制懿榮謹上

五三

賜示祇悉。《順天府志》領到，叩謝。《陶集》遵即補好，并元本納上，不敢再遲。近以瑣俗，未克即繕，見已清利，當努爲之，又爲旁處促寫金文目也。肅謝！

復上夫子大人

門人榮上

按：札言『《順天府志》領到，叩謝』，按《藝風老人年譜》光緒十二年（一八八六）『三月，《順天府志》成』[一]，蓋此札書於此後不久。

五四

賜諭祇悉。銀券三紙，京松百五十兩，世弟交下，當即祇領。門生近患傷寒，不止感冒，

[一] 繆荃孫著，張廷銀、朱玉麒主編：《藝風老人年譜》，見《繆荃孫全集·雜著》，鳳凰出版社二〇一四年版，第一七六頁。

幸已見汗。久病羸弱，凉所不禁。此二年來，可謂病魔苦相纏繞矣。我師近又有所得否？此款何須亟亟，季樵〔二〕亦屬相挪。則接家信，家嚴由川十月十四日啓程，票號扎住，只得以家人條脱相付以濟之矣。然季樵所費，又不如吾師及門生，尚能剩一堆亂紙也。附博一笑。謝門生所取解元，乃壬秋之侄，自佳。惟滿篇摘用僞《古文尚書》語，殊非壬秋佳子弟也。謝門生無可責，芸敏〔三〕前輩其將何辭以對？

肅復夫子大人

門人懿榮叩

按：札内云：『接家信，家嚴由川十月十四日啓程，票號扎住，只得以家人條脱相付以濟之矣』，按之《王文敏公年譜》光緒十一年（一八八五）：『公考資政公在蜀以兩届俸滿，請諮赴部引見。蜀督丁文誠公（寶楨）再四挽留，而資政公以官蜀十六年，頗懷東歸之志，屢請引退不許，至是决意北上。適值嚴冬，晚歲長途，頗形勞頓，遂感寒疾。十二月扶病入都，征塵

〔二〕季樵即王錫蕃。王錫蕃，字季樵，山東黄縣（今山東龍口）人。光緒二年（一八七六）進士，選庶吉士，散館授編修，兩充順天鄉試同考官，光緒十七年（一八九一）充湖南鄉試主考官，光緒二十二年（一八九六）任禮部左侍郎，積極參與戊戌變法，被革職。罷官後，主講河南信陵書院。後在黄縣興辦漁業公司。

〔三〕芸敏即陳琇瑩。陳琇瑩，字芸敏，福建侯官（今福建福州）人。光緒二年（一八七六）進士，改庶吉士，散館授編修，遷御史，擢兵科給事中，後典試湖南，又任河南學政，光緒十六年（一八九〇）充會試同考官。

甫卸，病勢轉加。公躬率家人晝夜奉侍，衣不解帶者逾月。』[一] 則該札書於光緒十一年（一八八五）。

五五

家刻叢書第三函又成，祈代交一梧[二]先生，則四函足矣。門生已銷假，仍未敢坐車。與松溪試之入隆福寺一次，尚有小眩轉也。孫佺伯甫來即去，語廠估云，凡唐人集爲明刻者，渠每種皆給四金。此語豈有此理！豈無多寡、難易、美惡之分乎？

肅上夫子大人

門生懿榮叩

按：札内云『家刻叢書第三函又成，祈代交一梧先生』，指王懿榮家刻《天壤閣叢書》之《聲調三譜》、《説文逸字》、《説文聲讀表》和《黄御史集》。此事在光緒十一年（一八八五）。此年王懿榮頭暈、不寐、嘔吐之症未愈。

[一] 王崇焕：《王文敏公年譜》，載《中和月刊》第四卷第七期，一九四三年。
[二] 一梧即王先謙，詳致繆荃孫札三六注釋。札六五言王懿榮擬用家刻叢書易王氏刻《天禄琳琅》，此札當在書成之後。

五六

《親征録》原函及賜鈔本均領到。瑣瀆鈞坐，無任叩謝。鈔費若干，祈示知敬繳轉付爲叩。昨接川中家嚴寄諭，命敬候起居，以重勘堰工，未及敬復。灌縣世叔〔一〕一切精善，即請寬念，容即肅函再報，先命榮以敬聞。

專叩夫子大人侍安！

門人懿榮叩上

五七

賜諭祇悉。書二種領到，榮願留下，當以原直付楊估，其來榮即告之。如先到師處，請即飭其撥入榮名下可也。《膽巴碑》墨本的真，跋已擬就，稍精壯時即書上，不至遲誤。《華陽國志》檢出奉呈，不稍遲也。同學多人盼吾師入闈（松溪尤甚）。惜江南張謇、四川楊鋭，必爲旗、奉、直、東人料理之矣。《高麗王碑》，晋義熙間刻，潘師有之，何不借觀？

〔一〕此指繆荃孫父繆煥章。

肅復夫子大人

榮今年以疾，不得考差，可謂真得吾師衣鉢者。山東亦只放謝門生一人，馮不在此數也。

門人懿榮叩上

按：札中云『榮今年以疾，不得考差』，按之《王文敏公年譜》，此事在光緒十一年（一八八五）。《王文敏公年譜》：『是年，公以有疾未痊，不與考差之試。服潘偉如中丞（霨，山東巡撫）方甚效，公座師翁文恭公（同龢）、潘文勤公（祖蔭）所介也。』〔一〕《翁同龢日記》光緒十一年（一八八五）四月廿六日：『早間站班晤盛伯熙，知王蓮生病劇。伯熙囑代請潘偉如，作札延之，覆信明日巳正到診。』〔二〕

札中言『可謂真得吾師衣鉢者』，此指繆荃孫亦因病未參加考差事。按之《藝風老人年譜》光緒八年：『四月，大病幾死，付懋垣藥之得生。考差未能與。』〔三〕

〔一〕王崇煥：《王文敏公年譜》，載《中和月刊》第四卷第七期，一九四三年。

〔二〕翁同龢著，翁萬戈編，翁以鈞校訂：《翁同龢日記》，中西書局二〇一二年版，第一九七八頁。

〔三〕繆荃孫著，張廷銀、朱玉麒主編：《藝風老人年譜》，見《繆荃孫全集·雜著》，鳳凰出版社二〇一四年版，第一七四頁。

五八

四川題紙到京，呈閲，不必發還。山東書來，肄雅舉而有之，吾師曾閲之否？榮苦不能出門，松溪亦有，肄雅不合，不數去也。榮藏陳丈拓本造象之至精者，爲鼠子噬傷一包，傷心之至，又將重購之矣。其正分猶不如其單送人之手題本，爲最初拓，爲最精拓也。

專上夫子大人

門人懿榮叩

按：札中言『榮苦不能出門』，乃仍在病中。

五九

賜諭祇悉。鈞體受暑，未能出門，伏望珍攝。門生向不畏病，總覺吾氣能爲吾身作主，無所忌憚，今則窘矣，殆天教之也。古人四十曰壯，方書謂四十始衰，自門生一身揣之，此近古之説爲可據也。蒙代懇一梧先生所刻書領到，叩謝，并懇賜爲轉達。又承厚貺多種，即容受讀，感激無似。鄭堪師昨來，言及元人别史，尚有《站册》一種，不記卷數，凡鈔爲六十本，徐星伯先生家有之，若能訪得，足成四元别史矣，恐難有此奇緣也。《經世大典》、《尚書禘傳》、明《文淵閣目》，尚有完書，計刻下不知在某省某鄉梁上架下灰塵中，若門生只可與吾師病中想像耳。松溪昨未回寓，不知何出，容即遵致。

專肅，復叩侍福！

門人懿榮謹啓

原函敬繳。

門生又得明本《晏子春秋》，與伯羲所得孫氏底本吴山尊所翻者同。又得宋本《劉後村集》二十卷，未見著録，宋人選定者。

按：札内云『今則窘矣，殆天教之也。古人四十曰壯，方書謂四十始衰，自門生一身揣之，此近古之説爲可據也』，指此時王懿榮病未愈，言『四十』者，王懿榮始病之歲數也。

六〇

賜示祇悉。川署刻書，俱爲初學起見，然亦湊成四函。刻只具三函者，以第三函《麟角集》尚未就也。先將已成者呈上，不足以當大家一觀。第三函就時補呈。并附以《黄御史集》初印本一部，祈代上爲叩。門生病稍愈時，即先刻周孟伯先生《經通》《史通》《子通》《集通》《經逸》《通考》六種書，再刻《曹子建集》（尚擬借朱述之本也）、《陶隱居集》、《徐鉉集》，又《元秘史》《親征録》《經世大典》《馬政》也。此則三集三史，再足以三經三子，則成事較署刻叢書爲佳矣。

力疾草復夫子大人鈞坐

門人懿榮謹啓

按：札内云『并附以《黄御史集》初印本一部，祈代上爲叩』，事在光緒十一年（一八八五）。此書始刻於光緒十年（一八八四），光緒十一年（一八八五）刻成，以初印本呈繆荃孫。此時《麟角集》尚未就。

六一

夫子大人坐下：

陳壽卿前輩寄來石拓全分，并銅鉛各種造象拓本，共爲一包，收去拓直十四金。前所交下之卅金，尚餘十六金，兹并銀券一紙合并納上，伏祈查入。門生自前次叩謁後，卧疴半月，緣中暑誤治，吐瀉間作，頃始起床，再數日當復元矣。天久不雨，亢旱可畏，伏願起居珍重。肅請侍安！

門人懿榮叩上　閏月二日

按：此札落款爲『閏月二日』，又言『天久不雨，亢旱可畏』，當在光緒十年（一八八四），該年閏五月。又云陳介祺寄石拓全分，當時陳介祺尚在世。陳介祺於該年七月初六日忽患『膀胱不化之症』病歿，歿前數月與王懿榮通信甚勤。

六二

賜諭祇悉。一梧先生賜書領到，先祈代謝。前賜假《陶隱居集》二種收到，校畢再繳。家刻《麟角集》已成，容印就呈覽，并以叢書第三函祈轉奉也。門生所收《全唐文》不足數，在外湊配，尚未釘來，容促取再呈，乃逐篇清數，故其來較遲（門生近有一癖，每買一書，必清篇葉，不論好醜皆然）。費公屺懷書畫，未見送來屬題。聞其以重價得德寶惲册，此石查所藏精品，此公自是真鑒，不知所蓄果若何種。門生近又患痢十餘日，元復甚難。八月十一日假滿，恐又須續請也。此刻所苦，頭眩稍減，尚未净盡，寫字多則喘。芰樵總不解此，尚日日購讀隋煬書也。聞吾師近日編輯金石書，未悉何似？

肅復夫子大人

門生懿榮叩上

按：札中云『家刻《麟角集》已成，容印就呈覽，并以叢書第三函祈轉奉也』，《麟角集》

刻成於光緒十一年（一八八五），故此札書於是年。按《越縵堂日記》該年九月二十三日：『得王廉生書，并新刻唐王郎中《麟角集》《黄御史滔集》。』〔二〕可知《麟角集》刊成於八、九月間。

六三

賜諭祇悉。《全唐文》居然一篇不缺，不過印本太壞，配篇乃以廠市兩部湊成。晨間取回前半，來紀一手不勝提携，容明後日遣人送呈。有《湖北金石存佚考》一書，可稍據補也。《陶集》檢出，當補録上。門生痢十餘日而愈，又犯不寐之症，范石湖詩所謂『攢眉輒作山字，啾耳唯聞水聲』，又云『目慌慌蟻旋磨，頭岑岑鰲負山』，門生如此經年矣。無古人之才而有其病，不知何日九曜過宫也。薔生已大買佳物（漢碑、印舉）而後去，其回時更可知矣。

肅復夫子大人

門生懿榮力疾上

〔二〕張桂麗：《李慈銘年譜》，上海古籍出版社二〇一六年版，第二六八頁。

海源閣書，舊本未出，國朝精印本售與人矣。

按：此札言『薈生已大買佳物（漢碑、印舉）而後去』，此『去』即指典試廣東，亦可知此札書於光緒十一年（一八八五）。

六四

《湖北金石存佚考》一函，先以奉上。《全唐文》再送呈，須陸續提携也。

肅上夫子大人

懿榮謹啓

六五

久未趨前，門生病仍未退也。聞《古逸叢書》外，又刻《玉篇》殘帙一種，莫仲武〔二〕先生有帶來者，未諗吾師有副本否，可爲門生索一分否？又王益吾先生所刻《天禄琳琅》，門生

〔二〕莫仲武即莫繩孫。莫繩孫，字仲武，號省敔，版本目録學家莫友芝次子。光緒十二年（一八八六）出使俄國與法國，任參贊，不久去官。長期家居揚州，整理與刻印祖父及父親遺著，集成《獨山莫氏遺書》《郘亭知見傳本書目》，自編《影山草堂書目》等。

擬以家刻叢書（四函，現成三函）及初印零種竊易一部，祈便中賜爲上詢。

恭上夫子大人

門生懿榮叩上

按：札中云『王益吾先生所刻《天禄琳琅》，門生擬以家刻叢書（四函，現成三函）及初印零種竊易一部，祈便中賜爲上詢』，此處言家刻叢書四函，現成三函，則知係《麟角集》未刻就之時，蓋在光緒十一年（一八八五）八、九月之前。此時王懿榮病尚未痊愈。

六六

夫子大人坐下：

今歲試差，門生以疾未得與場，已在署請假四月，知關慈注，敢以敬聞。唯疾忽輕忽重，略無已時，是所苦耳。昨據伯羲祭酒來言，春間《册府元龜》一書，前蒙賜諭，許以可商。渠因試事在即，未敢瀆問，今稍休暇，可否重申前説？既仰承鈞諾，如在質庫，渠請先備百金，爲作贖計。如尚有不敷，應續奉若干，統祈慨示。得示復，即由門生處轉上，伏祈惠覆。《元朝秘史》尚未借出，《親征録》乞先飭鈔，如逢舊本，再當校補，何校恐不足憑也。《黄御史集》將近印出，容再呈鑒。

敬叩鈞安！

門人懿榮力疾上言

按：札内云『今歲試差，門生以疾未得與場』，可知此札作於光緒十一年（一八八五），是年王懿榮病，未參加試差。《王文敏公年譜》言之甚詳。見前按。

六七

夫子大人坐下：

前蒙賜諭，敬悉一是。門生病又發，未克肅復。鬲昨又四宿未寐，憊乏益甚，稍愈再當侍側。種承慈注，感激無地。《黄御史集》刻成，謹以寄川，大紙樣本各一部呈納。《麟角集》尚未訖也。蒙飭鈔《親征録》，至叩。門生擬并《經世大典》、《馬政》與《元秘史》三種元别史并刻之，不入叢書，再求精整，惟再訪一元别史未刻者，足四種則佳矣。伯羲屬件已遵示傳知，渠極感泐待命。

力疾草上，敬叩喜安！

門人懿榮謹啓

沈吟樵（名）、鶴樵（名），祈示知。

按：此札言『《黄御史集》刻成，謹以寄川，大紙樣本各一部呈納。《麟角集》尚未訖也』，則書於光緒十一年（一八八五）八、九月前可知。又言己身之病『四宿未寐』，此言又見於王懿榮致盛昱和致女兒札中，如致盛昱札言『自十六日不寐一宵後，連睡數日，精神大健，似有好意。突於廿日至廿三日一連三宿不寐，廿九日竟大嘔吐，計百廿日未犯此症，不知何故又來，并非調養不善。昨夜又不寐，竟一連四宿，皆去年一年所無也』〔二〕，致女兒崇熳札中尚提及『廿三日已正一年矣』之語，可知爲光緒十一年（一八八五）五月間事。

六八

《全唐文》當時不著所據本頭采入，用以校唐人集，大可尊作官書，列入頭籤，不以之定是非也，未悉吾師以爲然否？其中亦必有所得勝他本處耳。《麟角集》無舊本可據，因急與黄集合刻，故急取之，然亦可存。兹以初印白竹二種紙本各一部呈鑒，以配前本。又白紙一本，乞轉呈一梧先生。頃有人便出城，《全唐文》容專足再呈。

肅上夫子大人

懿榮力疾叩上

〔二〕詳致盛昱札四二。

聞近得《舊唐書》一種，不是聞人刻，未悉何似？乞示。

按：此札言『《麟角集》無舊本可據，因急與黃集合刻，故急取之，然亦可存。茲以初印白竹二種紙本各一部呈鑒，以配前本』，則知《麟角集》已刻成，以初印本呈繆荃孫。蓋此札書於光緒十一年（一八八五）八、九月間。

六九

命題趙書《膽巴碑》卷，題就敬繳，袱并納上。門生久病初愈，體氣未復，書不能工，請費君閱後裁去，始覺乾净。敬叩節喜！

夫子大人

門人懿榮叩上

按：由『門生久病初愈，體氣未復』知在病中，乃光緒十一年（一八八五）事。

七〇

示下，并南雍本《新唐書》一册收到。伯希已有此全者，亦多補板。鄭堪師有無補板初印者極佳，此有鈔配，又復不完，門生亦無力留之，特以敬還，請賜轉繳。另節當即於二日內遣人出説，兩處湊來京松百五十金，計票二紙納上，祈鑒入。此不須利息，請盡用之。門生仍不能出門，遣人代出，則説者必不能力，而貸者亦隔面可推，是以僅得四分之三，尚歉一成，伏祈鑒諒。《宋會要》，徐星伯從《永樂大典》輯出未盡之書，自云已五六百卷，見《癸巳類稿》。俞書中此書前有一草目，内云尚有零本，恐又不在此數。俞理初又説有多處宜采入者。《宋朝事實》書尚多，門生故未與多值，任其去之也。若有暇，檢俞、徐之説而重輯之，再有外省書局能一任刻，則其功亦不淺鮮矣。蒓客所索二唐人集，飭坊裝出，即由門生處送往，請先復之。

肅上夫子大人

門人名正肅

按：此言『門生仍不能出門』，即仍在病中。

七一

《韵補》一函并原跋二紙敬繳，祇謝！榮已倩舍親以精楷對臨，并恭録師跋，裝付敝藏一本後矣。榮苦病，不能正坐，坐少時輒頭暈欲嘔，不悉何也。并過録一二行俱不能，不知何以得如此病。伯熙祭酒來札呈閲。《聖武親征録》一函假來，祈查入。如吾師付人寫時，并乞屬寫官爲榮照樣寫一本，紙墨工費示知，再祈轉付，是所至叩。此本同函之《元朝秘史》即連�本，遠不如其後得之影元鈔本，譯語番字俱在也。惟本子頗長大，如欲配《親征録》，則鈔本須寬長，待徐徐借出鈔之，仍可裝一函。《韵補》尚未借得。伯希原函呈閲，其覬覦尊藏寫本《册府元龜》，則吃《藏書記要》之藥耳。榮上此函，凡繞地三四行而後成，俱非一氣，尚是錯改潦草。若一時坐定成此，即便暈嘔，病可知已。伏祈鑒宥。

敬叩夫子大人大喜！

門人懿榮力疾上　初五日

按：此札詳言病症之苦，蓋光緒十一年（一八八五）間事。

七二

賜諭祇悉。門生病小有轉機，暫難元復，時蒙慈注，感激無地。潘師信收到，廿八日自蘇啓行也。委件當榮晤詢，先將《韵補》索來，并前函一齊納呈也。其人懶散，亦尚未來送。《元朝秘史》（中有大字譯語），門生將刻之矣。

夫子大人

門人懿榮叩復

按：札言『潘師信收到，廿八日自蘇啓行也』，按之《潘祖蔭年譜》十一年乙酉載『四月服闋，二十四日挈眷北上，五月初四日到都，初十日遞摺』〔二〕，知爲光緒十一年（一八八五）間事。此札書於由蘇啓程未至京之前，即光緒十一年（一八八五）四月底五月初。

七三

賜諭祇悉。張佳胤本《華陽國志》，去年中弢夏間過談取觀，榮正在病中，以對渠所得顧校本。去後尹伯圜世兄代檢，未悉（尹乃丁酉世侄，臘間東歸，善刻印）入何篋。中弢正月上旬亦來假，尚未翻着，容檢出，專人先呈鈞覽，較《陶隱居集》易檢也。顧只見《漢魏叢書》本，認爲張本，破口大駡，甚屬魯猛可笑。中弢取對時，亦大笑之，乃知潤蘋老翁亦靠不住也。乾嘉老輩皆以挖頰之張刻本爲宋本，不知即張本。《戒壇祠圖》既未蒙賜題，謹以賜札裝附矣，以紀一時故實。伯熙有明人影鈔宋本《韵補》，謂又勝景宋本，且言連筠簃本甚劣。當年張石舟只知駡戴東原，不識己謬又過之也。徐徐亦當借出，奉吾師一校，榮再過録。榮病未已，病未能也。

榮力疾叩復

〔二〕潘祖年編：《潘祖蔭年譜》，見沈雲龍主編《近代中國史料叢刊》第十九輯，臺灣文海出版社一九六六年版，第一〇七頁。

昨疾又發。

按：札中言『榮正在病中』，知此札乃病中所書。又言『昨疾又發』，蓋係光緒十一年（一八八五）間事，是年王懿榮病甚。

七四

夫子大人鈞坐：

新春伏想起居萬福，定如頌私。門生病仍未復元，不克出門。前呈鑒入志之《戒壇合祠圖册》，如蒙題就，廠市既闌，將付裝池，伏祈賞還。再前吾師曾以廠肆影宋鈔本《韵補》移較連筠簃本，可否惠假一録，即行恭繳，不敢點污。又吴才老《尚書裨傳》，王西莊光禄曾據引入所注《尚書》，不知世間尚有此本，及吾師曾見與否？并祈示知。

肅叩福安！

門人懿榮叩上

按：由『門生病仍未復元，不克出門』可知，此時王懿榮仍在病中。

七五

賜諭祗悉。示醫謹當延視。《馬貞女碑傳》僅餘一分，洪、戴、黄、王處祈并原函飭使傳觀。兹謹再上《戒壇合祠圖册》呈覽，可據以入《順天府志》，并祈賜跋尾，述入志緣由（祈勿示人），以備掌故。明春尚擬重裝，則此圖稍有關係，便异於書畫雅玩等也。

復上夫子大人年喜！

懿榮力疾叩上

按：此係王懿榮病中所書，札中言『示醫謹當延視』，係繆荃孫爲之推薦醫生，札後言『力疾叩上』，蓋病甚之時。

七六

夫子大人坐下：

接示祗悉。榮一病八月，纏綿未復，每日俱有小不適，數日大作。自夏徂冬，所苦眩暈、嘔吐、不寐三種，醫藥試遍，百無一效。坐不片時，必須繞行，不知何罪，得此貞疾，時發時止，不能看書對客。偶試坐車至近處稍游，歸必大病，已七月未出前門。《陶集》川中未刻，已在碩卿所帶行李堆積箱中，夏初即到。到即遇榮病，迄今霉變，不知如何，不能啓也。稍愈即速檢上。《黄御史集》自立一校法，刻亦未半而病，今亦延閣。明年不知能否考差，若再過百餘日反復不已，恐成廢疾，辜負栽培，良用浩嘆。又山東寄來《戒壇合祠圖册》，有朱文正記，係合祀圖。裕軒、曹學閔兩先生宜入《順天府志》，此未深藏，統容檢呈。潘師寄來《馬貞女碑傳》一分，屬向吾師徵文乞詩，附呈。原函擲還，請行徑復。

力疾肅復，并叩年喜！

門人懿榮叩上

凡書畫、圖籍、金石，必須自檢，此藏家所知。

季樵爲人借對去鈎，適夏間未病，已入重篋，此時未能自發，渠不知也。

陳壽卿前輩已成古人，其拓本不可再得，幸夏初師先購之也。中弢、蓄生、伯希皆悔不可追。

按：王懿榮生眩暈嘔吐之症發生於光緒十年（一八八四）夏，病愈於光緒十二年（一八八六），王懿榮札中凡言病者，皆書於此三年間。此札言『榮一病八月』，又言及『明年不知能否考差』，考差事係光緒十二年（一八八六），可知此札書於光緒十一年（一八八五）。此札又言『陳壽卿前輩已成古人，其拓本不可再得，幸夏初師先購之也』，陳介祺殁於光緒十年（一八八四）七月，此札當書於陳介祺殁後第二年。

七七

夫子大人坐下：

榮病將五閲月，仍纏綿未愈，不克恭詣。作苦萬狀，不能看書作字及對客也。潘師寄吾師信一函，書十四本，又四夾板，昨日到，謹奉上。

敬叩鈞安！

門人懿榮力疾叩上　廿九日

按：此札言『榮病將五閲月』，據《王文敏公年譜》，王懿榮病始於光緒十年（一八八四）夏〔二〕，札九二言『病已七閲月』，落款爲十二月，此處言『五閲月』，亦當爲十月，此札當書於光緒十年（一八八四）十月。

七八

紙幅領到，容即敬書呈教。袁氏書，門生竟一册未得，亦屬前緣。與其以多金别抵市肆

〔二〕　王崇焕：《王文敏公年譜》，載《中和月刊》第四卷第七期，一九四三年。

物，何如檢此。事後之悔，天下古今同然，此其小者。陳丈石文已交濰車，刻尚未到。只用十四金，尚餘十六金，俟拓本到日一并清繳。《蕘圃題跋》墨印本尚祈分賜一部。

肅復夫子大人

門人懿榮謹啓

按：此札言『陳丈石文已交濰車，刻尚未到』，陳介祺歿於光緒十年（一八八四）七月初六，此札當書於其歿前。言十四金，又見札六一。

七九

賤恙承惠注，叩謝。現已大愈。南皮昨已至，今日陛見，住賢良寺。《陶集》川署尚未刻成，此間刻《黄滔集》亦未完。碩卿書首篆上。

肅復夫子大人

榮啓

按：札中言『南皮昨已至，今日陛見，住賢良寺』，按之《張之洞年譜長編》，此係光緒十年（一八八四）事：『四月初八日，交卸篆務，起程北上。沿途追憶應告後任事，隨筆記之。行抵平安州，留一日。四月十五日，宿於直隸獲鹿縣。致函奎護撫（斌），論治理汾河、文峪河工事。并區劃交代未盡事宜計五十二條，内關涉藩署、清源局、營務處者十之九。四月二十三日抵京，宿天寧寺。』〔二〕此札言昨已到，蓋書於光緒十年（一八八四）四月二十四日。

八〇

賜諭祇悉。《士禮居題跋記》收到，叩謝。另一分即移交薈生。榮現病風疹，三日未出房門。薈生亦病感寒。渠移寓口袋胡同，去此不遠。命書大幅請便中發下，以打烏絲大格爲佳。榮大楷兼行，稍有把握，無格則行氣往往不貫。榮能作極大字，惟不耐細書，與考試正相反，奈何！在師前無隱，固不憚妄言之也。香濤廿四五日到京，住賢良寺。禮部駁榮請復真《古文尚書》一疏，不知若何？如師能爲榮覓一底本，則叩感無既矣。

此叩夫子大人福安！

門人懿榮叩上

按：此札承上札，言『香濤廿四五日到京，住賢良寺』，當書於光緒十年（一八八四）四月間。當時薈生尚未至廣東就任。

〔二〕吴劍杰編著：《張之洞年譜長編》，上海交通大學出版社二〇〇九年版，第一一五頁。

八一

桂氏《石經考略》初印未裝本一分，奉呈。門生疏稿存底呈閱。邸鈔訛字，有好講而不通者，深爲恨人。閱後并祈擲還。

肅上夫子大人

門人懿榮叩上

八二

賜諭祗悉。銀券卅兩一紙收到，遵即浼寄壽丈，到日按《傳古小啓》匯算。書面即書再上。疏稿并領。柳門前輩有寄翟校書來，師收過否？

肅復夫子大人

門人懿榮謹啓

禮部議覆，不知如何，聽之而已。

按：此札言『銀券卅兩一紙收到，遵即浼寄壽丈』，係書於陳介祺歿前，即光緒十年（一八八四）七月之前。札六一言『陳壽卿前輩寄來石拓全分，并銅鉛各種造象拓本，共爲一包，收去拓直十四金。前所交下之卅金，尚餘十六金，兹并銀券一紙合并納上，伏祈查入』，則札六一書於此札之後。又札七八言『陳丈石文已交潍車，刻尚未到。只用十四金，尚餘十六金，俟拓本到日一并清繳』，則札七八當書於札六一之前、此札之後。

八三

夫子大人坐下：

前日得示祗悉，《元次山集》領到，叩謝。原直市紋三十兩，東和合票一紙，謹繳上，伏祈察入。榮今正廠市絶迹未至，袁氏書竟一部未得。欲購其《儀禮圖》，檢查缺葉太多，兼之《儀禮》爲再同先時購去，遂亦捨去，餘更無所見聞。將來十行本群經之願，不悉何日始償？現在只有《三傳》，香濤前輩有重分，《尚書》無補葉，《孝經》元補，《毛詩》明補，小顔鋪中《周禮》太貴。

敬叩福安！

門人懿榮謹啓

八四

後門楊家之聚珍板書十四函，重三函，實十一函，中弢曾還以二十金，不售。印本最劣，自文人一問，遂自居奇。又朱子涵〔一〕家尚有叢殘多種，門生隨時爲吾師留神，此種不直以重價收也。門生昨日聽宣，今日寅初頒曆，皆入内，午刻接見入署，頃始歸寓，遲復爲罪。

肅上夫子大人

門人懿榮謹啓

按：札云『門生昨日聽宣，今日寅初頒曆，皆入内，午刻接見入署』，此指王懿榮參加散館考試，授職編修事。按《王文敏公年譜》，事在光緒九年（一八八三）四、五月間。〔二〕

八五

《蕘圃題跋》如師齋有印改樣本，祈賜假一讀，勿論多少。昨接川中家書，附有于飛卿翻

〔一〕朱子涵即朱澂。朱澂，字子涵，浙江仁和（今屬浙江杭州）人。藏書家朱學勤次子，張佩綸内弟。朱學勤殁後，藏書歸其長子，其子繼續搜羅，收藏益富，故札内言其家有『叢殘多種』。

〔二〕王崇焕：《王文敏公年譜》，載《中和月刊》第四卷第七期，一九四三年。

刻《聖宋文選》黄跋一葉呈納，以便編入。

肅上夫子大人

門人懿榮叩上

按：札言『昨接川中家書』，此係書於王懿榮父舉家進京之前，即光緒十一年（一八八五）十月之前。

八六

原單呈繳，閲後并乞飭侍書録賜一單，以便隨時獻納。本朝理學大宗自以顔、王（懋竑）并峙，李乃承顔繼起最勝之一大宗。王學勝顔，行勝亦識勝也。《石經彙函》尚缺萬斯同《石經考》。榮嗜好太多，精力遂分，近日有一處書、一處碑，皆力有不逮，又總浼不著房，屋小物雜，又急於寫白摺，傍晚率塗不恭，伏祈夫子大人鑒宥。

師母大人貴恙已復元否？仍用方公方耶？敬問。

門生懿榮叩上

按：此札言：『師母大人貴恙已復元否？仍用方公方耶？』按之《藝風老人年譜》九年癸未（一八八三）：『秋，室人大病，亦延付懋垣治之，得生。』十年甲申（一八八四）：『五月，莊宜人中痰，一昔而逝。十七年夫婦頃刻分别，并無一語，傷哉。』又同年九月『聘繼室夏氏』[二]，則繆荃孫妻亡於光緒十年（一八八四）五月，此札書於光緒九年（一八八三）秋後至光緒十年（一八八四）五月前。

八七

桂氏《石經略》樣本二册，許氏《雜著》樣本未完二册，陳州吴仲飴太守所刻，先以呈納。中有訛字，字數又刻於旁耳上，一係未校，一係錯在行，丁少山布衣所爲也。

肅上夫子大人

懿榮謹啓

八八

《琉璃廠書肆記》一紙呈覽，請飭人録副。榮與伯羲侍讀約，分主廠肆各路，編纂作爲《後記》，先成長編。吾師俯賜一助，以志歷年閲市，典衣冬夏，往來行境，苦中之樂，想樂

[二] 繆荃孫著，張廷銀、朱玉麒主編：《藝風老人年譜》，見《繆荃孫全集·雜著》，鳳凰出版社二〇一四年版，第一七五頁。

許也。

伏上夫子大人

門生懿榮謹啓

八九

《偲進齋叢書》一册敬繳，另本遵以鈞命，東寄壽卿丈矣。師母大人服方長孺方，已奏效否？仍請人診視否？沈子培《孟子注疏》印本太晚，補葉太多，加以鈔配，大有南監史書風味。

謹叩夫子大人侍安！

門人懿榮啓

按：由札中『東寄壽卿丈矣』可知書於陳介祺歿前，即光緒十年（一八八四）七月前。又言『師母大人服方長孺方，已奏效否？仍請人診視否』，則此札書於光緒九年（一八八三）秋後至光緒十年（一八八四）五月前。見札八六按。

九〇

門生嚴親於十一月二十六日由長安起程，計到京總在年底。門生刻日日忙着料理房屋也。《經籍訪古志》言十行本注疏乃至正十四年刻，有總序，極是極是。中國誤認爲宋本久矣。門生苦力搜羅，已有七經，亦上當矣。

肅復，敬叩夫子大人年喜！

門人懿榮叩

按：此札未見原札，依《王懿榮集》過録，標點略有不同。由札中『門生嚴親於十一月二十六日由長安起程，計到京總在年底』可知，該札當書於光緒十一年（一八八五）底。

九一

漢孝武甘泉中所作觀瓦，見《史記》封禪書、孝武本紀，《漢書》郊祀志，得此可證小顏注説之失。宋黄伯思《東觀餘論》已辨之。

拓上炎之夫子大人鑒定！

門人懿榮

按：此通原札照片見於《王懿榮先生書作集》，第二四頁。言稱『夫子大人』，則在王懿榮光緒五年（一八七九）中鄉試之後，具體書寫年月難以考證。

九二

夫子大人鈞坐：

榮夏間以肝胃之疾爲醫藥所誤，一病已七閱月，纏綿至今，甫能搊箯，尚未元復，病中蒙賜顧并屢遣使存問，感激無地。榮嘔吐已止，眩暈間作，未克詣叩祗謝，甚罪甚罪。深知慈注，用敢敬聞。又吴縣潘師寄來《馬貞女碑傳》各一分命呈鈞覽，似向吾師有徵文乞詩之意，并元函附呈。碑、傳祈檢存，元信發還，尚須各處按信傳送。稍健叩謝。

伏祈鑒宥，恭請福安！

門人懿榮叩上　十二月初三日

按：此札及後札見於《費念慈盛昱王懿榮汪鳴鑾江標端方手札》，國家圖書館藏，稿本。又見於《王懿榮往還書札》，有釋文。以札中『又吴縣潘師寄來《馬貞女碑傳》各一分命呈鈞覽，似向吾師有徵文乞詩之意』一句觀之，此當爲致繆荃孫書札，故歸於此。王懿榮病於光緒十年（一八八四）夏。由札中『榮夏間以肝胃之疾爲醫藥所誤，一病已七閲月』及落款十二月可知其病於光緒十年（一八八四）五月三日前。

九三

夫子大人鈞坐：

天寒，伏想起居珍衛。封河之際，門生家中寄來鮮黄花魚六尾、東麵饅頭廿枚，附以月汀觀察所寄惠泉水一罎。微物瑣屑，敬奉哂嘗。饅頭風乾，惟須大蒸。專肅即叩福安！不勝惶束。

門人懿榮謹啓

致王守訓（三十一通）

一

松溪三哥、嫂大人雙福：

得示敬悉。弟六月十二日到京，十六日假滿，廿日請安覆命，廿一日到任。萬壽聖節賞戲二日，次日即患霍亂，幸二日而愈，亦未乞假。旋奉敕纂《承華事略》，補圖立說，弟一人主之，寄蘇州局刻之，書六卷，一月始了。未了之際，又奉敕查天穹殿前庫書籍，三鐘入直，詔以十二鐘始許散出，現已完事。内有宋版，出庫目著録外者二部，又已録者一部，刻正在寫和園貼落格眼未完。財力兩竭，至今尚未回拜南城外客，歸來只有昏卧，即客來亦不能見也。弟真窮於技矣。兄已得武英殿纂修，是以未敢告假。若九月初到京，尚可不告，一告則此差立開，以後不知何日始充補矣。得總纂及提調，便下次可得京察，請速來，勿再遲之。若必須告假，即請電示，酌之酌之。

弟與東撫、會保團長俱經部駁以未經先行奏請立案。此東撫起首之疏之慎。弟乃追叙前功，然至今不見闗會，欲再頂入，尚無把柄，只見麟師知之，甚矣！東撫公事之慢也。而京城管侍御，而頌揚功德，以爲今年不差此公，則東三府全失，豈不可笑？吾郡三縣乃倭人退出者也。一犬吠影，百犬吠聲。豈知我輩身在局中，身家性命俱在此土，豈有私嫌阿好、毀譽於其間哉？黄團存款虚耗可惜，然弟已交代清楚，以後便不干我事，自有地方大吏。然所耗者，吾土脂膏，寧不痛哉！思之黯然，匆匆肅復。

即叩雙安，侄輩歡喜，闔家清福！

十三弟榮叩　弟婦兒孫輩隨叩

倭暫無事，不必驚惶。合肥在此庋閣，前事當未定局（此言其中細目也，餘不及談）。

按：此見於《王文敏公墨迹手札》，載《中國稀見史料》第一輯，王氏海蠡閣藏石印本。王守訓（一八四五—一八九七），字仲彝，又字松溪、松畦、菘畦，山東黄縣（今山東龍口）人，王懿榮族兄。光緒十二年（一八八六）進士，選爲翰林院庶吉士，授國史館協修、武英殿協修、纂修等職。曾於光緒二十年（一八九四）與王懿榮回鄉辦團練。又喜金石古籍收藏，主要著作有《漢碑异文録》《春秋地理補考》《登州詩話》《登州雜事》等。王懿榮與王守訓爲摯友，關係親密，故札中用語隨意，多同城短札，年月難以索考。

此札言及『六月十二日到京，十六日假滿，廿日請安覆命，廿一日到任』，係自登州辦團練後回京事，又提及整理内閣書庫，此係光緒二十一年（一八九五）事。《王文敏公年譜》該年：『六月假滿，十六日由烟臺起程北上。二十日回京覆命，具疏謝恩，并奏請注銷欽命辦理山東登州團練木質關防。』[一] 此札書於該年。

二

三兄大人長前：

弟於本月朔日同怙曾、爵生二公到府城時，黑山島炮聲隱隱。次日怙曾即以祭掃大典辭去。弟此後到家，每一處止留一日，遂由文而榮，又折回文，一連至於今日在招，明日功行圓滿，便到萊矣。見東撫面商一切，再發一摺，以聽下回分解。和議到萊必得的信，此間并道路傳聞之辭亦無之也。多日未見京信，兄如無事便到萊一聚，大約在萊候摺總須一月，存款止餘三百金，必可敷演到批摺回也。十州縣團練到萊，再當面談，軍狀民情并可詳盡，此不縷陳。

[一] 王崇煥：《王文敏公年譜》，載《中和月刊》第四卷第七期，一九四三年。

在萊得萬曆十年戚武毅所造刀，此是刻《止止堂》之報也（二百兆之説信），此刻用不着楊家夢授落地梅花槍矣。請查出《宋史》章惇、蔡確兩傳携至萊一看，再查戚武毅年譜，萬曆十年若干歲，在何許，亦携到萊一看，至叩！海岱人文又可分我一點否？在棲又得蘭皋太姑丈〔二〕書《五烈傳》，陌人丈評尾；又郝書《龍泉寺後身義地募疏》也。亦多日未得南京家信。黄縣四團長辛苦極矣。今日孫禮臣在此相晤，在濰見佩南否？

專致，叩問合家清福！

弟榮頓首　廿八日亥刻

按：此札言在登州團練具體形勢，係光緒二十一年（一八九五）事。

三

三兄、嫂大人長前：

接示祇悉，如不能來，不能在此告假，當須由山東巡撫轉奏，當須從頭再説一番，則自兩個月前賞假後，按日算起矣。纂修不來，不能久懸，必有後起來鑽之者，兄何不先來一走？年

〔二〕蘭皋太姑丈即郝懿行。郝懿行，字恂九，號蘭皋，山東棲霞人。潛心研究經學訓詁，治《爾雅》，著有《爾雅義疏》，另有《山海經箋疏》《竹書紀年校正》等。王懿榮從祖姑王照圓是郝懿行之妻。

底再謀一回，明春再來，不差此一月工夫，資既不扣，差又不開，又省得具呈遞東撫，并東撫又一輾轉入奏，且費此一番事，耗此一回資。（此時來銷假，資仍在丙戌告假之諸公以前。）實則在家不過多住才兩月內外耳，請細酌之，事不宜再遲。如不能來，急速具呈東撫。亦不能再遲矣，此間不能續假，須由外辦，已於雲卿函中切切言之也。

匆匆肅覆，即叩雙福，闔家清福！

十三弟榮頓首　九月九日

按：此亦光緒二十一年（一八九五）間事，王守訓隨王懿榮回登州辦理團練，事後擬請假。

四

如此大風出門否乎？有何妙事示我爲幸。又得何書？此時即有宋槧亦聽之矣。早知如此，不如竭忠盡歡以媚内也，何苦人財兩空。噫！

松兄大人

弟榮頓首

頃爲房師送席而回，街上風大，因未至廠。

松兄大人

做完狀元卷，便改落卷，一人一手，如此霄壤，天下事豈有一定？

按：此言『人財兩空』，蓋書於原配黄氏殁後。『房師』當指繆荃孫。

五

《中吴紀聞》二册、呢幛一卦，奉還謝甚。《思適齋集》付下一閲，將爲兄書額。汪翁文序即納。

懿榮頓首　拾紙

鮑年丈三月三日故。

按：此札言『鮑年丈三月三日故』，鮑年丈即鮑康，鮑康逝於光緒四年（一八七八），《鮑子年行述》言之確鑿，此札當書於該年。

六

今日作麽生？書箱成若許？三嫂復元否？病減去些許？弟書未檢完，不知當何許。焦頭而爛額，那及漢軍許？

適齋，存許園上。

七

過車門，見有匠人作木書箱，此皆我輩自尋之苦惱，譬如晉徽，豈不爽甚！自今以往，當學石查矣。《東坡詞》借我一查即繳。近亦有書畫之迷，好畫真足引人入勝也。煦堂所藏叔明（元之王叔明）真劇迹也，吴便山函稱之。

松畦舍人。元海和尚。〔一〕

此書桂未谷〔二〕、黄小松〔三〕不足道也。况其餘也。

八

年翁小象，酷似竹坡。章公〔四〕將來，贈我新刻。韓醫之方，不知如何？時已立秋，婦病未

〔一〕此八字大字篆書於元札左側。松畦舍人當指王守訓，元海和尚不詳何人，此稱不常見。

〔二〕桂未谷即桂馥，詳致陳介祺札六三注釋。

〔三〕黄小松即黄易。黄易，字大易，號秋盦、小松，浙江錢塘（今浙江杭州）人。嗜金石，善書畫，精治印。著有《小蓬萊閣詩鈔》《小蓬萊閣金石文字》等。

〔四〕章公即章壽康，詳致繆荃孫札九注釋。

松樹胡同，中間路北，夾石磚門，內閣本宅。

弟榮拜上，松畦三哥。

按：此處言『病婦未瘥』，指原配黃夫人吐血之症，係光緒三年（一八七七）八月前事。黃夫人於光緒三年（一八七七）八月四日殁於京師。又言『時已立秋』，蓋書於光緒二年（一八七六）。

九

沿溝雖臭幸無波，會墨將新掩鼻過。想到今宵題經人，藥籠翻遍苦嫦娥。

即和元韵。

一〇

日來大贖當，非有錢也。所謂贖當、頂當，當頂當也，絶妙七言一句，從無人能道之者。明日所見煦堂各物皆人間當料也。刻在家把玩當物，不數日又當矣。有何新聞？三嫂大人清恙如何？明日須早去，一到即吃，吃後再賞鑒古董也。

此上松兄大人

弟心頓首

二

兄饋我燒鷄，又有人饋燒鴨，平日家常便飯，不見此二物，今俱有之，而主人痄腮，奈何？則苗先生、晋少爺之福也。文相騎箕天上矣，不欲看比鄰過窮節耶？然京城兩車相遇隘巷，幸而摩過，則車夫競説道『拉罷過去耳』，則過節之謂也（節前、節後俱不脱此二字，拉者拉賬）。此謝并博松兄一笑。

弟榮頓首

三

今日在家作麽生？弟過一生日，計費去十三四金，不如得一鈔本《韵補》也。又牽連香濤花去四五十千，不如得一方漢銅印也。寶三來則見之，彭芍庭[一]來則不見也。潘先生忽然怒陳子振，又怒衆人之去焉。若説不干我事，我也顧不得管也。一心只替老婆難受，以病甚也。松

[一] 彭芍庭即彭溯賢。彭溯賢，又名祖賢，字世曦，又字芍庭，江蘇長洲（今江蘇蘇州）人。咸豐間舉人，同治十二年（一八七三）任順天府尹，官至湖北巡撫。喜古籍收藏。

兄大人看這半紙閒話。

弟心頓首赤足書

按：此札言『一心只替老婆難受，以病甚也』，王懿榮原配黄氏病甚，係光緒二年（一八七六）、光緒三年（一八七七）間，此札當書於此時。又言『弟過一生日，計費去十三四金，不如得一鈔本《韵補》也。又牽連香濤花去四五十千』，則此時張之洞在京。按《張之洞年譜長編》，張之洞光緒三年（一八七七）二月至京，此前在川任學政[一]，則該札蓋書於光緒三年（一八七七）六月間（王懿榮生日係六月八日）。

一三

刻在家口唱梆子腔，手摩兩病孩頭，心裏盼川署家信，預計窮年及急債之不可緩，如此壯年，如此磨折，想到二十年後更未必再能如此，復何論功名事業耶？本月公局傳單結費有十五兩，則本月房租、下人工費尚足敷演（代字）一陣。寧不可喜耶？若性好爲人役，早設法乞人差遣及謀得本部要差，平地加二品頂戴，叫寶隆提出兩三萬金釀子息矣，尚何此子之足慮哉！

[一] 吴劍杰編著：《張之洞年譜長編》，上海交通大學出版社二〇〇九年版，第五一頁。

如此心境，鐙〔二〕下忽作如此細字，豈非堅忍性成？

鰥頓首

按：此札落款稱『鰥』，當作於光緒三年（一八七七）八月後。王懿榮原配黃夫人歿於該年八月。

一四

晚飯正酣石首魚，忽傳小簡到庭除。官囊如此衣枯窘，一串新茶陸松書。

松溪三兄贈書留别答□。

弟榮頓首

一五

《沙南侯獲碑》完本兩紙（紙字多寫一點，此條因廢）。梅生刻已去矣，書目籤已寫完。此年來所成之一事，然種種尚未盡精妙，特草創耳。明日擬從□之兄處道喜，後再赴鏡海之約，

〔二〕原文爲『錠』，當爲『鐙』字。

尊意云何?并擬出順治門後，先就便往謁一師樊先生，即托其覓此碑也。

并上松溪三兄大人

弟懿棨上

一六

刻即坐車來譚，有病須面説（不譚不解，將真病矣）。風太大，擬在上房堂屋閉門圍爐（自來自去，不必送迎，有弟前例可查），即兄未吃飯，自可入頭一層裏屋吃也。

松兄稍候。

弟心頓首

一七

今日何爲?亦如胡、張〔一〕仍作廠荒否?昨示誠然，然債雖迸集，總不能不令我想。弟貧病交加，窮至今日，可謂已極，然仍想一旦錢來，若舊本書，如某家之監本前後《漢書》、大字

〔一〕胡即胡石查，張即張之洞。

《晋書》、閩板《舊唐書》，某家之沈册、惲册、沈卷、惲卷、倪軸，石查之新换，潘宗伯所藏琴泉寺寫經，使我今夕有錢，皆將有之。若許賒，則不惜重價。不然，即學赤松辟穀，并飯連菜俱不吃，比□之兄還省亦可。若銅器、泉、印、磚、瓦等等，皆吾夢寐，皆吾嗜好，稍有一時不貧，一時家無病人，種種不饒。凡此皆與吾兄同情，第二人不能知此况味也。悶極無聊，聊復言之，以博三兄大人一笑。

懿榮悶中上

按：此札言雖處貧病之中，金石之好益篤。札中言『稍有一時不貧，一時家無病人』，則此時家有病人，即黄夫人。黄夫人殁於光緒三年（一八七七）八月，則此札書於此前。

一八

歲雲暮矣，年事毫無，而志在鈔本。（韓小亭有影鈔元本，未悉即此册否？）《元朝秘史》何其謬耶！

此上松溪三兄大人

弟懿榮頓首

一九

全家蜀府逾三載，獨歷京曹自五秋。每使人看作馮婦，不堪婦病是黔婁。典衣遠惹群書債，折券時蒙小賈羞。如此壯年如此度，争令二老見窮愁。長夏感懷口占，呈松溪三兄大人。公生明。

按：札中言『全家蜀府逾三載，獨歷京曹自五秋』，王懿榮父王祖源出京任四川龍安府知府係同治十一年（一八七二）間事，此言『獨歷京曹自五秋』，則知該札書於光緒三年（一八七七），此時其原配黄夫人病甚，故後有『不堪婦病是黔婁』之語。

二〇

老騾昨夜倒卧三時之久，比五更時復蘇。難矣此騾，在此間疲累十六七年矣！慈鶴今日果行否？騾將上天，不能策以送之也。寶三請封小結一張奉上。時已十五日月半，川信不來，妙哉！

此上松兄大人

弟榮頓首

按：此札與札八俱言川信未至，蓋書於同時。

二二

忽然想寫滑字，塗壞捶箋數張，廉生此等字亦不數見也。猛然見之酷似新拔貢新館職所爲，不知是十六年窮京官八百金大債主也。無聊之極，塗此肅上三哥大人。（使今日搦管作此俗體書，亦尚不讓時輩，不必定出在出脱骨董後也。笑笑！）

榮頓首白言

按：此言『十六年窮京官』，按《王文敏公年譜》，王懿榮始任京官係自同治三年（一八六四），『是年，公以外舅熙庭公在直隸任邱縣知縣任内捐辦天津海防，部議給獎，移獎以主事用，簽分户部，六月到官』〔一〕。以十六年計之，則在光緒五年（一八七九），蓋書於該年未中鄉試前。

二三

天象如此，尚不修省恐懼，乃猶與驢諸公打牌耶？小庚好曠，梅生亦漸老，大弟則從此長

〔一〕 王崇焕：《王文敏公年譜》，載《中和月刊》第四卷第七期，一九四三年。

爲鰥夫，兄則日作賭荒，故上天垂象，新正吉日而月爲之蝕，所以示警，亦以陰陽不調也。謝諸梅生尚有法術，能挽回乎？此上局主僧無可和尚。

按：札後署『無可和尚』，不詳何人。且無下款。札言『弟則從此長爲鰥夫，兄則日作賭荒』，當書於王氏原配夫人黄氏歿後。

二三

弟雖係海鄉生人，性最不喜海魚，又畏銀刀魚，以大刺多也。香濤餉我大一盤，非吾所好，特以轉餉，原盤即望發還，明早即送出城也。前日見新人目下有雙痕，昨日聞新人年長不甚俊，都説續弦好，如此毋乃甚。

松兄大人

弟心頓首

二四

示悉。其愛鄉味正同，即當分存，亦一佳話也。方册明日還之耳。小機尚未見單，少頃詢諸樵野再聞。岳雪，紙名，日本印書第一等紙也。《留真譜》（此書名），楊風子所照日本每種宋槧一頁（《古佚叢書》爲黎公妄改者，風子亦將原未改者照存）。

弟頓首

二五

鼉磯石硯請交下走，再謝。

此上松溪三兄大人

弟榮頓首

二六

晨間見兄案頭有漁洋詞寫本，云及將還翰文，弟欲收入《先喆遺書》，請爲弟留之。所直多少，屬其寫弟公賬中可也。金價日昂，弟則日窮，季樵亦日益窮，奈何奈何！（伯□扇畫未納上）

松兄大人

弟制榮頓首

二七

皇興造象新拓，祈賜數紙。弟課賦請評改後擲還，并以吾哥新作見示，一讀爲快。

此送三老爺

二八

銀如數收到，弟竟忘此事，然此甫到即又爲伯兮墊去矣。窮人之不能存錢如此。説帖領到，謝謝，至美至美。牽涉老輩多人，作此帖時竟不知後來又有謀好漢床者，又有多人，若輩存心，雖大瘋亦不足蔽其辜也。笑笑。

此復三老爺

弟仍未出城，太熱了。

二九

昨在潘師□午飯，從窗玻璃間見兄去矣，呼之不聞，何耶？天冷甚，不能出手，信不及寫，物亦不捎矣。冬糧一整塊奉上。

弟榮頓首

（張文定公有詩集在此。）

三〇

此復松溪三哥大人

示悉，《戚武毅集》納上。大金已愈，尚未復元。弟嗽乃甚，不吃杏仁蜜矣，餘遵辦。

弟榮頓首

按：大金即王懿榮長子王崇燕，此時王崇燕患頭暈之症，王懿榮致女兒崇煐信中曾提及。《戚武毅集》王懿榮刻於光緒十五年（一八八九），此札當書於其後。

三一

可留蘭德在城内宿弟寓也，弟自再同處散即到兄處，在四點鐘時也。

三老爺

按：再同即黄國瑾，歿於光緒十七年（一八九一），此札言『自再同處散即到兄處』，當書於再同歿前。

致胡景桂（一通）

一

月舫大公祖仁兄同年大人坐下：

一前奉書，想邀青及。近有弟年侄李世兄沅字芸孫，以知縣需次吾東，近托仁宇，種求教誨。芸孫爲現在河南觀察李小浦之子，前侍御蒓客〔二〕之侄，家學淵原，人品謹飭，有雛鳳之譽，又以上世隸籍順天，與公爲鄉後進，即望逾格栽培，感同身受。遇事自能激〔三〕。

〔二〕蒓客即李慈銘，詳致李慈銘札一按語。

〔三〕此處恐有脱頁。

雙福，并詢合署清福！

姻侍期懿榮頓首

左冲

按：此札收自網絡。胡景桂（一八四六—？），字月舫，直隸永年（今河北邯鄲）人。光緒九年（一八八三）進士，改翰林院庶吉士，授編修，擢監察御史。光緒二十三年（一八九七）任寧夏知府，以治水有功擢寧夏道尹，後任山東按察使、陝西按察使等。此札爲薦賢，由『需次吾東』可知爲胡景桂任山東按察使之後，即光緒二十五年（一八九九）之後事。落款稱『期』，則當書於王懿榮弟殁之後。

致樊增祥（二通）

一

惠顧未能攀談，至歉至感！兄病小愈，仍是氣虛，少一動作，汗出如雨，奈何！吾弟行期定否？六月□暑，函關溝隘，大雨不時，萬非所宜，至囑至囑！如逢積潦，不出門時，川中寄來兒輩初學課文二首，欲求名筆斧正，寄回令其則效。曾乞仲弢〔二〕、蕙生〔三〕、南川諸君子，前後各賜教矣。如蒙惠肯，當以敬呈，兄亦不憚作文丐耳。悶極！

書上十韃仁弟，即頌雙福！

懿榮力疾頓首

〔二〕 仲弢即黄紹箕，詳致黄紹箕札一按語。

〔三〕 蕙生即周鑾詒，詳致潘祖蔭札一注釋。

按：此札未見原札，依《王懿榮集》過録，標點略有不同。

此札上款爲十韃仁弟，十韃乃樊增祥早年書齋名。清李嘉績有《寄懷雲門武昌》二首，後一首有句『矯首十韃齋，挑燈悟怡悦』即其證，樊氏有《十韃齋詩集》。樊增祥（一八四六—一九三一），字嘉父，號雲門，一字樊山，别署天琴老人，湖北恩施人。光緒三年（一八七七）進士，後官陜西布政使、江寧布政使、護理兩江總督。有《樊山集》傳世。與王懿榮爲摯友，詩詞唱和頗多。

此札言『兄病小愈，仍是氣虚，少一動作，汗出如雨』，按《王文敏公年譜》，王懿榮生病始於光緒十年（一八八四）夏，又言『吾弟行期定否？六月□暑，函關溝隘，大雨不時，萬非所宜，至囑至囑』，此當在六月前。按之《樊增祥年譜》，該年樊氏在京候得陜西宜川知縣，并於七月下旬出京赴任〔一〕。此札蓋書於五月。

二

雲門仁弟前輩大人坐下：

久未覆書，心緒太劣。去年燕兒幸中鄉舉，尚未謝師，先蒙厚貺，祇領慚感，無話可説！

〔一〕程翔章、程祖灝：《樊增祥年譜》，華中師範大學出版社二〇一七年版，第八一頁。

張甥二十金，當即交去。此則非二萬金不可，恐吾弟亦望而却步也。現在尚未出都，與燕兒俱未出房。然先生會試如此其鈍，學生此處衣鉢必易傳代，亦無足奇也。伯羲之女出閣即病，病即不起，而伯羲竟絶口不提一字，其傷心可知。尹少年舟行邵伯，并携一子一友一媪，俱爲其僕刺死，事見《申報》，在三月初間，此真人禍可入《五行志》者。再同死去，乃鐵生〔一〕之長子去冬亦死，壽老〔二〕之家運如此！敝處得信，當諭舍侄女以汪容甫、焦理堂兩家之説，十分勸教，此兒矢志不移，過門守節，以翁姑凌虐、家道困窮、死而無悔爲辭。已説幼樵〔三〕前輩寄書鐵生，使其來接。此皆兄所謂心緒太劣者也。

匆匆肅謝，即請大安，合潭清福！

如兄懿榮頓首　四月十五日

按：此未見原札，依《王懿榮集》過録，標點稍有不同。

此札言『去年燕兒幸中鄉舉』，按《王文敏公年譜》，王懿榮長子崇燕中山東鄉試第十六名

〔一〕　鐵生即何金壽。何金壽，字鐵生，初名鑄，湖北江夏（今屬湖北武漢）人。同治元年（一八六二）殿試榜眼，授編修，曾任河南學政、揚州知府，光緒八年（一八八二）卒於任。

〔二〕　壽老即黄彭年，再同之父，詳致張曜札一注釋。

〔三〕　幼樵即張佩綸，詳致張佩綸札一按語。

舉人，此係光緒十七年（一八九一）事[二]，可知此札書於光緒十八年（一八九二）四月。札中又言『伯羲之女出閣即病，病即不起，而伯羲竟絶口不提一字，其傷心可知』，按《盛昱年譜簡編》，光緒十七年（一八九一）『長女適菘藩之子寶康，甫一月即病卒，甚爲哀慟』[三]。札中又言『再同死去』，再同即黄國瑾，逝於光緒十七年（一八九一）二月二十四日。

[二] 王崇焕：《王文敏公年譜》，載《中和月刊》第四卷第七期，一九四三年。

[三] 劉晴：《晚清名士盛昱研究》，黑龍江大學二〇一〇年碩士學位論文。

致裴鴻達（三通）

一

儀卿六兄年大人左右：

去年撥給端午橋〔一〕之一百二十金，渠見信後當即要去，取有收條呈閱。弟與足下首尾又一清矣。鳳孫〔二〕處弟已將尊信送看，渠至今尚未還午橋也。弟與足下無欠款，又可再拉矣，笑笑。范家所得各印，弟見有稍大點之陽文等秦印，兄如已得之，可以分我。其餘各大小印，打樣照印定價，弟亦可先寄印本與清卿，爲足下出售也（渠圈出照印寄價取去。至妥）。

〔一〕端午橋即端方，詳致端方札一按語。

〔二〕鳳孫即柯劭忞，詳致陳介祺札三五注釋。

此頌大安，闔家極好！

弟懿榮頓首　正月十九日

外午橋收條一紙。

按：此三札係王懿榮致裴儀卿書札，見於《四家書札》，國家圖書館藏，稿本。裴鴻達，字儀卿，行六，山東濰縣有名古董商，常與吴大澂、端方、王懿榮等交易。其餘不詳。

二

儀卿六兄足下：

七月初間，吴河督寄來信一封，并匯到京平松江銀一百捌拾兩正。原信并奉上一覽。他意不欲收古錢，專要印璽。此次咱要價二百，他只給一百八十兩，有原信可知，以後爲之專收印璽可也。弟前托郭九兄匯此項來，郭九兄云暫無使處，以後再説，弟又不敢由别處匯兑。今郭九兄來云近有使項，弟即托他將此京平松江一百八十兩正，即匯寄吾兄，如收到後付一回信爲要。弟所欠八十兩，隨後再匯，不至遲誤。京城磚瓦秦詔版，俱無人要，千萬不必采買，止有銅器易售，古泉次之，并以奉聞。古泉小件，可開清實價捎來，與售主商量，不必親跑一次。有銅器多者，再來不遲。磚瓦千萬不要貪買爲要。

專此即請財安，合府均吉！

弟榮頓首　八月初一日

吳信閱後封還。他有一晋陽令官印一枚，如二三兩金，可即爲弟留下，其餘俱假者。兄有小幣，不要平陽、安陽，餘俱爲弟留下可也。范家東京賣的甚不得意。

按：吳河督即吳大澂。按之《吴愙齋先生年譜》光緒十四年（一八八八）：『令吳大澂署理河東河道總督，毋庸來京請訓。廣東巡撫着張之洞兼署，吳大澂接奉電旨後即行交卸起程，勿稍延緩。』〔二〕吳氏於光緒十四年（一八八八）八月初六日接印，任職至光緒十六年（一八九〇）正月，此札署期爲八月初一，則當爲光緒十五年（一八八九）事。

三

二錢領謝，無甚新奇。潘尚書前月仙逝。吾兄所拓之盤可不必買矣（此後古物不可再出大價收矣）。

〔二〕顧廷龍：《吴愙齋先生年譜》，哈佛燕京學社一九三五年版，第一六七—一六八頁。

專此復儀卿六兄年大人

榮頓首　十二月八日

按：札内言『潘尚書前月仙逝』，按之《潘祖蔭年譜》，潘祖蔭逝於光緒十六年（一八九〇）十月三十日〔二〕，則此札作於該年十二月。

〔二〕潘祖年編：《潘祖蔭年譜》，見沈雲龍主編《近代中國史料叢刊》第十九輯，臺灣文海出版社一九六六年版，第一三〇頁。

致王瓘（一百九十三通）

一

《新學僞經考》一部七本奉閲，閲訖再擲不忙。此子滿嘴胡説，特筆氣好耳。襄陰印容即拓上。《高盛碑》務爲侄致二紙，價若干即上。《柏谷賜田碑》并復賜借一讀，元押换下，以應□弢甫之求。有何新得新聞新見，惠示一二。乞篆『長願奉金仙』五字，見賜一小紙，擬覓張子清刻一小印。

肅上小宇世三叔大人

侄制懿榮頓首

按：前二十三札見於遼寧省博物館編《館藏中國歷代書畫著録·書法卷》，第五六四—五七〇頁。原札影印，後有釋文。

王瓘（一八四七—一九一四），字孝玉，又作孝禹、小宇、小輿、筱宇等，四川銅梁（今屬重慶市銅梁區）人。清末舉人，官至江蘇道員。工篆隸，長刻印，還精於鑒别，收藏金石碑版甚富。王懿榮與王瓘爲近鄰且爲金石同好。

札中提及《新學僞經考》，康有爲是書刊行於光緒十七年（一八九一）八月，故該札書於此後。落款稱『制』，則書於王懿榮丁母憂間，王懿榮母歿於光緒二十二年（一八九六）。

二

昨『花甲』二字上一字是『周』字否？不識則一大笑話也，祈示。香濤《彝器干支説》足本，祈一撿夾袋本録下爲幸。

此上世叔大人

名頓首

（何日得暇，同一慰淡園去耶？）

按：此札言及張之洞《彝器干支説》，此文見於《古學彙刊》中《翠墨園語》，該書係王懿榮輯衆人金石文章而成，首篇即録張氏該文，文後有王懿榮跋：『原稿在孝禹工部處，未見還，亦當時初稿也。後又隨時推廣之，不在此稿。此稿立説有未精確處悉去之。此壬申年冬日無事與孝達合作，暇日當足成之，仍以名屬孝達。懿榮。』壬申年即同治十一年（一八七二），此札當書於此後。

三

拙著《南北朝存石目》已四次清稿，其害手可知。然字字饜心，差足自慰。（年月日建必詳寫，某爲某造某家必詳寫。碑則從額，志銘先從蓋，無蓋則全寫首行，某姓氏下并照寫某人、某君、某府君之類。侄所自纂例，薈生乃心悟之，中間以印模記之，仍前例。）其名目未定者（皆當年眼見，兹因變例遂成弃置），别爲一本，署曰『存查備入』。將來寄此間，請丈與春山同年共訂之（丈有春山，多侄自成）。石未細入者亦在内。此間僞刻二種并寄閲。

肅上孝禹世丈

榮頓首

按：札内言『《南北朝存石目》已四次清稿』，此事見於《王文敏公年譜》光緒七年辛巳（一八八一）：春間，輯録『《南北朝存石目》成』〔二〕。此札當書於該年。

〔二〕王崇焕：《王文敏公年譜》，載《中和月刊》第四卷第七期，一九四三年。

四

内監所送素燒液池鯽二尾，河南門生所送歸德醬瓜二片，四川家石塢兄[一]所寄新冬菜（可以燒湯）一束，遣便送上，以爲協濟今日午餐之須，皆坐中人鄉味也。少頃詣前。

此上孝禹世叔大人

侄制名頓首

按：按之《福山石塢王君年譜》，王季寅自同治十三年（一八七四）至光緒九年（一八八三）都有在川爲官事迹。此札言『河南門生』，則當書於王懿榮任國子監祭酒之後，即光緒二十年（一八九四）後。落款稱『制』，蓋書於丁母憂間，王懿榮母歿於光緒二十二年（一八九六）。

五

周吉孚對發下爲叩。又侄春聯及寶三春聯各一卷乞書。外墨一頂（附京票二千以酬，尊紀研勞）。鮑印想打訖，日内或携以過我。又舊拓《棲霞寺舍利塔碑》一紙，乞哂納。君子長生、

[一] 四川家石塢兄即王季寅。王季寅，字石塢，山東福山人。曾在四川、甘肅任職。

日華室、鈎弋祠磚，許以畀我，補足一分，至懇。侄大集磚文，頗有佳者。

小與世叔大人

侄榮頓首

六

久未晤譚，阮《款識》借來三年，近以重值得初印本，特以元函敬繳。侄又假得鮑丈新得漢印六十四方，請擇日（除廿一日一天）先示（在此早飯），移過同打一分，并請攜帶印泥爲幸。

此上小與世叔大人

侄名心頓首

周吉孚對，望早爲一書。

按：此札言『侄又假得鮑丈新得漢印六十四方』，此事當在鮑康卒前。鮑康卒於光緒四年（一八七八）。

七

聞有蘇黄雜帖之惠，百叩無似。歲暮不見雅□，或見雅貺乎？

此上小宇世叔大人

侄制名頓首

八

漢碑題上，乞納入。潘文勤拓分我一本如何？年事大難，藉此排遣耳。

孝玉世叔大人

侄制懿榮頓首

按：此札言『漢碑題上』，係王懿榮爲王孝禹所藏漢碑屬題。另，此札稱潘祖蔭謚號『文勤』，又落款稱『制』，潘氏歿於光緒十六年（一八九〇），則此札書於王懿榮丁母憂間。王懿榮母歿於光緒二十二年（一八九六）。

九

潘文勤師白摺的真。謝謝。今日便視此爲至寶，謝甚謝甚。果齊斯歡〔二〕拓及餘拓，能爲侄

〔二〕果齊斯歡，清宗室，嘉慶間進士，有書名。

一并致來尤美。想不費多錢，示下即繳，至叩至叩。世叔彌月奉上衣飾四包，即祈莞存，勿却爲叩。所借書及乞書之件，望發下。

此上小宇世丈大人

侄制榮頓首

按：此稱潘祖蔭謚號，又落款稱『制』，當書於王懿榮丁母憂間。

一〇

潘梅園〔二〕信一封，請交三益恒寄去，費神，至感。春山所藏正始磚拓本、二造象殘石二分，即乞查入。壽翁補寄彦謨拓本數目一信，并請付下。

此上小宇世叔

侄榮頓首

按：此札言『壽翁補寄彦謨拓本』，則知書於陳介祺歿前，即光緒十年（一八八四）前。

〔二〕潘梅園即潘駿德。潘駿德，字梅園，安徽涇縣（今屬安徽宣城）人。李鴻章幕僚。

《廟堂》《聖教》各一本，并元袱藍帶并納上。又千文原值京松五十金一紙，祈轉交星五丈爲幸。

此上小宇世叔大人

侄名心頓首

一一

中弢派收卷，與延秋夥，侄未圈出，頃已回寓。

一二

漢碑六種一匣，題竟敬繳，乞查入示覆。所塗太壞，不堪寓目。好在另葉大可撤去，何苦何苦。直隸仍停分發，而吾丈云出行有日，得勿有錢路善法耶？承賜肴蔬香鮮，無比珍荷，謝謝！對聯請用圖章。

小宇世叔大人

侄榮頓首

拓本即上。

一三

昨《中岳嵩廟碑》深蒙見讓，感激無地。即乞與老閻訂定若干價，刻即奉上轉交。侄所藏整本者，日内即撿以持贈。近在手下，不難尋覓也。《柳麻子象》，澄雲杜奎早已言及，恐其居奇，吾丈幸即飭紀向三劉追取定價，亦於尊處付之，不露侄名，叩領無算，事不可遲，敢請無憚此煩，至懇。先君畫像，乞鈐用圖章，清妙來取，已告之也。統容泥謝不宣！

侄制名百拜　廿五日辰刻

按：此札有『先君畫像，乞鈐用圖章』之語，王懿榮父王祖源歿於光緒十二年（一八八六）正月，此札書於其後。

一四

何日有暇？務請過我一談，有書籤奉求，千萬千萬。

此速小宇世叔大人

侄名頓首

一五

燕菜三兩納上。歸檢敝箧，所餘皆零末，不堪應用，此頌老所贈午橋者，因以分來。昨在半壁街，夜半始歸。

小宇三丈　　制名頓首

一六

前乞作小篆書，有格硯款原紙，如未矣，乞書付下，待刻，至叩。如已矣，當再送呈。信卿三秦石拓幅已賜題否？或在石老處，當自取之。至謝。

小宇三丈大人　　侄制名頓首

一七

大喜尚未趨叩，丁榦圃有回敬拓本一包，即以送上。黄新甫昨回京矣，壽對屬致謝。侄一連五日湖上，明日先去謝賞，後日值日。再則，試期迫矣。扇子乞早日賜下爲叩。

此上小宇世叔大人王三大人

姪榮頓首

一八

新得三石拓上。連日整理漢碑箱子，精拓白紙烟熏爛矣，病之過也，惜之惜之！隋碑有起句曰『太素之始』四字者，黄紙拓本，似在直隸，當年丈爲我購之，今爲鼠子咬爛，請再購一紙，直容繳。

此上小宇世丈大人

姪榮頓首

按：此札言所藏拓本爲鼠咬爛事，又見於王懿榮致繆荃孫札中：『榮藏陳丈拓本造象之至精者，爲鼠子噬傷一包，傷心之至，又將重購之矣。』且兩札俱言『病』，蓋爲同一時期所書，王懿榮病始於光緒十年（一八八四），延續至光緒十二年（一八八六），落款未稱制，蓋書於光緒十二年（一八八六）前。

一九

昨匆匆一譚未暢。送來秦石二紙查入，千萬一乞篆題。舍弟即日以所拓敝藏各種爲報。琅邪臺一紙并擬一底附上，吾丈題後即乞與石丈與秋農各賜一題，意在人多，裝歸糊壁。渠不久即歸，敢乞速藻。至叩至叩！

此上小宇三叔大人

侄制名頓首

二〇

送上劭予京尹所贈《道德經》殘本一束，不知能與尊藏缺葉一配合否？即乞查入。紫毫摺卷筆相需之甚，乞早畀下，至叩至叩。欲用尊章石印，并一交下。

此上小宇老世叔大人

侄期懿榮頓首

二一

五碑一并跋上，即請收字。若抱此以殉，是真愛此碑者；若負之以趨，中途爲人搶去，是不愛此碑者矣。重可惜也。二者，吾丈擇之。一笑。

此上小宇世丈大人

侄期懿棨頓首

二二

昨奉上廿金一票，想已察入。頃得鮮鰣魚一尾，此須清蒸，即佐早餐。

此上小宇世叔大人

侄懿棨頓首

二三

協號一扇，請速賜一畫。□對亦然，千萬千萬，至叩。侄年須七百金，真爲之奈何。

此上小宇世叔大人

棨頓首

二四

李茂桐拓，石窟寺只一二種，可笑也。全分殆五七十種，大約未得其地耳。又山東一種已收之，尚未入目。侄大感冒，甚苦。安浦處當日啱之，至今未能去，而事可知矣。故代書字謝謝。能枉顧一談否？

小宇世丈

榮頓首

按：此札得自網絡，原札照片。

此言『安浦處當日啱之』，安浦即張人駿，王懿榮親家，即指張人駿丁母憂事，事在光緒十二年（一八八六）。

二五

（前缺）日便去，但待吾丈一諾耳。尚有先像，乞賜蒙〔一〕題，由清妙齋徑呈。

〔一〕疑此處當爲『篆』字。

此上孝禹三丈

姪制名頓首

按：此下致王瓘書札藏於國家圖書館，稿本。未見原札，依《王懿榮往還書札》過録，標點略有不同。此批書札書自同治末年至王懿榮殁前，時間跨度近三十年，價值重大。大多爲同城短札，記事簡略，時代難考，但原稿排列混亂，且有誤分爲幾札及誤合爲一札者。

二六

碑額篆訖發下，至謝！

小宇世叔大人

姪榮頓首

二七

礬對二付，中官所求篆書，望即賜捉刀，傍晚來取，明日可帶入也。

小宇世叔大人

姪懿榮頓首

二八

擬請朱少翁爲侄婦及小女一診。侄將出門，當使舍侄在家恭陪，馬錢望酌定從豐，一數告知下走，臨時如何交法，并告之詳爲叩。侄傍晚便回寓，望早臨是幸。

此上小宇世叔大人

侄榮頓首

二九

《鄭固》二舊本，請速賜借一看，以有一舊本，欲買得之也。

此送王小宇老爺

三〇

昨論古齋送《房碑》來矣，侄適出門，知必係長者閲市一次矣（以前從雲説過，尚未出來，然多）。未悉《柳像》一軸有消息否？翹盼之至。侄與三劉不熟，且廠物見侄則貴，吾丈一賜講定（能以必得爲幸，不管價值，此亦一毛病也），則諸事諧矣，至懇至懇！

小雨世三叔大人

制名頓首

三一

鸜從刻已回京耶？鑒請之事有消息否？積雪悶損，特此一詢。《柳麻子像》已來，特不知價耳（貴則不要，不比《寇天師》也）。

小宇三叔大人

侄制名頓首

三二

老閣碑事如何？有消息耶？盼之甚切。積雪不能出城。渠之主雇乃朱九丹，得勿謀奪之耶？

小宇世三叔大人

侄制名頓首

三三

昨歸得手示，并奉到《嵩高靈廟碑》一本，此事竟成，非吾丈之力不及此，所添亦屬有限，容再補上銀券二兩，以乞轉付，不至遲也。何日在家？示知一期，仍欲詣胡丈處同一縱談，再遲恐有妙高之行也。

小宇世三叔大人

侄制名頓首

三四

我補老閣二兩一券納上，請轉交清晰。舊拓『剖』字未泐，《嵩高靈廟碑》一紙奉贈。

此上小宇世三丈

侄制名頓首

三五

丈曾爲侄題《劉平國碑》裝軸一，未蓋用名印，乞賜交來人帶回一鈐，即繳。至叩至叩！

所乞捉刀篆簽要緊，能早擲下爲感，無論工拙也，再謝！

小宇世叔大人

侄制名頓首

按：《劉平國碑》是王氏所收重要碑拓，係此碑精拓本，收藏於光緒九年（一八八三），題跋者衆，王懿榮曾於光緒十六年（一八九〇）請盛昱爲該拓題釋文，後又有王瓘補注，則此札作於光緒十六年（一八九〇）之後。

三六

唐李陽冰《怡亭銘》拓本一，祈鑒入。吴氏《詩小傳》可得乎？日内游廠否？頃訪春山不值，聞至含英矣。吴氏著書七種，請聞其目。

專復敬上筱宇尊兄

宗弟懿榮頓首

外唐刻石拓本一紙，送後身大井胡同楊宅。

工部王大老爺

三七

上當用秀毫票銀一兩，乞犒紀綱磨墨之勞。老叔爲我淘神，只有叩請而已。

孝玉世叔大人

侄榮頓首

三八

入皆名未定者，有尊印二記者無假，敝藏各石亦在其中，思之着急，亦可笑也。春山尤多。

孝玉世丈春喜！

侄懿榮頓首

三九

元押二收到，謝謝！刻正拓衛瓦，容并拓本十許（彝器鏡件）及《暉福寺碑》檢定并價，明晨一齊送上，無以報此盛意也。

筱宇尊兄

弟榮頓首

四〇

孝禹世叔大人：

樊七回，得手書，感不可言！南半截胡同之房，上房三間萬不敷住，而米市胡同之房去闊人太近，大非場前所宜，且近更須避嫌，此公則仍不悟也。其實地方則適如我願，亦侄堂上之所喜也。將來置買房屋亦多半在此一帶，城内則西城根一帶，化石橋漱坐師殷侍郎所住卓家房亦將轉典，在川中知之，亦不賃也。萬望與子元弟爲我分勞，至感至感！老爹恐不耐俗務耳。若買則實則侄場後亦須尋覓買房，因嚴命迫於置房，實將告歸，貴省不能久住，水土不服也。若買則不嫌其闊人近，官且告休，而况避人乎？侄上房非五間不可，有隨身法寶，乃忍飢受寒所致，不能暫離，此我輩此生在天地間之自覓苦境也。如實無他處，即乞與子元弟爲我將米市胡同一宅定之，價在十五金内外，多則不支，其實亦住過場後再説，故暫不計直耳。示萬邦信封寄我十個，裝入信封帶下爲禱。侄十三、四兩日先行進城，相見不遠，子元弟不另即請侍安。

侄榮頓首　初四日

四一

孝玉世丈大人侍右：

十月五日得八月廿日賜書并拓紙一包，銅章二事（一伯兮大人者，一錫厚庵，爲錫子猷鑄者，兹仍徑寄付矣）收到，祇悉（後缺）。

四二

拙著時所須者，山東益都之雲門山、河南鞏縣之石窟寺、洛陽之龍門山（所得不全，然已概具之矣）、直隸之磁州耳。請丈與同志者爲我聚之（四處能全即可刻矣），止取其目（必親見拓本乃定之），并不必攫其墨本也。

又上小宇世丈

懿榮頓首

四三

侄婦奉求世嬸大人賜薦一女媒，好顧女僕（此時打雜老媽約一月幾千，請秘示），請開示侄住址，令其前來，速則尤感。承善當之書，如一切回片、回信均領到，費神，謝謝！此次侄有復寄彦謀、西泉信，請交去。西泉信仍交東甫翰林處爲妥，侄已言明。鑄銅章下欠若干，請示數，由丈借交東甫寄去，得尊信，侄再由川繳還。彦謀所定拓本來，請即照數向彦謀措付，交東甫寄去（要收條）。其另一分之于姓者乃宜賓知縣于騰，敝同鄉，非舍親，其拓本來，請用油紙裹好裝匣（如原有匣更好，必結實），請交四川解餉官寄川，侄得所示價數即由川匯寄執事，再由東甫寄濰，來往不過三閱月，斷不遲誤。此紙或來時即請東甫先生一看，或據以寄濰也。

舍弟所患已愈，《雲峰》全分謝謝！并謝存注！《賈公闕》前已寄來，尚有蓄者，容并《高頤》小横闕一并寄上，此次信内不及容納耳。《丁房闕》前拓未全，乃試拓者二，寄翁、寄潘，此次又浼人拓去，侄尚未蓄。忠州去此五六百里，甚遲遲也。一切乃敝兄弟攤錢顧人往爲之。家嚴不准函托該處官長，懼有擾攘，故新都《王稚子闕》其一尚可訪，鏡、磚莫致之也，甚爲悶急。賈（中書令）、楊（侍中）、李（業）三闕拓得多分，費錢不支，三張作爲一分，擬寄京銷數十分，作爲每分一兩五錢，當可出售，此非學《傳古》筆意，惟不拓則已，拓必多分，而多分則難自收藏，用費又巨，此簠齋之不能不收拓費，真實理也。當贈吾丈四分，寄京托銷者亦交文林（所謂發行）、富華等處，朋友則不托也。所寄與丈及胡二弟《制義靈樞》當已到，有銕老信請送去吉丈（又延熙堂兄）與胡二弟處。家嚴年内亦將有信，求飭交也。信便匆匆，號期所迫，瓦尚未及拓。劉二見之否？郡齋刻書不少，《夏小正》《弟子識》乃石洲、菉友物，信内竟不及捎也。

侄所用下人楊俊來此，每節約二三十金，豐衣美食，忽然見鹿滋軒方伯來此，是他同縣，大爲高興，向侄苦苦告假，以不服水土要回京，怕死爲辭，留之不可而去。聞其往投未收，又不得回，乃向諸下人湊盤川，侄又賞之四兩，買馬北上，此人不堪與于升等，來京必仍討飯，不必理他。侄所存東西萬勿爲其冒支，又恐其扇惑潘家廟二兄來支，統以不見侄面不交爲辭。請先囑咐貴下人，其來不須理他，瑣屑奉聞。幼樵、東甫、伯潛、再同，侄均有信寄之。前所要刻書也，以前由匯號、由餉便所托寄各書，想均寄到矣。

此請侍福雙安！

侄榮頓首　十月五日

按：此中言彦謀、于騰購《傳古小啓》事，又見於致陳介祺札五九，係光緒七年（一八八一）事，此時王懿榮在川。王懿榮原配黄氏歿於光緒三年（一八七七），娶續弦謝夫人於光緒八年（一八八二），光緒七年（一八八一）并無妻室，然札首言『侄婦』，此時在川，又言開示地址於媒婆，令其前來，便顧女僕事，故此札恐有錯釋或錯簡，未見原札，故存疑。

四四

書扇感謝無地！陸鳳石二扇乞丈篆書。『雲灑』即鳳石雅號也，當稱先生大人。小分書不帶波磔，如武梁祠畫簽者，著款尤雅。眠藥領到，百叩！絅齋之曾祖仲雲丈所著書封面一紙，乞一捉刀，以速爲叩。今晚來取，能許之否？有人便即携以南下也。

此上小宇世叔大人

侄榮頓首

四五

《書譜》并《封祀壇碑》二本藉紀并繳，欲送去，恐奴子遇雨污損也。簽子寫壞，何不重易之？侄可再寫也。青老畫久見之，索八金，還之。畫真，小印亦真，款墨新於畫，乃册頁改裱，無款之頁仿題者，美中不足即此是也。張《志》早寄午橋，覆信且回云不要也。舊玉何妨携以示我？

孝玉世丈大人

侄懿榮頓首

（得《西狹頌》《郙閣頌》極舊本，何不來看？廿五六日則恩派聽戲。）

四六

昨送鄧玉老出大門，爲長堂流風所襲，今日作頭痛，又須服藥一帖，叔賜我何方耶？擬裝翁、顔諸泉拓，如許惠之鏡拓在手下可彙賜，以便再爲一册，使舊本歸一氣，甚叩。當檢復數種複者復奉上，以與六希，或以新拓補之。

此請小與世叔同好大人（無意之中寫出同字，丙子同年必矣）

侄榮頓首

按：此言丙子同年，丙子即光緒二年（一八七六），則此札書於當年或此前不久。

四七

信一封，閲後封之。錢五千，望即刻仍遣前人去，不可緩。侄意在執事，思補過也，且知之悉，勿遲。官僚雅集杯，香濤欲看之，曷以示侄？當爲説客。

侄名頓首

四八

特遣車敬詣，請枉過，即在舍下早飯，勿却爲幸。

此上小與世丈大人

侄懿榮頓首

四九

寫小篆字筆（書封面）請帶一枚。

春聯特來走領，先謝！此後尊書必饒多福澤氣，而秦硯亦勿勞玉纖纖矣。復通一信呈查，不必專人，可覓車廠之便，年前寄往至妥。

小與世丈大人

榮頓首

五〇

藏本精者誠如尊諭，真僞參半，然一時頗迷戀也。《古鉨印文傳》奉初印本一册，乞哂納。

再往濰索則二次印本矣，不足報。

小與世叔大人

懿榮頓首

按：《古鉩印文傳》首見於致陳介祺札一〇，中有委托王懿榮代銷事，此札當書於此時，事在同治十三年（一八七四）。

五一

侄重收拓本，如新發户等，須仗有老雙款名人對，方能壯門面，故嗜舊本爲甚。昨許惠之舊拓漢器在阮《録》者，望付下，容再謝！此外如有舊本與篆法無益裨者，尚望檢賜，是無厭也。今日晚間借尊袍褂一用，明早午前復上。

此請小與世叔大人

榮頓首

按：此言『重收拓本，如新發户』，此語亦於致陳介祺札一一見之，蓋書於同時，事在同治十三年（一八七四）。

五二

子年丈屬致精拓秦權一，即乞查入。

此上小與世丈大人

榮頓首

五三

丈今日出門否？《首山舍利塔碑》裝本（若此者尚有何物？），如一金，請爲侄留之（已假四金，去老師臺禮二金，餘二金，購此後尚擬買膏藥及皮紙糊窗也）。雜拓許惠，亦望賜甚殷。詣倪翰丈又未遇（見潘園七先生），下午休息，累極（出門坐車二日覺累）。

孝禹吾叔大人

榮頓首

五四

日來欲整次漢碑，乞將侄前次所草漢碑目付下一觀，至要至要。昨晚謁匡鶴泉先生，歸遲受風，作頭痛，得拓本或可愈。此請小與世叔大人晨安。

榮頓首

五五

胡、蘇同到廠，侄自歸矣。欲贈六希鏡拓，時望先付我一看。六希欲作横幅，不專門于此，或可以侄處新而精拓者易之也。此上小與世丈大人

榮頓首　十三日中

五六

十一日想重勞矣，榮尚未如此，得暇何不枉過一譚？許惠楊太夫人蔡君花卉，不勝盼念。周吉甫硃箋大對，便中乞一揮灑。小與尊丈大人

侄懿榮拜

五七

今日仍請倪丈來診，送倪丈去後，丈何妨少在侄處盤桓，可觀《古鉩印文傳》也。尊藏舊拓彝器片祈携來對觀，觀畢仍請即携回，不敢留閲，轉以壓心耳。

此請小宇尊丈大人

榮力疾頓首

按：此札所言《古鉩印文傳》，王懿榮得於同治十三年（一八七四），此蓋得後不久事。

五八

協條想正在揮灑，至感至感！今晚必須送去矣。午間敝師河陽又派同石查録金文，子年丈又得《金輪寺舍利塔銘》打本四紙，贈石查一紙。丈何不向索一紙耶？

此上小與叔丈

榮頓首

按：此言潘祖蔭爲編《攀古樓金文目》，派王懿榮與石查録金文事，亦見於致陳介祺札九，事在同治十三年（一八七四）。

五九

門對望即擲付來手，再謝！

小與世丈大人

榮頓首

六〇

劉叟之徒來，吾丈竟先得若許，甚羨甚羨！書聯望發下爲感。

此上小與尊丈大人

侄榮頓首

六一

協卿值條望丈即爲書之，連日五次許今晚送去也。此侄之累丈，容再謝。

小與世叔大人

懿榮頓首

六二

昨拓本一包收到，示中有大海一言，知丈無戲語，甚感謝也！侄擬初三日出門，初四日入署，仍未復元，不得不然。日内仍服倪丈方，初四日往拜倪丈面求賜（是日内尊袍褂假一天）。侄衣裳在質庫），頃示感謝！丈得此不足成一隊解人哉？賜侄則叨光多矣，將選之易之。有人許寄黄縣《魏志》，來時當以奉納。非所爲報，我輩元不在此（《傳古小啓》在石查處，取來并目統移呈，已飭王二去）。

此復小與世叔大人

懿榮頓首

按：此言王懿榮患病服雲南太守倪翰卿方，事在同治十三年（一八七四），致陳介祺札一

○亦如是言之。

六三

許賜磚拓二粘本及惠書齋額即交下走，謝甚謝甚！

此上筱宇世叔大人

侄榮頓首

六四

篆幅發下，叩叩。有端老七挽聯一分，送布聯來矣。文在此封内，速藻尤感。大喜即容走賀。

小宇世叔大人

侄名頓首

六五

伯兮精神不好（大約時瘟，語細而喘，其屋又太熱也），吾丈午後千萬挾少伯以往。侄午後有事，不先前去。方藥望丈同伯兮酌之。

侄榮頓首

六六

關防文一紙，即乞賜篆付刻，并請速藻。來人守候，再謝！

小宇世叔大人

侄榮頓首

六七

今晨外報只雲南等處二件，仍無北洋。遇有便即速奉聞，斷不遲誤，無論北洋。早晚彦謨總宜在本署早報之計算日子，早起服也。吏部以本署行文文到之日算，不管外間奏報也。『相在爾室』，帶上『詩云』二字。彦謨訃未接到也，今崇烈在津用賤名送幛矣。紙二卷納上，俱寫『戩穀』二大字，叩頌之。得暇來譚。

此復小宇世叔大人必元

名頓首

按：此札言『彦謨總宜在本署早報之計算日子，早起服也』，此指張翼母病歿於津，事在光緒二十六年（一九〇〇）正月。當時王懿榮次子崇烈在津，故有『崇烈在津用賤名送幛』之辭。乞王瓘捉刀『戩穀』兩大字，現存，上署『己亥正月』，己亥即光緒二十五年（一八九九），此則故意爲之早填款者。

六八

張志至謝！丁拓不在手下，即日覓出送閱。對子發下爲感，再謝！

此上小宇世叔大人

侄榮頓首

六九

扇乞速藻（紈扇一幅也）。明日堂期，將携以交之，至懇至叩，瑣瀆瑣瀆，晚間來領。

小宇世叔大人

侄期懿榮頓首

七〇

今日在家恭候枉臨，看《三體石經》。許惠《孔褒碑》能携來否？

小宇世叔大人

侄榮頓首

按：《緣督廬日記》光緒二十一年（一八九五）：『十一月廿三日赴會典館，晤廉生，出示《三體石經》拓本，共一百十餘字，洛陽新出土。』該札當書於此時。

七一

昨事歸途一賜辦否？如妥，即交下走褁回，至叩。適有人出城，此一便也。如須以後送到，即乞早遣价擲下爲盼。

此上小宇世叔大人

侄制名頓首

七二

尹釋三字俱合，惟第二字不是，祈賜一悟如何？

小宇世叔大人

侄期榮頓首

七三

格紙領謝！廣聚匾額前日聚豐來促，前後二面已寫付之，尚用再寫耶？示知尊辦。

專復小宇世叔大人

侄名頓首

七四

孝玉世大人左右：

移署之日先後得由蘇門惠書并筆七支，前此上海東洋刻書之惠、廖大令携帶之件均已叩領，費神極矣，九頓不足以謝！復書仍由協號寄，吴注如來示，想不至誤，但恐書到而執事已北上也，已請彦兄閲後重寄京師云云。移居叢雜，宋元嘉象容下次拓上。又得一本漢印譜，約有三百五十八方，内一官印佳者曰『弄狗厨印』，有『當塗令』等印尚佳，不知誰人所集也。小甌屬向侯菊坡再言，事乃無復音，請告之。胡子元北闈恐有回避，下河南場乎？四川場規極壞，鹿方伯將力整頓之，未悉能如志否。歷年真不像話也。天下試事竟止有北闈可稱乾净，吾輩從此出身，頗可慰也。外省舉人則動以京闈爲菲，真可嘆也。香濤在晋，亦必將整頓之矣。特四川士習太壞，大恐生事。劉二果然利心甚重，不安其居，如熙堂所云。侄看其人不如改行做生意，跟人似不行也。石塢家兄來，想未值，所寄之物屬其留交老嬸大人，必可見也。有程覃叔（祖誥）信一封，請交去。北闈三場恐必有算學（《御製數理精藴》前十册可翻，皆講古算書也），行話須有之，如有邊防（備倭，《明史》及戚南塘書可綜觀之），先以射覆，不悉如何。執事不可不預爲一翻閲也。述之、仲方、松溪想必群集，松甫、季樵何所云云，念甚念甚！

肅請元安！

侄榮頓首　五月廿三日

按：此札言『香濤在晋』，又言及該年鄉試事，當作於光緒八年（一八八二），此時王懿榮在川省親。該年，鹿傳霖任四川布政使，即札中所言『鹿方伯將力整頓之』。

七五

孝玉世丈大人：

前後寄書所浼各節，種盼惠音，然五千里來去迢迢，尚未到也。綿連紙四張收到，謝謝！銅碑尚未及拓，所得瓦類待暇拓呈，鑒納爲幸。挑花各件當趁餉便納上，前撥已行，後起尚未見單。函内不能裝也。見何種、得何種？請種種示及。貴省於古物則斷港絶流，自來不出，不爲陋也。惟學棚書肆多有刻經學、小學各在行書以鬻學子，此則香濤閣學德政，總以數學使提唱，爲他省所無，將來後二十年，學人輩起，其功不在李冰以下也。外單各件，費神飭送，確取收條見賜爲感。再同太史必以塗金銅碑拓本寄之，前已專函向索《李則志》矣。《南北朝存石目》已四次清稿，甚爲害手。有丈所印記而未爲改正其名者，閱之甚爲恨恨，再者去年爲我所買龍門小造象全分一包，當時未揭，帶之西來，按次比對，乃該估誤包，内皆重分，有重至三四分者，彙總不足廿事，諒係當日誤檢，然破費工夫（來京又無此閑情矣。可惜可惜），不得即爲叙補，又未嘗不思及執事，爲之恨恨。天監、廣政兩摩崖各上一紙，請查入。有號期可詢之賜覆，其來必速，有餉便，問香濤處可悉。則衆物之表裏精粗無不到。章氏書面請早寄來，此信到京大約近年節矣。

即頌年喜侍福，合潭福壽！

外單及各信請如數飭交，至叩至叩！

世侄懿榮頓首　十一月九日

按：此言在川所見，則此時在川省親，署期爲十一月，係光緒七年（一八八一）所書，因光緒八年（一八八二）八月即由川北上。

七六

小宇世叔大人

場期已近，想元功精進爲頌。香濤《彝器干支[二]字説》一稿，祈檢付是幸，近日想必料理此種矣。侄又病痢，十許日而愈，氣弱不支。

榮頓首

[二]《王懿榮往還書札》原作『千支』，今據致王瓘札二改。

七七

彭小屏兄《古鉢印文傳》一册奉入，即示覆。乞書聯條，祈付下走。

小與世叔大人

榮頓首

按：彭小屏購《古鉢印文傳》事在光緒元年（一八七五），見致陳介祺札二六。

七八

壽翁有托銷古鉢打本，一朱一墨，請速來看，遲則無及。并請告春山，且轉告渭賓，勿謂言之不預也。

小與世叔大人元安！

懿榮頓首

王老爺，大井胡同。

按：此言陳介祺托銷古鉢打本事，事在光緒元年（一八七五）。

七九

竹丈四書如取回，祈代一詢。香濤將有贈件，俟取來再送呈也。四川新出漢《上庸長司馬孟臺神道》，宋人著録，兹又出也。感寒卧病。

上小禹尊丈

榮力疾上

按：此言《上庸長》拓係張之洞所贈，約在光緒二年（一八七六）。

八〇

許給張允勦《石鼓》《石門》等刻將寄信，乞付下，覆當報命。《文料觸機》乞爲侄購一部，價若干，示知即奉。先未知價，故不即上也。

此上小與仁丈大人

世侄榮頓首

王老爺，大井胡同楊宅，工部。

八一

請撥閑一日枉臨敝寓，分校陳寄各石拓本，缺者此次可索補，并清核數目寄知也。濰足初三四日行。其項留抵京款矣，不柬寄也。

此請小與世叔大人元安！

侄榮頓首

八二

走賀未晤。山東陵縣新出《渤海太守王偃墓志》，見之否？係魏武定元年十月十八日。陳款望便付爲荷，六十三紙（每紙一錢五分，計九兩四錢五分）。李枚卿片附閱，計日濰足來，好作答也。迫促不安，乞恕之。

小與尊丈即元！

榮頓首

按：此言代銷陳介祺所寄拓片六十三紙，參考致陳介祺札二八，當作於光緒元年（一八七五）。

八三

財盛館當日迄未能到，已令歉然。實則候謨公至，次日始至，當日又不能不候也。使我不誠於伯高，奈何？聞前有清恙，想已元復。香濤楹聯蒙賜書，謝甚！翌日當屬其奉《上庸長神道》墨本爲報也。許賜鉤弋祠磚、日華宮磚拓本檢出，便中携之過我如何？黄古原六條如何？紙本則妙。

小與世叔大人

侄榮頓首

按：此言致香濤聯，又言『翌日當屬其奉《上庸長神道》』，則此時張之洞在京，此札係光緒三年（一八七七）春季所書。謨公即彦謨，即張翼。

八四

晨示領悉。四書中《孟子》一册，明經廠本也，敬獻，祈查入。鉤弋祠、日華宮磚許惠墨本者如何？

孝禹世丈大人

懿榮頓首

八五

又許久不晤，病婦日篤，不得出門，心事紛如，以視吾丈真霄壤矣。竹老處舊板大字四書，祈付首册以睹，可否？

肅上孝玉尊丈大人

懿榮頓首

按：此言『病婦日篤』，又言竹老，蓋書於王懿榮婦病重且李佐賢病歿前，即光緒元年（一八七五）至光緒二年（一八七六）六月間。

八六

四件均乞代篆，侄自填款。潘二先生一幅，求以工速爲叩。病妻日甚。

此上小與世叔大人

侄榮頓首

八七

吉事又竟，賀賀！侄深得罪山谷矣，如何來接，即請布置（格外帶兩水紅或紅大包袱來，以便裹携其物）。江都謝儀望備出，同作一函，即日遣送（面議），侄不復出盤脚矣。種種陰騭，不復多囑。

即賀大喜！

侄心頓首

八八

前許賞交代揮各件如就，即交來手。

此謝小宇世叔大人

侄榮頓首

病者日危，奈何！不得出城，暇如入署，請過我一譚，代懇事件。

松畦之醋既在屏置，今日又叨盛宴，來示種種，想好事已諧，必子孫衆多矣。世嬸大人定能使松畦不意，敬佩敬賀！

又拜

按：此言『病者日危』，蓋書於光緒三年（一八七七），該年八月，王懿榮妻黄氏病殁於京師。

八九

賜筵敬領，同家兄祇謝！大喜今日本擬走賀，風大甚，少遲當持春聯乞書。通信想已發。

復謝孝禹世大大人

侄榮頓首

敬供二千，取其雙也。

九〇

敝魯師書籤之小《臨文便覽》，丈處有之，幸速借我一用。

此上孝禹世叔大人

名正頓首

九一

埸門此時想擁擠不堪。送來聯一，春山乞尊款。又額一，乞捉刀篆書，後留跋尾餘地。總遇壽事，以後有便來，先存之可也。碑目校出付下，裹付爲幸，省得飛去。簽子丈後得之若干，亦乞勿篋，待侄清本後再乞校補。

此請小與世叔大人

侄榮頓首

九二

脩學齋一額如書就，乞付。潘件屬代謝！

此上小與世叔大人

侄榮頓首

九三

連日想忙不可言。兹有紙一卷，係敝師潘伯寅先生屬代乞篆書，擬刻小匾，并懇速藻，勿庸署款。元函呈閲，先此代謝。

此上小與世叔大人

侄懿榮頓首　十一日

九四

《竹葉碑》，既承見惠，望付下走，至謝！

此上小與仁丈大人

侄懿榮頓首

九五

日内想已忙畢。前乞書各件，内有潘鄭盦先生奉懇之件，敢乞速藻。又李竹翁碑目校訖并望發下。竹翁病勢不減，恐枚卿一旦來索之急。種種來擾，如何如何！蔡先生永和磚硯望精拓三五紙畀我，以有永和年款，不厭其多也。

此請小與世叔大人元安！

侄懿榮頓首

按：此言『竹翁病勢不減』，蓋書於光緒二年（一八七六），該年李佐賢病殁於京師。枚卿即李貽良，李佐賢長子。

九六

小宇世叔大人

八月七日備飯及魚子等物，而丈迄未來，顧□到石丈處，知已赴差次，渴想之至。今送來孟氏祠堂對并紙，望即賜一篆，爲日已久，渠來頻催，望速藻，初八日或來領也。

侄制榮頓首

九七

楊緦卿贈我新刻吴讓之分篆二體銘各一分，即以轉奉小雨仁弟笑納。

兄榮頓首

九八

孝玉世丈：

今日發此信時乃在蒲臺河南岸，天寒早行之苦，鰥夫所慣受也。行抵鹽山縣屬之王樹鎮，於野寺中得一北齊造像殘石一尊，即拓以奉覽。銘詞非剥蝕，乃磨滅，僅存年月，其磨去久矣。如今又削去神廟舊匾之款，重新還愿，古今之情一也，可以慰道路之苦矣。相煩各事别紙開上，覆信交抄手，胡匯興樓，種種以速批答，至叩至叩。

十一月十二日　懿榮上

按：此稱『鰥夫』，署期爲十一月，則係光緒六年（一八八〇）事。該年王懿榮春試聯捷，回里。途經直隸得北齊造像，事又見《王文敏公年譜》。

九九

日本譜叙當印寫上吉名，二扇附納。福善真是朋友，望叔先與一字，爲侄留之，日内即送利换票。以後各件皆如此，并乞先言之，至感至感！侄八月十六日舍侄在家完婚，本月初八日次兒在省續娶，而此初六日舍侄女在此過門守節，所費不支，一時迸集，至今節賬尚未一理也。生平窮困，無逾今年矣。嗟嗟！然手鑪仍望其即日作價償取。至叩至叩。

按：此言『次兒在省續娶』，當爲光緒十八年（一八九二）事，按之《王文敏公年譜》，該年王懿榮次子崇烈在濟南續娶章邱知縣蔣慶第次女。

一〇〇

桂軸鐘拓二副，藉紀拜上，閱帖臺達不收，藉聞。

敬復孝禹吾弟

懿榮頓首

一〇一

小宇仁弟節喜：

犧彝拓本望發下爲妙。甘伯〔二〕丈已作古人，弟曾得其字否？今日一往慟之，殊悵悵也。此行。

兄榮頓首

按：甘伯即胡澍，王懿榮好友，胡澍病殁於同治十一年（一八七二）八月中旬，此札書於其殁後不久。

〔二〕甘伯，《王懿榮往還書札》原作廿伯，據文意改。甘伯，王懿榮好友胡澍字。

一〇二

許代浼叔度兄寫蘭，兹送來紙十幅，又十幅内一横條，各有文在内，祈勞大筆，篆隸兼有之，俱請不必署款，亦無須印記，以兄有『香草美人』小印施之此處，甚相宜也。燕君〔二〕不敢褻大名，亦敬愛之一道耳。字幅小注書名亦不必書，留空與兄補之，初十日走領。

此謝筱宇棣台大人

兄榮頓首

一〇三

《隋志》蓋望發下，謝謝！兄新得此志，曾以尊藏校過，是覆刻本否？祈示。

此上小宇仁弟

兄榮頓首

〔二〕燕君即張翼，字彦謨，又字燕謀，故有此稱。

一〇四

春陰無事，頗宜促談，昨走訪不值，今日或有暇，請示知，彼此過從均可。

此上筱宇仁兄大人

弟懿榮頓首　二月晦

大井胡同楊宅，王老爺。

一〇五

侄看過不復記憶者，豈止《侯獲》一石？碑本二册收到，乞書之件望速藻爲感，侄指此濟急也，至屬至禱！

此復小與尊丈大人

懿榮頓首

一〇六

倪丈今日無暇，許明日遣車敬迓可也。仰山處牆上挂一爵（即清卿陽文父癸）、一（未記是鼎是敦）文有『庚午』字（亦丹拓）二種全形小幅，乞丈爲詢之。若在二金内即爲揭之，甚禱。又清秘閣内存有木匣裝三字齊刀背□，若在十一二千，亦祈小與吾丈代爲購之，切切。

榮頓首

一〇七

此上小與世丈大人

屏如揮訖，望付下。侄擬補格後，末行仍雙行篆注誤字也。畫格後今日仍請補之耳。

侄榮頓首

一〇八

此請小與世叔大人

昨示下適未歸，不得即復爲歉。奉上古鉢拓本精者一分，不缺不倒，望即交前途，值三金。如尊項便時，日内一并擲下可也，緣壽丈有須用處耳，不敢促也。

侄懿榮頓首　廿一日辰

按：此言促古鉢拓本值，參考致陳介祺札二六，此事當在光緒元年（一八七五）。

一〇九

車即供奉，尊褂附繳。有袍乎？如假自友人，請暫勿還，明日尚擬統假一光。

小與世丈大人

懿榮頓首

一一〇

今日晚局，趁此時尚早，何不作札并邀研秋〔一〕乎？渠此時高卧未起，必未出門也。連日遲劉叟不來。

此請孝禹世丈大人叔安！

侄榮頓首

王少老爺，大井胡同。

〔一〕研秋即董文渙。董文渙，字堯章，號研秋、研樵，平陽府洪洞縣（今山西省臨汾市洪洞縣）人。咸豐丙辰（一八五六）進士，散館授翰林院檢討。有詩名，著述有《峴樵山房詩草》《研樵山房日記》等。

一一

《説文句讀》一部奉納，此讀《説文》入門以至成家皆不能廢者，足見吾齊小學之精如此。石查昨以覆刻之《司馬元興志》見示，尚十分珍重，是爲帖賈巧言所誤者。尊處有粗墨頭，祈先付少許，便飭王二研送備用，少頃侄即到廠取來粗墨也。如有金文舊拓，仍祈分惠，以治窮人頭風，笑笑（昨送格屏，祈速藻爲幸）。

此請小與世叔大人

榮頓首

一二

春山藏古印打訖，望交下走。一二日内祈見顧，有四字奉瀆。

此上孝禹世丈大人

侄懿榮頓首

一一三

日前無款篆對望擲下填款。昨所乞齋額，速藻尤感，年前尚擬裝挂。

榮再頓首

一一四

昨奉懇代購兩事如妥，即祈付下走領回。該價（石章價即所説，李像講定若干）示知即繳，不遲不誤。

此上孝禹世丈大人

期懿榮頓首

一一五

前懇吾丈代求敝魯師爲家嚴賜書名片及舍弟名，未諗已代懇否？將刻以携之，侄又自求敝師書聯，故不敢瑣瀆也（深恐侄明年來時，敝師已得試差出都，不及再求也。敝師生二人今日情况可謂沆瀣一氣矣）。

此上小禹尊丈大人

侄榮頓首

一一六

陳簠齋丈有寄清卿新近精拓之琅耶臺足本，望過我一商。此送小雨世丈大人

懿榮頓首

少遲不及，賤恙小愈，尚未脱然。

按：此言陳介祺寄吴大澂琅耶臺拓事，按之致陳介祺札，事在同治十三年（一八七四）。

一一七

賤恙承垂念，甚感！寫扇寫經書，省得持扇入平康也。丈謂不可寫不見字書之字，甚是，特金石家不應作是語。陳簠齋治園所得唐石已有之。稍好當求見老世嬸。

小與世叔大人

侄懿榮頓首

一一八

近患滯下，甚苦，不能見客，復不能正坐，手不及束帶，奈何奈何！鮑年丈屬送來《海東金石存》《論泉絶句》各一本即納。

此請小與世丈大人晨安！

姪懿榮頓首

一一九

姪爲鄭東甫之太夫人寫壽聯，十六字耳，廿六日須備送，敬祈老丈於明日晨間下署時千萬過我，一爲捉刀，至急至禱，姪午後尚有酬應耳。

小宇世老丈

姪榮頓首

有新出《陽三老碑》，漢刻也，可來看。

二二〇

叩請即捉刀書『格言輯要』四篆字，董先生所求也，明晨遣人來取。又求篆『海岱人文』四字，如潘尚書所刻木印大，即將刻黄楊木印也，二寸建方可矣。日内有所見聞乎？侄憊不可支，大約將病，窮之所致也，笑笑。

此上小宇世丈大人

名叩

按：此言求篆書『海岱人文』四字，此爲王懿榮所輯書名，求此書名事又見致張佩綸札二六，書於光緒十五年（一八八九），此札蓋亦書於此時。

二二一

小宇世叔大人

石查説尊從今晚如有暇，請至到彼觀造象打本。外一單欲留者讓。

侄榮頓首

一二二

信已寫畢，家嚴命寄上紋銀拾伍兩正，敬祈費神賜爲代買本色鏡面哈喇一丈，其色以帶竹葉青及近白者爲佳，千萬不要帶紅頭及帶藕花色者，至叩至叩。如錢不敷，賜墊，示知即繳。購妥請包裹，仍交此次解餉委員廖大令名培基號滋厚者回便帶下，不至誤也。其來拜及送此信時，請先煩尊管詢其住址，并問行期以告，并屬云有回件可來取也。瑣瀆不堪，恃愛鑒宥爲幸。屬辦之件已飭人趕工，下次餉便可報命矣。

又上孝禹世丈大人

姪榮又拜

按：此係在川時所書，時在光緒八年（一八八二）。

一二三

孝玉世丈大人侍右：

頃從協號信復肅上一函，并贖所當書銀二百卅六兩正，計邀鑒查。俗事干瀆，深抱不安。

一二四

昨與雲門爲伯兮公祝，失候甚歉。李卷篆出擲付爲幸。別件如就，統求賜也。何日枉臨？盼盼。

此上小宇世叔大人

姪榮頓首

一二五

昨日重勞，感叩無似。姪記性爲俗冗所擾，竟忘記將山左館春聯一并乞書，『聖賢桑梓，海岱文章』八字，又四扁或兩字或三字均可。今日下午鞠扇請即交下，姪所乞十扇乞早發，便□史生趕寫，爲日無既矣。松谿志卷、趙文卿書封面一并送上，即請同賜一揮，趙自來衣冠叩謝也。

此上小宇世叔大人

姪名頓首

一二六

委件當力圖吹噓，并速報命。再上長聯一付，并小件數事，一律乞書（下聯原書得一聯者，語句亦顛倒）。墨如不足，示知即速送來。何日進城？藉圖良晤，侄日來力疾收拾房屋也。

此上小宇世丈大人

侄心頓首

一二七

藍對金碟并交下走，曾萬聚印色乞代購一合，值即繳。

此謝孝玉世叔大人

懿榮頓首

一二八

蘭溪送五種大碑打本來入録。侄目不敢久視，久便眩，轉請丈日内過我一談，有未入録之小品亦希帶來。

此請小宇世丈大人

侄名心頓首

一二九

又封面三葉仍請篆書，將來仍以印本奉報也。兩面大小字皆篆書。

小宇世叔大人

榮頓首

一三〇

丈與燮鈞〔一〕何以誤認之？款字與印章尤謬劣。《黄羊黄羔造象》拓本留意代購爲叩。

小宇世叔大人

侄榮頓首

〔一〕燮鈞即張亨嘉。張亨嘉，字燮鈞、鐵君，福建侯官（今福建福州）人。光緒九年（一八八三）進士，散館授編修，光緒二十三年（一八九七）入直南書房，光緒二十五年（一八九九）任太常寺少卿，後歷任大理寺卿、督浙江學政、京師大學堂總監督、光禄寺卿、兵部侍郎等。精文物鑒賞。

一三一

今日直督有三摺，不知有帶彥謨夾片否？敬聞。富潤軒之朱竹垞，老臉僞作也。不知。

按：此札言『直督有三摺，不知有帶彥謨夾片否』，按之札六七，張翼丁母憂，由直隸總督裕禄代奏事，『夾片』即指此事。此札當書於光緒二十六年（一九〇〇）。

一三二

遣人走領，明年一齊叩謝。又書封面一紙并上。

此謝小宇世叔大人

侄榮頓首　廿七日

一三三

沂水漢石現歸一某姓字伯康者，與侄故門人丁亦康翰編爲親家，曾得其精拓有小印者二分，茲以一分奉贈，即希查入。又副本一分，亦勝市拓，乞一并哂存。年事不濇，在家心慌，并有病婦，睡不安坐不穩也。

專上小宇世丈大人

侄制名頓首

一三四

又逢餉便，捎來《制菽靈樞》二部，請以一部轉交胡子元弟，又家刻各種吉人丈所無者，亦以畀之。吉老所須，亦止《東古文存》與《木皮子》二種耳。宋估子珎自陜西回京帶有何物？有新出造象可入録者否？藤條脱粗細二種，舍弟已爲代選。世嬸所索剌花各件，女兒亦尊命監製矣，并布及大綢者二類也。尚有孝敬川産各件，容再覓餉便帶上。此次迫促，來不及也。此信到，又當在協號九月上浣一次信後矣。豆豉并附上，豆瓣醬再帶。潘先生信由協號遞，并有拓本。此處竟無楝絲紙，甚悶。

肅請雙安！

懿榮頓首

再懇者，請即賜便一詢敝房師繆小山先生回京否？住何處？如得其地址，又煩枉拜晤面時，請以此紙所話轉告。繆師有屬侄所索逋紙，現已到手，存在侄處，既得住址示知，當即由協號繳上。先請代達，又叩。切切。

按：此言繆荃孫屬王懿榮代索欠款事，索畢得銀，未知住址，不敢遽寄，故托一詢。事在光緒七年（一八八一）底。

一三五

孝玉尊丈大人：

十一月廿日得賜書二函并筆十一支，承善當單一紙，六吉棉紙二張，祇領，謝謝！如此瑣瀆，何以酬德，惟有默祝春秋聯捷，多男多福而已。曹竹銘、胡石查、潘先生塤俱悉之矣，王得榜水利，長笏丈訃音亦悉之，承注種囑，銘感無既，語語真摯，藥石之言也。承代購《雲峰》全分，請即以承善購之。侄館卷課賦日日爲之。小女又求買一蘇州女帽有花朵者，封賜函寄爲叩。《南北朝存石目》，叔所前注有印記有墨點，而未訂正其名，使我害手，眼看不能寫，思之悵悵。現已第四次清稿，其名未訂正及未見拓本者，別爲備入存查一本，便陸續歸補也。《于孝顯碑》有之矣，不須買。

用吴荷屋老年字敬復，即頌年喜！

侄懿榮頓首　十一月廿二日

《廣武將軍碑》至今未得，春山所得鄭康成名玉印乃僞物，何自寶若此？

按：此言在川事，署期十一月，當爲光緒七年（一八八一）所書。

一三六

祈年尚未把晤，有張安圃祖母、柯鳳孫老翁挽聯二付，非侄作不可，然萬不能寫真字，千祈過我一篆，火燒眉毛，切盼切盼！侄今日、明日均在家，即祈枉臨，在令興早飯也，兼有拓本。

即請小宇世叔大人春安！

侄榮頓首

一三七

日内因節事窮忙，未及詣前，未悉興居何似？漸次復元與否？殊深馳繫。《建初石門》一軸塗就納上，乞查入。又《印郵》二册，皆小鉨印，此文古樸，得非訪古之前一宗也，即以奉贈。日前惠賜金吉石二拓，祈揭贈封交下走。侄新得一鉨，容再打上，較此二本所收均勝百倍也。尚古餘物俱存當鋪，其□一物，千乞爲我留意。

此上孝玉世丈禮次！

侄名頓首　十二日

按：《印郵》爲濰縣高鳳翰所編，成書於光緒十一年（一八八五），王懿榮曾爲之作序，此札當書於其後不久。

一三八

李文田殿試卷刻本請買一本，封函内可擲寄，至要。第二子習顔體書，因來索此。次經又寄一埧與鄭堪，出前二埧外，字文奇極，奇哉！

按：尹次經初寄兩埧至京（即前二埧）事在光緒七年（一八八一），此札當書於此後不久。

致陳介祺札六〇曾言『鄭堪先生得三埧』，即指此事。

一三九

孝玉世大人侍右：

成都府科試不在本署駐府試院（與舉場坒連），侄今日仍在試院隨侍，尚未回署，十三日始挂長榜也。川估廖姓自陜來，侄得造象一石（此正光四年），拓本一紙（夾書内）先以寄上，前在陝所得無年月一尊，尚未及拓也。壽丈、西泉有信物托寄否？盼盼。來此多日，不見惠音，真悶悶也。又得漢印數事，内有牙印二，又一穿帶，至奇，所得尚便宜，惟總未能作賦用功，爲可慮也。又得一盉，劇佳。京師師友親戚，侄俱有信寄之而不復，則亦不復寄之矣。爲幼樵得一『綸』字銅印，佳甚，亦未寄之也。侄在試院，患滯下數日，已愈。崧甫、述之、叔賢、付方、竹山、季樵常見否？松溪來否？亟欲知其消息，請皆以此函相示爲叩。舍弟刻《東古文存》四本，丈及崧甫、述之各留其一，以一分交潘鄭堪先生，説信下次再上也。侄承嚴親命，搜成屬府試落卷之可取者，頭目如在桶底，真所謂昏頭打腦也。於手脚忙迫之際捉筆作此，趁協號信便拜上。松溪若來，侄尚有專寄他也。彦謨得何妙否？劉二來否？如何？吉人丈、胡家兩弟常見否？《制義靈樞》[一]太厚，信中尚未能帶也。今日又見唐人寫經一紙，尚未購妥。侄又得《漁洋詩學》一册，宗叔鶴舉所購。渠有一張丈五長之石田畫卷，天下絶品也，此乃真是粗沈矣。

即請侍安！

侄榮頓首　八月八日

[一]《制義靈樞》，札一三四作《制藝靈樞》。

按：此言在川事迹，署期爲八月，則係光緒四年（一八七八）事，光緒五年（一八七九）閏四月即由川返京矣。

一四〇

碩卿書面，又家刻先祖遺著《正俗備用字解》書面，千萬乞速藻見寄，所浼各件當次第承惠矣。家君志在明年一定北上，買宅事請懇彦謨兄費心，至感！渠年終與金軍通信時，家兄名季寅（道）、舍弟二人一鴻發（總兵）、一懿棨（知州）請連類言之，一爲增重，不獨前所托之明世兄鑑縛也。萬里從戎，深懼其小忤而首領不保，非徒作請托比也。備預不虞，古之善教也。請以此紙示彦兄，不别致書。全寫科名記陳仲魚對策，第二函中奉上，爲聯捷及第對策第一之祝。含英閣筆有秃者，可告子英。寫刻江鄭堂《漢學師承記》等書四本附函奉贈。《南北朝存石目》四次清稿，外别有目一本，乃存查備。

拙刻《周公年表》大紙初印本奉贈一册，祈查入。承惠各拓本及僞朱跋一副拓本，祈檢及，因與鄙意合也。雨中悶甚不支。

敬上筱宇老弟

小兄棨頓首　廿八

按：此言《南北朝存石目》四次清稿且外别有一目，又言川中諸事，當爲光緒七年（一八八一）所書。

一四一

屬致倪工部札并頭纓、陶集均送去，復函及《詩小傳》來，元函呈閲。《詩小傳》拜領，謝謝！外附呈季念鼎、蟬紋尊拓各一，季念可補《長安獲古編》之一兩紙，均得自商人傳拓，非兄故與弟以草稿也，祈諒之。

此上小雨宗大弟

王兄榮頓首

外周印打本一，希世之寶也。

一四二

頃即出門，請於晚間無事移步來弟舍燈下一談，容陳一切。扇拓收到。

敬復筱宇大弟

宗小兄榮頓首

一四三

頃將出門，又須與弟有面談之件，望撥冗過我一商爲盼。此速孝禹大弟

懿榮頓首

一四四

盩厔鼎兄已見之。近日忙碌，不及游廠也。敬復孝禹吾弟

宗小兄榮頓首

一四五

弟之二場題紙存否？有人屬兄來轉乞也，不言其人。此請孝禹大弟早安。

懿榮頓首

一四六

疱人昨來一名，住下矣。吾弟所留畫象之鳳，聞有題字，何物耶？望持來一看。

兄榮頓首

此送小宇大弟

一四七

頃有師命，望將尊藏《積古齋阮識》付借一閱，速速爲禱。

兄榮頓首

小宇大弟

一四八

喜聯一付，望弟爲篆八言，集《易林》爲之甚妙，廿七日喜事須送，明早望擲下，或今晚尤妙，便造款也。能事迫促，不情之請。

榮頓首

孝禹大弟

一四九

《李寶》《道瑑》兩象早已著録，兄并有之，《張暉□》亦有之。清卿屬注《李憲志》闕字，望弟代注爲幸。兄所有已入箱籠，懶於重開。東碑日内亦須檢出，缘剛入籠也。吴信携來否？

敬上筱禹吾弟

兄榮頓首

按：此言『清卿屬注《李憲志》闕字』，又言稱『吾弟』，當吴大澂在京時所書同城短札，即同治十一年（一八七二）前事。凡稱王瓘爲弟之札，率皆書於同治十一年（一八七二）六月前，該年六月，王懿榮父王祖源派選四川龍安知府，因王瓘爲四川人，兩家始論世誼，稱王瓘爲世叔。

一五〇

孝玉世叔坐下：

所事如何？初四日見面，能於背靜處面交否？盼盼，謝謝！侄山東新居門旁挂聯，擬仿古人桃符之意，用吉語刻木。捎來黄紙原樣一分，後面注明聯語，叩求賜書，字以粗大爲工，格已折叠。又肅王之三子初五日完婚，喜對一付亦請捉刀，不可與上次聯文重複，侄記得亦有集《易林》句者。二者皆請於初四日下午交在門房，侄便遣人來取，一係期迫，一係輪船將停也。送上墨一瓶，有盈無絀，即請晚間一揮灑之，叩記無算。

專此，即頌侍福！

侄名心頓首　十一月三日

按：此言求山東新居挂聯事，山東新居建於光緒十三年（一八八七），此札當書於該年。

一五一

京松廿四金，票一紙，敬繳，祈查入。磁器二件，暫難脱手，請減值，或可速，惟酌之。書封面四，請賜書，以濃至二整爲妙，字體在石鼓彝器之間，以小篆行之，尊案筆墨如意，不難作也，并祈速藻。明日走取，當以新印各種爲敬，小韓要賣也。尚有一簽再上。

此叩小宇世叔大人侍福！

侄榮力疾頓首

一五二

壽卿丈寄來晋魏等石十餘分，并兄所著《存石目》，望速過我一觀。少頃鮑丈及河陽夫子傳觀矣。

小宇仁弟

榮頓首

一五三

前家兄所寄來之《西門豹祠堂碑》打本，頃以敬古堂宋估新拓本校之，多出無數字，前後數十年乃已若此。

書聞孝禹弟

懿榮頓首

一五四

梁處寫書人望喚之來，竟非此不可也。陳寄鮑秦瓦、周瓦五十餘種，頃持去，不及送小宇弟觀也。

榮頓首

一五五

文從有暇，請帶蘇字及《魏建義橋碑》過我一談爲快。昨奉到延光殘石齋象三紙，謝謝！兄近來又動拓本之興矣。

兄榮頓首

敬上小宇仁弟

一五六

頃失候爲歉，承轉借注疏，祈交下走領回爲禱，并有所查『趫』字古義也，在《詩·魯頌·泮水》。

懿榮頓首

敬上孝禹舍弟

一五七

許惠延光殘石新打本到手否？盼切盼切！今日又得何佳拓耶？兄酬應終日，薄暮言旋，委頓异常，失候，罪罪。

敬上小宇仁弟左右

榮頓首

一五八

春山扇一柄，屬就近送，乞一揮。

此上筱宇尊兄

懿榮頓首

一五九

許惠吳荷屋先生所藏《唐志》，望即畀我，惟錠觀之，自償其勞也。弟此時作麽生？仿兄筆意否？

榮頓首

小宇仁弟左右

一六〇

示畫氣韵及陂陁松石均清甚。阮《識》謂是吴墨井，却不然也。妙在有屋有書，正可呼作某圖，即作我輩自家圖可也。健羨健羨。敬古碑賈持有新出劉某墓誌，未知確否？

兄榮頓首

小雨大弟

一六一

所纂《南北朝存石目》在鮑老處，容即索來呈閱。阮《識》祈付一查，晚間奉繳。吴屏寫幾幅矣？兄近日始復元，其樂如何？

懿榮頓首

敬復孝瑀大弟坐右

一六二

尊旨晤香濤時敬達矣。《江漢炳靈集》二部奉納，對文開示，即當往寄商榷也。昨失迓，罪罪。有何趣事耶？

敬上小宇仁弟大人

榮頓首

一六三

今日絶早秦堤泛舟，甚樂，歸有餘歡，弟來當爲叙之。張畫所直明早奉繳，今日疲乏，不及顧也。近日所學如何？

專此，即頌元安！

小宇賢弟大人

兄榮頓首

一六四

孝玉世叔大人侍右：

屢上書而不得復，悶悶。去年承丈與彥謨兄費心代當之書，書箱數重利輕，深所不安。然天與奇窘，心與願違，至今稽遲。元票隨携身邊，查係承善當當本二百兩，月利一分半。票係光緒六年十月廿二日，每月計輸利銀三兩正，算至本年九月廿二日，內有閏月，整係一年，計此函到京必在九月廿二日前後，月不過五，係照舊仍算一月，本利計應出銀二百卅六兩正。今由協同慶號匯來川九七平（即市足平）紋銀二百卅六兩正，匯費在川已付，敬請吾丈費神收此項後，票却未帶來，枉駕到該當一查，即以此項算與，取有收條。書箱或仍浮存該鋪，或查點後封置，乞彥兄取回均可，以妥當爲上。從此本利一清，若釋重負，侄亦從此京城無當，亦吾丈所樂睹也。如到日稍遲，應再出一月利銀，請先爲墊付，種當於得示復補繳不誤。如須用原票，侄亦候示上寄。渠處必有帳本，此票亦不至再惡人也。所以不寄此票來者，以尚恐仍存原所，以後取之有憑也。此本利交清後，總乞一收條説明停利，并當票遠在本人手一層爲是。若衣服首飾，侄便不如瑣屑也。冒瀆萬狀，恃愛鑒諒。《制萪靈樞》已購得二部，一寄胡二弟，一寄執事。六本一部，信封不能裝也。潘吴縣、張南皮以及松甫丈、述之、叔賢〔二〕、季樵、付方、竹山作何事迹？既不得書，均乞示知。舍弟現刻《説文逸字》未竟，家嚴俸滿，卓吴并案而十年不遷，所謂『名宦無媒自古遲』，唐人詩句已早言之矣。川署規費既裁，費用不減，日日飲食專恃關税。近來各省積弊，厘卡既多，關税自然不旺，百貨之來日少，家嚴月解月課，以其稍餘者勤儉自持，敷衍日用，是以一署二年陳債清後，侄才能贖當。現凑一買屋之資，暫存不動，千萬求彦謨兄費神爲買一宅，明年擬全眷北上，并案引見，即以引退。以家嚴慈皆六旬人，川之去東幾七千里，加以貴省官場習氣太深，民情騷動，斷然非久安長治之策。首郡讞局逐日公忙，不堪其勞，亦不堪其苦也。爲人子者專心嗜利親老，而不欲乞引退者，皆非人子也。豆豉、書、拓本及有致潘先生書皆俟餉便人來帶上，信局不能捎也。此信寫畢，忽奉六月手書，盡悉一切，并潘先生信拓。信便刻即去，不及先復。老嬸命件已飭小女遵辦，有人精製，統容再上。馮選時文此處已罄，板在京師文德齋。

即請侍安！

八月廿三日　侄榮頓首

按：此言光緒六年（一八八〇）代爲典當，至今整一年，則此札書於光緒七年（一八八一）。

〔二〕　叔賢即叔憲，即張度，詳致孫毓汶札二注釋。

一）無疑，該年四月，王懿榮由京啓程至川。

一六五

孝玉世丈大人：

頃發一信，適文甫孝廉交來一函，浼執事飭人送交，因附此一封。再有懇者，請便中到廠市，有售《唐濮州濮陽令于孝顯碑》（孝或義字，記不清）正書，乞買一紙，夾信函中惠寄爲叩。又舍弟乞賜篆書七言一聯，信卿行三，并乞附函同寄，至叩。

肅請侍安！

侄榮頓首　九日

一六六

孝禹世三丈坐下：

在陝州道上向賈湛田兄取閲京、東兩闈題名，閲竟，所望杳然，甚爲不解，此時吾丈想已澹忘，不須重提。侄現已抵良鄉小駐，俗事辦竟，當於本月十三四日輕減入都。惟有一事不得不仰求吾丈，祈費神代覓一宅，總在南城一帶，只用上房五間，廳事三間，有兩廂足矣。房金在十二金内外，不恪也，不論好醜，不計方向，示知侄即作定。此時意計將眷屬、書箱暫置良鄉，侄先入，將房安停，再行取入，是以先行奉聞，十日内當遣人敬候覆命。九頓至地，萬勿見辭，除却吾丈，并無第二人可浼也。

肅請侍安！

侄懿榮頓首　十一月廿九日

按：此札言『抵良鄉小駐，俗事辦竟』，指在良鄉續娶之事，事在光緒八年（一八八二）。該年鄉試，王瓘未售，故有閱題闈『所望杳然』語。

一六七

昨上一函，又樊七曾面叩，想鑒悉一切。有貴省新墨一本納上，收入爲幸。侄此次傢具亦屬不敷用，如有可借可買之處，并祈留心見示爲感。吉老及子元晤時亦請幫我覓房爲叩。此次侄到陳州，路過洛陽、龍門，兩山相對，中間一水，造象將數萬種，平時所見拓本乃萬分之一也。奈何奈何！即先付回信爲□。

即請孝玉世叔雙安！

侄榮頓首　臘月朔日

按：此亦爲光緒八年（一八八二）所書，時在陳州，嫁女兒定住與吴重憙子。

一六八

胥伯元者，老友芰塘[一]之子也，特來晉謁，望教以篆法，即望賞見。

此上小宇世丈大人

姪榮頓首

一六九

孝禹世丈大人坐下：

去夏姪到川後，即上一書，有事奉懇，迄未得覆，甚爲悶損。今春重以書來證之，刻想鑒及。頃聞協同慶匯號譚及去年六月廿三日渠等發出一包京信，行至山西路上爲人劫去，姪恐前書即在此内，則昨日證信深恐無從省識，請再申前言。因家嚴聞説楊府有官僚雅集杯一付，久在質庫，去年丈曾向姪言楊府有意銷售，家嚴特命飛書相懇，連贖帶售，用實銀若干請以示

[一] 芰塘即胥倫，詳致陳介祺札三八注釋。胥倫擅刻印，長子伯元繼其志，向王瓘習篆法。

知，遵當由匯號如數先匯直來，懇爲留下，以待便人來京持侄處手函走取，萬勿爲他人所得。乃去歲發書或遺或失，迄未得覆，欲遲反速，茲再以書相浼，請即賜覆。侄今科大約無力北上，不能成行，亦免得再寫三篇落卷，未始非幸。所以然者，家嚴守此苦缺六年不遷，侄之北來，主僕三人須銀二百，而張振卿代借之三分利之百金，業已二百五十餘矣。此項一氣呵成，竟無此力，不比零星置古物三四十金尚易拼凑也。去年侄有致清卿信、振卿信，種未得覆，想都在此。侄《南北朝存石目》已清稿，丈所收在此外者，既別置一束矣，再東、西各估新拓者，凡來售時請爲侄蓄一副本，記其價直，容彙以奉繳。舊之別置及後所新出，皆可補此目也，切切，當可早成此舉。蜀中新出高頤廿四字及他種，侄已爲丈蓄之矣。有何見聞？請示。

侄又頓首

按：此言其父在川『六年不遷』，又言去夏到川，則此札書於光緒四年（一八七八）。王懿榮父王祖源於同治十一年（一八七二）赴川任。

一七〇

（前缺）山西所失一包内也。獲麟之喜想早有佳音，請即示慰。蜀中新出各刻後即寄納。

專請元安！太世伯母大人尊前叱名請安！家嚴命筆請安！

世侄懿榮頓首　二月五日

按：此承上札，言書信在山西被劫，事在光緒四年（一八七八）。

一七一

在京瑣事，費神已極，感謝感謝！登車後一日未歇，抵陝乃在端午後五日，路上熱不可言，茲定於十三四日由陝起身赴川也。洛陽道上訪王估，聞其得一鼎一爵，乃未之見，渠赴村會買物去矣。一路古緣甚慳，到陝得『衛』字瓦一當，頗精。在汲縣見《魏太公望表》石，暴露野寺，其上無額字，乃刻數佛象或太公象也，不然額與文不相應矣。或當年改造象碑而爲之，因以未去，亦未可知。侄走後，濰縣王、陳如有信由東甫太史處交丈，請代蓄之。川人有北來者，必屬其來取，見信即付之可也。西泉所製水烟袋合乃家嚴所命者，如帶來，請用小布匣裝好，待川人來取，如索製直，請照信仍向彦謨兄處借付爲幸，侄再寄還彦謨也。所仿名印如來，亦照數付直爲要，香濤、伯潛、幼樵、再同請即交與本人，皆侄所贈也。伯希伉佩二印亦乞交之。厚菴二印，一『舊史官』、一『貳師將軍』，即交伯希轉去，渠住處太遠也。又李兆勖一印，交陳小農轉去，如此而已。西泉、杜九都要來，其僞瓦片要留心，山東新造之古陶、古墳不少，無從辨也。侄皆洞識原委，特不能直言之，渠都不背我，是以不能直言。劉二要跟我到四川，又背熙堂，我必告知熙堂。渠想緣路估貨，誰知一物未得。到陝則目迷五色，又不敢下手，真可笑也。侄之所以帶他者，一爲于升忽散，道上無人；二爲到川可拓各家物及各種碑及小石也。渠久賣古物，得利易於跟人，必不久留此，亦上下行權之一。我只爲拓物，各有各的算盤也。彦謨爲代當誠善之書（只此一票當矣），侄到川必先寄本，請其停利或本利一齊繳清，以後再説，刻不過想到了，故言及之。天熱，連走兩月路，苦極。

此上小宇世丈大人

侄榮頓首　五月十日

按：此言端午抵陝，連走兩月路，當指光緒四年（一八七八）帶子女至川省親事，則該札書於是年。

一七二

孝玉世丈侍右：

侄今日入七盤關，宿教場壩，乃貴省邊界第一關也。在褒城，遇游京尹，浼其寄香濤學士一信，可取閲也。本日遇川省解餉官施大令，榮與之初識，敏先比部同族也。如有應寄之物，渠七月内公事完結即回川，如空信或別有要件則不必交（仍交協同慶，并可包小包入信函内），以其稍遲耳，又不甚熟（其住址問敏先便知）。一路悶甚，熱極，壽卿丈、西泉等寄件可封固，多用油紙交之。

此請侍安！

姪懿榮頓首　六月二日

按：此接上札，五月由陝赴川，六月至，係光緒四年（一八七八）事。

一七三

孝禹世叔大人新喜：

去歲曾於蒲臺壯舉道上藉便先上一書，想蒙查閱。比想侍祺康娱，與春比茂，慰如頌私。姪歸來作客，家事不堪爲計，雅趣毫無。又到處省存俗見，無暇舊拓，只得一《孔宙碑》。又有《書譜》，在族人手，亦將與之商酌。磚瓦亦得一二，無新奇者。舊書有大字《文選》八十葉，齊刀範亦得五七枚，止此而已。漢印二事，有一奇者，挾資不多，正事尚不能辦，遂不敢馳聘。若能上之罘牟城，仿簠丈故事，所得多矣。海濱古物多矣，黄縣富兒得有一瓦，乃敝縣掌故，甚佳，字亦劇美。惟松溪斷弦，心甚鬱鬱。渠正起屋，工尚未竟，然發地得一大業古陶，似磁似石，乃佛像飾物，非盆罐之屬，亦自奇也。可知山東遍地古物也。侄將以正月杪啓行北上，過濰、過黄，均少住數日。如七試卷未捎，請暫不必帶；如已交匯興或正月底可到，侄亦可得也。再有懇者，家嚴慈壽屏文底一紙，清妙齋有屏十二幅，爲數不足，請以侄言，令其再添四幅，爲十六幅，必須紙裱，一律請即以此文付之，十六扇每扇六行，行廿五字，則九十六行也，此底已排好，請即付之，覓蔣華甫寫（交清妙代覓），筆費侄到京即付也。至懇至禱。千萬求速，省得侄到京現趕不及也。一切拓本到京再上。《陽嘉碑》得之否？許日不得惠書，翹盼甚至。彦謨、吉人諸公廠中得何奇寶？吾丈得何物？見聞所及，均祈詳示，即叩侍福。

正月初四日　侄懿榮頓首

按：此言歸來作客，係指回福山老家。王懿榮正月間回京，過濰縣訪陳介祺、過黄縣訪王守訓事在光緒七年（一八八一）。

一七四

此上小宇世叔大人

新得漢畫有年款，請便過一閱。山左館春聯乞一速藻。

侄名頓首

王三老爺。

一七五

此上小宇世叔大人

有書封面非寫不可，吾丈千萬一來，急不可言。

姪榮頓首

一七六

此上小宇世叔大人

遵命今日來取賜篆書面，匠人翹待來促，即交下走。

榮頓首

一七七

弄璋大喜，姪以服中不克詣賀，然與丈休戚相關，闔家慶幸，送子娘娘廟聯云『抱個孩兒給你，留些陰騭與他』。吾丈得此，真是一髮千鈞，望與老嬸善培植之，以活人濟物爲心，修廟念經則萬萬無當也。至昧之見，是否有當，乞采納之。承賜海岱人文，九頓至地，諸城宗老，即作《石門碑醳》者，久思得其一迹，忽然有此，洪氏《泉志》所謂天品也。晨睡未復，特此馳謝，廿日前後當出譚矣。

敬叩孝玉世三叔大人大喜！

制名頓首

敬供貳千。

按：此稱服中，署名稱『制』，係丁父憂期間所書。王懿榮父王祖源病歿於光緒十二年（一八八六）。

一七八

撥計值若干，請示知，到京後當以貨去物，來與東甫交易也。再便中能爲購尋常書架十餘架，愈賤愈妙。一色固佳，參差亦無妨也。在陝購物所費不支，即至精之五銖銅範均從弃餘，此話亦可與杜九説知。渠則一撥正講，不能提去矣。所購有最精奇者，到京當從容請鑒。

肅復，再請侍安！

侄榮頓首　初二日

按：此札前當有缺頁。此言在陝購物，則係光緒四年事（一八七九）。

一七九

《皇朝鼎甲録》《全蜀科名記對策》各一部奉贈，爲今年中元、明年聯捷鼎甲、在蜀對策第一之祝，預賀預賀！張三丈所臨《蜀石經》，郡齋將以發刻，請以侄此紙代索，後示價之。陶器，王、高二公遍布河陝一帶，有真有僞。此物多而無精品者，雖真亦足生厭。侄則土物心藏，簠齋以重分千種計值與侄，仲飴爲講價去矣，此竟請與杜兄計諭之，渠便澹定也。講定點清，杜一、王一，各祈封固，暫存尊處，費神千萬。侄專以此事浼吾丈，如前番同。近日仲飴有匯款寄侄。

示悉，知又鶚薦，無須介介。松岑刻書未竟，忽罹血瘟，奈何奈何！我輩安貧樂道，所謂『養成大拙翻爲巧』也。一生純守此界，當與吾丈共之。《鄒珍碑》久見著録，家戟老有此拓本，共二碑，文同，字體則一大一小。如只見一種，當即其地再一訪之。樊文卿曾并拓之，侄當年未分得也。侄在貴省眼見出土大造像石重三百餘斤，已專車奉來，其年款曾以書聞，乃天下第一尊老前輩也。惜石質鬆暴，恐不經久拓，刻已有磨損處矣。當共設巧思駐之。侄之進城總在望前，此行之舉迫於慈命。事在倫紀，權其輕重而余心則不能不悵觸也。已先設一副本以

畀之，所以報故人者止此耳，亦故人之志也。於是行境乃與丈適同。小詩二首呈教。杜九兄

（後缺）

按：此前後段非一札所書。前言爲聯捷之祝，當光緒八年（一八八二）鄉試前事；後一段言『進城總在望前』，此則係光緒八年（一八八二）十二月間事。實則該年十二月十四日進京。

一八〇

孝玉世丈

子青河帥畫册黄李一卷發下爲荷。如尊從入城，侄有一衣箱、二書箱，請懇彦兄代存，明正即取以行也。

侄懿榮頓首

一八一

此送孝玉世丈

春鞋一雙奉贈，請試用之。朱卷廿五本、御筆對一付、《詩話》一部并存尊處。

懿榮頓首

一八二

敝省會館大門春聯并千奉乞篆筆，廿八日走領。再謝！此懇，即頌年喜！

侄又拜

一八三

對聯二付送來，請蓋用圓章。《蓋文達碑》能一示否？此上王三老爺

侄懿榮頓首

一八四

前示誦悉，感謝感謝！長孫幸已換醫，得愈。侄稍知方味，而懵於脉理，太不知醫矣。伯兮飲食太拘滯，無論如何，大肉已脱，實在可怕，真得善調養也。渠酒烟毫厘不入口，何一瘦至此？總持謬論，子午不睡，陰氣失養，是以消耗至此。賽柳莊大不恭維四舍侄，此孩懊喪欲

死，惟談吐太怯，又如三弟所推邵子，數作書人，太不瞭曉京外官階升轉路數，是其怯處。塔臉初拓第一紙納上，可以消夜。

肅復小宇老世叔大人

姪期懿榮頓首

按：此言長孫，係王懿榮長孫福坤，生於光緒十七年（一八九一）；落款稱『期』，蓋爲長子崇燕之殁，事在光緒十九年（一八九三）五月。則此札書於此後一年内。

一八五

《孔謙碑》拓本一册，不閲發還。碑額幸付下走，統容再謝。

專送王小宇老爺

名頓首

一八六

賜書差聯，感激無似！書封面二事祈篆書，筆墨以圓足恣肆爲妙，不嫌其奇。

小宇世丈禮席

姪名頓首

一八七

尊藏《孔羡碑》舊拓本祈借我一看即繳。硃卷如便則帶下，否則再取。

此送王小宇老爺

侄榮頓首

一八八

許賜有紅色之舊玉搬指一枚，即乞檢付下走。屢叨雅貺，何以克報，統容面謝。雪丞閣學畫扇篆屏如有就者，請附此便交下，尤感！

此上小宇老世叔大人

侄榮頓首

一八九

舍弟信卿赴定興，今日尚未回京。推算之約再俟另訂一日，到時奉聞。前題牙笏籤子望發下，又書面二紙（一紙一幅，金文）乞照籤賜書，亦爲侄捉刀留款地，侄自署。吴雪丞屬道謝。

此上小宇世叔大人

姪榮頓首

一九〇

張畫直六千奉入，費神，感謝感謝！叔云有見屬之事，便中示悉，無不立辦也。《貞石記》當即先送來，閲後再編入。鮑丈拓本亦可内夾粘紙條，千萬不可令其飛去。敬頌元安！小瑀賢弟侍福！

兄榮上

一九一

頌丈處當日即轉去，廿三日招飲，再訂後約以聞。子培太夫人挽聯乞即賜篆（聯文附呈），傍晚來取，緣明日即須送。

小宇世丈大人

姪制名頓首

按：此言子培太夫人挽聯，則此札書於光緒二十三年（一八九七），沈曾植太夫人韓氏於該年八月二十八日病殁於京師。

一九二

小宇世叔大人

信卿趁封河前已東歸矣。又乞捉刀篆横匾二：『壽石草堂』四字、『雙松齋』三字，前已折叠出用印首處，後已叠出題款處，有痕爲記，儘其間排匀字數可也。今日風大，必不出門，伻來候乾時付下可也。至叩至叩！

姪名頓首

一九三

小宇三叔大人

高翰生所乞篆聯已綴款否？渠不日出京，尚欲裝池。

王三老爺，潘家河沼。

姪制懿榮頓首

致馮銘（一通）

一

箴若仁兄世年大人坐右：

疊拜惠書，兼叨厚貺，年年歲歲竟復以此累公，慚感何似。亦康得沐殊恩，賞還原銜，此光復先聲，差强人意。清卿中丞尚無出關之信，精厲士馬，得勝自在意中。亦康曾一詣之否？近聞蒼平不守，張使虽去講信，尚無把握。弟日日爆直不得退，遂上顧九重，下念慈母，浩嘆而已。

肅復敬謝，即頌勛安，并賀年喜！

通家弟懿榮頓首

按：此札原信照片及釋文見於《香書軒秘藏名人書翰》中册，第四五〇—四五三頁。

馮銘（一八四七—？），字箴若，江蘇江陰人。後弃儒習醫，精内科。

此札言『近聞蒼平不守』，蒼平失守在光緒七年（一八八一）十二月間。札内有『清卿中丞尚無出關之信』，當時吴大澂駐守山海關，尚未出關。此時烟臺告急，王懿榮母謝氏在烟臺，故札中有『遂上顧九重，下念慈母，浩嘆而已』之語。札後有『并賀年喜』之語，則該札書寫時間不在光緒七年（一八八一）底，即在光緒八年（一八八二）初。

致張佩綸（六十四通）

一

示悉，頃將出門，涪翁刻石墨本晚間納上。

此復幼樵仁兄大人

弟懿榮頓首

按：此六十四通書札見於《張佩綸家藏信札》，稿本影印。張佩綸（一八四八—一九〇三），字幼樵，一字繩庵，號簣齋，直隸豐潤（今河北唐山）人。同治十年（一八七一）進士，授翰林院侍講，光緒九年（一八八三）署都察院左副都御史，中法戰爭時赴福建會辦海疆事務，因福建海軍被擊潰，馬尾船廠被毀，被革職遣戍，後任李鴻章幕僚。王懿榮與張佩綸侄子張人駿爲親家。

此札稱『幼樵仁兄大人』，則書於王懿榮與張人駿結爲親家前，最遲在光緒十二年（一八八六）前。王懿榮致女兒崇熼信中言光緒十二年（一八八六）崇燕娶親，後因張家及王家都丁憂，至光緒十五年（一八八九）才完娶。此札書於張佩綸在京時，蓋在光緒九年（一八八三）前，此後張佩綸赴陝、赴閩。

二

復上幼樵仁兄

吴詩、印泥祇領，謝謝。以此饋歲，雅不可當，敢不拜嘉？

弟懿榮頓首

三

黄書澹山岩詩摩崖墨本一册奉贈。此黄書當時刻石者，後人從真迹鈎摹入帖者，雖精亦向所不取也。

專上幼樵尊兄大人

弟懿榮頓首

右空

四

達公甫去，前單渠亦欲存一分，頃屬人抄二分，即以一分分奉。少頃即送上，并不須發還也。別示并悉。若能步武名賢，甚所願也。

幼樵仁兄大人

弟榮頓首

五

前單録出一分奉上，請查入。此屬人鈔之者，不必發還。

肅上惕盦尊兄

弟懿榮頓首

六

郝氏新刻五種并《爾雅義疏》，已向舍親近垣司馬索來奉納，示覆，以便轉復。其前十種，已向山東印去矣。

此上幼樵前輩世大人

侍懿榮頓首

七

示悉，明日當敬候惠臨。《開堂疏》，容索得寬夫先生一本，即書以報命。

肅復惕盦世老前輩

侍懿榮頓首

八

許久不見，極念。舍親補上《爾雅義疏》一部，即請查入。

肅上繩堪世老前輩

榮頓首

按：此札言『舍親補上《爾雅義疏》一部』，王懿榮父於同治十年（一八七一）刻成《爾雅義疏》。《越縵堂日記》同治十年（一八七一）七月十一日：『作書致香濤，屬轉從王蓮生户部乞新刻郝氏《爾雅義疏》一部。得香濤復。』〔二〕此札蓋書於此時。張佩綸於同治九年（一八七〇）入都，此札書於同治十年（一八七一），兩人相識甚早。

九

《開堂疏》下方紙爲灰浸，不吃墨，草率録上，不足觀也。侍所藏本爲南皮游説以去，較此則精過之矣。

繩盦世老前輩

懿榮頓首

一〇

小雩〔三〕能篆而不喜作隸。此侍手書，凡書此文將百副，愛其句也。小雩代書者，以圖書別之（俗稱即印石也），不用此印也。

〔二〕張桂麗：《李慈銘年譜》，上海古籍出版社二〇一六年版，第一五八頁。

〔三〕小雩即小禹，即王瓘，詳致王瓘札一按語。

肅復繩盦世老前輩

榮頓首

二

此《少林頌》拓本完整，止少一額。坡谷類多禪家偈語，實無解法，不足深求也。元件繳上。

繩老前輩

侍懿榮頓首

（此頌四言）裝潢可作直幅，如改作大册，則須一字半開矣。黄書多大字，亦不嫌裝大册也。（正在收拾帖箱，匆匆草復，希恕。）

繩盦前輩

侍榮再上

三

吴卷，侍當於行前破除一日，與達公定議而後去。監刻者亦有庖代，當力終此事也。

肅復繩龕世老前輩

侍榮頓首

一三

侍十六日西去匆匆，未及多譚，甚歉。承賜新拓碑本（未悉其名）收到，謝謝。七試卷一本呈教。

肅上繩堪世老前輩

榮頓首

一四

繩堪世老前輩：

前奉上一『張』字元押，無競閣學想早轉交矣。又得一漢印，陽文，一字適合尊名，天下奇遇，不得不徑以寄上，亦不復爲要求，請查入。此亦好元押之報也。

肅請大安！古印附函并納。

侍懿榮頓首

按：無競閣學指張之洞。張之洞又號無競居士，閣學乃内閣學士之謂。光緒七年（一八八一）六月，張之洞任内閣學士，該年十一月授山西巡撫。此札當書於六月至十一月間。

一五

新春感寒而嗽，嗽則胸急欲裂，却非續弦之累，不出户者三日。有扇一柄，請前輩書之，末款請賜世老先生及同學之稱以符館制如何？可許之否？箱籠取回時，當出《沈啓南詩草》爲報。晚愈後誓以正月内安插書籍妥帖，後再以杯酒奉邀，縱譚古籍爲樂。

肅上繩堪世老前輩

懿榮頓首

按：此札言『新春感寒而嗽，嗽則胸急欲裂，却非續弦之累』，按《王文敏公年譜》，王懿榮續娶謝夫人於光緒八年（一八八二）：『十一月北行，二十八日抵直隸良鄉縣。十二月初八日續娶謝夫人，爲公母舅謝公方平女。』〔二〕此札蓋書於光緒九年（一八八三）春。

〔二〕王崇焕：《王文敏公年譜》，載《中和月刊》第四卷第七期，一九四三年。

一六

許久未譚，公私交彙，爲喜所累，笑笑。沈册撿出，正是七夕詩，甚巧，即以奉贈。佳期近矣，感觸必多，晚過來人，知之熟矣。

繩堪世老前輩

懿榮頓首

按：此札言『公私交彙，爲喜所累，笑笑』，所謂『喜』即王懿榮續娶謝夫人之事，事在光緒八年（一八八二）十二月，此札當書於光緒九年（一八八三）七月間。

一七

屬購《書録解題》六册納上，其直四金，不爲賤矣。

肅上繩堪姻叔前輩大人

懿榮頓首

清恙何似？念念。

一八

繩堪姻叔前輩大人坐下：

何日在府有暇？侄有事請教，示期即當躬詣，如日内不閑，或於尊從到署時迂路枉臨一譚，侄當祗候，祈示，至感。

肅請台安！

侄懿榮頓首

一九

明監《後漢書》四函奉納，即以尊藏一部易我爲幸。

肅上繩堪姻叔前輩大人

懿榮頓首

二〇

頃聞尊從已入國門，侄去年一病幾死，至今尚未元復，不克趨謁，甚歉甚罪。特遣下走敬詢起居。時事無定，諸望珍重，爲道自愛，臨穎馳繫，祇請大安。

繩堪姻六叔前輩大人

懿榮叩上　三月十日

按：此札言『頃聞尊從已入國門，侄去年一病幾死，至今尚未元復』，後又言『爲道自愛』，此係張佩綸回京安頓家人之時，按《張佩綸年譜》光緒十一年（一八八五）：『三月初四日到京，小住旬日，爲安頓家人計。』[一] 後張佩綸出塞。王懿榮病始於光緒十年（一八八四）四月，故有『去年一病幾死』之語。

二

前聞小□前輩言及尊從將以廿日前後出都，侄既不克詣譚，又不克治具作餞，謹具麥飯兩簋，蔬豚一盂，伏祈哂嘗。侄病退大半，仍未元復，去年誤於醫藥也。

肅上繩堪姻六叔前輩大人

侄榮頓首

[一] 李峰：《張佩綸年譜》，南昌大學二〇一三年碩士學位論文。

按：此札承上札，札内言『出都』即赴戍所，蓋書於光緒十一年（一八八五）。

二三

繩堪姻六叔大人：

榮等不天，遭罹凶閔，蒙遠道賜唁，泣感無地。刻擬四月十二日扶柩回里，乘輪東下敝省，陸路河患難行，家慈及全眷仍羈京師，敝兄弟輪流往復，半載京寓半年墓上。榮一病連年，且未復元，罪深禍重，若天遣早死，焉知生人之有今日，大夢不歸，嗚呼痛哉！《禮》家舊文，『卒哭乃答』，早思布謝，未敢造次。又聞初八日姻叔母大人之喪，吾丈遠居塞上，安圃前輩又適以是日入闈，兩弟煢煢，哀感行路，況在戚屬，能不悲傷？然世界微塵，浮生幾何，如丈達人，不贅説也。附上蜀刻三種，即希察納，伏惟矜鑒。

棘人懿榮等泣上

昔年在蜀，製筆紀事，并奉二管，知榮之亦嘗有事於此，先後同心，迄用無成，亦可哀也。（因所贈不知何書，敬代拆閱，其書非公所急。今暫存舍間，緩再寄去矣，免占行李也。）

三月十八日

按：此札言『榮等不天，遭罹凶閔』，指王懿榮父王祖源歿於京師，事在光緒十二年（一八八六）二月十四日，此札書於三月十八日，故言『棘人』。札中言『蒙遠道賜唁，泣感無地』，此年張佩綸在張家口戍所。

二三

繩盦姻六叔大人坐下：

久未肅函，上候起居，甚罪甚罪。侄憂居奉母，殿門謝客，唯日以鑽研故紙排遣，時日煢煢，鞠凶尚何言哉！敝師萊陽周先生甲申年瀕危時，以遺書見屬，切諭以書未刻時不可使人見一字，懼有道古於結鱗之事。臨終口授，侄所不敢忘。既思尊注《管子》正在用力之際，倘録出，將以奉寄，及逡巡久之，有格之於中，不自已者，今決然與洪氏《管子義證》奉上，祈采先師一語以公之天下，後世亦存，全逢其適，遂倩兒輩將先生遺著《子通》中《管子》數葉寫取後速以見還，以免此心，切切。前事且以證鄙人之篤愛，長者可以相鑒諒也。周先生往歲在京曹時，不見一友，目以不見乾嘉以後老輩著作一册，閉門造車，與大名崔東壁〔二〕先生大同，自樹一旨，不復與時賢考訂違合，其後侄稍稍聚書送看，亦時删其與近人複者，可見用心之

〔二〕 崔東壁即崔述。崔述，字武承，號東壁，直隸大名（今屬河北邯鄲）人。史學家，著述有《考信録》等，主要特點是懷疑漢儒，疑古自立，故札中有『自樹一旨』之説。

同，往往一轍。此書既不顧有王、洪，又何論丁、戴？然先生每持一義，由訓詁以訂義理，既不爲縱横家言，亦不似江湖斗方，斤斤於一本兩本，徒與怨家相對，爲識小□甘也。至洪書，已爲丁、戴采盡，如洪氏之采王、孫同，想其佳處，亦早在長者藥籠中矣。塞上有新詩否，何不賜教一二也？西席由孝廉，人甚横來，乃王季樵、戚懋齋兩進士浼侄推轂者，侄久不在家，故鄉人後起多未悉者，然確知其無時流習氣也。安圃親家有云『學究乃能教出通品，通品必將教出謬品』，此言切至不可貶也。

匆匆肅上，即請大安！

姻侄制懿榮頓首　七月廿三日

按：此承上札，言父殁後在京奉母守制事，當書於光緒十二年（一八八六）。此時王懿榮在京。

二四

繩翕姻六叔大人坐下：

得前惠書，擬即肅復，適以感寒病嗽中止，各書俱領到矣。常熟《瞿氏書目》刻而未行，中有《管子》二則，侄曾鈔存之，兹附呈。采擇前書所言，戴子高之學與洪氏有目無書等情，此乾隆、嘉慶以來江湖名士流弊，然輾轉稗販便瑣碎比校，無關宏旨，□其如先師周孟伯先生真讀自己書者，不多有也。然渠輩能大益於讀自己書之人，而自則不能掩其鄙淺，若周先生者，又往往所見板本不多，只能通其文義，證其得失，而不知有舊本之省事爲多，又往往爲若輩所欺。二者兼之，丈其人也。

王益吾前輩處處與香濤前輩爲難，聞其所續刻《經解》專取宋學，自方苞起，爲阮書之所不收者，其實此類亦自可存接續，《通志經解》與《經苑》等書一綫到底，若强以爲阮書之續，則呆相矣。侄與香濤前輩初以文字納交，後則唯文事一途絶不相商，粤局所刻竟未得一聞，更不悉其目。敝房師繆公俾其刻校史部與補史部之書，是矣。若能順此作去，務求精本，以爲史翼，真千秋之業，且後此接手者，亦有所持循。侄得其夏間一函，屬向繆公詢有何奇書付刻。侄轉復以但持此一意孤行到底，便是絶業，方今豈有謝承《後漢書》及完全之《舊五代史》復出哉，香兄竟不復答也。

河南河灾，竟將高陽遣去，似與保借儒臣之意少差，惜時人不能爲之説破也。此當付久任疆臣者爲之，或河道出身，曾發財以去者，□治之亦可也。由孝廉明年尚無館地，侄當與商之。呵凍草復，文字惡劣，若待加意細書，又無復之一日矣。侄明春東歸，家母夏間回里，服闋後仍作窮官，已二十五年矣。生平所以致窮者，俱在琉璃廠。甚矣，廠人之害也！

謹叩年喜！

姻侄制榮頓首　十二月廿一日

説塞上風景有詩否？何不寫一册賜侄耶？

按：落款稱『制』，當在光緒十二年（一八八六）父殁後守制期間，又言『河南河灾，竟將高陽遣去』，高陽即李鴻藻，河南河灾即河南鄭州黄河决口事，遣李鴻藻係光緒十三年（一八八七）九月間事，此札書於該年十二月。此時張佩綸在張家口戍所。

二五

繩盦姻六叔大人坐下：

久未通候。四月間長子崇燕親迎，禮成，攀附高門，喜得佳婦。侄業已虚堂東向叩謝矣。長夏伏想眉案雙福，撰著益精，定如私祝。前言敬奉中都四子者，始撿齊。安圃前輩親家言有妥便，匆遽索裝，即以寄上。中唯《淮南》末缺數卷，字數亦屬無多，侄另有足本，滿擬鈔補再呈，因此未暇。再同前輩亦有此書，中則《管子》適有缺卷，此則《管子》完善，吾叔所需正在乎？此固不爲《淮南》也，哂存爲幸。管子一生缺陷在不善養才，故其身後敗壞至不可言。齊桓乃因人成事，固無足責者。管子不善爲人謀，亦自形其短，何哉？齊人有此，太史公謂其『夸大而足智』[一]，誤矣。咸同以來，吴楚人踵似之，然其身前亦仍出管子、齊人下也。吾叔以爲何如？

伯納[二]年少登第，德門積慶，能致太親母夫人親見一門三代進士，此戚鄙中佳話，并此叩賀，不必再以不與館選爲美中之不足也。若侄今日者，年將五旬，如此功名無補於人，并無益於己，七品冷官不得，謂之『瓊樓玉宇，高處不勝寒』，然寒極則熱，故又作此熱語以博吾叔一笑耳。壬秋[三]兄、晦若[四]同年在此，常見之否？昨同再同共到西城二龍坑，花二百文各占一卦，其買卦者口中動稱寶竹坡名字，面孔亦似之，此又侄與再同熱極之一證也。

專叩福安，并叩姻嬸夫人福安！

侄懿榮叩上　侄婦兒輩隨叩　五月十日

〔一〕原文見於《史記·貨殖列傳》，現多作『闊達而足智』。

〔二〕伯納即張允言，張人駿長子。此言年少登第，該年張允言中進士，以主事分發户部，未入翰林院，即札中言『不與館選』。

〔三〕壬秋即王闓運，詳致繆荃孫札四六注釋。

〔四〕晦若即于式枚。于式枚，字晦若，號穗生，謚文和，廣西賀州人。光緒六年（一八八〇）進士，授兵部主事，充李鴻章幕僚多年，光緒三十一年（一九〇五）以鴻臚寺少卿督廣東學政，反對立憲和召開國會，維護皇權。後擢吏部侍郎、學部侍郎、國史館副總裁等職。

按：此札提及『四月間長子崇燕親迎，禮成，攀附高門，喜得佳婦』之語，指崇燕娶張人駿長女事。《王文敏公年譜》光緒十五年：『是年，公乞假歸葬資政公於兩甲坡先塋。事畢還京，爲長子崇燕授室，娶豐潤張氏，爲給事中張公安圃（人駿，直隸豐潤縣人，同治戊辰科進士，官至兩江總督、協辦大學士）長女。』〔二〕可知此札書於光緒十五年（一八八九）。

二六

篔齋姻六叔老前輩大人坐下：

伯納農部燕爾之辰，侄夫婦率兒輩，衣冠虛堂，遥向叩賀矣。驟雪大冷，伏想華堂雙福，即事多欣，著作之美，等身盈尺矣。侄别無佳況，日作算子書備考御史，此所謂自開言路，儻幸與斯會，必致聾子，大費計較，亦是一趣。閑中悶損，搜輯吾東先輩遺迹、詩文、箋札、書畫之屬，裝潢成册，名曰『海岱人文』，附便寄上籤子四紙，以二紙乞吾丈賜書，即此四字，便署單款，又二紙請代懇合肥閣部一書，字既不多，或可求速，如不肯揮灑，亦即勿强，種惟尊便，此亦侄閉門自遣之事，惜不得有宋元間人書迹，爲此中壓卷耳。安圃前輩親家暫不出

〔二〕　王崇焕：《王文敏公年譜》，載《中和月刊》第四卷第七期，一九四三年。

都，春暉之戀，游子之心，若侄者，鷄肋功名尚在此忍耐不去，何爲者哉？白傅詩云『四十官七品』，又云『髮鬢蒼蒼四十五』，香山生平淡泊，猶作此等語，侄之褊急，更當何如？以博一笑。或使晦若先生聞之，同一抵掌。

敬叩雙安！

姻侄懿榮頓首　十月廿二日

按：此札言及『侄别無佳况，日作算子書備考御史』，按之《王文敏公年譜》光緒十五年『公考試御史，欽取第一名，記名御史，晋侍講銜』〔二〕，可知此札書於光緒十五年（一八八九）。

二七

簣齋六姻叔前輩大人坐下：

前從安圃親家處肅上一函，想已鑒入。邇來天寒，興居何似？至念至念。華蓋剌麻因請驛遞回已英溝廟，理藩院堂屬勒索不遂，致駁出京，來與合肥相師作别，附此一函，屬其函交吾丈。此僧當年爲國出力，今日亦與到京捐班外官等動爲吏胥所困，中朝世事如此，真可浩嘆！去年在

〔二〕　王崇焕：《王文敏公年譜》，載《中和月刊》第四卷第七期，一九四三年。

此飢守，微香濤、朗齋兩人，幾使士局不成體面，英雄末路，老病頹廢，千古寒心，早屬尋常事矣。不意此髭（出崇文疏）亦有彼劫，所謂『披了袈沙事更多』乎？笑笑。侄於初三日大風土中，携帶筆墨，僕僕從人與試保和殿，幸未凍死。事已傳單，名次猥居李大名士前，大懼爲張延秋之續，十二日將追隨於曼翁九丈及吴仲懌太守後，瞻天仰聖，九卿朝房權作會親丁席，亦殊可笑。然記與不記，尚在兩可，廿八年冷曹又换一番局面，只欠明年大考，再到内閣一行矣。言之慨然，可告安圃親家、晦若同年，同一撫掌也。費紙費筆費墨費話，即此便是京官致窮之一事。

即叩雙安，弟輩文福！

侄懿榮頓首　十一月六日

按：此札言『侄於初三日大風土中，携帶筆墨，僕僕從人與試保和殿，幸未凍死。事已傳單，名次猥居李大名士前』，此言『與試保和殿』，指考御史事，按之《王文敏公年譜》，此事在光緒十五年（一八八九）。

二八

緗堪六姻叔大人坐下：

疊奉賜書，去冬并拜銀魚冰鮮之惠，祗謝無似。華蓋承專馬送到，勘合，感激之至，屬爲專懇吾丈代謝傅相，渠遵奉所擇吉期，於本月初九日移廟出行，權作起身，所以不即出都者，以所製萬歲牌及綉金旛幢之屬尚未完，又日日督催爲急，加以渠正初自津回，適接到阿爾泰山寄來其徒棍克丹辰（即其胞弟早年出家者）骸骨業已火化者至都。渠天性純篤，突遭此事，憔悴不堪，携徒諷經，親詣通州潞水入海之處，付之水葬，又同此延擱半月。諸事尚未料理清楚，兹又遣其徒堪布格根等四人來津，搭附輪船，前往南海普陀山進香了願。所携盤纏一切充足，再三屬侄懇乞吾丈言於北洋，賞一護照，并一免單，并乞知照招商局，囑咐輪船妥爲照料，來往無阻。渠即於三月初在保定相候此四人，一同西下云云。渠不能自書，但懇吾丈始終成全，且感傅相大德於無既也。渠出身行境，遵即清楚，寫寄晦若，其在西北諸迹，爽秋具已彙爲一傳，前後井井，當一并索來呈閲也。

安圃前輩親家諸事妥帖，將以月杪啓行。侄以閏月廿六日爲先君安葬，此先年所諏之期，當以月杪乞假一月出都，三月上旬北回消假，便又避却會房，亦一藏拙地步，此亦天道使然。開歲未一至廠肆，緣其所有平素已熟爛胸中，不必再隨人擁擠，惟西賈販來金箋便面百餘，内揀得吴三桂所書杜律二首，致爲新奇，惟不能入類爲恨，祇可與圓圓小象同裝一幅，以爲撫掌。清卿以禮去官，毅卿缘此不能得此次京察，可見諸事前定。再吾丈前屬爲訪一篆刻印章之人，兹胥山人重複來京，筆單一紙納上，其鑄印一秉漢法，皆往歲陳壽卿丈所調度，種種精妙，然必確守漢印文例，稍一改動，便不成樣。刻閑文石章則須人與之商酌，然後可用，如有所屬，侄當指示之也。

專叩雙安！

侄懿榮謹啓　二月六日

此信華差坐索，匆匆不及恭楷，乞鑒恕。

又叩

按：札言『侄以閏月廿六日爲先君安葬，此先年所諏之期，當以月杪乞假一月出都，三月上旬北回消假，便又避却會房，亦一藏拙地步，此亦天道使然』，此係光緒十六年（一八九〇）事，該年閏二月。此札中又言『清卿以禮去官』，按之《吴愙齋先生年譜》，此年吴大澂之母韓太夫人病重，吴大澂乞假歸里。〔二〕

二九

簣齋姻六叔大人坐下：

得示并收到石印三方，領悉一切。胥山人正在爲安圃前輩親家鑄押及小印數事，日夕不

〔二〕 顧廷龍：《吴愙齋先生年譜》，哈佛燕京學社一九三五年版，第一九三頁。

暇，是以尊屬種須侄北旋再與審定。『李』字押曾於廠肆見三方，今只存一紐，又一『趙』字元押，須倩銀匠爲補一紐，亦購得，一并奉納。侄於廿八日乞假一月，即日首途，今日抵此，適有輪船即刻開駛，少縱即逝，行色匆遽，歸心似箭，不及詣前，惶束萬狀。留此奉上，以見侄不微行之一證耳。（侄一人東下，子婦等未遂行也。）

即請箸安，并叩六嬸夫人坤安！

侄懿榮頓首

再者，華蓋瀕行時交到《蘭譜》一分，屬侄帶呈吾丈惠存，是與吾丈訂盟云云，此一盟真在蒙古十七盟外矣。附此呈納。安圃前輩親家改於閏月初四日啓行，侄竟先來矣。北上時再當詣前。

再叩大安！

侄榮又啓

按：此札承上札，札中言『侄一人東下，子婦等未遂行也』，可知是回里安葬其父王祖源事。札後又言『安圃前輩親家改於閏月初四日啓行，侄竟先來矣』，指張人駿於光緒十五年（一八八九）由給事中升任廣西桂平梧鬱鹽法道，於光緒十六年（一八九〇）出都至廣西任職事，此事亦見於《兩廣總督張人駿》〔二〕。以上可知該札書於該年閏二月前。

三〇

繩尗六姻叔大人坐下：

侄春間匆匆由津東下，未及詣前，歸途爲假期所迫，又復狂奔北上，來去草草，况瘁不堪，諒蒙鑒宥。安圃前輩親家聞以本月廿三日履新，至爲欣慰。較之在此埋頭廿八年，尚不知如何得了者，真有霄壤之判矣。前委覓胥山人刻石，此子懾於大名，局促不敢下筆，經侄促之再三，始得報命。潤筆瑣屑，侄已付之，不必再由朱二先生處措款也。笑笑。謹交仲洁茂才覓便寄上，即乞鑒入。此間忽然傳有大考之信，侄之老荒，未免□嚴，大雨如注，現已撤防，暫且不考，固屬大妙，然如侄等者，再復幾年，真皤皤黃髮矣，尚能與孩兄輩馳逐角勝哉？編檢冗積如此，國朝二百年來人材之盛，所未有也。侄之積累半由耆好，好之甚，無异烟色，東坡所謂『薄富貴而厚於書，輕死生而重畫』，尚未説到累字，諒其所造，尚未如侄之深且久也。拉雜書上，即請雙安。不莊。

姻侄懿榮頓首　侄婦兄輩隨叩

〔二〕劉天昌：《兩廣總督張人駿》，海洋出版社二〇一八年版，第三九四頁。

按：此札言『侄春間匆匆由津東下，未及詣前，歸途爲假期所迫，又復狂奔北上，來去草草，况瘁不堪，諒蒙鑒宥』，指王懿榮葬父王祖源後北上銷假事，結合札二八『當以月杪乞假一月出都，三月上旬北回消假』來看，此札當書於光緒十六年（一八九〇）三月之後。札内又言『安圃前輩親家聞以本月廿三日履新，至爲欣慰』，此指張人駿由京至廣西任職，據《兩廣總督張人駿》『五月二十日，張人駿到達廣西省城』〔二〕，此言廿三日履新，可知此札書於光緒十六年（一八九〇）五月。

三二

繩𣏌姻六叔大人坐下：

頃蒙賜覆書，衹悉種切，又聞侄房師陳先生業已北來，行復新任，至爲欣念。師門待侄恩誼篤至，每有所賜予，而侄以駑鈍偃蹇，無足爲門墻生色，學業兩蕪，少可陳列於先生之前者，迄今未一報書，思之皇束，所屬留壩廳世叔一事，幸有依據，登即飛懇前途，此等順理成章之事，當必使侄有以報命。先祈代達，容後再由侄專函仰覆，至爲叩禱。

〔二〕　劉天昌：《兩廣總督張人駿》，海洋出版社二〇一八年版，第三九四頁。

胥山人能鑄而不能刻，前石乃侄别爲物色一人，史仲辰之弟子也。史故善刻，老去已十年矣。乃撝尗、荄甫〔一〕當年所調度者，此子亦頗演宗風，刻資每字小者才京蚨六百文耳。稍一駕馭，便自斐然可觀，此次又寄示數石，敬當一一付之。

侄近翻棲霞牟默人先生筆記，有説《管子》一二事，容當摘出，使崇燕輩録上。又天津有一候補巡檢，山東郝桂芳者，蘭皋丈之侄，默人先生孫婿，周孟伯先生親外甥也。其人生長此三先生之間，行年六十以外，自道光間下場墨卷滿腹，竟能一無所得，絲毫不通，是其爲人誠樸篤實，當在鄙人以上，癸未年曾蒙吾丈由號官拔置謄録所當差者，刻想久已忘之矣。其生相似京師繞街牽狗夾書之江西楊風子，令人望而生厭者，現聞其在此乞丐，望吾丈行一善事，爲嘘植一差，俾其存活。然其官階太闊，人樣太美，又不置長者一説，可屬胡千里大令一浼雲楣爲之安插何如？此人與侄有連，千祈一垂憫之。所謂連者，與侄同門，從周師課讀，非切近親戚也。其來直隸時，周先生曾有書覆合肥閣師令其帶呈，書尾僅云趁會場某來此候補之便帶上云云，亦未爲之乞請。此事侄親見之，又已十許年矣。拉雜書此，并以奉懇。

〔一〕 荄甫即胡澍，詳致陳介祺札一七注釋。

即叩雙福！

姪懿榮叩上　家人隨叩　六月廿一日

按：此札中提及『姪房師陳先生』指陳啓泰。王懿榮光緒庚辰科殿試墨卷履歷『陳伯平夫子名啓泰，本科會試同考官』，陳啓泰係王懿榮庚辰科會試同考官，故爲房師。

此札言胥山人刻印事，前面幾札屢言之，可知此札書於光緒十六年（一八九〇）。

三二

繩老姻六叔大人坐下：

得示誦悉，敝房師陳先生所屬事，當即作書西去。此次第二義，暫不及讀，容此番覆書來，再從容進之。此事亦如兵家之有步伐，文家之有步驟耳，吾丈必以爲然。郝從九形狀可笑人也。承示感感，是亦飢民之一在恩賑中者。牟説《管子》已命崇燕摘録出矣。今日適詣府門未歸，鑰氏携出，來便坐候，不及啓取，容再納上。印石尚有『寫管齋』一品未刻來，餘俱成就，藉使拜繳。

匆匆不及縷詳，敬請大安，并叩雙福！

姪懿榮謹啓　初六日

按：此札承上札言陳伯平有所屬，即着手辦理事，上札書於光緒十六年（一八九〇）六月底，此札落款爲初六日，當爲同年七月初六日。

三三

繩尗姻六叔大人坐下：

棲霞牟氏説《管子》數事摘録呈閲。前捎來之刻石潤費四金才用去一兩幾錢有零，所餘交兒子輩存儲，以待再刻之需。『寫管齋』一印刻來，并附封納上。侄秋來作嗽，嗽極耳聾，大約去洪良品[一]不遠矣。笑笑。從此只能駡人，如人返駡我而耳總不聞也，亦殊快事。然亦更誰駡我者？附博長者一粲。

敬叩雙福！

侄懿榮頓首上　七月十二日

按：此札承上札，言摘録棲霞牟氏《管子注》事。張佩綸一生注《管子》，王懿榮有所幫助，凡有見關於《管子》者皆摘録之。此札書於光緒十六年（一八九〇）。

[一] 洪良品，字叙澄，號右臣，湖北黄岡人。同治七年（一八六八）進士，改翰林院庶吉士，授編修，後任順天府鄉試監考官等。

三四

繩卡六姻叔大人坐下：

前奉手教，後又晤伯納農部，知吾丈自津率伯納扶護太姻伯母靈輿歸里奉安，禮成言旋。孝思不匱，戚鄙同欽。前書示及涪翁書脉，將由河南滂沱直下，不復由石田逆流而上，探原之論，透頂之識，如侄庸碌，只有贊嘆欲絶而已。然其間尚有一壁曜《石淙詩序》在也。翁覃谿謂二壁高下，曜不如稷，然稷與鍾紹京書僅見於《昇仙太子碑》陰，分行題名一石耳。所與《石淙詩》字斠，則稷遠不如曜也。曜書直接河南，下爲宋徽宗瘦金開派，繼以蔡氏，元長、元度皆從此出，而涪翁又積健爲雄也。褚書兩《聖教》，同州覆本却後來居上，《雁塔》《玄妙》極矣，字亦在同州上幾萬里，而游絲裊娜，隨風蕩漾，幾於無迹可尋，昔人喻以簪花，猶未似也。侄幼小由河南入手，家藏唐碑幾於種種，皆具明拓，唯此種尚未儲一愜心。貴當之本去年曾見一明拓，墨氣劇佳，然下截已有剜字，爲張少玉翰編以四十金購去。甚矣，漂差翰林之力之不能與曾任學政者抗也。然下截亦剜損矣。子涵所取子澄兩本，皆經帖賈收拾者，不登大雅之堂。廠估只知治字不杜口者爲舊，且有與以六十金，而子涵猶不云售。噫，其厭也！唐碑宋拓字字可愛，蓋自初唐以後至魯公、北海楷法久已滅絶，魯公只能仗著支撑，北海則一味一具内定與中丞覆書，幸不辱命。請據以復敝師陳先生，餘容再以相機而進，不及專函，因侄師到任，至今尚未叩賀也。十二載老門生，如此無成，故每對書，輒愧閣筆而長嘆也。另函歆斜取勢耳。如侄謬論，吾丈得不呵斥之耶？遵屬遇有登善舊拓當爲長者一物色之外，

敬請福安，并叩六嬸大人閫安，兩弟文福！

侄懿榮謹啓　侄婦兒輩隨叩　日長至

按：札中言『前奉手教，後又晤伯納農部，知吾丈自津率伯納扶護太姻伯母靈輿歸里奉安』，按之《張佩綸日記》，此係光緒十五年（一八八九）三月間事〔二〕，故此札書於該年夏至。

三五

李摹《廟堂》即爲物色，廠市所有，不但非春湖先生元本，亦且非石泉老丈（山農觀察之翁名可瓊，亦翰林前輩）刻石，皆楊風子孝廉由木而石者也，實則春湖摹本，刻手、鈎手亦均不佳，以翁跋言之，覃谿小字，純變作春湖面目，事可知矣。城武石出元明以來，時人好并湊東西兩本好字糝合一處，以充唐拓，明人亦頗重之，自今日視之，則亦球鍠之貴矣。去年曾見

〔二〕張佩綸著，謝海林整理：《張佩綸日記》，見張劍、徐雁平、彭國忠主編《中國近現代稀見史料叢刊》第二輯，鳳凰出版社二〇一五年版，第二〇五—二一〇頁。

江西人持一本來，吴門張伯起物，明跋累累，翁覃谿視爲秘妙者，肅府以七百金購去矣，亦致佳。

侄又拜

三六

緙老姻六叔大人坐下：

新年以來，伏想起居康强，定如私祝。侄眷屬平安，里中自家慈以下，均叨庇順適，藉以告慰。惟侄仍杜門危坐，帶花鏡寫白摺，朗誦時文詩賦，以冀酷暑隆冬，奔命糊口，可慚可閔。鄒嶧有言『耻之於人大矣』。再同前輩病仍未减，惟神色稍好，似有轉機，近又吐血兩次，在此慌慌不能再住月餘，亦情事使然。頃將以本月廿七日出都，全眷上船，由通至津，乘輪至滬，再换江船，侄五夜積慮，頗爲懸繫，未悉由津至滬，海路四日，長者能爲一伴送否？來去不使人知，到滬親看其上江輪，則千妥萬當，戚鄙之所能盡力者，亦止於此矣。此乃侄一時莽見，固未與再同知，亦未與人言之也。伏祈鑒酌，至幸至幸。

先此奉商，專叩雙福！諸弟文祉！

侄懿榮謹啓　侄婦兒輩隨叩　廿三日

按：此札言再同即黄國瑾事。光緒十七年（一八九一）正月，再同父黄彭年歿於湖北，再同回湖北奔喪，此時已大病。此札係王懿榮托張佩綸派人護送黄再同回湖北之事，當書於光緒十七年（一八九一）正月。張佩綸接信後，果依王懿榮之言護送再同至滬。事見《張佩綸日記》[一]。

三七

繩未姻六叔大人坐右：

前讀自滬歸賜書，至再同亦不自知其病之沉重，一語不知，其涕之所從出，此吾丈高誼摯情，隨筆流露，而沉痛之味溢於楮素，真令人凄絶矣。戚鄙之所得托命於吾丈者，亦正在此。肅復稍稽，而鄂電昨來，竟爾如此，回首舊游，如夢如昨，年來戚友間感傷多矣，使生存人轉益親，壽老與再同兩柩同歸在旬餘後，慘哉！此鄂帥之言也。來便匆匆，對此不知所云。

先此肅致，即叩道安！

侄懿榮拜復　廿七日

[一] 張佩綸著，謝海林整理：《張佩綸日記》，見張劍、徐雁平、彭國忠主編《中國近現代稀見史料叢刊》第二輯，鳳凰出版社二〇一五年版，第三一一—三一三頁。

長子崇燕夫婦已於十六日安抵里舍，在津種承六嬸大人厚賜，知念附聞。并此叩安。

按：書札中言『而鄂電昨來，竟爾如此，回首舊游，如夢如昨，年來戚友間感傷多矣，使生存人轉益親，壽老與再同兩柩同歸在旬餘後，慘哉！此鄂帥之言也』。此言再同至湖北奔喪後不久即病歿，鄂電即張之洞所發。再同逝世於該年二月二十四日，此札書於該月二十七日。

三八

繩丈姻六叔大人坐下：

得示祗悉。再同書昨聞未纂有條例，書乃糟不可當，已成有六百餘卷，不可收拾矣，容侄到館時訪有再同真迹，何者爲其所手定分别，摘録以上，不敢遲也。敝師陳先生晤數次，匆匆乃未言及。侄先有書寄香濤，乞其仿治麟之例，奏請再同入國史《孝友傳》，而以壽老入《循吏》，則乞合肥閣師爲之，兩處分請，俱可邀准。且再同到鄂一慟而絶，能不謂之殉孝乎？且其生平好學守道（此四字香濤來函所自下語），又爲壽丈諍子，壽老晚節實再同成之，當此至無愧也。侄之此語可質人天。再琴塢老丈已列《循吏》，使邊省此一姓人家，有三世列入國史，亦可振厲末俗（勝於使趙以烱得狀頭），此非止爲我兩家親，非因之阿其所好也，未知吾丈以爲然否？壽老一節，千祈代籲合肥師相爲之，侄不敢言謝也。侄則草草完場，聞已擯落，家貧親老，積債如山，今年下半年將隨再同赴二龍坑去矣。近有句云『雪鬢霜髭四十七，安排筆硯試明光』，良自悲也。尚更不取，豈不重可愧恨乎？再同爲翰林中第一悖運人，繼之者侄耳。再同今日不悖矣。書上以博長者一笑，侄非漫作牢骚語也。近得宋十行本《群經注疏》一全分，内《爾雅》爲儀徵相國所未見，此差足喜。

敬叩雙安，并祝午喜！

侄懿榮頓首上　侄婦兒輩隨叩　四月晦日

按：此札言再同逝世後，王懿榮等同仁着手整理再同故書事，又言奏請再同及父黄彭年入國史事，書於當年四月，即光緒十七年（一八九一）四月。

三九

繩尗六姻叔大人坐下：

得賜書祗悉。《畫圖章程》一本，是再同手筆，奉上。此外有禮卿所撰者，情願讓再同，總未交來，實亦不復需此，有此真迹斯已足矣。又有不欲讓歸再同者，所説亦是，侄則與時浮沉，毫無論撰，負此統纂名色多矣。香濤處前曾去一書，時有激烈語，欲促其速爲之。壽丈官迹欲歸合肥老師奏請者，辛相有總百揆之責，不必分其在鄂在直，及其某處多與某處少也，咨鄂及蘇與陝，取其政績以來而彙奏之，有何不可？香濤一人爲其父子兩請，頗嫌其阿，且合肥先以壽丈《循吏》入奏，香濤再以再同《孝友》從之，倍覺生色，且又以起香濤之速也。幕府多才，頃刻立辦，此真一舉手之勞，而獎借振厲，所關甚大，正不獨爲侄與吾丈一人之私親已也。雖然再同長此已矣，夫復何言，此種冷署中繼再同而起者，舍侄實屬哉。小□不通書者將十年，此公際遇，以較再同何如？蘭成有言天昏昏而如醉也。淞蘭酒病不要緊，亦早愈，堅欲去官，甚佩甚佩。香濤堅執不可以勸之，『不諒人只』，此之謂矣。

侄長子崇燕有吐紅之證，時作時止，睹其形狀，心甚慮之。現又愈矣，將以東試。次子亦不結實，大約先天不足，亦氣運使然也。理□入泮，大親家嫂苦節略慰，吾丈聞之，當亦爲加一餐也。諸碑京師熟人藏弆略佳者，有二本，一張劭予〔二〕，一曹竹銘，此物尚多，侄偶未遇之耳，得即奉上。《石淙》薛書亦至美也。大抵唐以後人再無能楷書者。侄年將五十，蹭蹬如斯，無可告慰，惟好古之心久而彌篤，幾將以此爲性命，他年廠市中必有請我入古董傳者，必奉爲古董神矣。然受累正在於此，典當款借將有萬五千之累，亦非一試差所得了也，況無之乎？來使屬其立候，匆匆寫上，以當面侍。潘文勤師有云，凡渠作書寫字，閣筆後不復再看，誠善

〔二〕張劭予即張仁黼，詳致李桂林札一注釋。

誠善。

專此叩復，即請雙安！不恭。

姪懿榮頓首　五月十四日

按：此札亦言奏請再同與其父黄彭年入國史事，亦書於光緒十七年（一八九一）。

四〇

繩老姻六叔大人坐下：

得示祗悉。壽丈喬梓事，登即轉致滋軒前輩與樊山矣，一禀意旨，姪亦志在必成，以副大德，從容再促孝達耳。姪漂差到底私計，人所不堪，然姪亦嘗此屢矣，比再同多一累少一死耳。鄭堪先生有言『早晚亦當不了也』。當年姪與清卿、雲楣、程五峰筆客手斂荄甫時，胡千里一旁黄口耳，今日尚不如此兒猶能仰俯作計，命可知矣。趙以炯、葉在琦輩皆其類也。清卿功成名就，在河北道一年，時已家室綈造矣，此刻清苦只就骨董言耳，然猶一金一扇，得此畫資，以爲肴核，姪又無此長技也，奈何奈何！自有實親再不論世誼，以兩家先人天上握手，當俱稱老親家矣。長者每次賜書，謙執前説，如姪不肖，固所鄙弃，然回顧竹林，又置安圃前輩於何地乎？

冒昧惶悚，敢以上陳，敬叩福安！

侄懿榮謹啓　七月廿九日

按：札内言『壽丈喬梓事』，壽丈即黄彭年，喬梓事既奏入國史，此亦承上札言之，書於光緒十七年（一八九一）七月。

四一

繩老姻六叔大人坐下：

得電示祇悉，叩感無既。崇燕知東路不靖，立意北上，又復遭此，亦前定也。竟來驚擾長者一番，然得取依歸，侄等亦復心慰之矣。□侄今年之破財運，種種離奇，亦殊可笑。燕婦於八月廿三日戌時舉一男子，子月分既足，大小平安，并祈告知六嬸大人歡喜。侄保送南齋，初二日在内考試，爲時甚促，賦一《弓矢喻政》，以『木心正則發矢直』爲韵，詩一『登高能賦』，得『能』字五言八韵。年將五十，竟似經一番大考。同考五人，陸寶忠、張百熙、黄紹箕、侄與陳冕耳。年紀惟侄最大，卷子惟侄最劣，署傳初九日預備召見，以後未知如何。既得電示，即遣人持衣物迎取以來，匆匆不及多叙。

敬叩雙安萬福！

闔家叩感侄榮謹啓　初四日

按：此札言『崇燕知東路不靖，立意北上，又復遭此，亦前定也』，指崇燕回京，行至武清遇盜之事，後委托張佩綸護送。《張佩綸日記》九月九日：『翼北偕孝達之侄白泉寺孝廉楙偕行，請合肥派馬兵二人送之。』後凶手查獲，張佩綸又致電王懿榮認領失物，《張佩綸日記》九月二十四日：『雲楣已弋獲武清之盜，電廉生來領失物，盜皆河南、山東人也。』〔二〕此皆光緒十七年（一八九一）事。札中又言『既得電示，即遣人持衣物迎取以來，匆匆不及多叙』，則當爲該年十月初四日事。

四二

繩老姻六叔大人坐下：

崇燕來依尊前，飲食教誨，重煩長者安置一切，又爲雇覓車輛，借弁護送，於十一日抵都。闔家感激，不敢言謝。此子懦弱萬狀，從此竟有不敢出門之勢，畏葸已極，真下材也。幸

〔二〕張佩綸著，謝海林整理：《張佩綸日記》，見張劍、徐雁平、彭國忠主編《中國近現代稀見史料叢刊》第二輯，鳳凰出版社二〇一五年版，第三九八、四〇二頁。

到門即見其省報，僥幸如此，道路之謦不復涕泣而道之矣。孺子無知，亦可笑也。侄初九日召對，次日報罷，此憾甚於漂差，若侄者可謂『投無不利』矣。年近五十真不耐考，更何堪其有考便落第耶？吾叔何以教我？來弁急欲銷差，略一酬勞，匆匆而去，并乞上謝合肥師相。崇燕以回省畫供爲畏途，刻已作函托人代辦，即令其安心習字矣。

敬叩福安，并叩六叔嬸大人閫安！統此叩謝，兩弟文福！

侄懿榮謹啓　侄婦兒輩隨叩　九月十二日

張甥權〔二〕中一百十四名，并聞。

敬再啓者，張樵野侍郎來言，其舅李山農觀察與馬道建中有賬，屬寔不差，惟李所負馬債，實係不似馬道口説之多，事若細查，必得水落石出，不要爲其朦混支梧云云，屬窮聞於左右。侄知吾丈絶不理論此種閑事，惟渠既來言，而侄與山丈當年有金石同好之雅，又與侄先君爲己酉同年，凡事於其人當極悖之時，此中亦自有公道，不可使其一味含冤，更無所容進祖詞，故亦不憚爲長者言之，謹代爲申訴，即乞將此紙付丙。子壽丈事當即言之清卿，且促其速，若毅卿則猶銜此老當年胡床箕踞怠慢不起之恨，侄深知之。郎亭亦與有隙，則江蘇一官，

〔二〕　張甥權即張之洞子張權，詳致翁同龢札五注釋。因王懿榮妹嫁與張之洞（嫁後不久即殁），故張權係王懿榮外甥。

求信枉擾見斥之故，此又壽老客氣太做作處所致，使渠輩太磨不開也。若聖人處此必不若是，所以孔孟之間尚有水晶比玉之喻也。未悉長者以爲然否？并此付丙。

按：此札承上札，言崇燕受路上驚嚇，不敢復出之事。又言『侄初九日召對，次日報罷』，此指王懿榮參加南書房考試事。事見《翁同龢日記》九月二日：『是日考南書房（五人：陸寶忠、張百熙、黄紹箕、王懿榮、陳冕）。題「弓矢喻政賦」。以「木心正則發矢直」爲韵，「登高能賦」五言八韵。在大内南齋考。』〔一〕王懿榮未被取録，事在光緒十七年（一八九一）。

四三

崇燕歸，述丈索書目，晨間對使匆匆，此書忘記納上。兹奉來三種以供花錢之資。

此上繩老姻六叔大人

侄榮頓首

按：此札言『崇燕歸，述丈索書目，晨間對使匆匆，此書忘記納上』。由前幾札可知，此亦光緒十七年（一八九一）事，當在十月之後。

〔一〕翁同龢著，翁萬戈編，翁以鈞校訂：《翁同龢日記》，中西書局二〇一二年版，第二五一三頁。

四四

繩老姻六叔大人坐下：

廿四日得電示，領悉種切。此等蠢黑，得物不多，而捨命甚易，亦屬可憫，乃知此外行旅，值此有終不得申訴者，則州縣之甘於諱盜矣（亦至可恨）。崇燕此次仰蒙長者撫育，益托合肥老師威福，此案得獲，真夢想不到之事矣。謹遣其原携之僕人張順前來領贓，令其勿誤認，勿錯攀，便是其自己功德，上人所不得主也。崇燕已不令其回濟□親□，渠亦膽破，不敢首途，種種皆函托濟上友人寄錢去矣。其房師爲凌邱縣□字小舟，聞亦係館選改官，特不悉其於侄爲前後輩何似耳。來人往返盤川俱已付給，至於具領畫押，渠皆不瞭曉，須浼紀深教之。至叩至叩！

承委購覓書帖等事，當極力物色之，以時具聞，斷不至有負尊屬也。王小宇工部有唐碑明拓本數種（就中褚碑甚舊），崇燕已與之訂價取來，寄呈鑒閱，詳崇燕□中，不復述也。（廠市有《西廟堂碑》宋拓本，至佳，惜翦落要緊處數字，張少玉持之，未講妥，尚未放出也。治字下一綫之細即所謂不杜口者，明則深刻粗畫半截，玄字不挖點者，治字乃真不杜口，國朝直作一横畫矣，玄字挖於康熙初年。乃從前畢學使應辰之物，小宇得之者。侄告以明中葉本，及丈屬購此種，侄不好意思去問。崇燕乃貿然詢取之。宋拓斷無烟煤濃重者，皆淺淡墨色，露紙簾紋，自明中葉始用重烟，沾手作黑，而存字雖多，率行頑鈍，宋拓則墨匀紙細，鋒鋩畢露，真佳妙矣。）《纂圖互注》，或六子或五子，自南宋刊起，直至明中葉，有先後印，及一再翻之不同，非目見其書不能定也。然皆出一原，亦即世德堂之所本耳。又沈意文布政壽榕爲沈紫眉觀察能虎之胞伯，當日爲川中丞，伴侄先祖舊時幕屬，因此有舊，乙酉年其當鋪被其折閱償債□，意老曾以所藏宋拓《太清樓大觀帖》全卷質四百金於侄先嚴手中。是質也，意老欲此物之得所也。（名之曰質，實則拍賣耳，如冠九丈、丁士彬争質之。侄雅不喜此物，紫眉必習知之。）龍前身甫出胎胞，後則在包中油□以存。不如丈所得袁本，亦不如侄所得朱本，亦四百金，此至京師，侄以朱本呈先嚴看過，而朱本缺一套，計十卷，乃取此卷印本配入，而以朱配鈔本易入，轉售與潘師，説明降價一百金，潘乃欣然從之，侄此書遂完。）乃其三寶之一，所云三寶者，一龍胎，一大德本《漢書》，龍胎無人過問，《漢書》潘文勤師屬爲購致以去，未悉長者識紫眉其人否？渠詢其弟，當悉顛末，侄此時可以原值許還也。此俱不敢交僕人携全卷來，僅以一本入鑒，如督幕中有與之熟者，（浼其寄書）可一詢之否，此亦連類而及之事，不專以此等事來絮聒煩瀆也。漢分、唐楷皆一時俱絶，後人斷不能挽回爲之，宋四家行書亦如之。有精舊拓本，毫髮畢現者，皆人間至寶，有日減無日增也。東坡所謂『吾眼有神，吾腕有鬼』，具此法力，不得一入，石渠亦未如之何也已矣。

敬叩雙安，兩弟文福！

褚碑侄舊有郃陽褚千峰峻拓本，所謂玻璃拓者，爲諸城劉燕老家物，敬以奉贈，此可備一種精拓耳。雖不甚舊，然終是大玩家舊物。伏祈哂存。

侄懿榮謹啓　廿五日

侄又叩

（乾隆初人創爲此法，見翁覃谿集，帖賈最重之，即與牛空山作《金石圖》者，其所拓《孔林漢碑》《濟寧漢碑》尤佳。小宇本惜殘數字，侄所見以張少玉本爲第一，曾去重值未獲之也，與一明拓《王聖教》極劣本不拆賣，故未能得。此如藏書家之講有舊藏家印章者。）

按：札內言『崇燕此次仰蒙長者撫育，益托合肥老師威福，此案得護，真夢想不到之事矣』，此談崇燕回京時由李鴻章派人護送之事，即札中『合肥老師威福』。後言『謹遣其原攜之僕人張順前來領贜』，即指在路上被盜事，後盜賊被捉拿歸案，前去領所盜之物。此札當作於光緒十七年（一八九一）九月廿五日。

四五

繩老姻叔大人坐下：

前日得電示，昨日即遣奴子前來，甫出城門，又從尊府得另示，并明拓褚書《雁塔聖教碑》本一册，命侄鑒别。此本無缺無塗，在帖品中爲無上上，敢定爲明初拓本。在侄所見，此碑乃爲第一，出張少玉翰編所藏本上，價三十金，祇同賞犒耳，不足論也。惟明拓白紙濃墨者，字之性情稍覺汩没，而神旺气足，自能充當一隊也。得此可不須王小宇所售本矣，其價貴而字有缺也。此品在一味錫烟之上，惟略有墨沁細畫處，舊碑不能執此求全，此則無意遭逢，偶然有之，實則稀如星鳳矣。且是原裝，只用將四邊厢紙粘貼加副葉换封面足矣，不可重裱也。奴子所賫小宇各本，皆二等貨。崇燕急欲報命，鈞致以來，侄都不以爲慽也。若收舊本，請以此類《雁塔》爲率可矣。

安圃前輩親家到任不過二年，即行秉臬，聞之抃舞，當日詣賀，乃致老而益壯，生生不已，幾與兒女子輩争衡，此事祇令老叔與侄相與愧對，而侄且益慚馬齒之長也。侄今年既漂學試差，又漂南書房，京諺有之所謂『玩兒票的』，擬刻一小印自况，不謂此事亦然，老叔勿斥其言之狎也。登仕版者三十年，异途正途種種嘗过，曾有一日之得遂其志者乎？良可悲矣。大吉報捷，香濤前輩高樂，樂其子之能回頭也，當亦思昔日先生之教澤乎？侄今日者尚存一蒙師族兄，年八十餘也，窮與侄等，而侄不能歲給之矣，思之惘然。李山農事遵教設言之，已了當年串换拓本人情矣。不爲如叔如侄，同一監生出身之張副憲也。人便匆匆，肅此先復。

即叩雙安，兩弟侍福！

侄懿榮頓首　廿六日

《雁塔聖教》仍繳府便轉上，鼎彝拓本當飭工爲之再報。

侄再叩

按：《張佩綸日記》光緒十七年（一八九一）九月二十七日：『廉生遣紀來，昨夕至。寄來明拓唐帖四本。《皇甫》《雁塔》《圭峰》《玄秘》。』〔一〕即記此事，故此札書於光緒十七年（一八九一）九月廿六日。

四六

凡碑本，宋拓無濃墨，皆軟紙，使字之鋒鋩起落轉折，回鋒雙鈎絲毫畢現紙上，活脱如親

〔一〕張佩綸著，謝海林整理：《張佩綸日記》，見張劍、徐雁平、彭國忠主編《中國近現代稀見史料叢刊》第二輯，鳳凰出版社二〇一五年版，第四〇二頁。

見古人鬚眉神情，是以可貴。如涿州李三老在銑所藏賈秋壑家之《房玄齡碑》、濰縣陳前輩介祺所藏之柳書《天策神軍碑》，亦半間堂物，均爲元明内府物，紙薄墨淡，字口無沁入處，從未有紙白於粉而墨厚於錢者也。明之前半便有黄紙厚墨粗拓頓鈍，字之鋩殺全然不見，然較後來剥蝕者多字太半，亦自可喜，且未經洗剔，而字之元神具存，故亦可寶，却與宋拓不但字之多寡有别，紙墨拓工相去不啻霄壤，此皆當時市鬻物，拓時求速，以多爲貴之弊，其有紙極白，墨極平且濃，而字口無墨淹處者修絜可愛，然字多木僵，又出黄紙粗墨之下。中葉以後，一味烟煤，粗率不堪，久則墨上有霜，觸手如竈，至國朝又加之以膠，重墨亮如油漆，并非宋拓墨色黯然以沈者，漸令人望而生惡，然較近今存字幾多數倍，亦不自覺其溺愛增重矣。故碑本新舊，除去翻本、覆本不數外，亦有不能堅執紙色、墨色一望而知者，總以比對存字之多寡，字口之光與毛，又間處石花之有無、大小，一一細核之，真僞皎然，此又如校勘之學家所謂死校者也。惟舊本往往宋拓多當面錯過，以其紙薄墨淡之故，而明拓之白紙墨濃者，多不能饒去，職此之由也。

大凡碑本最忌塗去石花，石花似與字無干，而塗之反於字之精神有損，乃舊本往往多有墨塗，若是常品，尚可從汰，如係孤本，衹可遇而存之，天下事之不能完美如此。又凡舊本，自以見諸譜録，後多名人題跋爲重，然如此等者，賞鑒人多，流傳有緒，往往裝潢太頻，不知幾經裝池砑平，字口全開，反不如原來舊裝，從古未經人道，渺無一字題跋者，字口甚深，幾於後面凹凸，若現出陽文字者，最爲上品。又原裝未至脆落，便略加一裱，粘貼完整，加數開副葉，精治封面，足以美觀矣，不必再揭裱也。真鑒不在題跋，廠賈所貴乃在幫手耳（廠人謂好題跋爲幫手）。夫天壤孤本，絶世單行，不必見諸著録，乃正以無徵見奇，此好金石家言之所謂生坑也。夜涼書此，以廢紙助之繩翁六叔一笑。帖賈行話，不復計其文理與字迹矣。

按：下札言『侄所説皆帖賈行話，吾叔不以爲笑，又獎飾之』即指此札談舊拓之論，下札又言『僕人領衣物事』，可知此札作於光緒十七年（一八九一）。

四七

繩老姻六叔大人坐右：

連奉賜書，如對面談。僕人領衣物事，長者費神若此，何以克當？侄所説皆帖賈行話，吾叔不以爲笑，又獎飾之，何耶？總之，除翻本不算外（先須辨得此處，即作爲定盤針矣），務以比對字數多寡、筆畫存減爲無上要義，其翦去字者，不在此數，則字多而筆畫多且字口光者，爲真舊矣。同此一舊，則又以墨色之濃淡、拓手之粗細工拙爲品第，再進以拓本之完缺，有無挪移，及填補後拓之字，或徑是百衲本，或屢經人裝裱，字口變平，白若粉塗，頑鈍不堪，及惡描巧填之處，逐一細勘，思過半矣。論帖之書，前有《南村帖考》（忘記其人）、《履園叢話》（錢梅溪者，其書無學，於刻帖一門頗淺有可觀），後則吳荷屋先生《帖鏡》集大成矣。吳書未刻，其寫本在潘文勤師家，秘不與人。侄於此道，鑒別金石、書畫、碑本、版本，斟酌題跋、行款、題咏高下，自謂能事，是絶無僅有之南書房材料。在國初時，高詹事、勵文恪皆且不以詞臣進用，而侄試且高標，反不能與俗兒争勝，則樞臣之不能用人，動違其長，於此可見。使潘文勤在天上，與香濤、清卿諸大僚撫躬自忖，究竟授受師法，開自何處？能教南齋老總，而反不能勝任南齋，天誰欺，欺吾乎？附博一笑。然其鄙也，亦一宋之畢少董、明之唐來□而已矣，亦何足道哉？若承辦《天禄琳瑯》、《石渠寶笈》、《西清》《寧壽》兩古鑒，亦復自負，一時無兩也。

太清樓無明翻，此是確據，侄所以不取者，以閣帖以下，皆從閣帖出，本無足道耳。沈如不收，便請吾丈居間讓胡。沈、胡皆舊識，胡與從兄甲子同年，往歲與之搬弄程六□家頌鼎，又與之偕清卿、程五峰筆客手斂胡荄甫，匆匆不見二十年矣。沈意丈不歸，冠九與芥帆必以歸。侄先人亦以有舊，然此一筆錢，乃侄先嚴留備舍侄女即字再同令侄者之妝奩，侄弟撤出爲之，去年與再同定期，時事急，侄乃借貸以補之耳，言之慘然。胡、沈與侄三家兒子皆同年，亦一趣也。壽丈事，南中已與侄分教。門人吳潁芝，探花蔭培言之，原函并滋軒、雲門函附呈。滋軒言有侄大名陳師事，乞丈留下，與陳通書附去，仍索其見還爲叩。此事辦到此等分寸，亦發端於長者耳。侄爲壽丈及再同喬梓事甚爲着急，難得合肥老師與香濤、滋軒同時應手，時不可失，而吴人作祟，若誤全局，豈不可哭？！若説合肥老師函屬劉峴莊，太山壓頂爲之，夫豈不濟？！豈此二人者，身後之運亦復偃蹇如是耶？！噫！當日潘文勤在太后前奏對，可勝南齋者，侄與再同也。再同已矣，侄復如斯，當何言哉？！張樵野言曾孝敬合肥一舊拓武梁祠畫象，即黄小松所藏唐拓物也，此人間瓌寶，吾丈曾寓目否？！今年定府出一董思翁畫巨册，當爲侄生平所見第一，見此始知思翁本領勝於烟客處，後歸德寶齋。侄八月前以六百五十金定之，如學差漂則止，以初一日爾後爲斷，後乃果不能取矣。常熟還以三百，尚不一動，近爲通永道楊宗廉六百金購去矣。此物在之處，應有吉祥雲護持也。拉雜以當對面，與長者信封印符。

敬叩雙安萬福！

侄懿榮啓　九月晦日

按：札内言『僕人領衣物事，長者費神若此，何以克當』，仍係談領被盗物事，亦當作於光緒十七年（一八九一）。

四八

繩老姻六叔大人坐下：

僕人張順回京，得奉賜書并小宇帖價銀券收到，即飭轉去。餘帖一并付還，又承賜高麗《平百濟國碑》完本，珍荷無〔二〕。此碑侄所得燕翁舊本不全，爲潘文勤師取去，此後欲覓完本，已久不得，此番嘉惠，如獲拱璧，甚爲欣幸。言有阮極舊本，字多而晰，潘文勤所謂『鸞漂鳳泊，東國第一』，非溢詞也。劉丈《海東金石苑》美濃紙稿本近在侄處，欲理而董之，爲之梓行，病未能也。東國古刻，以近出《好太王碑》，在晋義熙間者，字似伊墨卿書者，在新羅真興王定界刻石之前，中華晋刻無此大字者矣。《大觀帖》下九本兹一并帶呈。侄次兒崇烈東歸，至津詣叩，命其轉上，爲沈爲胡，均不擇也，或有不諧，附以後人便發還不遲。所示柳碑，伯納送來閲，道嘉道俗拓西紙鬻本，不足裝池（當即納還）。賢字右肩已有泐處，或留裝直幅，玩其行氣亦取，不可缺也。大約近本總以玩家精拓者爲貴，其細緻有出舊本之上者，且考據一事，總以現存本爲主，字多，而舊之本反爲借此之資，又是一種道理矣。黄山谷的出於褚，中

〔二〕『無』後似當有『地』或『似』字。此處换紙，蓋因换紙而脱者。

間《石淙》諸刻爲其脉絡，米家父子亦然，褚之兩《聖教》并皆佳妙，可謂二絶，《孟法師》雖貴，以其傳本太少，實則與《三龕記》一副神味，去同州《雁塔》遠矣。黄之出於褚，不但《夷齊廟碑》一見，即其下筆一頓，何一非《石淙詩刻》耶？然古人大致相近似，天地間造詣亦不由人，無以之合自然之理，必執定爲某是學某種書，除是當時自道所長，或亦往往不似，若今日從復逆數，憑空堅執，斯亦鑿矣。捨法是法，雖彼教密倡，究亦透頂之論也。有寄雲楣廉訪謝函，乞飭送去。

草草肅上，即叩大安，并叩六嬸大人福安！

任懿榮謹啓　十月四日晨

前擬附摺差一函，久未來取，并以附上。

按：《張佩綸日記》光緒十七年（一八九一）九月二十九日：『午後，復廉生書。以權懷素《平百濟碑》拓本贈之，報其精拓《雁塔》，劉燕庭藏本也。』[一] 此札中言『僕人張順回京，得奉賜書并小宇帖價銀券收到，即飭轉去。餘帖一并付還，又承賜高麗《平百濟國碑》完本』，可知此札書於光緒十七年（一八九一）十月四日。

[一] 張佩綸著，謝海林整理：《張佩綸日記》，見張劍、徐雁平、彭國忠主編《中國近現代稀見史料叢刊》第二輯，鳳凰出版社二〇一五年版，第四〇三頁。

四九

繩老姻叔大人坐下：

次兒崇烈束下，命其詣叩尊前，并附上二函，想蒙鑒及。永寶齋所售褚河南《雁塔聖教序》明拓本，聞有缺字，此是舊拓之常，當時匆匆，因係原裝，未經重裱，故未逐字細斠，甚自愧也。然即此是至賤之值，侄三十年所求之不得者也。千萬不必補字，補則難湊此一律者，不妨以近拓足本對玩，此則聽其不完，所謂此亦一是非也。吴荷屋先生所湊唐宋拓本百衲《醴泉銘》，此則不妨補綴之矣。但凡一律，使缺數十字之舊本，斷不必補，吴本今在周臬司馥家，吾丈曾見之乎？亦驚人秘笈也。常熟尚書去年以五百金得英相家柯敬仲奉敕題之晉唐小楷帖，非越州石氏本，然石氏本亦如星鳳矣，此乃明内府充俸物，其《樂毅論》海字本，即文之停雲館所祖，侄雖不好帖，亦不能不驚心動魄矣。窮之一字奈之何哉！把玩數日而釋之耳。

近清妙齋持來沈石田書畫扇一柄，并扇柄俱存，最是老物，精矣，却非其極至之作，然致真之品也。其柄亦是奇觀，非廿金不售，特寄與吾丈一鑒，欲取則留之，不欲即發還，此亦不可多見之物。凡書畫之真而不佳者多有之，譬如宋之洛蜀，乃君子之遇，斷未有假，而能真好者也。無款古畫忽加一僞款，便不在此數，蓋一真小人，一强誣之爲小人耳。分别如此，吾丈以爲然否？又侄新主修溆縣《光緒志》，因得大集先輩著述，侄先世與南皮張氏世孫俱在小□近支一門，自乾隆間即結納之，亦因年世誼牽連及之者，往返贈答累累，兩家稿中互見處甚夥，然以香濤輩分較之，皆其孫、曾，此所以既有親戚，萬不能再説世誼、年誼者。侄之與吾丈及安圃親家亦可謂誼合之篤者矣，不意先從伯白海先生乃與太姻伯大人有舊，亦多授贈之章，竟於家集中見之，可見事有前緣，一時投分，皆非偶然，特後人疏陋無知，不可説也。先從伯少年堂第老於教授，爲登州五先生之一，爲寒家第一學人，周孟伯師所從問業者，惟一時博覽，不尚專門，種種俱未詣極，晚年悔之，以告周先生，古文則草草可傳者，先集數十卷，兵燹後幸未失去，此一本乃後人鈔撮，有可補傳家集中之闕者，謹寄呈，一閲之後速爲寄還，志局尚索回也。又有同邑王司獄者，與侄宗家，有《祥廳詩鈔》一本，與合肥太夫子有舊，亦附來一閲，統祈見還爲叩。

此請福安，并請六嬸大人閫安！

侄懿榮頓首　十二日

按：《張佩綸日記》光緒十七年（一八九一）十月八日：『王漢輔自都來。翼北之弟，名崇烈，今年北闈謄録。得廉生兩書。』〔一〕與此札言『次兒崇烈東下，命其詣叩尊前，并附上二函，想蒙鑒及』合，可知此札書於光緒十七年（一八九一）十月十二日。

五〇

此本紙墨極舊，字口亦光，的是明拓，惟拓手太劣，墨多淹字，紙亦甚粗，又缺後半。六丈前收濃墨精拓一本，聞有缺字，何不取此本字之相合者配之耶？定子丈本美極矣，惟字口已覺渾論，若北宋本，則鋒角斬新，幾似雙鈎，於刻手之回旋處，以斷似連，種種作趣，人間何處得此本耶？同州本必當對勘，方見河南當日輪廓之峻整處，若□□《雁塔》，不知風軟游絲重之妙矣。唐初四家，楷書冠絶百代，後世萬不能及，故鄙人再不學書，每一想望，只有多弄金錢，廣收舊拓，玩而老焉，此是吾癖，亦是吾病，吾病因愈於世人之無病，而爲天下國家之大病者矣。此三十年來，所見漢碑若費屺懷所藏孫淵如本之《五鳳刻石》、張松坪丈所藏創獲之《石門頌》、吴仲飴所藏巴慰祖本之《張遷表》、李芝陔丈所藏何耿繩本之《曹全碑》、唐碑若陳壽卿丈所藏賈秋壑家之柳書《天策神軍碑》、李芝陔丈所藏賈秋

〔一〕張佩綸著，謝海林整理：《張佩綸日記》，見張劍、徐雁平、彭國忠主編《中國近現代稀見史料叢刊》第二輯，鳳凰出版社二〇一五年版，第四〇七頁。

氅本之《房玄齡碑》，其他海内孤本，紙墨不精，以罕見珍者，不在此數，牽連書此，以導六丈花錢。

任棨頓首

五一

前信未發又得賜函，知侄次子已蒙賞見，渠旋於十二日抵里矣。嚴範孫同館，不識其人，且同舍典估也，當與伯納商之。壽丈喬梓，身後運之不順，亦復如此，爲之浩嘆。孫毓汶所藏之《廟堂碑》，已遭描填之酷，描填又甚於塗抹矣。此孫尚書之從孫名肇熙號暭民者所售，此子常販古董，今以其八祖爲之謀得外洋參贊過津，出其餘貨，交隸古耳，廉則可取，昂則不能充當一隊，不必枉費矣。《廟堂》以有『永宣金石』四字，與前半之『大唐撫運』及中流一段字者爲貴，此碑一翻再翻，明人又多以東西兩碑字湊合充唐拓者，去年肅府以八百金得自端午橋工部者，最爲烜赫之品，自明至國朝，跋者五六十人，然以視臨川唐拓，豈一翅霄壤？武梁祠既非唐拓本，則唐拓不知尚在人間否耶？曾見小松得新出之石，仿唐拓，裝爲一卷者，名跋累累，在李少石丈手，先在韓小亭丈家也，少石老後不知何歸。悵惘前事，爲之憮然，匆匆肅復，即叩大安。

繩翁六叔大人

侄榮再頓首　十七日

按：此札言『前信未發又得賜函，知侄次子已蒙賞見』之語，前信即札四九，書於十二日，此札書於十七日。

五二

繩老姻六叔大人坐下：

得覆示，并收到吕定子丈寄示所藏《雁塔聖教碑》本一册，再三把玩，歡喜無量。此真南宋拓本，有涿州李芝陔丈所藏賈秋壑本《房玄齡碑》紙墨可證，前一『治』字原不杜口，且作雙鈎勢，明拓墨色濃重，故爾不現，亦作杜口之意，實則刻紋極細之所致也。此本温潤而澤，毫髮畢現，大似玉版，真無上之品矣。不必以無跋爲恨，正以未經人道見奇也。原本封裹，藉原便繳上，伏祈驗入。十餘年前曾偕廖伯前輩、逸山同部與定丈蕭寺過從，匆匆至今，此與先叔爲丙午同歲者也。晤次乞代致念。《大觀帖》原來有櫝，現在京寓，此物不佳，無甚可惜，遇便附還，不須重爲製櫝矣。此事當年先德所在濟人之急，今欲其原直珠還者，將以成彼孝思，度吾窮歲，乃復重累長者，事之不濟，侄之過也。修善無報，天道之常。附博一粲。梦樓與陳淮爲親家，不知陳濂又是何人。

匆匆肅復，敬叩福安，并請六嬸大人福安！

侄榮頓首上　侄婦兒輩隨叩　十二月三日

五三

繩老姻叔大人坐下：

疊拜賜書，《大觀帖》收到，重累長者代爲製櫝，至感至謝！趙秋谷先生在敝省以能書名，不僅以詩名也。侄所輯《海岱人文》中有其書札，有其詩稿，有其文稿雜事，若藥方、堪輿、龍脉等帖亦有之，未悉吾叔所藏者何種，侄收此類不嫌其複。若丈欲備此一家，則亦不敢請耳。侄復書時，往往爲便在門，原信不在手下，往往疏漏若是。記得吾丈前曾屬侄求取侄郝氏祖姑字迹，與蘭皋丈説帖相配，其三孫東路廳同知聯薇處復云，只有粘簽貼書眉者，外别無他種，渠亦不肯揭與侄，長支先兄曙露教諭處多有此二老書，又往求之，則爲捻匪焚弃一空，僅得蘭皋丈與先叔曾祖一札，祇收入先世朋舊書札中，不能入《海岱人文》矣。丈曾言及得其數札，能分一紙與侄否？斷不求多，將以入《海岱人文》，且以侄近所收許印林瀚者，分一札以報吾丈也。香濤往歲屬覓陳頌南侍御札甚急，侄今以物與人易得之，即與許印林者内牽連楊墨林、張石舟、苗克路等，語甚有趣，今寄去矣，乃爲再同行賄耳。

壽丈事，滋軒一奏，畿輔、鄂中必可聲應，然再同入《孝友傳》一事，則非香濤不行，且香濤親見其一慟而絶也。壽丈後來父子相成，亦深得此子之力，真不可謂非孝也。侄語香濤云『公獨不願二百年來漢人翰林中有一孝子乎？必欲使《孝友傳》中，只一滿洲治麟，何爲者，使再同入孝子，此天理所當然，非以私情也』。侄以陳頌南札爲再同賄求，此亦自然應送之人情也，若不顧天理，不順人情，則難乎其爲香濤矣。且時不可失，若歲尾年頭，侄與香濤，不拘何人，思爲再同之續，想顧天理人情亦不能矣。侄深慟再同身後之運亦若是其悖且因之以自悲耳。本月望日，署派坐班，到者三人，内有嚴範孫，朝房静無一人，侄乃與範孫初見而語之，示以尊旨，渠亦欷歔欲絶，亦云無從致力，爲之太息已耳。瞿子久見王季樵，使寄語與侄，再同夫人分家，只得六百金，聞之慘然。鐵生至今無來起復之信，侄之侄女亦不知何時出閣，種種偃蹇，天何爲哉？

《管子》只有尹注完具，吾丈所著管注，如爲尹注作疏，則尹注即蕪雜處，亦一字不可删；如自出手眼，爲《管》作注，則尹注必在稱引之中，原注即不必贅前；如以尹注不妥，爲之補注，則尹注亦可不載；如爲尹注糾謬，則應逐所謂謬處注以糾之。未悉長者體例何若？如薈萃衆説，下以己意，則直謂之《管子張氏注》可也。此則所居甚尊。近人王壬秋（三禮、

《公羊》）、戴子高（《論語》）皆常爲之，特戴之所得又不如王，且此二人之經注，皆江湖惡派，萬不能如吾丈之實事求是，愜心貴當耳。（自欺欺人，一以《莊子》説《公羊》，一以《公羊》説《論語》，有是理乎？）不能證者，不强爲之説，即是顛撲不破之理，萬不能全書悉如吾意，句句能説，每説必精當也。專門護短，求全有毁，亦即自欺之一。所以小十三經疏，皆挨墻靠壁之人，所失不少，然尚不失大格也。

侄生四十七年，自十歲外見先君過窮年者十餘次，祇在成都後來之四年過年無憂。侄自過窮年，前後又十餘年矣。此亦五百小劫中之一劫也。歲暮不及懷人，若吾丈書來，則如對吾丈；其無書來者，亦顧不得再作夢想矣。侄竟是一嗜好甚重之人，雖極窮如此，得間便謀所欲，如酒色等，此刻欲翻亂書帖、字畫、古董以遣吾悶而已。其用翻書，結想以復吾丈者，稍静再復之，不敢率爾以對也。惟壽丈及再同事未有成説，終不釋然，如侄之負債，然亦莫知其所以然也。侄手中有漵縣新志，有會典禮器、樂律兩門，此是自入圈套之事，同鄉值年師門寫壽屏、寫碑文，此是外來非意相加之事，作此三十年矻矻窮年京官，此是爲天地所播弄成一小作料用之事。太史公贊管子，只『因禍爲福，轉敗爲功』二語。管子忍垢含辱，終致成功，孔門有『其仁其仁』之嘆，亦是天地一大作料，用爲後世處人臣之窮者轉灣作一榜樣；欲使舜爲孝子，必先使其處人倫之窮，以爲後世爲人子安常處順者作一榜樣，美則美矣，特爲管仲爲大舜者，當時充當作料那一陣，真不堪受也。其有際遇勝於舜，又勝於管仲，然終不能若管仲若舜之有成就者，乃充當極平凡極没味之小作料，則較之前人，更覺更没味矣，此種如恒河沙數，侄其一矣，極言之以博吾丈一笑。字在燈下，戴花鏡，用三場草稿文理字樣，草草泐復，即叩年喜，并叩六嬸大人年喜，諸弟文福！

（舊拓碑本終是可愛，再爲吾丈一觸發之。侄於碑本、書畫俱愛，裝潢簇新精整，此是闊相，而人却越做越悖，奈何！）

侄榮叩　侄婦兒輩隨叩　十二月十八日

按：《張佩綸日記》光緒十七年（一八九一）十二月一日：『作廉生復書一紙，并寄還《大觀帖》。』此札言『叠拜賜書，《大觀帖》收到，重累長者代爲製櫝，至感至謝』〔二〕，與《日記》所記正相吻合，由此知此札書於光緒十七年（一八九一）十二月十八日。

〔二〕張佩綸著，謝海林整理：《張佩綸日記》，見張劍、徐雁平、彭國忠主編《中國近現代稀見史料叢刊》第二輯，鳳凰出版社二〇一五年版，第四一七頁。

五四

繩卡姻六叔大人坐下：

連奉賜書，敬悉種切，《荆公集》二本讀竟，藉使敬繳，即希查入。細審挖去二字，正是大德年款，然此本字迹、紙墨當是明翻，而明翻亦是極罕見之本，毛氏楕圓元本二字印文及滄葦印俱是僞作，却不在此，然國初諸家即認此亦自稱元本也。百金太貴，五十金則實直。何以知爲翻本？其字皆非寫上板，却是覆刻貼上板者，若字體則宋末元初。凡建本俱是此類，當日挖元充宋，不知并元亦不是，而所貴正不在此宋元之分也。千萬勿失，抵得宋一大家集也。子培許開一書目，渠有者即借之，無者侄當浼坊估覓之，但有印本，買必雇寫，便易多矣。如買不得者，有即借鈔之。先聞有王肯堂《明律》一種，不記何名，丈有之否？在翰文齋，如要時當爲長者致之，乞示。《嘉慶會典》當即物色。楊估已來，李和順尚未回也。活字板二書能辨得否？磁州二碑尚無打本來耶？得宗五丈一書，蓋三十年來未通音問矣。

復叩福安，六嬸大人大安，兩弟文福！

侄懿榮謹啓　侄婦兒孫輩隨叩　三月八日

《北齊蘭陵王碑》，如拓得碑正陰及額全者，可寄宗湘文丈一分，當知渠本不定何年，北估仿拓半截，爲劉燕丈收去，詫爲海内孤本，若果宋拓，何以亦止上截，文不全也？北人不好標榜，於耳目前物且往往失之，南人之於古物，非其土之所有，往往不開眼也。附博一笑。顧子山家來一《受禪表》舊拓，有王虚舟跋，爲常熟尚書以二百金購去，有起首半行字全者。

又叩

（付丙）某狀元之夫人，乃一賣花婆女。又再同夫人新有書寄侄婦，爲其娘家侄女相攸，盛稱此婦之賢且能畫，傅青竹之孫女也。如有意，亦可就近浼秦生一探詢之。侄亦隨時廣爲物色，統容再聞。

侄又拜

（河南贄見除去，帶見七處及回請□去矣。近當去洋鼠、灰鼠、銀鼠三套袍褂，以百五十金購得一北魏寇謙之《西岳廟碑》，趙宋以後不見著録，嘉靖三十四年與《漢華山碑》地震俱毁者，海内孤本也。一字未損，并聞。）

五五

繩卡六叔大人坐下：

奉到手示，并收到初拓《魏齊碑》墨本各一分，叩謝無似。侄此次大考，以賦題究係經文，不欲作四六，乃作大排賦，以洛書五行衍作樂府爲主腦，實以『土爰稼穡』一語兼寓轂在內也，不然首段有何法能出全題耶？後便以六府、五官（《左傳》昭二十幾年蔡墨語）、四正（兼四正）、四祀（別二祀、三祀），分段渾括了事，意欲講一經義紛論之文，不自知其樸塞剌人目也。卷在徐東甫侍郎手。徐乃同鄉，又同治間同僚至交，聞以文字不佳，避重就輕，僅籤出『破體』二字，沉至三等海底，及覆閱時三尚書乃拔至三等十八名，又至命二相一尚書覆勘時，有特旨超拔一等之事，文芸得充當師爺之力，侄約得業師、兩坐師之力矣。此是前事不提，文是末派，閱卷時有硃筆命列一等，崔大臣及四君子（周、費、二陳）亦是先有特旨，命列三等，此新聞也。

二碑拜賜，至感！石下截已酥，乃沉埋已久，北方斥鹵所謂鹹氣重也。趁早精拓數十本，官禁最妥，惟拓手有挂門簾處（行話），稍差，如覓佳工，亦爲能再進一等。《會典》當徐訪其一所出，楊是稗販中間所謂撇油吃者（行話），然極能搜括。《大明律》二本，王肯堂《箋釋》，翰文送來，尚未議妥，後再附便納上，省得再鈔也。摺差在門，對使揮毫，匆匆先復，即叩福安雙綏！侄之御史大約與南書房等矣。

侄榮叩上　四月二日

按：此札所言乃王懿榮大考翰詹得一等第六名之事。《張佩綸日記》光緒二十年（一八九四）四月四日：『得廉生書，賦爲徐東甫所屏，在三等末。公閲改三等十八，及張、徐、翁覆閲，改一等六名。事類樊川第五矣。』〔一〕所記即此札所言。王懿榮得一等第六名事在光緒二十年（一八九四）。

五六

繩尗六叔大人坐下：

前匆復一函，交差便肅上，計已鑒及。大考人員自初五日引見起，直至初八日始完，侄未知叨用何官，容再奉聞。等第單一分納上。《磁州碑》如顧覓佳拓手，此間端午樵工部有所蓄濰工可以應命，如可，當飭其前來，午樵自備盤脚也。即當年面上《雁塔聖教》之左家塢人也。各書容試事完時料理奉寄。

專叩福安，并叩六嬸大人福安！

侄懿榮頓首上　侄婦兒孫輩隨叩　四月四日

按：此札言大考人員受陛見之事。《王文敏公年譜》載四月初八日奉上論：『此次考試翰詹

〔一〕張佩綸著，謝海林整理：《張佩綸日記》，見張劍、徐雁平、彭國忠主編《中國近現代稀見史料叢刊》第二輯，鳳凰出版社二〇一五年版，第六三〇頁。

各員，經校閱大臣等校閱進呈，朕復加披覽，親定等第，一等六員，二等七十七員，三等一百二十三員。其考列一等之編修文廷式著以侍讀學士升用，編修秦綬章、陸寶忠俱著以侍講學士升用，編修戴鴻慈、陳兆文俱著以庶子升用，編修王懿榮著以侍讀升用。欽此。』〔二〕即指後來所升用之事，事在光緒二十年（一八九四）。

五七

繩赤六叔大人坐下：

侄才短事冗，至今日始得復吾丈書，死罪死罪。《大明律》一部二本，又《箋釋》一部六本，昨始得晤翰文韓賈，説定七金，交南宅覓便寄上。《嘉慶會典》有新印者，每部七十金，内一片模糊，不堪入目，廠中稍舊者只有楊賈所稗販此一部，侄與之講究再三，渠只讓捎脚及板箱價，俱歸他認，而價仍不減，乞吾丈酌之，如不急用，亦可暫置之也。侄廿三日補缺，即臧濟臣所降遺缺，不但楚弓楚得，且侄是同治庚午年本省落遺之監生京官，渠是此年四等秀才，前學政于建章以禮去官，此公始得选遺中舉者，如此諱當銖兩悉稱矣。又乾隆間竇東皋先

〔二〕王崇焕：《王文敏公年譜》，載《中和月刊》第四卷第七期，一九四三年。

生，大考由四等蒙恩拔置一等者，與侄近事遥遥相對，此兩公先後皆諸城人，有緣哉有緣哉！亦山左會館之老風水也。黄少詹與潄樊師福命獨大，不識何故，聞係漏罰，崔大臣卷面上硃筆親書『可惡』二大字，此公最能吃苦，進場日自譯署步行到東華門，其子提籃相隨，頭戴紅頂者，降中允後再出，隨看□京師，一時有紅頂進來白頂出去之誚。潄繆師是論題誤書政要爲政典，原置三等第一，覆勘時南皮拉下來者。考差一場，繆與費屺懷俱未進去，而周及二陳仍然奮筆爲之，傳聞周錫恩在陳桂生侍郎手取第二，發樞廷磨對時又奉旨撤去矣，此亦獃人耳。

皇上近日甚好書籍，派南齋翰林查昭仁殿存之《天禄琳瑯》及各殿陳設書，又交查翰林院所存書進上，要舊本《大學衍義》。先是未大考以前，忽然有廷寄交翰林院掌院保上齋二人，已到軍機南屋，忽又撤回，不知何爲，此刻亦未見動静。侄是南齋落第之人，恐不堪再保，更不敢望特用也。得之無論南、上兩齋，不過起早、花錢、累手、累眼，且常免與老妻敦倫耳。大考謄録、修卷扣者皆南人，有藏董香光大册者。三公子無張大吉，而大吉亦不免不出房也。大考差題『以古爲鑒論』，詩題『殿閣生微凉』，得〔二〕字。朝考《荀卿論》，擬李絳《崇國學疏》，詩『天禄琳瑯』得『書』字。近爲試事已忙，又爲侄男女輩遥辨婚嫁，是以益累。（參以引見

〔二〕此處恐有脱字。

謝恩等事，又换紅帽。參以送公車、寫家信、買東西等事。）

專叩福安雙福！

姪懿棨叩　姪婦兒孫輩隨叩　四月廿八日下午

按：此札亦言翰詹大考之事。札中言『姪廿三日補缺，即臧濟臣所降遺缺』，此指補南書房行走缺，事在光緒二十年（一八九四）。

五八

繩尗六姻叔大人坐下：

得示祗悉，前肅復一書，并購書二種，交南宅附上，未悉到否？《磁碑》前拓雖未極精能，然石已酥碱即根，追精拓亦萬不能如初拓之筆畫，尚有未盡脱落處，此前次惠寄之各一紙，已爲可貴，當曰試拓本矣，然從此不拓，亦自日酥一日，遑論椎之甚、打之狠耶？惟不即有稍脱一半筆後之精拓爲可念耳。午橋來言擬遣渠家所蓄濰工，備汪六吉第十七刀之極緻棉連紙，先行到津，介侄一書，以浼長者差遣，欲自取多少分，一惟尊命，紙直拓價一概奉敬，其繼則云以後渠托濰估到磁州一帶所搜小石，請囑磁牧弛禁，侄笑應之。得此正欲乞長者再飭磁牧力禁之也，然已弄得響堂一片殘石，齊分書釋經來矣。濰估范姓四出播弄古石，此端開自潘文勤師。（此意於此函盡之，祈復書内勿露之，渠若自遣人去，亦可防之。若必欲侄書來，於此許之亦可，知其所弄何物消息，暗禁之也。拓與范估不一氣不相干。）侄與陳壽丈每每言之，我輩只欲得掌大殘字與小石佛象裝置案頭，省得破弃荒廢於寺基甃井間足矣。若駝得《多寶》《九成》大整碑來，安置何處？即刻一印文，曰『家藏某某大碑』，豈非笑話？不知後來變本加厲，乃有此厄，是以一前侄所上四條陳，内有封禁古墓一首，掌院以在萬壽月内撤下，其時潘文勤生存固傲，然親見之也。侄有陰騭書氣，深誡發冢之禍。

比散館，蔣知出處，叙入《皇清職貢圖》一書，通首三抬如飛，朝考詩題通場只孫同康一人知出處，亦通首三抬，二子寫皆不佳，以此置第二，非出自御筆親定也。現在皇上好書，派南齋查《天禄琳瑯》及崇福宫所庋置，又調盤山熱河各處陳設本，派清秘堂查點署内所存新舊各書，日日索進，不定何種，所以聘臣等與南齋吃苦而忙，豈知唤得小楊，一日可盡，而諸公先天中并無此一股物事也（付丙）。侄初七日伺候召對，不知所問何辭矣。考差，費、繆俱未進場，二陳進場未取，周在陳桂生手取第二，奉旨撤去。侄陳師何忽如此？昨有書來，命爲世赤寫志文，并市石監刻文印、椽筆，刻尚未及復也。秦生書久未復，舍侄女之生母瘋子者，又以病老。餘事雜沓，心緒紛然。

專復敬叩年喜雙福！

姪榮叩　婦兒孫輩隨叩　五日

五九

繩尗姻六叔大人坐下：

得示祗悉。摺便匆迫來取回信，時侄尚未退直，是以遲復。侄尚餘此紙百繙，又以習慣，是以仍用此紙上復，祗取其便。小楊《會典》一本收到，付還，又書直七金，亦付翰文。侄以大考等第，挨次召對，不知何以稱旨，忽有南齋之命，心在道府久矣，亟矣，侍讀猶在放之例也。此三年前之己事，斗然光復，可見命有一定，合當如此。但恐此後有如《柳林寫狀》戲齣詞云『只只只見其入，不不不見其出矣』。第一天碰頭後到南齋，乃移在蕉園門内萬善殿西廂，泛舟而入，出入及赴德昌門，俱乘舟也。當日吴燮臣召見，回傳奉敕，使侄往景陽宫御書房審定宋元版本經籍。此處各書，俱不在《天禄琳瑯》前後兩編内，多人間未有之本，侄自詑眼福。然以仿本充數者不少，又絳雲樓跋俱未銷毁，不但聊城楊氏之不足者數也。此在正中一間，内東一間俱舊鈔本書，侄分别標出登記檔册。景陽宫正屋兩旁大厨凡二百六十屉，俱柴、汝、哥窑磁器，外屉標題刻字，又兩大厨字畫，厨門無鎖，幾將流出，皆卷册累累，都以未奉諭旨不敢擅動。次日又奉敕，使書涵元殿大横幅，約八尺許，長一丈五六尺寬，黄絹整寫唐張藴古《大寶箴》，殿在瀛臺後間，即上卧起之所，寫至兩個時辰事畢，花銀約十餘兩，賞内監匠役等項也。逢寫即花，固早知之熟矣。大懼將來爲潘文勤之續也。十三日又傳召對，詢以宋元本原流、字畫真贋辨别，并有大考試卷及昨日寫件之褒，即奉敕編宋元本書目，不使一僞者充數。即有先朝御題别爲尊藏之論，又使清查《石渠寶笈》三編書畫，就現存者鑒定真贋，開單呈覽，知會首領總管，將以十七日前往，刻尚未及期也。并諭將各處所存書籍、字畫薈萃一處，擇尤編目後，再遣往古董房檢閲一切，共有字畫、書籍、銅器、别物十許種，俱在此一庫也，以後閲過再隨時寄聞。侄一生玩古董致窮，此真玩到天上，而又别具一更窮之法，豈不大奇？起早、斷欲、勞民、傷財，四者備矣。懶於寫字，此則尚須倒出潤筆，此原在後兩層之中，無須複説也。

上以所住西苑瀛臺水濕氣蒸，臭而多蚊，欲推廣南府及西苑門外地方别造殿，望稍宏敞者，爲毓慶宫諫阻暫緩，以費巨而附近居民苦於遷徙之故，現在將勤政殿改開前門，向南只摘移一匾額之勞，庶幾冬日引見，不至北風太冷，内亦嚮明而治也。此是新聞，餘容續寄。此刻眠食驟改，尚未習慣，約須一月以後，現只是渴睡之不着。侄陳師及秦生亲家信尚未肅復也。蔣性甫留館，大樂志事。據云有長者鑒定，渠即情願從事。又有人托寄安徽吴公一信，説在相幕，附上，如不在津，請轉下還之。又舍親李和生大令事，祐方伯（即在近中）有詳請調補豐潤語，如到院，乞代請合肥夫子賜准，將來補缺到任，吏事好歹必能諗知，有病即令其速改，亦造福桑梓之一也，渠現署撫寧耳。話多又情欲急復，便作小草字，伏乞鑒宥。（前年召試南齋之日，即兒在楊村路劫之夜也。）

專叩福安，并叩六嬸大人福安！

姪懿榮啓　姪婦兒孫輩隨叩　五月十六日

按：《王文敏公年譜》載五月初七日奉上諭：『翰林院侍讀王懿榮著在南書房行走。欽此。』此札中言『姪以大考等第，挨次召對，不知何以稱旨，忽有南齋之命，心在道府久矣，亟矣，侍讀猶在放之例也』即指此事，事在光緒二十年（一八九四）。

六〇

繩赤六姻叔大人坐下：

前奉二函，想邀鑒及。翰文齋韓估以丈搜集律書，送來何願船所著《律心》一種，云其六函，少五十金不售。兹以一函寄閲，如可留，即將下五函索寄，否即將此函寄還。蔣性甫檢討肯任州志之役，渠三年内不考差故也，并聞。姪鷄鳴束帶，下午退直，現清理景陽宫書畫、御書房書，校《大學衍義》，查補《圖書集成》，日日進乾清宫，寫帖落尚在此外，累既不堪，窮亦彌甚，凡此所上書，皆在昏昏强睡不着之際，長者諒不以此爲責也。考差拼上老命，寫作七開，聞已幸取，又聞有奉敕編纂《宋元本書目録》之命，仿《天禄》兩編之例，并書畫，告成在三年外矣。要不放行，事却易行。累亦情願，窮則不堪設想矣，有兩萬金利息賑也。

專叩福安，并叩六嬸大人大安！

侄懿榮頓首　侄婦兒孫輩隨叩　六月二日

按：《張佩綸日記》光緒二十年（一八九四）六月十六日：『得廉生書，并《律心》一部。』[一] 此札中言『翰文齋韓估以丈搜集律書，送來何願船所著《律心》一種，云其六函，少五十金不售。兹以一函寄閲，如可留，即將下五函索寄，否即將此函寄還』，與《日記》吻合，則該札書於光緒二十年（一八九四）。

六一

繩赤姻六叔大人坐下：

得示祗悉。《律心》全分取來，并該鋪所具切實價單，一并寄上，如不欲時，仍可藉摺便

[一] 張佩綸著，謝海林整理：《張佩綸日記》，見張劍、徐雁平、彭國忠主編《中國近現代稀見史料叢刊》第二輯，鳳凰出版社二〇一五年版，第六四五頁。

發還，與之話説過也。此書未曾刻過，特不識當年陳子鶴尚書爲之請，在懋勤殿行走時，此書曾入呈單，有清本否?侄邇時年已十五六矣，約略記之，咸豐《東華録》或詳之也。子培《律文》當向□録，《集成》只查乾清宮第一分，陳設本昨已登奏，未查書根。内府各處書，早晚以次，都清一過，必不至有竹垞及明楊叔庵之虞，笑笑。好書有用之物，大約是内閣大庫内一撥也。

肅叩署安雙福！

侄懿榮頓首　十四日　侄婦兒孫輩隨叩

景陽宮字畫皆已清完，現在造單，大抵皆《石渠》選餘之物，然尚有二成可取者，當細細分别之。天太熱也。

侄又拜

按：此札承上札，言『《律心》全分取來』，此書係張佩綸閲後要購入者，王懿榮隨即代購并寄與張佩綸，事在光緒二十年（一八九四）六月十四日。

六二

繩朩六叔大人坐下：

兩月以來起居何似?不勝馳繫。六嬸大人聞駐津公館，有兩弟侍奉，又合肥老師可以就近照拂，自無須勞遠念。珂鄉城内仍宜安置一所暫住之房，殿門謝客，官紳均可不理，四海無家，然桑梓瞻依，一榻即吾安宅，又何論能住與不能住乎？侄苦得説不出口來，舍弟懿棨幸蒙噓植，得此館地，嫁女娶婦，種種受此大惠，惟甫送女入陝而威海、烟臺告急，老母在里，侄又不能乞歸，連日神魂飛越，游子至此，夫复何言？手卷裝就交南宅，附上侄所敬奉，此箋適罄，不及縷陳，即叩大安！

侄懿榮頓首　十一月一日

按：此札言『惟甫送女入陝而威海、烟臺告急，老母在里，侄又不能乞歸，連日神魂飛越，游子至此，夫復何言』，此係烟臺告急，王懿榮與其弟懿棨俱不在烟臺，所以『神魂飛越』，後承張之洞委派專差接王懿榮母至南京。事見《王文敏公年譜》光緒二十一年（一八九五）：『本年正月以回籍辦理團練入奏，蒙旨允准，須發餉項，此又向來辦理團練者所未經見之殊恩也。東裝方急，東海關道劉薌林觀察（含芳）飛函相告，於正月初三日專輪奉謝太夫人赴公妹婿南皮張文襄公（之洞）江督任所。文襄公爲謝太夫人賃宅南京城内花牌樓大街，供應一切至爲安適。』[二]　此札書於光緒二十年（一八九四）十一月。

[二]　王崇煥：《王文敏公年譜》，載《中和月刊》第四卷第七期，一九四三年。

六三

繩老姻六叔大人坐下：

舍弟侍家慈抵里，并兒婦言，始知尊從時在南京，時事如此，夫復何言？侄乞假兩月，在家小住，亂離之後重相完聚，亦天幸也。居近海濱，衹與遼南、臺澎稍分遲早耳，二十餘世墳墓所在，豈能肩挑擔負以去？已與十縣大姓舊戚聚族而謀，爲朝廷固守邊圉，將來主客各兵，一概不敢深恃，惟約束士鄉子弟，仍行管子遺法，庶早自爲計可也。萬壽聖節前，再謀北上，先與舍弟定議，後再有事，奉母往依曲阜，庶幾近聖人之居，可藉布護，不如再似此番之倉猝矣。安圃前輩家何日始過江寧？侄羡慕外官，不在缺分優劣，只是不日日起蚤，已享大福。五十外人，挂花眼，寫小楷，搬弄詩韵，是何等意愁耶？前路茫茫，到死方休，拉債頂當，又其次焉。在里得明戚武毅所造佩刀，又得汴出二宋石志、一章惇文、一蔡確文尚屬新鮮，餘無足述。相孫漸近結實，差强人意。

專請福安，并叩六嬸大人大安，兩弟侍福！

侄懿榮頓首上　五月十二日

按：札中言『舍弟侍家慈抵里』，見上札按語。光緒二十一年（一八九五）威海告急，王懿榮母謝氏在烟臺，張之洞派專差接至南京安頓，威海無事，四月間送回。此札係光緒二十一年（一八九五）五月間事。

六四

繩卡姻六叔大人坐下：

夏間里中曾肅一函，在復子涵觀察信中，計已早鑒及也。侄回京以來，倏忽三閱月矣。日日夜起，身在闕廷，心在門間，又窮又累，如此而已。張元公《公忠堂集》最初印本，板様至美，爲珂鄉先正遺著，原裝四本，見諸廠肆，購以寄贈，即插架有之，當亦不厭其複也。餘不贅陳，伏祈賞納。

敬叩福安，并叩六嬸大人福安，弟輩侍福！

侄懿榮頓首　侄婦兒孫輩隨叩　九月晦日

按：此札言『侄回京以來，倏忽三閱月矣。日日夜起，身在闕廷，心在門間，又窮又累，如此而已』。王懿榮於光緒二十一年（一八九五）四月告假兩月，在里侍母，假滿回京任職，即札中所言『日日夜起，身在闕廷』，此札書於是年。

致貴恒（一通）

一

帶殼海蠣一合、新磨山東秫麵一合奉上，吃法問王元達簡討可知。

塢樵四弟

懿榮頓首

按：此札見於林光旭編著《近現代名人尺牘選粹》，原札影印，第二六頁。

貴恒（？—一九〇四），字塢樵，滿洲鑲白旗人。同治間進士，曾任詹事府詹事、内閣學士。光緒九年（一八八三）授禮部右侍郎，歷遷刑部右侍郎、安徽學政、都察院左都御史、刑部尚書。

此札係王懿榮送貴恒禮品兩種，具體年代實難詳考。

致徐琪（三通）

一

爲鳳石[一]先生題《仙蝶圖》詩，寫在老丈團扇上，而無存稿。詩本油腔，更不省記。望飭侍史鈔示一底，即了此事。戎馬倥偬之際還有此種點綴，附博花老年丈同年一笑。

弟榮頓首

按：此三札係王懿榮致徐琪書。見於《八家詩翰書札》，藏於國家圖書館，稿本。徐琪（一八四九—一九一八），字玉可，一字涵哉，號花農，浙江仁和（今浙江杭州）人。

[一] 鳳石即陸潤庠。陸潤庠，字鳳石，元和（今江蘇蘇州）人。同治十三年（一八七四）狀元，授翰林院修撰，光緒八年（一八八二）入直南書房，光緒十八年（一八九二）任國子監祭酒。後丁忧，王懿榮接任祭酒。

光緒六年（一八八〇）進士，官兵部左侍郎、内閣學士，俞樾弟子，工書畫，著有《玉可庵詞存》《廣小圃咏》。

王懿榮爲鳳石先生題《仙蝶圖》詩原作爲：

吾家舊畜蘭畦卷，名筆素傳朱素人。紅蓼一叢石一笏，妙翔栩栩見精神。

蕉園西隙漾晴暉，太液春波渌四圍。曾傍御花瞻法相，上清一色五銖衣。

二

此上花老年丈同年

《顔氏日記》擬修補蟲眼，重爲裝褙，局匠年終於廿八日歇工，閲訖乞早擲還，便付手民。

弟懿榮頓首

三

隆施稠叠，吉語繽粉，如此厚愛，何以克副？叩謝叩謝。大飯已積至四次，望公健出，有如望歲。『冲』字已見宋人尺牘，明則盛行，特未詳其緣起，不敢以空策敷衍，容再詳考。專復肅謝。

敬致花農年丈同年大人、年伯母雙福！

懿榮頓首

致盛昱（五十五通）

一

弟處所看抄報極全者，每月幾千文？請飭其送兄處一分，按月照數付直，即煩門者囑咐之，至禱至禱。又錢可廬〔二〕説帖、陳石士〔三〕説帖有重者，兩人祈各分惠一紙（首尾完具者，一葉足矣），將以備數也。

〔二〕錢可廬即錢大昭。錢大昭，字晦之，書房曰可廬，江蘇嘉定（今上海市嘉定區）人。著名經學家錢大昕之弟。通經史，精訓詁，曾參與校録《四庫全書》，撰有《兩漢書辨疑》《三國志辨疑》《説文統釋》《廣雅疏義》等。

〔三〕陳石士即陳用光。陳用光，字碩士、石士、實思，江西新城（今屬江西黎川）人。嘉慶五年（一八〇〇）中順天舉人，次年聯捷進士，授翰林院編修，後官至禮部侍郎。著有《太乙舟文集》《太乙舟詩集》等。

此頌伯兮二弟春禧！

兄榮頓首

按：此下爲王懿榮致盛昱書，原稿見《王廉生書札》，國家圖書館藏，稿本。《王懿榮往還書札》有釋文。

盛昱（一八五〇—一八九九），字伯希，又作伯熙、伯羲、伯兮、柏兮，號韵莳、伯蘊、意園，室號鬱華閣，故又稱鬱華閣主人，清宗室，愛新覺羅氏，滿洲鑲白旗人。喜金石收藏。王懿榮初至京時曾寓盛昱宅，兩者關係親密，『爲金石至契而誼重昆季者』。王懿榮致盛昱札多爲同城短札，語言隨意親切，多病中所書，文字潦草，多有不可识者，且不具日期，加以錯亂，年代難考。

二

昨示種種照辦。清卿前輩處即當詢之再聞。《濤音集》與未谷札兩事，幸惠付，將裝治。尹少年兩日未來，其心方熱，如阿如阿？

三

香濤大悖天之申飭。謝仲阿丁外艱，家母舅方平先生老矣。兄所置多與弟同，何也？仲飴昨已到，滋軒〔一〕將歸，山東闈墨竟難驟見矣。我輩閑人，餘却窮字外竟别無毛病也。

盛大人

名頓首

四

弟乃窮人，尚可一拚。兄則罪人，心力俱瘁矣，從此不復能收物。去放差期限尚四五年，焉知其不即死耶？地下古物累累，但無書耳。老高售與鄭堪師一周泥封、一文信、四曲泉，西泉售與一鉨（薔生失之可惜，然百金）、一齊威王因咨戈（吕不韋匽戈亦真），皆絶品也，亡人無以爲寶。鄭東甫〔二〕已入學，兄四月十二日不能走，潦不及乾也。楊風子究竟尚外行，且無

〔一〕 滋軒即鹿傳霖，詳致陳介祺札六三注釋。

〔二〕 鄭東甫即鄭杲。鄭杲，字東甫、東父，原籍直隸遷安（今河北遷安），自幼居山東即墨。光緒五年（一八七九）中山東鄉試，次年會試聯捷，授刑部主事。精《春秋》，著述有《鄭東父遺書》《東甫遺稿》等。

錢，可趁此并力爲之，遲則可惜，必悔之矣。兄負人有利息錢二百五十金，亦疚心之事也。文運如此，兄其應運而死乎？亦自命不凡矣（《北山録》香濤所購。此公若在京見此，必大風且與人鬧氣也）。

伯兮二弟　　名

按：此札書於光緒十二年（一八八六），時王懿榮父王祖源病歿，札中言『兄四月十二日不能走，漆不及乾也』，『漆不及乾』係棺木之漆未乾。又言『鄭東甫已入學』者，該年請鄭東甫課兒輩讀書。王懿榮致女兒崇熼札中言『爾第輩於廿七日後仍舊上學，隨鄭東甫比部杲讀，祖父大人之遺命也』。

五

矣〔二〕！兄百廿日不吐，初二日忽大嘔，病之反復如此，未悉何故，計已六閲月，尚無人境，奈何？

〔二〕此上恐有脱葉。

此致伯兮二弟

兄榮頓首

按：此札言『病之反復如此，未悉何故，計已六閲月』，另致繆荃孫札中言『病已七閲月』，落款爲十二月，此處言『六閲月』，當爲光緒十年（一八八四）十一月所書。

六

示悉。香濤請訓，昨宿兄處，即晚飯爲餞，渠屬延博泉一人來聚，以便早歇。厚庵聞博泉之言，移四簋來助談，渠亦滂沱而下，食未半，香濤睡去。今日不出城，在丹青二老處晚飯，歸來夜話。有人餉以四簋，渠又餉我，吾弟何不過來（弟作□中之會，不亦妙耶），我二人同享以待渠歸，大可一談。惟不識其醒歸乎，抑睡而回耶？一笑。紙收到。

名心頓首

按：此札當書於光緒十年（一八八四）五月間，此前張之洞任山西巡撫，按《張文襄公（之洞）年譜》言香濤四月二十三日抵京，五月十五日請訓，十八日出都，有兩廣總督之命〔一〕。

〔一〕胡鈞撰：《張文襄公（之洞）年譜》，見沈雲龍主編《近代中國史料叢刊》第五輯，臺灣文海出版社一九六六年版，第七三頁。

札中言『香濤請訓，昨宿兄處，即晚飯爲餞』即爲此事。

七

陳焯、李堂，何人耶？此非我太陋，渠自不能令人灼知耳。如要其説帖，我多有之，可分贈。

八

厚庵、蕙生詩俱來。厚庵又云恒興錢鋪存有代售黄子久、王叔明、唐六如三畫，渠作一札亦存兄處，俟弟來即遣人持渠札到彼一取即送到，可以看而議價（此與元畫看焉而已）。劉二來京，帶二篋來（即商邱叔器），二黑石可以畀我，我以壽山一付抵之。兄已購得《周禮》《孟子》十行二種，配三傳。買書花錢不支，病又間作，何日同蕙生到此？吴少年可侍坐，兄往來其際也。書不成字，總是不愈。

伯兮二弟

兄榮頓首

按：札云『書不成字，總是不愈』，即仍在病中，蓋在光緒十一年（一八八五）間。

九

前件即代覆，年與陽均芉生説起，忽然猛省，是已是已。大風兄昨持番生敦來，約山人拓去。

伯兮二弟

榮頓首

一〇

潘師屬轉贈鈕《説文校録》一部，并云見弟文博洽可喜，惟不必引子貞説，此何説也？兄不知之矣。李和順眼核如何，《樂書》大劣。其單乃竟無可欲者。川中行李來到矣，快極。子□寄《劉平國石拓》來，其『淳于作誦』一块竟無之矣。病稍紓。

兄名頓首

按：此札言『川中行李來到矣，快極』，蓋係光緒十一年（一八八五）底事，是年王懿榮父王祖源率眷由川至京，行李先行。

一一

三花三盆付挑，藉上樹丈處，即煩吾弟栽好，飭人送去。此三株者，兄皆未栽，恐不在行。其本甚粗大，乃〔一〕

一二

之於前門挖河也〔二〕。中弢、弼臣〔三〕連日間至，兄回拜兩日客，即料理軸本大總類矣，藉此自弊。

此復伯希吾弟

兄榮頓首

〔一〕後缺文。

〔二〕此札似缺上頁。

〔三〕弼臣即陳與冏。陳與冏，字弼臣，號緘齋，福建侯官（今福建福州）人。光緒六年（一八八〇）進士，後授編修。與王懿榮爲進士同年。

一三

蘇四來信，豆冈敦已爲吾弟有矣。今日以粤電及千金百川通票交剌麻矣。邵氏以四百金之《雲麾碑》暫存兄處，屬與吾弟共商議。〔二〕中弢來札送閲。不知渠見何异書，來索此物，兄適出門未復，請由弟處移去。楊目一本并繳，兄已留底，不必重書矣，可即還之。

名頓首

按：剌麻即華蓋剌麻，王懿榮致張佩綸札中曾提及，華蓋剌麻因請驛遞回己英溝廟，理藩院堂屬勒索不遂，爲吏胥所困，幸得香濤、朗齋兩人相助，此時張之洞兩廣總督在任，所以有『粤電及千金百川通票交剌麻矣』之言，王懿榮致張氏之札書於光緒十五年（一八八九），此札亦書於當時。

一四

《繫年要録》四校本一部奉納。《抱朴子》明刻甚夥，令孩輩鈔呈附上。

〔二〕 此札至此爲一頁，『中弢來札』在下一頁，兩頁信紙不同。

即復伯兮二弟

兄榮頓首

一五

一劍、六鉨打本奉納，劍乃屬家人拓之，劉二草率不足觀也。

伯羲吾弟

兄榮頓首

一六

潘師屬贈打本一封，希查入。薈生回來否？慈經見過否？兄只見一次，後未來也。

伯兮弟

兄名

按：此札言『薈生回來否』，薈生即周鑾詒，此問『回來否』，則書於其歿前。周氏歿於光緒十二年（一八八六）九月。

一七

闈題想已知悉，即請示我。《左傳》卷子當慫恿河陽取之，即送盛二大人。所患如何？弊兄弟皆病矣。

兄榮頓首

伯元屬上拓本三事，越拓越乏，李山農不可及也。

此送伯熙二弟

按：札内言『弊兄弟皆病矣』，則仍在病中。

一八

《雍志》一本，清儀閣、平安館金文目一本，并一假觀。

兄名頓首

伯希二弟

初五日爲子荷前輩幫忙，不能到風兄處。

一九

伯兮弟

周先生詩寫上。伯元到濟，次經信來，有説帖納入。兄前日夢遺，至今不豫。

兄榮頓首

按：夢遺之事又於致女兒札中言之，病中之事，蓋在光緒十一年（一八八五）。

二〇

楊風子元板韵學書不可不盡取之也，難在湊得一氣。古董一事，兄從此一樣不能買矣，不但心境，抑且力限之也，緣緣弟自知之。歸去讀禮廬中（現造），爲《禮記正義》（先草長編），集《管子》古今注，此三年中草創之耳。若其死也，斯已而矣耳。

又拜

按：此係病中牢騷之語，蓋書於光緒十一年（一八八五）間。

二

印□，昨未收到。濰人有一真鉩，動輒千百僞者出矣。此鉩原來真者已是二枚，文同字小异耳，其一在臨淄。二石納上，請再煩黃先生一刻。兄走前尚欲携以去也。藍印泥、黄印紙有售者否？兄病甚，然奮志欲去庭前枯木，近來其上截枯朽欲斷，恐壞我屋，且□及胡競三兄也。先以酒酹而告之矣。

伯兮吾弟

棘人榮上

按：此札落款爲『棘人榮』，可知書於光緒十二年（一八八六）二月王懿榮父歿後。又言『奮志欲去庭前枯木』，則係在京之事，當書於光緒十二年（一八八六）七月由烟臺回京之後。

二三

總之，人至三四十歲時，忽然有病，病且經年累月不休，即是大悖，不如其死也。請問厚安[一]，

〔一〕厚安即厚庵，即錫縝，詳致潘祖蔭札一五注釋。

渠較兄尚晚病許多年矣。慈經果有信來，張信渠不敢自行授遞，則吾弟前説趙老七代交之説至美無疵矣。今將元信并次經來信送〔一〕《雍經籍考》付下一看即繳，兄寫本有誤字。不能作書，此强爲之。（念庭有十一兩密字錢，送我一個，請告之。不要緊的，我乃捨之。）

伯熙二弟

兄病人頓首

按：此札言『人至三四十歲時，忽然有病，病且經年累月不休』，王懿榮病始於光緒十年（一八八四），此處言『病且經年累月』，爲病中牢騷之語，蓋書於光緒十一年（一八八五）至光緒十二年（一八八六）間。

二三

黄子久畫細讀三五日，究竟大寶，然已非完璧，内有孟津得時舊日割去者，有孟津以後不知何人割去者，畫心筍縫不接處凡三四，則大美忌完，誠可惜矣。然非兄得之，旁人不解重裝

〔一〕此札至此爲一頁，《雍經籍考》下爲一頁，字體殊不類，且《雍經籍考》通常作《南雍經籍考》，恐此兩頁非爲一札。因原編在一起，故依之。

法，照裝則謬，改裝則須别開生面，此事竟非吾不辦也。不但古畫如此，即四王□〔二〕

二四

園是否能留，兄亦恐此鎮府之寶流落吴興老爹手矣。夜來不静，欲早還之。兄今年誓不收一物。乃既得《魏志》，而大蘇回又有零星不情之舉。對鬲已來，所謂『打破頭，以扇子煽』者，此其是矣，此其是矣！安得有人以吾爲喇麻哉？

此致伯希二弟

兄名頓首

二五

粵東電信頃到，華蓋可以暫活矣。惟尚未交來，不悉何處匯號耳。屬先告執事，兄近日爲先嚴大祥，出城住數日，廟祭過十五日始回寓。亮陰之義，古人上下通用之也。

〔二〕此札至此爲一頁，頁六行，行十六至十八字，與後札『園是否能留』似爲兩札，後札頁四行，行十三至十四字，且所言内容與此札不同，故列爲兩札。

此致伯熙二弟

兄頓首

按：此札言『先嚴大祥』，大祥指兩周年祭禮，王懿榮父殁於光緒十二年（一八八六）二月，則此札書於光緒十四年（一八八八）二月間，此時張之洞任兩廣總督，粵東電信即張氏所發。此與札一三所言乃爲一事，札一三書於光緒十五年（一八八九），此札言款尚未交來，則在其前。

二六

得此確據甚喜，當揭《結鮚亭集》〔一〕查之。去年除夕得明人《本朝分省人物考》一部，此數日在屋圍爐，看雍乾老輩八比，昨中〔二〕同請吾弟暢談，省得屢訪不遇。兄連日甆得滿身璊斑，中弢生癤盈頭。

此送盛大人

〔一〕原信如此，當爲《鮚埼亭集》，清全祖望撰。
〔二〕此下又爲一頁，恐非連屬。

二七

示悉。若改日，請偏勞一面招呼慶和（初八、九日均可乎？初十日則李學士請也），一面再下帖傳知各處也，請辨後示知。晋石乃係神道，非墓志，無文理，字極壞（只四行），好在一對俱完全，以其爲城陽人（山東故物），兄已浼人設法購之，潘不知也。秘之。

此復伯羲二弟

兄名頓首

按：此言『潘不知也』，當係潘祖蔭生前事，潘氏殁於光緒十六年（一八九〇）。

二八

聞昨日賭錢，歸而高卧，有之否？票五兩奉上，乞轉交，至謝！《霜月皇極帖》弟遲此一步，使兄多費四十金，并倍上一本三监《皇甫》也。噫！

俞德父户部所藏之崔青蚓《青鳥蟠桃》小幅，聞筆彩以十金購去，弟見之否？晨訪不遇，我輩之病不貴流打，而貴静養，不可逐日跑廠也。切切。

趙松雪此本十七帖，乃含英閣送來索價（未説數），云昂，已斥其僞，并示以德珍廿金之說。渠云不然，但索還甚急，亦未說出山東人發賣字樣。然種種皆真，款尤佳也。款下二印當時打者，甚規矩。以此證之，『趙氏子昂』四字印不止有□之一塊，此似玉印。與本册前葉所打『子昂』印异，其餘各葉所打『子昂』及『松雪齋』六字印皆真，皆非寫時所打，是當時粗人後來加印，似真印而亂打者。印色與款下印不類却真舊。

按：札言『我輩之病不貴流打，而貴静養』，知尚在病中。

二九

下人俱是生手，遂爾謝客（聞二娘到弟處矣）。望弟同二娘枉臨一談如何？昨書來，兄正在腹痛不了時也。

伯兮二弟

名頓首　廿七日

三〇

詩竟做成，大壯門墻之色，東家某不贅謝也。山東脚子只明日一次，東甫先生所改文尚未交下，甚急。兄今日送寶文靖師〔二〕神牌入祠，歸寫壽屏四幅。小丁説《宛平相國畫册》，李三老已出四十金，貴哉！

盛二先生

按：寶文靖師即寶鋆。王懿榮殿試時，寶鋆爲讀卷大臣，故稱師。此稱謚號，當書於光緒十七年（一八九一）寶鋆殁後。

三二

劉二已來，其物不悉在何處，兄只得其造象一尊，李和順所轉售出者，渠竟未隨粵人去也。孫缺唇亦來，《魏志》哉，《魏志》哉！

夾板内羅纹箋注出矣，鑒閱便悉。兄所收范集，不但無尺牘二卷，并少外集四卷，上當矣，亦宋刻明印染紙。中弢爲我所補年譜、遺事、褒賢録五本乃在舊目之外，元天曆間刻本，與此不合。陸目云即從此翻出也。宋元槧板至明必存，兄有南雍元刻本《隋書》，只抽出五六

〔二〕　寶文靖師即寶鋆。寶鋆，字佩蘅，謚文靖，滿洲鑲白旗人，索綽絡氏。道光十八年（一八三八）進士，授禮部主事。咸豐時遷侍讀學士，任内閣學士，禮部右侍郎。同治時任軍機處行走，充總理各國事務大臣。光緒間晋爲武英殿大學士。

篇配入庠册紙本，餘毫無殘缺。卣，兄有拓本（新寄得），皮刀王字真洪容齋所謂天品也。弟如暇可便中來此一看。

伯兮二弟

兄榮頓首

三二

盛大人

所事有準信否？此亦兄之小葫蘆也。年底又見何物？小劉云何？兄挨門送銀，僕僕兩日始畢。後日便静坐習字，以爲吃飯張本。

三三

盛大人

闊劉花銷須若干？祈示知，到時遵付。兄有花鏡一具，未知是遺在上房或山上屋，乞飭查付爲感。

三四

檢出即送上（非李梅生，不知是誰人所釋）。

貴上大人

有《石林燕語辨》者一叢書，祈借我一翻録目。檢朱子澄所刻叢書目，眉上兩日即奉還，不借與旁人一看也。年事近矣，松溪已行，鳳孫已移午橋處，曾見之否？兄明日南皮，後日貴築，跑的真不支矣。

大富。

頓首

三五

厚庵病如何？兄不能走視之。每日晨間出街一溜，吾弟之教也。

此送伯兮二弟

兄榮頓首

按：此札言仍在病中，蓋光緒十一年（一八八五）間事。

三六

潘師有贈吾弟拓本，原函奉納。

榮頓首

伯兮二弟

三七

賤恙小愈。安排出門，車夫忽散，又可保養。參二匣一包，如數收到，價容即繳。

懿榮頓首

復謝伯兮二弟

按：札内言『安排出門，車夫忽散』，此類語又見於致潘祖蔭書札中，蓋書於光緒十二年（一八八六）七月後。

三八

有人贈兄鮮荔支（太不多也），分奉四枚，宜速嚼之，香味尚未盡減也。

伯兮二弟

榮頓首

三九

和詩請速見示，鳳孫來索之也。杭畫梅花祈裹付下走。

便上伯羲二弟

懿榮頓首

四〇

和章雋永淵雅，冠絶一時，將來裝池成卷，數十年後，不知誰家要折若干錢矣。昔某名公每作一字，必熟看之，云『惜我不即死，死便值錢』，却有此理。弼臣詩明日來，伯元信今日到。納上慧生函，請飭交。

伯兮吾弟

兄榮頓首

按：慧生即周鑾詒，此言『納上慧生函，請飭交』，當在周氏歿前，即光緒十二年（一八八六）九月前。

四一

記得從前拙刻《疑年録》内，弟曾語我以有一處人名如七十老公之謔（大約是元人），近中翰文借印此書，兄擬趁此修改，病中不能翻書，如尚記得，祈示知。如不甚記憶，日内到兄處逐一翻之，至要至要。近來花錢如泥，皆古物爲祟（半賒半現，已屬不支），亦病中之一魔障也。便中可來一觀之。

伯兮二弟

榮頓首

按：札言『病中不能翻書』，蓋爲光緒十一年（一八八五）間事。

四二

示悉。病宜加養，不可大意。兄之初病不止藥誤，亦自家大意所致，悔之折骨，然已晚矣。自十六日不寐一宵後，連睡數日，精神大健，似有好意。突於廿日至廿三日一連三宿不寐，廿九日竟大嘔吐，計百廿日未犯此症，不知何故又來，并非調養不善。昨夜又不寐，竟一連四宿，皆去年一年所無也。憊甚憊甚。永寶匽敦兄未見之，然心最喜匽器。當年一小破鼎，鄭堪先生易去，甚悔。清卿處兄甫有信去，恐信到渠已行，且伯圜又悖矣，亦并不來，奈之何哉？《玉臺新咏》不但非活字板，乃又翻小宛堂本者，兄最先見之。《郘目》止數頁未竟，明後日送來，與弟解病悶也。得一明抄《齊乘》，甚樂。

兄榮頓首

伯兮二弟

按：一連四日不寐之事，王懿榮致女兒崇熿札及致潘祖蔭札中亦曾提及，此係光緒十一年（一八八五）五月間事。

四三

繆事即以原函移去。弟所説奉去一書，却尚未交兄處也。新城一卷，主人必欲求弟一字爲榮，渠明日即走，兄力疾爲之，專使送來，即請速一揮灑，能事迫促，勿相責也。昨日疾甚，今日少紓。來人守候。

兄榮頓首

伯兮吾弟

四四

《劉平國》《河南侯獲》二碑本賜下，再遲則弟處自亦無之。《周易傳義》借我一翻。廠荒真境，必能各紓所得。亟欲讀和詩，且將裝池。

此謝伯兮二弟

兄懿榮頓首

四五

連日作麼生？有所得有所見聞乎？兄每四日一不睡，不睡之次日作苦，睡則次日可談矣。服潘中丞方也。松溪將移兄處，又多一談友矣。宴敦『東多』，『多』字即『移』字，東遷之器也。凡辵旁，古人添省無定。

伯兮吾弟

榮頓首

按：此言『服潘中丞方也』，《翁同龢日記》光緒十一年（一八八五）四月廿六日：『早間站班晤盛伯熙，知王蓮生病劇。伯熙囑代請潘偉如，作札延之，覆信明日巳正到診。』此札當書於此後。

四六

蕙生夫人幛分四金，一券納上，費神，至謝。清卿、伯元俱來矣，趁此公請潘師，邀清卿作陪可乎？一切兄當辦帖，大骨湯席，仍祈吾弟偏勞，我往濟不行也。

此頌伯兮二弟年喜！

兄榮頓首

四七

均甫〔二〕以月之五日怛然化去矣。李詹事所題之《劉平國刻石》裝本取回否？明日仲弢帶埃及石拓本於尊齋看之，此字兄總疑其不甚古也，不過與彝器文同時，特爾時彼國之一種字耳。如何如何？

榮頓首

〔二〕 均甫即施補華。施補華，字均甫，浙江烏程（今浙江湖州）人，同治九年（一八七〇）舉人。著有《澤雅堂文集》。此言『怛然化去』，則書於其歿時，即光緒十六年（一八九〇）。

四八

如覓得帶絨頭好花樣的洋布，叫甚麼名子，幸告我一聲。

此上盛二大人　名頓首

四九

兄無時不暇，暇輒寫白摺耳。仲弢頃在此要抉《文選》及《通鑑紀事本末》。

盛二大人

五〇

謝南川[一]先生之孫病口瘡，屬轉向吾弟乞取山東柿霜，有之乎？

盛二大人　榮頓首

[一] 謝南川即謝雋杭，詳致黃宗敬札一注釋。

五一

詩律真細，格亦甚高。惟弟七韵重一『江右』之『江』字，末韵重一『得』字。『得』字易改，『江』字甚可惜也，兄當再與鳳孫商之。《銅琴鐵劍樓書目》後半發下，寫手待鈔，并爲弟補小學一類也。切切。

此送盛二大人

五二

文登石一筐、蠔殼身帶蠣殼一具納上。潘師晨間談及新借木齋一厨，甚佳，將以宴客。兄當復以伯兮、中弢，意欲公迎師駕，即又請吾弟定日。

此送盛大人

五三

家無儋石，一擲百萬。前人快之，况出蠅頭微利乎？望弟爲我速謀之，兄若大旱之望雲霓也。李玉兄予以四十金，不爲少矣，乃徑轉去。錢不現成，膽怯不敢再添，豈知即此亦須大費事耶？漁洋卷望弟問價，爲兄取來。凡物兄一問必貴，此非兄手大，乃通塞之機，所閱有作必塞。甚矣，其悖。午橋見示一東廟堂，至美至美，午橋真福氣也。

此上鬱華主人

隱秀頓首

按：此通後屬鬱華主人，盛昱藏書樓爲鬱華閣，故有此名。自屬名爲隱秀者，他札未見之。但觀此信語氣及字迹，確爲王懿榮所書。

五四

潘師送來《劉平國刻石》裝潢一軸，屬弟寫釋文，以兄督催，尚在兄處。今日澤春解元到館，仲常二爺及銕峰三爺陪之，并兄四人，皆老副榜，可笑人也。鑄九以海岱人文寄我，衹鄭鐘岳與王啓涑（漁洋公季子）知名，亦復佳。李申堂舊玉，共給卌五金，尚不肯售，弟爲我酌之。兄窮人也，黷貨無厭，宜其屢空。渠堅索六十金，奈何？黄太保、趙繼鼎二札可以給我矣，兄不但任直，且拆下後仍爲弟裝副一律，使不露拆去痕迹，切切。押契之事，請速籌之，兄且指此得李申堂之玉，不但贖當還賬也。

伯兮吾弟 名叩

五五

潘師屬贈甗拓本一紙納上。劉博泉前輩屬向吾弟借《八旗通志·人物門》一閱，未悉尊處有此書否？能轉借否？

兄榮頓首

此留伯羲二弟覽及

致方政（一通）

一

大著信今傳後有用之書也，至刻印精妙，猶其餘事。敢再稱謝。兹先以藏器拓本自存者十二軸奉報，漢磚未見著録，此數種日内撿出即上，欲有當面請教與你。弟明日起無日不到館也。

肅上宣甫仁兄大人

弟榮頓首

按：此札見於網絡，原札照片。

方政（一八五二—一九三〇），字宣甫，晚號倦塵，又號寒松老人，江西南昌人。光緒十八年（一八九二）以通判分派廣東。光緒二十五年（一八九九）被派往廣州灣辦理中法交涉事件。光緒三十三年（一九〇七）調任造幣廠總辦。宣統元年（一九〇九）調任江蘇南京。

致錫良（三通）

一

清弼仁兄大公祖同年大人矜鑒：

不孝懿榮遭罹凶閔，遠辱賜唁，撰詞制幛。光及泉扃，泣感無地。兹謹以四月十六日百日之期奉安宅穸，甯窗事竣，於五月十六日北旋，倚廬不出，年來只東北往返丙舍，料理松楸，鮮民之生不如死久矣。至書院主講，在翰林丁憂人員，乾隆朝專條諭旨之所嚴斥，見《東華續録》者也。榮雖不才，尚不至此。專肅稽謝，伏惟垂察。

棘人懿榮稽顙

按：此三札見於《近代史所藏清代名人稿本抄本》第三輯錫良檔。稿本影印。

錫良（一八五三—一九一七），字清弼，號夢如，晚號止齋，蒙古鑲藍旗人。同治十二年

（一八七三）中舉，翌年聯捷中進士，光緒元年（一八七五）任山西鄉試同考官。光緒二十年（一八九四）起，任山東沂州知州、山西冀寧道、湖南布政使。光緒二十七年（一九〇一）補授河南河道總督，光緒二十八年（一九〇二）奏請設河南大學堂，光緒二十九年（一九〇三）任閩浙總督，不久任四川總督。光緒三十三年（一九〇七）任雲貴總督，創建雲南講武堂。宣統元年（一九〇九）任東三省總督。著作輯爲《錫良遺稿》。

札内言『不孝懿榮遭罹凶閔，遠辱賜唁，撰詞制幛。光及泉扃，泣感無地。兹謹以四月十六日百日之期奉安宅穸』，指王懿榮丁母憂，事在光緒二十二年（一八九六），其母於該年一月六日歿於福山。

二

佩南[一]將去，晚間在此吃飯，請枉過一陪縱談爲快。

肅上清弼仁兄同年大人

弟懿榮頓首　十六日未刻

[一] 佩南即孫葆田。孫葆田，字佩南，山東榮成人，晚年寄居濰縣。同治十三年（一八七四）進士，授刑部主事，光緒八年（一八八二）任宿松知縣，光緒十一年（一八八五）調任合肥知縣。後主講濟南尚志書院、開封大梁書院。總纂《山東通志》。

三

清弼仁兄大公祖同年大人矜鑒：

懿榮不天，罹此鞠凶。遠辱賜唁，制挽錦幛，光及泉扃，泣感無地。先慈大事謹以月之十六日奉安宅穸，四日無雨，匍匐終事，堪慰愛注。懿榮近携孀婦弱孫輩回京安置，啓行約在端節前後，秋間仍回丙舍，廬處不出，此後一身如寄，萬念皆空。《毛詩》有云『鮮民之生不如死之久矣』，惟公受國殊恩，超遷上秩，節鉞封疆，指顧間事，行見輯芳安良，犬吠不驚，定爲萬家生佛。懿榮身爲部民，安居四野，沐斯潤澤，躬受其福，不止獻媚貢諛，詡爲齊年同譜生色已也。稽顙叩謝，仰乞垂察。

棘人懿榮叩頭　四月廿六日

左沖

按：此札與札一爲同時所書，皆言母喪之事，皆作於光緒二十二年（一八九六）。

致丁立鈞（一通）

一

遵書復上。閩中書手，伯潛[一]、可莊兩前輩皆一時無兩。俱與緘□□□，而此事竟出自鄙人，其身後尚未交運，如此悲哉！

此復叔衡三兄同年

弟榮頓首

中弢篆，蓋已訖否？

[一] 伯潛即陳寶琛。陳寶琛，字伯潛，號弢庵，福建閩縣（今福建福州）人。同治七年（一八六八）進士，任翰林院編修，光緒十年（一八八四）因言獲罪，被罷官。溥儀即位後召回，官至弼德院顧問大臣。爲閩派詩壇領袖之一，有《滄趣樓詩集》。

按：此札見於網絡拍賣，原札照片。

丁立鈞（一八五四—一九〇二），字叔衡，號恒齋，江蘇丹徒（今江蘇鎮江）人。光緒六年（一八八〇）進士，與王懿榮爲進士同年，光緒十五年（一八八九）充順天鄉試同考官，光緒十七年（一八九一）任湖南鄉試副考官，歷任武英殿協修、纂修、總纂、提調，後任國史館協修、會典館繪圖處提調、山東沂州府知府等。應對日本侵華野心，撰《歷代邊事輯要》十卷。有畫名。

致黄紹箕（八通）

一

五少姐尚未復元，家人聞之不勝馳繫。藥方千萬謹慎。吾弟近日亦以少出門爲是。潘信可即送去。越縵壽詩即爲之，請言其概，何不兹爲之彙書耶？并爲我轉催前婦志文，切切。客來如織，不及多復。

此頌中弢仁弟同年侍福！

兄榮頓首

按：此六通書札見於金柏東主編《黄紹箕往來函札》，第一一六—一二六頁，稿本影印。

黄紹箕（一八五四—一九〇八），字仲韜、仲弢、中弢，號穆庵，晚號鮮庵，浙江瑞安（今屬浙江温州）人，黄體芳之子。光緒五年（一八七九）中舉，光緒六年（一八八〇）進士及第，任翰林院庶吉士，散館授編修。後歷任四川鄉試副考官、武英殿纂修官、會典館提調、翰林侍講學士、兩湖書院監督、湖北提學使等職。著有《鮮庵遺文》。

札中言『越縵壽詩即爲之』，此指李慈銘六十大壽，事在光緒十四年（一八八八），《李慈銘年譜》：『（十二月）二十七日，京中諸友爲六十壽，得壽詩四十八首，輯爲《李越縵六十壽詩》。』可知此札書於光緒十四年（一八八八）。札中又言『并爲我轉催前婦志文』，此指王懿榮托李慈銘撰前婦黄夫人墓志事，事見於《越縵堂日記》光緒十三年六月二十九日：『得王廉生書，以明刻《文苑英華》及蜀中蕭氏新刻《建炎以來繫年要録》爲贈，乞撰其元配黄宜人志銘。』〔二〕

懿榮頓首

二

仿錢詹事書復仲弢吾弟同年

各件并兄帖五分，明日足受用矣。自有法門，即如尊旨，各帖具種種之好，乃知天下大矣。

〔二〕 張桂麗：《李慈銘年譜》，上海古籍出版社二〇一六年版，第二七九頁。

三

履歷下刻著書，又係經書，未悉其書名在行否，一看便了然矣，此公尚所未悉。狀元策附上四本。

復頌仲弢仁弟同年狀元

榮頓首

四

歸顛播不堪，當時未及趨陪，又未有便人送信，甚歉甚歉。然其泥濘奔馳之苦，弟之所洞鑒也。（明日又要站講官班丑刻，初一日拜廟，點名，閱卷，周而復始。）書已交陳子久，曷令其來見，或到館會晤，令館中先知會之。

中弢吾弟同年

名頓首　廿八日晚

五

示□謹悉。越老既排實齋推服夾漈之説，漈字於許書，文無可□，段兄未敢即以臆改，擬請尊書□□兩字，少間當徑質諸越老，定所折衷，再得奉閲補書何如？

此復仲弢吾弟同年

少兄懿榮頓首

六

重刻《廟堂碑》四本，如不閲，請發還。來人持袱便取，并尊本、蒯本統付下一斠，十一日午橋坐上再繳。連日廠市，有何見聞，有所得否？

中弢吾弟同年

懿榮頓首

七

登州募建會館啓，乞速藻。兄二月初即東下，三月半仍北上也。花老處事已半年餘，祈作一札代達下忱，倩人刻耳。

此上中弢吾弟同年費心！下許！

兄制榮頓首

按：此札及札八見於網絡，原札照片。

八

刻在義勝居，即請黃中弢少大人速到早飯。翰林院下斜街。

廉生頓首

致李盛鐸（三通）

一

大喜走賀未值，聞貴同鄉熊公方燧所藏古鐘，兄曾借拓，如有副本，祈惠賜一閱。專頌木齋仁兄同年大人韜喜！

年小弟懿榮頓首

左沖

按：此札見於《近代史所藏清代名人稿本抄本》第一輯，第一四〇册，第二五一—二五二頁，稿本影印。

李盛鐸（一八五九—一九三四），字椒微，號木齋，江西德化（今江西九江）人。光緒間進士，授翰林院編修，曾任江南道監察御史、京師大學堂京辦。戊戌政變後任出使日本大臣，歸國後任順天府府丞。光緒三十一年（一九〇五）任出使比利時大臣，出洋考察憲政。著名藏書家，藏書樓曰『木犀軒』，多宋本書，精於校勘。

熊公方燧即熊方燧，字君遂，號經仲，江西高安（今屬江西宜春）人。光緒十五年（一八八九）進士，官至翰林院侍讀。此札徑稱熊方燧其名而不及官銜，蓋書於熊方燧未中進士之前。

二

前函想蒙鑒及，渴慕法書甚至，近書館卷請惠賜三兩開，即交來价領回，至懇至盼。季端同年卷能代覓一正開見賜尤感。

此頌木齋仁兄同年

館元弟榮頓首

按：此札見於《近代史所藏清代名人稿本抄本》第一輯，第一四二册，第三八三—三八四頁，稿本影印。此札自署『館元弟』，蓋書於散館前，即光緒九年（一八八三）四月前。

三

詣談未值，許惠尊刻叢書如便請付下走，先讀爲快。

此謝木齋仁兄同年大人

弟懿榮頓首

按：此札見於《近代史所藏清代名人稿本抄本》第一輯，第一四二册，第三八五頁，稿本影印。

致陳皐（一通）

一

祜曾姻世長兄坐右：

得書如獲拱璧，并拜魚蝦麥飯之惠，祇領謝甚！謹依來命，遵交來人賫上先著《印舉》稿本一包，衡幾價京四十金，伏乞察入。《印舉》即如遵旨，謹按祖庭當年所排次者爲定，甚善甚善！所以然者，周鉩一門，本爲祖老與苾丈所創獲，此稿就鉩之原來形制爲類，而暗中仍有官私之别，可見先輩用心精密，斷非後來所可及。累累皆係戰國之物，必執一官鉩論定孰後孰先。文字自然有後先可分，官制則書缺有間矣。字且不能盡識，何論彼此沿革之時世哉！至漢魏以及南北朝官印，多爲史所不載，其足補史缺處，真是一字一珠，此却有端倪可尋。然非心静身閑，破除一二年工夫，尚須延一翻書翻碑之人稍爲在行者相助爲理，然後可得先後次第，不至太紊。即此便是一種著作，又不僅爲此譜定篇次矣。鄙人優爲之，而非鄙人之境地所能遽爲之也。若在僅知史事而不知印文之委細者，則亦不能此事。當年祖老遂得遂考，便隨時即可成書。惟積之已多，則不輕易動此念頭。如鄙人現在所得者亦然，又何况身世家道之遠不敵祖老之萬一者。嗚呼，誠可慨已！將來成書時，足下後跋中，言此譜先人未及排定，遽爾弃世，謹依原來草稿次第編成，未敢僭易一處，是以繼志述事之至善者矣。此書有關於史事不淺，不能僅當一種印譜看，以其精而且多也。大致如此，爲足下盡言之。裝訂後許賞一部，不但高義薄雲天，亦祖老之嘉言息壤猶在彼也，思之有欲痛哭。榮秋初又抱鴿原之痛，自慨身世，又傷逝者。回頭真是一夢，而蒙頭蓋腦，乃尚自睡而猶未醒也。附上南腿二肘，聊伴燕函。尚乞醬刀魚一種，此較青魚稍爲易致。活得一日，便要饞得一日，知我如公，諒不我責也。

專謝敬頌伉儷雙福，合潭歡喜！

姻世弟期懿榮頓首

按：此未見原札，依《王懿榮集》過録，標點稍有不同。祜曾即陳阜，字祜曾，收藏大家陳介祺長房長孫。王懿榮與陳介祺爲金石至交，陳介祺逝後，陳祜曾執掌陳家事務，處理藏品，多有請教王懿榮者。此札言及鴒原之痛，指王懿榮弟王懿棨於光緒二十五年（一八九九）七月十一日歿於福山事。此札書於其後不久，期服中，故落款稱『期』。

致蒯光典（一通）

一

山東碑客趙昆山拓得山西平定北朝各種，持以求鑒，即望賞見。

此送蒯大人

榮頓首

後身燒酒胡同

按：此札見於網絡拍賣，原札圖片。寫作年代難考。

蒯光典（約一八五八—一九一二），字禮卿，安徽合肥人。光緒九年（一八八三）進士，授翰林院檢討，充會典館圖繪總纂，後聘爲兩湖書院監督。光緒三十四年（一九〇八）赴歐洲，任留學生監督。通訓詁，精目録學。著有《金粟齋遺集》。

致翁斌孫（一通）

一

韜夫前輩（仁兄）世大人坐右：

去年夫子大人六旬賜壽，杲等製有壽言屏幅十二，因裝池未竟，未及叩上，惶束萬狀。今又屆壽辰，謹以補呈，伏祈轉上，惟文字俱劣，不能頌揚萬一，謹依《禮》經『事師無隱』之義，亦有所不敢終秘也。明日再當趨叩，敬承侍福。

世遺弟杲、侍生懿榮同頓首

按：此札見於《費念慈盛昱王懿榮汪鳴鑾江標端方手札》，國家圖書館藏，稿本。

韜夫即翁斌孫。翁斌孫（一八六〇—一九二二），字弢夫、弢甫、韜夫，號笏齋，晚號冰楞、笏居士，江蘇常熟人。翁同書（翁同龢之兄）之孫。

札中言『去年夫子大人六旬賜壽』，此指翁同龢六十歲生日，皇帝賜壽事。翁氏生於道光十年（一八三〇）四月二十七日，此言六旬生日，即光緒十五年（一八八九），該年所作壽屏因裝潢未竟未及獻上，又言『今又届壽辰』，即光緒十六年（一八九〇）四月間事。『杲』即鄭東甫，見致盛昱札四。

致端方（二通）

一

五弟入泮，兄服中不便叩賀也。二伯母大人前以名道喜。賈文端公詩，松畦急欲借一鈔録，即繳不誤。

端四大人

守訓、懿榮同頓首

按：此札見於廣東省立中山圖書館編《容庚藏名人尺牘》，第一二頁。端方（一八六一—一九一一），字午橋，號匋齋，滿洲正白旗人。光緒間舉人，官湖廣總督、兩江總督等。王懿榮摯友。喜金石收藏，有《匋齋吉金録》。札中言『五弟入泮』，指端方弟端錦入泮事，又言『服中不便叩賀』，蓋書於王懿榮丁父憂期間。王懿榮父王祖源歿於光緒十二年（一八八六）。

二

王蓮心、方蘭坻、翁筱海畫三卷皆有題跋，兹令呈鑒，索直太板，公與商榷之。筆彩自呈。大鵜鴿市

端四老爺

名心叩 廿一日

按：此札見於《近代史所藏清代名人稿本抄本》第一輯，第一一六册，第六頁。

致丁樹楨（十二通）

一

榦圃五丈坐右：

聞騶從刻已抵里，咫尺不得過訪，甚歉甚歉。尊處彝器全形拓手極精，能惠我一二否？六朝石槽北嵓小摩崖，從未經昔人道過，丈能督人訪拓，此名足傳五百年也。當爲丈撰一印文記之，每紙俱可押角也。

此請大安！

懿榮頓首

按：此十二札依《王懿榮集》過録，標點稍异。

丁樹楨（一八六一—一九一五），字榦圃，號陶齋、熙農，山東黄縣（今山東龍口）人。

著名金石收藏家，以收藏三代青銅器而聞名，陳介祺、李佐賢、李宗岱等諸家所藏後多歸其所有。

二

榦圃姻五丈大人坐右：

表侄姜蔚亭秀才來京，得奉惠書，兼承厚貺，祇領敬謝。亡弟信卿之喪，重荷賻挽，感泐無似。昔東坡懷子由詩有『憶弟泪如雲不散，望鄉心與雁南飛』，東坡此時年未逾四十，子由正在少壯，暫別無幾，何至作此衰颯語？乃知先賢倫常之篤如此，不謂乃爲榮今日言之切至也。長者何以教我？再爲太姻丈大人兩世榮祀鄉賢事，榮遵當一面函托張安圃方伯速促院咨，一面即屬李少研少宗伯在部催行，斷不敢誤。并與徐仁甫禮部熟籌之，以慰孝思，敬佩無已。海豐吴苾丈藏器爲祝融取去久矣，仲飴觀察近於灰燼之餘，摭拾殘銅，拓以相寄，謹以一分伴函。其頌敦蓋與小農觀察所收燕庭丈頌敦器相離，殆將百年，一燒一完，不知何年乃得相合也。此次關中所出秦權、秦量，群歸清閟，深以爲賀。拓本精美，至謝至謝！就中惟伯羲祭酒分去一權，午橋方伯分其一量也。伯兮拓本，已將尊意轉致。渠甫自涑水冒寒而歸，卧床大病，尚未見也。

肅此鳴謝，即請福安，并惟合潭清吉！

姻晚期懿榮頓首

按：此札言丁氏托王懿榮爲其父棨祀先賢事，王懿榮托人辦理，此在光緒二十五年（一八九九）底。

三

榦圃姻五丈大人坐右：

蔚亭來時覆上一函，想邀鑒及。老太姻伯大人兩代鄉賢，東撫查覆，尚未到部。所得李少研侍郎原函及禮書知會，寄閱便悉。棨已一面專函浼張安圃方伯速爲趕辦咨部。知關錦注，先此奉聞。趙次炳〔一〕到家後體氣何似？深以爲念，便中示知。

此賀年喜，蔚亭代致意！

晚期懿榮頓首

按：此札承札二，亦言王氏爲丁氏父棨祀先賢事，事在光緒二十五年（一八九九）。

〔一〕趙次炳即趙蔚坊。趙蔚坊，字次炳，别字又卿，山東黄縣（今山東龍口）人。光緒十五年（一八八九）進士，官吏部主事，王守訓門人。著有《續登州雜事》，纂修《黄縣趙氏東支族譜》。

四

幹圃姻五大人禮次：

去年家松谿簡討重以尊命，屬榮敬書太姻伯大人合附志文，榮誼屬戚末，理宜虔謹執筆從事，幸不辱命。頃者廠肆黄估新甫北上，奉到賜函，并交下厚貺千金，當即祗領。榮憂居坐困，適濟涸轍，頓使有中流一壺之感，而亡男崇燕及次婦南皮張氏二櫬得輿竟以東歸，安厝新兆，澤及泉扃，泣謝無似。兹於濰縣高翰生[一]七兄由海輪東下之便，呈宋刻宋印《戴記》一部，吾丈讀《禮》之際，正宜上塵左右，藉資考察。此本久見著録，周良金稱爲秦江本，近人陸心源稱爲婺州本。當時實出於南宋賈似道客廖瑩中世綵堂本，與韓文及相臺岳本群經同原一祖，然亦屬九經三傳同一屬墨，而爲明錫山秦璞之所自出，海内藏家迄未得全。榮適得曲臺二帙，謹以其一奉納，又副以元人方方壺真迹《歸舟》一軸，有東坡詩意，山勢若奔馬之概，與尋常用米點便詫爲王孟端、郭天錫者殊科，此即當日與萊山尚書所争得自黄

[一] 高翰生即高鴻裁。高鴻裁，字翰生，山東濰縣（今山東濰坊）人。其父高慶齡酷愛金石，尤喜古印，集有《齊魯古印擴》。高鴻裁亦嗜金石，著《齊魯古印擴補》，又同王石經等人各出所藏精品，輯爲《古印偶存》。後專心古磚瓦收集，著有《上陶室磚瓦文擴》。

新甫[二]手者，聊用伴函，非以報瓊，亦惟是殉知之雅而已。翰生屬伊西席，梁生孝昌精於摹拓及篆刻諸事，細緻無匹，與幼泉[三]相埒。欲有容納之處，當使自效，一切勞金，惟尊酌得當。以後榮服闋有差，尚欲借用，使其往來於吾兩家之間，則兩處拓本均可隨時措寄，如何？伏維定奪。

即請禮安！

姻晚制懿榮再拜謹謝

按：此札提及丁氏送王懿榮潤筆銀千金，此事王懿榮致其女崇烸信中也曾提及，當時正值王懿榮次子崇烈婦病危之時，銀錢無處措手，故得此一項銀『有中流一壺』之感，誠非虚言。

此係光緒二十三年（一八九七）事。

五

幹圃姻五丈大人禮次：

榮以憂居，前蒙賜唁，製幛致挽，光及幽扃，泣感無地。正擬稽謝，乃以京寓來信，次兒

[二] 黄新甫即黄銓。黄銓，字新甫，江西南城（今江西撫州）人，工畫。

[三] 幼泉即王宗彝。王宗彝，字幼泉，山東濰縣人。能篆書、隸書，善治印，乃王石經（字西泉）之子，承緒家學。

崇烈分發直隸，憑限所迫，急須首塗。賤荆久病，無人照料，匆匆抱病北上，觸暑作痢，久稽裁候。適驚聞蕭太夫人之喪，舉家慘怛。吾丈孝思不匱，自必哀毁异常。但大事在前，不可以哀廢禮，尚望順變敬事，啓後承先，所關者遠，至屬至屬。吴縣潘文勤師生前藏弆金石甲於海内，其銅器、宋本書籍俱隨輪南下，至其所收墓志、造像、磚石之屬，多半與裴、高、趙、杜〔一〕諸估交易而成。吾東土物居多，今統歸於京肆訪古、澄雲兩家，約及百種，精亦甚夥，過於午橋工部。惟此一宗，兩家合辦，不肯零售，如榮棉薄，只有袖手旁觀，知難而退（既係榮師門之物，榮亦自不與聞）。兹杜先生琢庵持拓墨來謁，即望賞見，其價較潘文勤當日已廉至太半。榮雅不欲東物北徙，幸可挽回，吾丈可與之細講酌奪（請親與面定）。物無一僞，自在精鑒之中，無用榮饒舌爲矣。新得魏邯鄲淳三體石經，乞惠精拓十餘紙。吾郡及貴縣新出彝器，亦望多賜數紙，此真吾鄉之幸。石經聞歸尊處，亦以手加額者屢屢矣。伯羲祭酒，榮曾屬其爲太姻丈此次合附篆蓋之勞，亦望酬以拓本一分足矣，不受謝也。

專此奉唁，即惟節鑒！

姻晚制懿榮頓首

〔一〕裴即裴儀卿，高即高文翰，趙即趙允中，杜即杜錫九。

按：此札言王懿榮憂居，即母喪守孝，又言次子崇烈婦病，又言丁氏母喪，此皆係光緒二十三年（一八九七）事。

六

榦圃姻丈坐下：

比聞新得濰賈范姓古鉨，有『單啓都載』之字樣，確否？擬乞一朱墨拓本也。黄新甫得一太牢鼎，形制奇瑋，兼有上蓋，當屬銘心絶品。如歸清閟，并乞一全形拓本。《周禮》《爾雅》器蓋乃多曰『會』，此其名也。

即頌孝履！

制懿榮頓首

七

榦圃姻五丈坐下：

新正貴族琴洲孝廉來京，得奉手畢，并拜吾鄉出土各器及正始石經精拓之惠，感謝無似！尊藏三體石經之取，容即撰題小額奉教。曾聞高翰生言及吾丈所得大秦龍興一瓦，較渠與侄所得獨爲完整，此恰可與尊藏赫連鳳翔一磚，同爲十六國金石廛見之品，敢乞各賜一拓，合裝以志盛惠。前書示及近欲兼收書畫，此事極不易易。此須賞鑒，參以考據，非多見不能明也。當取國初孫、高諸公《消夏録》熟讀之，近人著録率不可信。

附便敬謝，即詢禮安！

姻晚禫懿榮頓首

左冲

按：此札又見於《王懿榮先生書作集》，原札照片，第九五—九六頁。

八

榦圃姻五丈大人壽喜：

二月中旬，恭值吾丈四十大慶，謹率兒輩敬製緞幛一軸，活計一匣，藉黄新甫東來之便，爲吾丈祝釐，伏祈哂納。一前得手書，所屬爲兩代太姻丈大人喬梓合祀鄉祠，已專函敦促張安圃親家趕爲咨部，勿俟年終彙題。一俟得當，即速奉報，以慰孝思。忝屬戚舊，敢不竭力？王小宇觀察奉贈壽聯一付，欲藉通誠悃，乞拓賜全分秦權、秦量一宗拓本。侄亦欲再乞一分，能帶全形一分更妙。新得彝器、磚瓦、石刻之屬，亦亟思分副，以歸吾丈收藏一目中也。新甫爲吾丈訪古，積久愈勤，不憚買得重直贋品，匿而不出，此亦市估得失之常。然一意精篤，不顧旁門，亦可取也。伯羲作古，午橋只據秦中，齊陝及畿輔訪古之徒從吾丈如歸市矣。此亦古緣清福，他人所未能有也。蔚廷所帶寫件，春融即以報命。

專叩壽喜，合潭歡喜！

姻晚期懿榮頓首

按：此札又見於《王懿榮先生書作集》，原札照片，第九七—一〇四頁。此札言『伯羲作古』，盛昱逝於光緒二十五年（一八九九）十二月二十日，此札中又言『二月中旬，恭值吾丈四十大慶』，可知書於光緒二十六年（一九〇〇）。丁氏乃黄縣名門望族，有財力，其收藏古物雖晚，但以前大收藏家如劉喜海、吴式芬、陳介祺之收藏多歸丁氏，有後出轉精之勢。

九

榦圃姻五丈大人坐下：

久未通候，惟動作有福、即事多欣爲頌。榮儤直如常，無善可述。京肆蕭索，自張樵野侍郎遣戍，孫萊山尚書作古，書畫一事，亦遂無大力者負之以趨，良可嘆也！吾丈近年所得金石磚瓦之屬，如有可拓賜者，萬望隨時惠我墨本，至禱至叩！海岱雲烟，盈我虚室，亦是一樂。古友黄新甫總不出門，惟一年一度東來，凡以一年之所搜積，一供吾丈一日之所翻閲。今又乘輪詣前，不知有何佳物？如彝器等屬有歸清閟者，亦望拓一分見視，并廠市别家之所寄與夫濰人之所稗販，榮雖久居京師，不得見也。吾登缺雨，昨歲亦荒，榮早已寄書東藩張安圃親家，乞其語關道設法平糶。早見奏章，而外間竟不踐言，誠可浩嘆。松畦溘然長逝，季樵亦流離顛沛，眷念疇昔，感慨繫之。吾丈端居好古，纂著日新，如此福人，舉世有幾？健羡健羡！大興劉氏物將出，即寬夫侍御位坦、子重比部銓福兩世所收藏者，未識黄新甫此次所帶有其物否？往年曾見其有前明項子京天籟閣木器一事，四足，周圍紀有名跋，撰刻極精。此雖近顔子瓢、周公席，前人笑譚，然究可愛玩，附博一粲。

專此，即頌文福，并詢合潭清吉！

姻晚懿榮頓首

按：此札又見於《王懿榮先生書作集》，原札照片，第九五—九六頁。由『孫萊山尚書作古』『松畦溘然長逝』可知此札作於光緒二十五年（一八九九）後。王守訓逝於光緒二十三年（一八九七），孫毓汶逝於光緒二十五年（一八九九）。

一〇

幹圃老姻丈大人坐右：

一前爲太姻丈大人兩代崇祀鄉賢之事，據安圃親家來信，云趕即咨部，榮不時向小研少宗伯詢問，浼其早爲題奏。兹得小研署中知會，現已到部，必須年終彙題，從來都是如此辦法，別無花費，即請寬念。俟題行之日，再專函奉聞。兹有濟寧同鄉駱午堂通守育焜，以事過烟臺，云有先世家藏書畫等件來黄請教，如有可收，即以求售。其各種榮尚未寓目，惟通守行色甚爲匆迫，不能久候，即乞賞見，行止庶可早定，以過二十日後渠便不能得分本月印結也。趙次炳已北上，其病大有轉機，不料其師伯羲竟先死也。榮忙累已極，書不成字。

即請大安，并詢合潭清福！

姻晚懿榮頓首　四月五日

新得金石之屬，千萬寄一拓本，并示知何物，至禱。

按：此札又見於《王懿榮先生書作集》，原札照片，第九五—九六頁。由前幾札可知，丁氏托王氏辦兩代崇祀鄉賢事在光緒二十五年（一八九九）底，此札落款在四月五日，可知書於光緒二十六年（一九〇〇）。又札中言及『趙次炳已北上，其病大有轉機，不料其師伯羲竟先死也』。盛昱死於光緒二十五年（一八九九）十二月，故又可知此札書於光緒二十六年（一九〇〇）。

二

榦圃姻五丈侍福：

得書欣悉，并拜尊藏各器精拓之惠，祇領謝甚！各器多所夙悉，俱皆精妙，致真無疑，甚佩法鑒。（記有内中玉拓一件，未曾寓目，已失所在，是否？）惟漢河平一磚乃是贋本，可從沙汰。就中一明刀，背文多字，及夏赫連勃勃鳳翔一磚，至爲創獲，乃不可無一不能有二之品。吾丈印文曰『漢磚山館』，此文當請更易一印爲妙。近來漢磚習見，頗不足奇，況復元號紛出，不可殫數。以鄙見當更易一文曰『赫連磚館』，此二字係夏姓，查史稱譯言，二字亦佳祥，且山名也。『鳳翔』二字不明顯，是以用此二字最妙，尊意以爲何如？屬書之件，敬以報命，并子苾先生《捃古録金文》一部奉贈。此最初印本，切勿輕視。嘉、道以來，金文莫備於此矣，刻亦致精。榮下月二日北上，趁萬壽節前覆命銷假也。年來爲輯《海岱人文》，以續《桑梓之遺》，吾丈家居如見吾鄉先輩長箋短札小幅及畫扇之屬，即乞代爲物色見賜，至感至感。

此覆即請大安！

姻侄懿榮頓首　閏月廿六日

按：此札言及『年來爲輯《海岱人文》』，又言『榮下月二日北上，趁萬壽節前覆命銷假也』，該札署期爲閏月廿六日，此係光緒二十一年（一八九五）事，是年王懿榮回登州辦理團練，《王文敏公年譜》所記是年『六月假滿，十六日由烟臺起程北上』〔一〕即指此事。該年閏五月。

一二

榦圃姻五丈大人禮次：

原君錫來京，得手書并荷彝器拓本之賜，感謝感謝！自趙宋以來至於今日，一家所積吉金之富，無逾吴縣潘文勤師，一時如粤中李山農丈、吾東陳簠齋丈皆出其次，此皆以精且真者言之，餘子紛紛，蓋不足數。吾丈蔚起鄉國，未出里黨，年位尚未至文勤時地，而按年數計，所得亦復不遜，古緣之福，前生所結，如此之深，懿榮叨附戚末，不能不以手加額矣。唯鄙願太奢，欲乞吾丈精拓以所得吾登出土各器，作全形并器文都爲一紙。一器成數幅，將來懸之齋

〔一〕王崇焕：《王文敏公年譜》，載《中和月刊》第四卷第七期，一九四三年。

壁，僞孔傳《書》所謂『惟土物愛厥心臧』者，猶戀戀於海鄉之思、戚黨之好也，惟丈幸許之否？前惠三體石經拓本，爲伯兮、小宇諸公分去，榮所存無幾，尚望再賜數本，尤爲翹企。前次所賜拓本，内有昔年潘文勤取自通州李氏師□父。至於□一鼎與丈所得吾黄萊陰新出一鼎，及往年簠齋丈所蓄之一卣底蓋同文者，是一人一時之器，其爲先後皆出吾黄無疑，流傳轉徙，重複聚於一時，延津之合，信有數耶？此器亦乞一全形拓本足矣。無厭如此，諒不我責也。敝友黄新甫同夥携貨游滬，道出烟臺，欲詣吾丈，一瞻禮範，屬爲介紹，肅覆附上，載謝雅惠，伏惟大孝不戬。

姻晚制懿榮頓首　中秋日

伯羲與午橋游東陵去，拓本適到，容其歸來，即當送去。松溪後事如何？可告稚梅〔一〕寫出行狀，徑寄濰縣交孫珮南可也。

再叩

按：此札言及『松溪後事如何』，松溪即王守訓，王守訓歿於光緒二十三年（一八九七）春。

〔一〕稚梅即王常益，詳致王常益札一按語。

致丁惟禔（二通）

一

亦康世仁弟

頃接萊山尚書一札，昨所送來鈔片有一誤字，原件附上，請照挖改，少頃交下爲感。

兄懿榮頓首

按：此札見於梁少膺編著《名家手札》，原札影印，第二二七頁。具體年月難考。丁惟禔（一八六三—一八九五），字亦康，號静篨，山東日照人。光緒十四年（一八八八）舉人，次年聯捷進士，選庶吉士，散館授編修。光緒十九年（一八九三）充陝西鄉試主考官。王懿榮門生。

二

亦康世仁弟：

軺次過從，兩左爲歉。所示尊藏漢碑拓本，原單十二種，細讀一過，兄有鄉先輩手迹之好，遇有許印丈[一]題字及綴一小印押角者，輒恃愛以弊藏本易去，雖拓本新舊亦屬相等，然未免有豪奪之嫌。依數奉繳，裹以原袱，吾弟欲取觀時，仍當返璧，請勿拘墟，爲荷多矣。附以兄所蓄副本二十八種爲贈，兩京刻石在世見存者，有數可稽，附益以此，則所差不多，補足甚易。以後再有副出，仍當以時納上，甚愧甚愧。

此謝，即頌侍福！

小兄懿榮頓首

按：此札見於王米沙《剛健清華，無美不備——王懿榮其人其書》，載《書法》二〇一五年第八期。原札影印。

〔一〕許印丈即許瀚，詳致陳介祺札六三注釋。

致徐坊（一通）

一

趙秋谷[一]《葬經改注》及北齊都邑師興造象，《龍門藥方》粘册，如有閲後不用者，乞檢交下走帶回。至盼至盼。

梧生仁兄

舍弟信卿三五日間有定興之行，如有信件可附去也，并聞。

懿榮頓首

[一] 趙秋谷即趙執信。趙執信，字伸符，號秋谷、飴山老人，山東益都顔神鎮（今山東淄博市博山區）人。康熙十八年（一六七九）進士，授編修，官至右春坊右贊善。工詩，著有《飴山堂集》。

按：此札見於左志丹編著《近現代名人書札手蹟鑒賞》二，原札影印，第四〇頁。

徐坊（一八六四—一九一六），字士言，又字梧生，號蒿庵，謚忠勤，山東臨清人，後遷居河北定興（今屬河北保定），巡撫延旭子。光緒十年（一八八四），法陷諒山，延旭下刑部獄，後戍新疆，未出都而卒，徐坊撫柩歸葬，事母至孝，有孝名。歷官國子丞、毓慶宫行走。清末大藏書家，藏書樓爲『歸樸堂』。《清史稿》有傳。

札内言『信卿三五日間有定興之行』，定興在今河北保定，信卿即王懿榮弟王懿棨，徐坊遷居定興，故『有信件可附去』之語。書札具體年代難以詳考。

致王崇熑及吴嵙（五十九通）

一

定住知悉：

我去年冬月廿八日到良鄉，臘月初八日續娶，十二日進京，先住連升店覔房，賃得前門外大外廊營北口内路東大門新宅一所，卅餘間，月租十金，即現在所住之房也。家眷廿四日來京，所有收拾、結斷、裱糊、搬弄存物，安插書籍，添置傢俱，所費所累，直至正月底完事。樊七、王占春又帶一厨（川署來要，遍覔始得此一人，且不好），文華吐紅求回，一行四人於二月初九日由京啓身，繞山西帶看爾姑父、表妹也。爾要送爾五姑之物俱買得矣，封好，外皮寫爾名字交樊七寄去面交也。五姑蘇州馬尾緞素帽一頂，大表嫂青緞茉莉骨朵花帽一頂，托小宇夫人代買帽花兩頭，又洋針花銅管者，十筒一匣，共值五七金，盡可以報矣，爾不必再惦念也。我路過濟寧，尚送爾二姑十二金。

爾劉表兄在京處館，甚是非類。曾到良鄉向爾舅爺打八十〔二〕，説官司也。爾姑父又大吉表嫂捎寄爾添箱物一匣，存在此處，不知何物，因無妥便寄來。我在良鄉，曾由官封遞一信與爾翁姑前道謝一切，不知接着否。計自陳起身以來，至今總未接爾翁與姑爺及爾之信。爾翁屬寄爾庚生之書及信，又祖父大人寄庚生（向無回信）之炭敬（年年如此）及信，我親拜交去，未見。過年登門拜會，亦未見，至今未來回拜，亦無回信。我又寫信問寄陳信物由何處轉寄，亦未見復信。問亦不常在家，其夫人又病得半年，咄咄奇事，真不可解也。川署已接着我們在陳所發喜信，知爾翁姑當意，姑爺文秀，妯娌和美（此第一要義，千萬不可隨衆排擠，天下妯娌最難和美，然其實只是處之善讓二字，便足了之。妯娌和睦，便能全人兄弟，乃天下有福人第一善相，不見爾祖母大人當日乎？今日如何？若妯娌不和，致令人兄弟參商，便非我之子孫，從此不姓王可也。言之痛切），爾祖父大人歡喜非常。川署大小平安，均可放心。我爲姑爺表白摺册頁（純是鼎甲），各與爾兄弟分出半開，尚未表得，以後再寄。我此刻安居寫字，静候散館，手筆不佳，聽天由命，好在除留館外，别項官一概不做也。書籍會歸，金石妥帖，真是

〔二〕打八十係方言，索錢索物之意。

廿年未有之樂也。此問姑爺文福。

哥嫂、小姑、四弟代我問候。

由陳寄京，由京寄陳，來回人便、信便，請姑爺問明堂上，如何便當之處，寄我知之。

二月廿日　父字

又及。

寄信與爾舅，問保定之物矣。爾外祖八十外尚結實不杖。

按：此下係王懿榮致女兒及女婿家信，見於《王文敏公寄女書》，國家圖書館藏，稿本。《王懿榮往還書札》有釋文。公女名崇烘，乳名定住，於光緒八年（一八八二）八月嫁於海豐吴氏，名蚪，字闐生，吴重憙次子。當時吴重憙任陳州知府。

此札言『去年冬月廿八日到良鄉，臘月初八日續娶』，依《王文敏公年譜》，王懿榮續弦係光緒八年（一八八二）十二月事〔二〕，此言『去年』，可知書於光緒九年（一八八三）。

王懿榮嫁女於河南陳州後繼續北上進京，十一月行至良鄉續娶謝夫人，十二月入京，此札向崇烘告之此事，爲女兒嫁後第一封信。『寄信與爾舅』，爾舅即黄寶三，外祖即黄熙庭。

〔二〕　王崇焕：《王文敏公年譜》，載《中和月刊》第四卷第七期，一九四三年。

二

閬生表侄賢倩侍福：

得書種悉。正月内聞有小極，不日即愈，慰慰。刻下所苦，即無寄此間信物之便，陳州公車無一熟者，鄙人試期又迫，不及出覓妥便，奈何！有爲足下所裱成鼎甲白摺各半一本，及《制藝約選》二種，又有爲令弟所寄刻本歷科殿試策，均未得便，如何如何？磚拓極佳，謝甚。汝南郡一紙尤佳。

即候文禧！

榮頓首

按：札言『鄙人試期又迫』，指王懿榮於光緒九年（一八八三）散館考試事，後考取一等第二十六名，授職編修。

三

定住見字：

連接二信，我有一信想已接到。爾去年一病，乃一路風寒辛苦所結。我也病了一正月始按：此札言散館之後事，又談及鹿滋軒升河南巡撫來京陛見，皆在光緒九年（一八八三）間，該札書於是年。

八

定住知悉：

前信想已接着。川署有信來，一切平安（爾外祖有信，康健之至。爾舅父母有信問你的箱子怎捎，并未説在東在保，我實無法，悶極）。爾祖父大人署鹽道，初五日（四月）接印移署。鹽道勝於本任，并勝於臬司也，不及從前耳。爾要用錢，寫信到川到京均可，不必爲難。此間實在無法寄物，爾所要之東西，均已辦齊，稍有不妥，不敢捎也。我僥幸留館，考在一等，未墜先聲，可以寫信到川。酬應紛繁，校部署多一師門，我真發煩。花錢尚是小事。廿八日引見，當日奉旨，却也爽快。

惟節下太近，新舊賬及東西南北城送節敬太討厭耳，我極懶之人也。給姑爺表的鼎甲白摺，爾四弟殿試策總無人捎，其實不遠。古現本家親戚來，一概不須理，千萬莫招呼，至屬至屬。

父字　廿九日

爾繼母爲爾做紗褂、紗袄、紗襯衣、紗裙已全，無法可捎，悶悶。

按：札中言及王懿榮父署鹽道、王懿榮散館考爲一等、鹿滋軒與王懿榮二弟結爲親家下定等，俱係光緒九年（一八八三）事，此札書於該年。

九

定住大女見字：

前件收到，道中未磨損耶？臥龍丹由信封裝來，可另以磁小瓶貯之。英喜賞他十金甚好，下次再來人我即還汝也。所捎磚拓本甚佳，古泉常見之品，不佳也。少山所贈爾翁古陶瓦片及稼生瓦片，可請姑爺拓之，由下次信中捎來，信便匆匆，不及多叙。川署、京寓一切平安。王占春回川到日第四天，因病逝去。我亦寫信賞他十金，真料不到也。老梁甚好。文華回去亦無恙。

專致并問賢倩侍福！

六月望日　父字

按：上一札言給女兒寄物，此札問道中磨損否，可知亦書於光緒九年（一八八三）。又言賞英喜十金之事，屢見前札。

一〇

定住見字：

接到五月十五日爾所發信，正我打發馬子祥起身來此之日也。一切信物在其所帶信中。渠啓身將一月，其婦竟未登門索錢，即請姑爺飭其速回。今捎來京平足紋五十兩正（交協號轉匯。協同慶無河南號也），匯費已付，不必再給，收到早寄回信。以十兩還爾墊賞英喜出閣之項，以四十兩爲爾零費。以後我稍充裕再捎。好好保養身子，伺候翁姑女婿要緊。四川來信，要買南橫街房，此房甚迮，搬家則寬綽矣。

即問姑爺好！

父字　六月廿日

按：此承上幾札，爲女兒匯銀，內十兩爲英喜之賞，已屢見於前。該札書於光緒九年（一八八三）六月。

一一

定住見字：

姑爺安好。前於六月廿一日交協同慶號轉從某號匯寄爾零用京平足色五十金，匯費在京已付，刻想已到，何總未見回信耶？日昇昌我與之不熟，此等匯件，須講費計數，我所不耐也。協同慶云渠乃托甚麽蔚盛長字號，我亦不知也。數月以來，京寓平安，日日爲買宅事，總無一愜，迢迢七千餘里，必以稟商，雖有命我做主之意，深恐到時不愜意也。川署每月有兩信來，亦言寄京易而陳州難，亦係止識協號一家，而彼號無河南裝〔一〕，甚費事也。我得一元朝印，有嬰兒爲紐，下一朱文曰『住』字，乃爾之乳名，喜之過望，特以寄爾，若爾具稟川署時，再向爾祖父大人尊前叩索『王定』『定』字一印，將來印在一紙，便姓名三字俱全，豈非天然如意？翁姑大人須善事之，兄弟妯娌善處之，爾便是我之佳兒矣。

爾繼母問好，即問平安！

八月十六日　父字

按：此札承上札，上札係光緒九年（一八八三）六月所書，言寄給女兒封銀五十兩，此札問收到否，又言爲女兒寄印事，故此札書於光緒九年（一八八三）八月。

〔一〕 原信即爲『裝』字，其他信中又作『莊』字。

一二

定住見字：

姑爺文福！聞姑爺痢疾已愈，至慰。可善保養，此證若治之不慎，年年患之，我乃一樣子也。協同慶托蔚長厚所匯之五十金到否？元印『住』字小孩紐者收到否？爾身子如何？夏秋以來，日日看房，將買以住之，尚未安也，甚難甚難。不是太貴，便是房不足住。爾祖父母大人又專意要城外之房，故暫難就也，甚亟甚急。四川來信言祖父母大人引見北上，將以年底在爾張姑父〔一〕處過年，因之看房尤急也。如實買不就，便先賃一大所，敬待到京後再說。大家齊回，安頓後便來接爾及姑爺來京一游，且可爲爾弟指教也。

來丟仁者乃大和尚，實在可恨。我亦不及道謝爾翁，以此種族大，便家家有，吾亦不知耻也。更恨七和尚回家大騙，竟在烟臺宿娼一月，費至百金，又騙多人，說是他發財，在外辦行裝客貨將千金，好在潛行來京爲人迫藏，不來見我，現在仍如大和尚兄弟一般看待，來見亦不准進門矣。以後凡有本家到汴來者，一概不准通問，并不准給錢，此怪必絶。朱門生於七月十

〔一〕　張姑父即張之洞。

二日在川老死，其子、其婦均在京城，匯來千五百金，屬交與該家屬矣，三林子必到川去搬他靈柩也，惜哉！其婦聞之，想亦不長，其人來生必托生好地方矣。爾外祖尚結實，爾舅時有信來，并問爾，以後爾可自作一稟寄京，我爲遞去。惟保府諸物不知幾時始能寄爾也。

此問姑爺安好！子祥馬估尚未回京。

父字　九月五日

子祥迄今未至，爾翁寄潘家唁信説在他手，此信來，此銀始可交吴誼卿[一]同寄彼處，我即作書與潘太夫子言爾翁托人寄京（以潘師回去未交），又復折回，刻又重新托我寄交云云，妙在爾姑父處（妙在我寫信去問香濤，亦未回信，若其絶之，則該死也），潘家人情亦未寄，彼必是慌忽，此則出乎情理之外。潘師屢屢來信，問爾翁及爾姑父何無一字與彼，似向我言之，以奠分未寄而恐漂去乎（必是使之聞之）？抑以爲我積而不發乎？此兩家皆我至戚，故向我問之，然彼不知此二公之入妙也。越急越緩，天下事往往如此，書之以成一笑。爾十五叔因十五嬸要臨月，朱姑娘來叫，八月廿九日啓身回家。又書。

按：此札承上札，上札言匯銀收到否，又寄小孩紐女兒名印一，此札問收到否。則此札書

[一] 吴誼卿即吴大衡。吴大衡，字誼卿，號運齋，江蘇吴縣（今江蘇蘇州）人。光緒三年（一八七七）進士，改翰林院庶吉士，散館授編修。王懿榮金石好友吴大澂之胞弟。

於光緒九年（一八八三）九月。

潘太夫子即潘祖蔭之父潘曾綬。按《潘祖蔭年譜》：『九年，正月二十二日丑刻，先君弃養。』〔一〕是年正月潘祖蔭父歿。王懿榮兒女親家吴重憙係潘祖蔭門生，理應有『人情』。

一三

定住見字：

此刻協號所匯之銀仍未到耶？馬子祥回京，深悉爾翁姑近況，姑堂之身生瘰癧，當是温熱，無關内證。聞姑爺伺候醫藥，日無暇晷，此是正理。人子竭力，只在問心，多進一絲、多盡一毫俱是有得，往後無悔念的，爲人婦者亦然。孝必有福，福之大小隨孝之深淺，自擇而已。至人過十五歲，用工一層，全在自己真心與否，如真想上進，真想用功，不怕有事耽閣，稍有隙餘便可翻閲，且自然深入實悟，即此便是用工。如不真心，即日坐書房，也是枉然。天下斷無盡孝而誤讀書之事。即此是學，即此是功也。我十八歲出書房，困部署者十八年，六次出房，爾翁日日苦差，日日在車上拈八韵一首，科科高薦，非其驗也？何曾自誤？

〔一〕 潘祖年編：《潘祖蔭年譜》，見沈雲龍主編《近代中國史料叢刊》第十九輯，臺灣文海出版社一九六六年版，第一〇二頁。

此，至爾爲人子婦，多盡一天孝道，即是多爲我及爾已去之母兩個人多增一番光采，切屬切屬。爾十五叔因十五嬸臨月回家。朱大料在川老去，我聞之十分傷心，此可對姑爺説也。至爾爲人子婦，多盡一天孝道，

即問姑爺侍福！

父字　九月十二日

爾外祖家都好，常有信來。

按：上札書於光緒九年（一八八三）九月五日，此札書於九月十二日，又問所匯五十金之事。王懿榮於札中勸女兒進孝，又勸女婿用功。

一四

定住見字：

爾及姑爺近日身子如何？姑堂病勢如何？協號所兑之款已來否？自秋徂冬，相宅未就，心甚躁急連日。當先賃一宅以待爾祖父母大人暨全眷之來。我身子結實，不必挂念。爾十五叔因十五嬸要坐月，刻已回家。我已買諸城爾大小子叔一車一騾。我給姑爺買的東洋印色，苦無人

捎。此刻京城甚冷，想爾祖父母大人若果由川啓身，道上必冷極也。

并問姑爺侍福！

父字

按：此札亦問所匯之銀收到否。又言『自秋徂冬，相宅未就』，指王懿榮受父命在京購房事，此信當書於光緒九年（一八八三）底。

一五

定住歡喜：

姑爺文福！來信并古泉收到。泉不見佳，想在陳州使用中自撿之耶？今托協同慶號匯來爾祖父母大人賞爾之京平足銀五十兩正，以爲零用，匯費在京已付，不可重給，爾收到後速寫一稟寄川署爲要。今接到川署十月初九日信，尚未卸事，如臬臺至冬尚未抵川也，爾祖父母大人必是明春起身矣。道上日暖，真正湊巧，真福氣也，我喜得非凡。我於廿五日移居錫拉胡同，我不作主意買此房，先租之，以敬請示祖父母大人自己看定，然房子甚好，并不貴也。工程十分堅緻，有五畝之大，惟住屋不多，外坐落太間，以後爾歸寧時自知之矣。我搬家又一收拾古董，累得要命，外人不能幫也。爾大舅母於十月十三日去世，他待爾母子兄弟十分優厚，聞之令人弗感。來信寄爾一閱。爾舅至今無子，奈何奈何。爾翁升調想必不遠。爾姑父之紫雲，生一女，幼樵回京所説也。我買有東洋印色、小剪等物寄姑爺與四弟，竟無人便，奈何！

并問姑爺年喜！四弟與小姑同爲致賀。

父字　十一月廿二日

按：此札言移居錫拉胡同，係光緒九年（一八八三）底事，《王文敏公年譜》光緒九年（一八八三）：『十一月二十六日移居東安門外錫拉胡同宅，爲長白敏恪公（廣壽）故居。始而租寓，繼購得之。公嘗曰爲翰林必當供奉内廷，得地如此之在兩掖，方足以待滴漏候鳴鷄也。』〔一〕

一六

定住見字：

前月由協號轉托蔚號，匯來爾祖父母大人賞寄爾零用之五十金，想已接到。匯費在京已付，協號轉手，有些遲延。日昇昌我與之不熟，故不能交其徑匯也，只可托其帶空信耳。

〔一〕　王崇焕：《王文敏公年譜》，載《中和月刊》第四卷第七期，一九四三年。

姑爺身體工夫如何？爾婆母大人病勢如何？雖不欲見爾，爾總須在門外伺候，一切請爾小姑送進去應用可也，不可藉此遂躲閃。人生孝字是各盡各的，别人不能代也。爾祖父大人已蒙恩旨賞二品頂戴，見京報矣。如臬臺到任甚遲，川署冬月初六日交卸鹽任，我們仍回本任，隆冬不能起身。來諭説明正開印，即請咨北上。今川藩張公又升，不知現時又怎樣調署。爾祖父母大人執意北上，想必力辭，此時京寓尚不知消息耳。我於冬月廿六日搬入東華門外錫拉胡同廣尚書新房，自冬月初一日起首，甚累甚累，且累得病，頭暈作嘔，而一切書箱俱堆積不能打開，以待爾祖父母大人之來信定奪。此房賣價一萬二千五百，而略一修飾，及零碎花費，總須一萬三千有零，貴則已極。而較其房間地基大小工程，實則至賤，若蓋則非三萬不可。有山石園亭之盛。通共一百五十八間，而游廊占去五十八間，實則内房之好住者不過五六十間。園中閑房，尚有三四處也。此房所占地基甚好，故争之者多。盛伯希强先爲我們占來。當時我因祖父母大人來諭，到京至遲在春正内，故急先占此房。此在未定局之時，月租四十金，當時恐全眷一來，住店不上算，故先覓此房，以爲下脚地方。如明春家眷不來（川藩又升黔撫），或來信不要買此房，則我又須另搬（人家不讓續，爲賣不爲租也），故一切東西俱未打開，恐局面不定，又須費事。其實我們趁着此時，盡着力量，亦可留下，唯恐爾祖父母大人不願意也。爾有歸寧之意，明年須待房子定局後再啓身。不然先來跟着搬一回家，則真累矣。

姑爺明春如回家小試，試完可一同來京。如先到海豐，總先寄我一信。爾時房子定局與否，祖父母大人到京在何時，均可先寄知爾，省得先後不齊也。總以房子定局聽信爲要。再爾大舅母老去，爾舅明年恐不來京矣，必辦爾舅母葬事，又續弦也，他尚無子。爾外祖母將九十，爾舅年五十，真可畏也。爾舅既暫不北來，則保定府所存爾母給你之衣物箱，及爾兩弟者，均無便來京，必須爾舅親到德生堂存物處開門也。如爾舅但凡早晚北上，我必令其送來京師，再專人送與爾也。年事匆匆，花錢不少，且無清暇。趁空專此即問姑爺年喜！

父字　十二月二十二日

小姑、小叔、大哥、大嫂同此道賀。

爾繼母問好！東洋印色已買得，無便帶也。狀元策二本，姑爺一本，小叔一本。

按：此札承上札，上札言王懿榮父爲孫女寄五十金，此札問收到否。上札書於光緒九年（一八八三）十一月，此札書於光緒九年（一八八三）十二月。

一七

闐生表侄賢倩如晤：

河間道上書來甚速，此後直至今日，一日連得三書，皆日昇昌交來，可見其積壓也。去後逾月無書，弊夫婦甚爲馳繫，得此知早安抵，且甚妥速，堪慰之至。病中相依一年，忽然離索，不盡戀念，此常情也。到署心内安穩，病必易調，究竟年少氣盛，稍一静攝，不難復元，所望加意調護。功名有定，不必亟亟，愈後鋭志精進，尚不遲也。若僕則直係孽障，試差、大考一齊耽誤，尚日日如在鼎鑊，罪可知已。病狀詳小女信中，不複述。白摺兩半開，可裝入前册，後有粘籤。照記一刀平五千字高起者，僞物，不足取。黄小松拓漢碑不舊，亦不甚精，然是名拓，自是寶貴，抵得一種，不可輕忽，在今日甚難得矣。《嘯堂集古録》板心若大，字體若方，金文款識非同一律偏小者，乃明仿宋本，致足寶貴，勝本朝張蓉鏡刻者萬萬。朱修伯、潘伯寅、張香濤俱有之，張刻將款識縮成一律，如《博古》及薛《識》，同僞謬不堪，此則覆刻宋本，去原器不遠，然非宋本也。兩漢書魚尾上有『嘉靖年』字者，若是補板，即屬南監；若是一律，乃是北監，較毛本爲勝，較殿本爲古，亦可存也，明刻兩漢以正統本單行者爲最。仍不能多寫，書此代面，即頌侍安！

懿榮力疾致書　四月十一日

貴昆仲前代道捷喜！

按：札中言及『病中相依一年』『試差、大考一齊耽誤』，耽誤試差是在光緒十一年（一八八五）三月，故此札書於光緒十一年（一八八五）四月可知。王懿榮自光緒十年（一八八四）夏始病，至光緒十一年（一八八五）近一年，故言『病中相依一年』。

一八

定住見字：

爾走時我正病，三日後略減，然一切仍是不豫。至十六日忽然通宿不寐，至廿日、廿二日又臨班，不寐二宿，不過照常白日小暈等事，亦無大苦。入三月日見健壯，仍於每日未申之間浮火上面，小作眩暈一時，乃陽盛之際，久病陰虛，人吃不住。吃粥臣藥數日，每日演習寫白摺半開，漸至一開，俱能靜坐，滿擬與試差場，白日常到後廳，收拾一霎時書，以爲習勞之計。乃於三月十六日又一宿不寐，次日便好，亦日見惺惺，突於廿一、廿二、廿三一連三宿不寐，從來未有之事，亦未有吃多、生氣等事，廿四日四鐘時遂作大嘔三次，臨後吐出酸水無數，較從前十分利害，當晚又一宿不寐，從此直狼狽至今。現已請四個月的省親假，試差、大考（月内必有，現已在紫光閣看侍衛箭矣）一齊耽閣，此我之運也。我不能考差，爾手頭不能寬裕，然我必設法接濟，爾只要好好保養身子，勿與下人惹氣，使爾病父惦念，爾即是孝順也。得川署安信，祖父大人將堰工閑放，後川督閲邊回省即下一札，料是給咨，乃拆看竟是正月廿七日又復奏留，批摺依議，又不能北上矣。

祖父母大人甚是焦急，在他是格外好意，不知我們心里着急也。我即考差，亦是累贅，今已請假，則無別的心事，可静養矣。現在耳仍大鳴，眩轉已輕，病發時欲嘔不出，胃中如刀劍相攻，手凉而足不利，過時始已。已不服藥，究竟不知是何病證，不止陰虧肝旺，到此廿三日已正一年矣，我真遭不起也。奈何，奈何！

父字

按：此札書於光緒十一年（一八八五）三月底，札中備述生病之事，一連四日不寐，亦見於致盛昱、潘祖蔭札中。札中言『廿三日已正一年矣』，可知病始於光緒十年（一八八四）三月廿三日。

一九

定住見字：

前信想收到。我自三月下半月以後，總不見好，四月十六日又不寐一宿，迨至十九日，直至五月初二日，一連十餘宿不睡，唯天明昏睡一點鐘時，與去年稍异，吃藥總不見效。廿九日不寐，已將十宿。夢遺於偶睡之際即醒（計三個月未犯此病矣），次日一天大眩，嘔至五次，從前所未有也。初二日連睡五日，此後或三日五日必有一宿不寐出大汗之時。幸而飲食尚好，我聽其自然耳。（海味捎給爾翁姑，爾繼母捎信自咱家買來也。蝦是生晒好的。）丁制軍又奏留我們，祖父母大人冬天始能起身也。中弢銀信已交去，快放差矣。可莊、蓄生、延秋均已放矣。爾十一伯於三月下世，可見病久之人靠不住也，他去年八月病起。爾舅父之菊姑娘又生一子，可謂歡喜，爾可寫信爲爾外祖道喜。昨又不寐，不能多寫，并問闐婿侍福。

父字　五月十二日

定住見字：

信已封好，又得到川署安信。祖父母大人慈體康健，問爾已到陳州與否。川中尚未得准信也。我連日服潘偉如中丞方，甚好。翁師、潘師兩人慫恿他來診也。川署寄銀與我，今分寄爾三十兩正，以爲貼補。爾須好好保養身子，爾的身子太壞，好生保養，好伺候爾姑堂起居。姑爺亦未復元，全仗人伺候，當媳婦的一身孝行全在此處也。不可常與下人惹氣。

此附并問姑爺大好！

十三日　父字

按：此札亦言生病之事，已『一連十餘宿不睡』，且嘔吐。事在光緒十一年（一八八五）五月。

二〇

定住見字：

聞爾病肋，當屬肝家，總以白芍、阿膠之類和諸藥平養，勿使戕伐。然我於醫藥十分外行，遂一病至今，亦不能講究矣。有爾翁姑撫視之，我無慮也。姑爺身體尚未復元，又東應秋試，辛苦可知。可作信時勸其早回安養爲是。我七月病痢，十餘日始止，現在仍未脱，然較春夏稍可，又九十餘日未嘔矣。此問近好！

父字　秋中四日爾母忌辰也

祖父母大人九月下旬北上，提調秋闈完事請咨也。爾舅爺爺帶王姨太太住天津，舅婆婆帶三表嬸七月初九日回福山矣。二雲提鞠子嫂女，四龍提張三大娘之三女。爾六伯來京鄉試，文川十伯東試亦行。尹伯元五月就吴清卿館去，崔法隨行，到津乃逐去之，可笑也。鄧玉章二爺在川於六月十五日老去矣。此公生前未交一友，可憐可憐。恐爾病煩悶，寄爾知道，以當閑談。又字。

按：此札言女兒病肋，勸女兒保養。是年女婿『東應秋試』，即應山東鄉試，王懿榮自身病略有轉機。又言『四日爾母忌辰』，王懿榮原配黄氏殁於八月四日，則此札書於光緒十一年

（一八八五）八月。

二二

闐生表侄賢倩：

得在陳州書，知於六月廿九日東歸闈試，想極得意，預賀預賀。清恙仍未霍然，又試事辛苦，闔家牽念。賤軀亦未復元，一年餘矣。寄示漢印精美，致真之品，第一葉所打竟是周鉩，惜打錯，□乃邑旁，以印論應是右旁，此誤向上耳。㪷生令兄以忤時去官，時論壯之，已於廿八日赴陳州矣，鄙人有書附去也。在濟試後早歸侍養爲要，諸凡小心珍攝，不可再誤。切屬切屬。

貴昆仲竹林統此道賀！尤念稼生。專候捷喜！

懿榮力疾　八月三日

新得各印，多打數本寄京爲盼。

按：此言女婿參加山東鄉試事，事在光緒十一年（一八八五）。

二三

定住見字：

你今年廿正歲，我於下次即折乾寄匯與爾。川署祖父母大人慈體平安，現兼署臬司，於八月初五日接印，今年未必回京。知爾正歲，亦必有物賜寄爾也。爾肋痛現平復否？此屬肝家血虧所致，必不能速愈，如我之病等也。好好保養爲要，勿與下人惹閑氣，真不值也。當時不能禁止，以後仍是自己遭罪。我自五月初一日起，至今尚未吐，頗有好意。已百卅餘日矣。惟小暈不寐，仍復不免。近日所最怕者，三四十日以内必犯夢遺一次，輒數日發暈。看似快好，必有打叉小病間出，仍未復元也。再是不敢多會客，人多便暈。已於九月初一日銷假矣。我曾從寄尹慈經信内寄一書與姑爺，未見回信。又從慈經寄伯元書内，略知姑爺昆季叔侄消息。此刻想已回陳，他的病未復元，又回東試，加一倍辛苦，再不知自養，真是可慮，須善善勸之。自身有病，真遭罪不起，父母不能恕，妻子不能代也。如我與姑爺，此時身子弄出病來，真是無福氣矣。人生取千萬中，選不出一二人者，此以遭逢言之也。

張甥大吉北試，自賃一大公館，水旱并下，又鬧須子，聞已花至四千餘金。他是名父之子，人人指摘，我與他係親戚，聞之不能不難受。家運有此，必壞無疑。此上關運氣，下關其父母心地。我亦有子，不敢笑人，但看他們將來，以卜我之心地如何耳。山東新學臺陸鳳石，爾癸酉年伯也。他來對我説，此次看文，專尚詞藻，可告與爾大伯小叔兄弟知之。

姑爺今年高捷，速寄我信。

此問女好，爾繼母同問爾好！

九月九日　父字

族中今年三十三人進場，不知有一中者否？爾祖父大人每人送元□四金也。

按：此札提及女兒『廿正歲』，可知書於光緒十一年（一八八五）。《王文敏公年譜》同治五年（一八六六）：『十月十四日次女生，乳名定住，資政公命名曰崇熀，黄夫人出。』又言女婿東試，亦在是年。札中云『張甥大吉北試，自賃一大公館，水旱并下，又鬧須子，聞已花至四千餘金。他是名父之子，人人指摘，我與他係親戚，聞之不能不難受。家運有此，必壞無疑』，此指張之洞之子應順天府鄉試事。張之洞是王懿榮妹丈，故張之洞之子是王懿榮外甥。

二三

定住見字：

久未得爾書，未悉爾肋痛已輕減否？婦科病肝氣最多，最難治，最易發，種須善養，萬不可自發了乃自己受罪。我此一病，將功名熱鬧事情，一切擺脱。惟念我乃堂上俱慶之人，身先有傾跌，使老人惦念，加意保養，以守身爲孝。是以秋來漸見進益，已百五十日未吐未眩，此非長進乎？若是不治之症，便無此一番長進氣象矣。此刻只有不寐及小暈未去，然亦不多。爾諸事看開，一心惦念乃父挂牽爾病，如我之挂牽爾祖父母大人也，便是我的報應矣。凡事總有命定，我深知之。姑爺又抱屈，白受辛苦一場，身子如何吃得住，以好好保養爲是。他與我一樣，均在庇蔭之下，保養是容易的，此爾伉儷今日之藥石良言也。下次我捎東西與爾。爾母近來身子亦健，乃深念爾。姑爺前代我問好。

父字　九月廿七日

東北兩闈咱族中三十三人，無一中者。松溪與鹿喬生均中。

我得科第太遲，未挣一錢來家孝養。所以雖病不忘律賦白摺，冀博堂上一喜歡也。你七表姑的公公過去，現已回家，你四妹的婆婆亦過去。你四和尚哥在沈鄉三孫縣丞處胡混，有下落了，大和尚仍無下落。你舅爺在天津，帶着王姑娘候補。你外祖八十六歲，上街不拄拐，此禀賦有過人處。你舅明年説要上京。你大弟尚未下束，我病未能也。山東新學政乃爾陸鳳石年伯，專講詞藻，可告知姑爺昆仲。文章要用字眼，此風氣之先也。海豐張家中一個，是俊谷否？錢門你二小子叔（戟門次子），諸城與其堂侄同榜，文章甚好，可見男兒回頭金不换也。與松溪一同回家，舞彩開賀，二小子竟是另變一人，十分謹慎，一味省儉，作極好的墨卷，勝於松溪。王小宇仍是落第，窮困不堪，他的文章亦作的好，命也。（二小子叔以五百千請宋晋之年伯作師，叔侄三人同學攻苦，壬午及本科三個人中全了。）

尹慈經之次子在濟南下流，被其父并其妻子逐出，慈經豈知伯元亦此之類耶？我仍耳鳴不息，脚下時做暈顛，却無大苦。脚有兩三月不凉了。不多見客，見客則心慌作暈，多談則氣短。每日寫半開白摺，看兩篇律賦，其餘稍翻古書及玩意等。

按：此言女兒病肋，又言該年鄉試結果，事在光緒十一年（一八八五）秋。

二四

閬生賢倩：

陸學使專重詞頭，試藝寧濃勿淡。捎來牛芸階太史《屬對文聯》一本，即從前向胡二少爺索回者，與昆玉共試之可也。

即頌年喜侍福！

按：此勸女婿習舉業，言陸學使之風氣，蓋在該年鄉試之前所書。

二五

定住見字：

爾繼母見與生太太，言及爾時有小病，不知何若，現已愈否？深爲惦念。闐婿舊病如何？身體如何？爾須要自己精神，諸凡保養，少生一點氣即多享一分福。人每當時受病不覺，過時得病自己作苦，悔之已遲，如吾是矣。爾十月間過廿歲，我賞爾四十金，爾母賞爾十金，共五十金。我十月間病傷寒，幾殆，甫愈，又患腸瘤（即痔也），未能寫信匯來。適爾季樵三叔狂窘着急，暫時借去，今始還來，兹交協號轉匯，到日查收，匯費已付。輾轉匯捎，其來必遲，該號無河南莊也。爾祖父母大人請咨北上，携帶全眷，於十月十六日由署啓程，交卸臬篆，即請咨也。前站謝老補將行李押來，冬月十一日已到。爾十八叔之四妾已瘋，送歸古現交爾十五叔管養。爾吉慶妹已來京寓，爾母看管。我身子仍未復元，又須料理收拾表糊等事，甚累甚累。京宅房子竟不敷住。爾叔嬸家孩子太多，明年娶爾大弟婦又費事矣。我自五月以來即不眩轉，然時作小暈，總未復元也。所捎吃食收到，即謝姑爺費心，并問近喜。

父字　十二月十五日

按：此札詳言父王祖源由川至京之事，事在光緒十一年（一八八五）底。又勸女兒保養，又談自己之病，雖不眩暈，尚未痊愈。

二六

定住見字：

爾翁姑前已有專函致賀姑爺新喜！去臘由協號轉匯京足五十金，刻想已到。爾祖父母大人由去年十月十六日由川陸路北上，臘月廿七日安抵都門，一路平安。惟行至定州，祖父大人腹瀉，不肯在屋大便，夜間冒霜入厠，感寒甚重，又無醫藥，服參蘇飲二劑，内有木香，破氣太甚，勾起痰喘，到京即請醫診視，現在寒退而氣弱，舉步即喘，未克出門。日日醫藥，尚未復元。我與爾叔及爾兩弟日夜侍奉，一候稍愈，再寄爾信，放心。全眷以來，京宅房甚不敷住，爾嬸孩子既多，又有爾十八叔之女亦來，即占却前頭兩厢。爾大弟今年完婚，尚須在後照房打結斷，則我之古董十分難安插矣。爾所住之小厢及東西平臺、馬號，物已堆滿。作外官千萬不要多值零碎東西，既傷財又惹厭也。張家來提爾小姑一事，總無回信，我已見過蓉江，此子甚好甚好。香濤與粤撫不諧，同時請病假，真是可笑。爾大弟二月下束，此諭。

父字　正月春日

今年教讀先生請的爾鄭年伯杲，一月十二金，兩孩俱不讓他們回家考，誤此一年工夫也。

按：此札書於光緒十二年（一八八六）正月立春。時王懿榮父已扶病進京。

二七

定住見字：

爾祖父大人於二月十四日寅時弃我等而長逝矣。吾生四十二年，從此爲無父之人矣！現在爾祖母大人在堂，又值大事未辦，不得不苟延殘喘，偷生人世，匍匐集事，嗚呼哀哉！爾祖父大人去年隆冬長途，在定州腹瀉，夜出傷寒，廿七日抵京，汗見而疾喘异常，延醫調治又患嘔血，又患秘結，至二月中旬痰作壅盛（到京一日未舒服，此皆我們心過不去之事），昊天不吊，降此鞠凶，侍奉無狀，不可爲子。現承祖母大人命，四月初由輪船東歸回山東，陸路黄河爲灾，不可行也。爾叔父隨回與否，尚在未定。爾祖母大人亦要同回，則家中新房尚未議妥（城内迎仙橋□係舊宅），暫無栖止之所。現在婉商，未知肯從與否。諸事匆遽，爾暫時千萬不必來家奔喪，俟與祖母大人商定（現在我與爾叔那一房回家尚未定），留京後，爾時我由東北上，一切大定，再專人接爾（城内房子修好即在今年，如祖母大人一定回家，諭云要接爾回福山一住，人生一場，亦不可不到本地方一住也）。告知翁姑，此時京寓凑集，房頭不夷，來則無可安置。孝不孝不在此也。我病已愈十之八九，然似此反不如早死不見爾祖父大人之有此一日也。餘詳庚生哥寄闐婿信中。翁處不及爲書，爾好好保養身子，治病要緊。

二月二十日　父字

按：此言王懿榮父病歿，此係光緒十二年（一八八六）事。《王文敏公年譜》光緒十二年（一八八六）：『二月十四日，公考資政公歿於京寓錫拉胡同，距生於道光二年壬午十月初三日，享年六十五歲。』〔一〕

二八

定住見字：

現在苫次，卒哭乃答，不能與爾翁姑通候，先代道達。現奉爾祖母大人命，以四月十二日我與爾叔由京扶柩，乘坐輪船回里安厝。今年山向不利也，即於墓上建造塋房，我與爾叔兩人輪流半年廬墓、祭掃，半年來京侍奉。俟城内迎仙橋王街一宅置妥後，爾祖母大人要回家住，并遣人來接爾東歸，今年可辦到矣。我身子總未復元，又罹此大故，回頭一想，若使往歲，一病即復不起，焉知人生之有今日？大夢不醒，嗚呼痛哉！爾弟輩於廿七日後仍舊上學，隨鄭東

〔一〕王崇煥：《王文敏公年譜》，載《中和月刊》第四卷第七期，一九四三年。

甫比部呆讀，祖父大人之遺命也。闐婿近日體子如何？爾病已復元否？刻亦不暇念及爾等矣。

三月十五日　父字

按：此札言在『苫次』，即王懿榮父歿不久，則爲光緒十二年（一八八六）三月所書。此札主要言回里安葬之事。

二九

定住見字：

闐婿同覽。聞爾久病不愈，甚不放心。闐婿復元最宜調養，病加於小愈，古人所兢兢也。自爾祖父大人事後，我同爾叔於五月十五日（是日賃二品全分執事六十四扛出城，權當出殯，恐家鄉儀仗不能齊全），扶護靈輿出都。當日至通州，坐大太平船（河船）赴津，二十三日由津乘坐外國輪船（名曰温州，甚壞。取其人少乃裝貨之船，能開艙門，靈可平入平出），在黑水洋遇霧，停橈半日。爾叔及下人等暈眩嘔吐且瀉，惟我側卧不敢起，然不作嘔（可知當日之嘔不在胃積），自去年四月卅日一嘔，至今未嘔矣。廿五日抵烟臺，停宿給孤寺中。上下船十分平穩，此先人之福也。由烟臺（竟有新蟒大罩）六十四扛，廿六日到家，竟不及燒百日矣。在京因漆布（未乾），是以屢改日期，在家重漆，先後上漆二十餘次（工部言天家三十六次），末用朱漆蓋面（山東嫩漆，色不甚紅），六月廿二日出殯。兩年山向不利，葬須後年，今則半邱半葬也。爾母邱子木塌，亦重新收拾完密，足支五六十年。在京開吊二日，在家開吊三日。自入六月，半月大雨，出殯之前一日天忽大晴，屆期晴朗，地工十分結實（塋上打大席棚，先期作工不透雨）乾凈，此又先人之福也。鄉下人久未睹此大殯，遠者自四五十里路來，觀者如堵，實則儉陋不安。鄉中兵燹後，諸事草率，一切皆係借用。只能如此。通共殯事路費共用去三千餘金。後年清明再謀安葬。我力疾匍匐，不敢不勉，各處謝孝皆爾叔前去，戚友知我久病，亦且恕之。

我只到爾外家住二日，亦勉强去，以爾外祖八十五歲人，不定能見幾會面也，孰知步履健捷，不拄拐杖，精神猶如當年，常念爾等，絮絮不休，絶早起，日暮即睡。張姑娘却大見老相，爾舅父連年有病，子女俱夭，竟病成一個弱人，耳鳴六年，晝夜不息（我之耳鳴，無望愈矣），説話氣短，一妾一妻，爾新衿母乃長忠厚的一路人，亦出見我。爾舅言及或明春或今冬尚擬赴保一行，暫尚未定。議將爾姐弟的箱籠寄京，俟其到來即寄信與爾。爾祖母大人慈體素弱，自春以來，悲悼自不待言，每夜長不能睡。此在川署平常事，即是如此，比來益甚。我是以急速北上，於七月廿五日由烟臺乘中國輪船，廿七日抵津，由津坐河船到通，回顧汪洋，益無繂路。初七日抵都，所幸祖母大人腹瀉（半月矣）已愈，我來心始放下。爾叔仍留於東，料理塋房、住宅、買莊田等事，十月由陸路北上。

祖母大人日夜説欲東歸，親課田園，住城内新宅（錢不置地，恐漸零落），帶爾叔嬸房及大金夫婦（京城住不開）住東，我及爾叔仍輪流東北，且到家即遣人接爾作伴，吃海魚、山東飯等事，屬爾好好將養病體，不必焦心。此次來差，别件重物俱不能帶，特賜寄爾西法點心二種，各一匣，廣東蜜果二餞臘，此是爾姑父寄與（摺差，輪船五日可到京）祖母大人的，特以與爾。道上若走得日久，恐有霉變，爾須打開撿上好者用器盛好，奉與爾翁姑堂前、姑爺面前，切切。人二三十歲時有病俱易保養，生氣最旺。一過四十，便成廢疾。爾與姑爺細心將養，必可復元。切勿輕忽，更勿暴弃。千言万語，只此一條而已。我前年斗得此無名之病，一卧三年，又罹凶閔，人生到此，天道宥論，天之所廢，孰能興之？故我亦處處拼命做去，苟延殘喘以侍堂上。人生四十以後，地下之親人日多，世上之親人日少。再者病不極不死，病不久不極，我亦何憚於此？言之反□，當之實苦，聽之而已。想彼□者，天亦無别的手段，不過如此而已。我刻刻惦念爾身子，我即知我之父母亦刻刻惦念我，其冤乃古今天下之人所同然也，到日撒手便去，又何念哉？爾四個兄弟讀書均有進境，大金、二雲均可入泮，亦明年出考，餘再説。

并問姑爺侍福！

八月廿五日　父字

新科殿試策三本，朝考卷一本，贈闐生。『王定』元印賞定住，可將此印同前給爾『住』字元印打作一氣用。我都未存底，可即用印格紙將兩印各打兩三張寄來，千萬每篇一印。

按：此札言扶柩回里，事在光緒十二年（一八八六）五月間。

三〇

定住見字：

十一月内李管家來，得爾書，知秋間張差所帶之信物均未到。李管家回其家，頃始回。又得公柩所帶一信，知爾翁姑及姑爺於爾聞知爾祖父大人去世之信後，在廟設奠唪經，聞之令人感泣不勝。即先爲我叩謝。不知當日事竣後，爾知當與爾翁姑及姑爺、小叔嫂輩叩謝否？范文正善禮人情，爾翁姑及姑爺之顧視爾與厚待親戚之誼，可謂盡矣。即先爲我叩謝，我亦有專信也。女兒之所以須找好婆家者，不僅門第人才，其第一最要者，在翁姑女婿及一家人等之善識人情耳，此便是我爲爾所找之好婆家也。至於以後窮通高下，此有天命耳。然人家待兒婦如是其至，翁姑本如父母一樣，同是一昊天也。在我們亦須善爲孝養，以報此天耳。天下事豈可止責一面的情理耶？志之志之。

爾祖母大人心境如此，又素患肝旺，日日心煩，又痛恨京寓度日之費，切思東歸。迎仙橋宅子買就，費一千六七百金，地基寬大，尚有大園，林木蓊鬱，皆花果樹，在城内誠爲第一美宅。然房子間口太少，尚須添蓋二三十間，舊有之二三十間亦須翻蓋。現在烟臺海木及咱家瓦石俱賤，爾叔已將塋房材料買好，今年不宜蓋正房，須明年動工。塋房蓋起則心内工料貴賤得失俱有成見，不至上當，再議修宅，然豈一旦可蹴及者？乃叔十一月十五日由家從旱路起身，因輪船已停故也，刻尚未到，大約臘八前後。今年乃叔在家，爲買塋房木料及置買田宅等事，宅已買妥，接到手矣。田不凑手，適賣者少耳。只買得張村（去城八里）地六張鋤，二百四十畝一連片者，現俱交謝老補看管，以後再定人管。

祖母大人意在以萬金出頭置千畝田爲止。咱縣裏的田，頂上者每畝歲出大錢一千文，千畝田可得千吊，以五百千家裏過，以五百千京裏過也。現尚未置得，此亦不能一旦驟致，有相巧者以後能如此數，則我服闋後，京官之費較在龍安時之二百金一年又稍好矣。若不酬應，尚可敷演也。即稍爲拉賬，則一差即足以了之。家中爾叔一房，伺候祖母大人則盡足矣。王可莊云如我們這户人家，直須一叢十萬銀子之財方能講過日子、長袖善舞，才能進退裕如且不至大費。若有一兩萬銀子，咱身分直是遭罪，患得患失，終日提心吊膽，少費即不夷，多花即烏有，不能不内外盤算，斷無舒心之時。誠然哉，誠然哉！此反不如至貧時之灑脱也。祖母大人飲食尚好，惟多連夜不寐，現服陳弼臣養肝健脾之劑，稍愈。此證自川署時已然，此刻心境如此，又加重也。風水家以京宅西甬道不合，現已閉置，作一小耳，本通上房也。現在走花院，東游廊到後照房。明年大金娶親，萬不甹住矣。川署所來東西，堆滿東平臺、西平臺及西厢之前耳房（無老拧下處矣），以及大上房之西新閉之耳房。凡此弃之可惜、留之堆垛之物，當年皆好錢所置，豈不可惜？所以在署時，千萬勿置辦零碎東西要緊，一走便弃，一帶便費，一堆便占地方也。若人家辦差之物盡足用矣，所以不必格外找累。

祖母大人急欲東歸，帶乃叔嬸一房回去，大金期服滿後娶親（張安圃以給事中截取到班，應選湖北糧道缺，已到部。前十日丁内艱，渠今年亦大病，現未復元，可謂同運又窮極）。張家期服亦明年秋九月滿，正值試後，來京不動響器，找城外店裏迎娶，三日進宅。然張家大窮，又專講配送，不給娶，而祖母大人意在急娶，携之東歸。將來兩邊争講，又是我的魔難也。家中修拾，添補宅房，置辦傢具（不及京師現成），必須一年，而此事求田問舍，我又不在行，且幹不來。今擬年底乃叔回京，我明年正月底携爾兩弟回家，由輪船便，趕爾祖父大人頭周年（二月十四日）到塋上燒陰宅及紙札也。咱家土俗，本族尚要待客。咱縣二三月縣考，四五月府考，我於府考時送爾兩弟到爾外家去住。我即回京再换爾叔回家辦理修宅、買田、安置傢具等事，并照料爾兩弟院考（八九月間）也。爾大弟將近娶親，我并催爾大舅，將爾母所給爾等東西，無論他出與不出，早些設法送進京來。爾祖母大人有寄的吃食四匣，又新鹽好刀魚一包，另有諭帖。爾母給爾小玩意一匣，内有清單，格外交李管帶交爾手。爾明年送小姑出閣後，計時爾祖母大人尚不能東歸，爾可即便到京歸寧小住數月。惟無人接爾，因我與你兩弟俱回家，京寓只爾叔一人，不能遠離也。爾可好好保養身子，善事翁姑及姑爺爲要。我憂病之中，萬緒紛煩，一心惡□，草草爲爾作一書，越寫越多，越累，真不易事也。姑爺楷書長進，文理圓足，静穆之氣見於紙上，近來想是真用功矣。鄭東甫先生辭館，明年爾兩弟在家從柯敬孺（登州書院山長），外□爾三、四兩弟擇一小席，月二金之先生嚴管束之也。

即問姑爺文福！

長至日　父字

按：此言王懿榮父殁之後事，又勸女兒善自保養、盡孝。事在光緒十二年（一八八六）。長至日即冬至日。

三一

閬生賢倩侍福：

得來書，見書法文法异常圓足，静穆之氣躍然紙上，想見近日工夫邃密，即此可證，病懷爲之一慰。明年小試，仍宜觀場，不使賢昆玉專美於前。鄙人少此一場，至今悔恨。明春將携二子東歸，視其應試，此慈老盼望之意，急課之出，未知能於後年提携�、肩隨從者之後與否也。小女聞信之日，承堂上厚愛，爲先嚴設筵唪經盡日，合家聞之悲感交集矣。賤軀仍未復元，昝窳偷生，亦可哀矣。

復謝，并頌年喜！

制懿榮白　長至日

按：此札亦書於長至日，係與上札致女兒札同日所書者。此時王懿榮尚在服中，故言『制』。

三二

閬生賢倩文福：

此次歸妹之喜，賢勞備至矣。去年所寄各函，想已查及。舊學使尚有三棚歲試未畢，貴府在內，新學使開棚按臨，何不就近一試？當不讓貴昆仲竹林專美一時矣。竹報中堂，上爲我道賀。鄙人憂病之中，不克備專柬也。雙虞壺能謀一副拓本否？餘詳寄小女信中。令大兄嫂前統爲致賀。刻正感冒，不及多寫。

黄樓新貴處，僕贈一聯并金花二事。服中不便具款，交貴師母中弢夫人將去。希道及。

制榮頓首

二月九日又拜

按：此札落款稱『制』，日期在二月九日，當書於光緒十三年（一八八七）。札言『此次歸妹之喜，賢勞備至』，則女兒崇燠有回京之舉。

三三

定住安好：

此次正月路上天冷，到家即忙，一切尚不覺勞碌否？飲食如何？京寓自爾祖母大人以下均平安。我與爾母近日偶患感冒作嗽，甚苦，不及多寫信也。爾叔于正月十九日携爾兩弟由陸路自濟南一帶取道回家，爲爾祖父大人周年之祭，今年輪船因節氣晚，本月十二日始開，恐趕不及也。刻尚未接着到家的電報。

爾兩弟今年留家用工應小試，至於能入泮與否，聽之而已，院試總在八九月也。鄭東甫先生又就孫萊山侍郎館第，現叫爾文川十伯之長子二成秀才來教爾三、四兩弟，輪開必跟爾大十五伯一齊來也。爾叔在家辦齊木料磚瓦，動工蓋城內新房必須我回家，二人同面一商，再禀知爾祖母樣式動工。我等爾大十五伯來京之時，我即便東下與爾叔一見，我留家他即來京也。所以我未先走，京寓爾祖母侍前不可無人耳。爾兩弟之書亦須我在家照管，不然必荒一年。爾大十五伯心事不佳，去年鍾姑娘及爾蜀生弟及後添之小道子妹，自川到家，均以疫没。爾大十五伯冬日亦到家也。爾岳家五姑，自岳大甥在關外故後，渠即隨其第二子在陝依鹿滋軒、慕子荷二人爲生，亦於去年臘月十五日在陝身故，此則苦節多年，竟無好下場也。爾慕子荷七伯今年正月四日亦故，此其去年心緒之壞所致，真想不到也。此俱是閑話，隨便寄爾知之可也。此信托中弢夫人回南皮之便捎來。海豐風氣人情如何？較南皮何如？此爾生平第一次到山東也。寫信寄爾翁姑前爲我道喜。

二月九日　父字

按：上札爲致女婿書，此札爲致女書，同日所書。

三四

閬生賢倩侍右：

小女於本月十二日到京，一路平安，心慰無似，即請寬念。承寄拓本各種，內王、謝二磚何其巧合。張桐山昆仲二人到京，所携佳物已多售與伯羲祭酒，與鄙人相見太晚，尚是王小宇工部代爲引薦，不知張、王亦舊日戚鄗耳。點心二匣乃家慈贈令大嫂者，已交尊紀帶回海豐面呈矣。南皮張氏亦有二石象，至佳。滄州舊書、字畫、法帖、古器甚多，惜無巨眼人一訪之也。

此頌侍福！

制榮頓首　三月十四日

三五

闐生賢倩侍右：

手畢讀悉。工夫想與日俱進，明歲秋風得意，指顧間矣。小女當以秋凉路乾易走之時，即謀回府，惟僕處毫無一可靠之人能以伴送。二子歸試院考乃在十月，得與不得，回京總在冬日。川署下人轟然去净，現在驅使皆烏合之衆。潘家廟之二家兄又已病廢，每一思及，十分躊躇，仍乞代商堂上謀一妥當官親，加一幹僕，遵期來京將去，至禱至禱。又前婦爲其所蓄衣物，刻促其蓬萊母舅黄寶三太守送來，尚未到也。

專候元祺！昆玉同此致候！

制名頓首

按：此札言『二子歸試院考乃在十月』，此指光緒十三年（一八八七）王懿榮携子回山東院考之事。又言『明歲秋風得意，指顧間矣』，則指光緒十四年（一八八八）鄉試。又言『小女當以秋凉路乾易走之時，即謀回府』，此亦在光緒十三年（一八八七），可知王懿榮女兒歸寧之事係光緒十三年（一八八七）三月至秋間，此係其第二次回京。

三六

定住見字：

得電信來，自爾祖母大人以下均十分懸念。嘔吐兩月，此與我病大同，乃陰虧肝旺，水不養木，以傷脾土所致（肝陽犯胃，是以嘔吐，升提及熱補等味萬不可用），急宜大補滋陰之劑，燒退再多服八味（麥冬五味）地黄丸，淡鹽水送，早晚一日兩頓，每三錢（尤宜晚間早睡，始能養陰），不可以醫家甘温退大熱之説，用温補一切熱藥治之矣。八珍湯（半陰半陽，用時陽四味極輕，而重用陰四味也），生熟地并用，多用熟地，以一兩爲度，尤要。此我閲歷過來的。我四十歲人，猶能轉圜，豈爾二十許人不能復元乎？但在好好保養，切無與下人生氣（肝旺傷陰），我病是姑爺親見的。咱家自祖母大人以來即患肝虚，我四十後發作，爾二十餘如此，大金現已頭暈，此乃根蒂，可專以滋陰降火一路治之，必不差也，切記切記。（曾得餉局保札者，爾小十五叔，正月十九日老矣。可憐！）今着川勇劉永升前來看爾，不及多帶東西，空身單人前來也。寄爾市平足紋五十金（收到後復之），知爾手頭太空也，以後再陸續寄爾。此次空人，亦不敢多帶也。來人來回盤川均發足矣。劉永升乃道署水勇，前年送全眷來京，去年在家鄉伺候乃叔蓋房子者。一切山東及京城家事，問之可悉。

闐婿工夫精進，所寄文字甚美，今年必可高捷，跂予望之。爾兩弟今秋不令其鄉試，再用兩年工夫再説也。此次所捎來廣東丸藥，藥味上品，但恐非爾病所宜，姑以備數備用可也，萬不可輕吃，多係熱藥（以後再捎，萬勿弃置）。唯所捎同仁堂之麥味地黄丸一斤，千萬勿間斷（地黄丸不妨。此層亦須斟酌，恐有喜。爾身子弱也，不可補），日日吃之（唯此丸宜之），即有喜，亦無防也（身弱如此，恐萬非有喜。若喜脉見，則紅花不可服）。前捎之豆腐、青醬俱已收到。紅花（孕婦忌紅花）乃華蓋喇麻所送，真西藏者。爾母衣物，爾舅早已送來，無便捎也。我近來甚忙，許久未能寫信，職是之由。祖母康健，闔家大小平安，我身子漸壯。并問姑爺侍福。

父字　三月十六日

人參（乃真老山者，六七十换，不比關東瓤子，更不比高麗參之純提上行者，和以麥冬共煎之，便能滋潤下行。如用不着時，可呈送爾翁堂留用，不可遺弃，此四川署内丁首府送者）。

紅花（孕婦萬不可服，胎前之謂也）。

爾大愈時，如想家，秋爽時可請命堂上，一歸養也。

按：前札言王懿榮女兒於光緒十三年（一八八七）三月至京，秋間回河南陳州。此札係女儿回陳州後大病嘔吐，王懿榮作書問之，且寄以藥。又言女婿工夫精進，『今年必可高捷』，則該札書於光緒十四年（一八八八）三月間。

三七

定住見字：

姑爺前問好！前接爾翁電信，知爾未愈。祖母大人挂念，立遣劉永升專足前來，刻想已到。所帶五十金及藥品一包，想已并收到矣。爾之病根已深，從來枯槁，總宜大服滋陰之劑，兼以安心調養。自病自苦，要知此道理也。我大病，病怕，又知世間久無好醫，尤怕親人有病，所以力講保養，亦不過『節勞平心』四字而已。劉永升走得匆忙，又因單身，行李不及稍帶，倉□前來。他剛走後，爾母又想起乃舅去年屬捎針黹一小包來，極輕巧，竟忘記找出交他帶來，真因得電一時忙碌也。

廿四日忽然乃叔寫一信來，説爾舅爺病得十分危急，爾母長號，乃求由火輪船回家一看。

此固應當，但祖母大人在此，每日兩餐又常喜吃蒸食，不准顧厨，又豈爾二大爺所能做得來的？此爾叔之作事不自細思也。然亦只得聽其前去，請你謝二表哥帶一僕一媪，已於廿五日由京起身，廿七日回電云辰刻已到福山矣，可謂快極，即於是日又接家信來，云爾舅爺已大愈且下床矣。此不但是我之格外劫財，且擾得祖母大人月餘不能隨意吃飯矣。爾大十五伯去年得一子，乃爾五伯母所生，他走到上海又買一浙妾，二月到川，尚無信來。家中房子尚未蓋成，傢俱已從廣東置來。爾午亭三爺在此住的，尚未得館。爾外祖冬間亦病，爾舅趕回，現已大好，亦久未得信也。爾兩弟工夫尚純，此次未寫信來。爾翁姑前請安問好。

四月朔日　父字

按：此札承上札。上札言女兒病嘔吐，闔家懸念，故派傭人劉永升專差問疾，此札言劉永升走得匆忙，闔家心急如焚可知。事在光緒十四年（一八八八）四月。

三八

定住見字：

代我問姑爺好。爾走後何日到海豐？道上如何？先聞河州、鄭州遭水灾，見京報果然。嗣又聞陳州四圍皆水，心甚懸念。但不知爾此刻已到署否？同小姑同到否？由海豐由何道至陳州，可以不見河水？種種寄信與我。如爾此時尚未到陳在家，亦好從容，爾翁姑及姑爺必有主意設法至陳，請姑爺先復我一信，以釋爾祖母大人牽挂之懷，切切。爾謝補表兄帶領劉永升、林媽（借西關外家者）於八月廿九日到京，乃嬸於本月初八日携爾兩弟、六妹由京啓身回家，爾二成兄亦回去，止留爾三妹在此與祖母大人作伴。爾舅仍未啓行，大十五伯亦尚未引見，登州院考初九日調齊，十四日開棚，爾兩弟已於初八日，爾叔父送至爾外家矣。僥幸與否，聽之而已，須十月方能來京也。爾路上身體如何？均詳復一信。

九月十一日　父字

按：此問女兒回京後至海豐吴氏老家省親事，又問女兒回陳州路途情況，且言兩子已參加登州院考，事在光緒十三年（一八八七）。

三九

定住見字：

姑爺好！得示來信，爾祖母大人及合家始放心。至來信所言，自海豐車便，星齋所捎之信則迄今未見也。爾兩弟於十月十六日到京，俱結實。惟一連三試，累得疲憊不堪。現在吾日日令其背書，二雲十三經尚未完耳。明年不令其鄉試，吾不自欺，知其花錢丢仁也（此乃使爾弟入學耳，造詣尚差得許遠。山東官號亦易中，却不是他們所能行）。爾舅父於十月廿三日來都，在保定府料理買賣，帶的妾即菊姑娘，并官親住□，明正始東歸也。來京在咱家住十日，仍回保，於月底遣其戚馬姓并從京帶去之喬貴，將爾母之箱籠大小八個俱行送來，所有脚價、車税咱已付之。東西收拾妥帖之至，絲毫無蟲傷及磨損，則藥鋪藥味之力所避也。俟其後，爾翁老到京引見，當照單爲爾寄來，餘此無他便也。爾叔一房家眷已回家中，所蓋之房尚未收功，已費去萬五千餘金，乃騎虎難下也。我明年春二回家，爲爾祖父大人二周年之祭，明年、後年一連兩年，年干與化主不利，須庚寅年始安葬也。周太太（萊陽太師母〔二〕）爲人欺淩，興訟來京，我義不容辭爲之調息，迄今未完，所有店飯俱係我承應，然尚須辦此累贅事，真悖運也。爾好好保養身子，餘詳爾兩弟信中。

十一月初七日又字

按：上札問及回陳州之事，得覆信，此又言兩子參加登州院考後已回京，事亦在光緒十三年（一八八七）。

〔二〕 即萊陽周孟伯妻。

四〇

定住見字：

十九日劉永升回京，得爾來信，具悉一切。所帶橘脯、洋針均已收到。血聚爲癥，氣聚爲瘕，總皆由氣血兩虧所致。爾嘔吐已久，千萬不可再服攻下之劑，只以飲食調養，若用藥，便以滋陰養肝爲主。醇邸病亦初係嘔吐眩暈，誤服攻下消導等物，遂致久病。我當初誤服補益升提，爾所知所見也。至於攻下用黑丑、白丑則更不堪矣，千萬慎重，可告爾翁及婿也。

爾大弟明年始議完婚，因張安圃臘月始能滿服，實則祖母大人早已着急矣，總是明年上半年耳。我起服在即，是回東與否，過節再定。爾外祖病已大愈，真福氣也。爾舅三月間由保陽趕回矣。爾舅爺亦愈，爾繼母暫尚未回來，信言節前必到也。家中房子尚未收工，耗費已極，坐此空空。我起服當京官，又如當年一樣矣。爾祖母大人是今年回家與明年爾弟完婚以後回家，尚在未定。爾好好保養身子，要緊要緊。我尚能陸續接濟爾也，不過得尺則尺，得寸則寸了。爾病得許久，又是嘔吐之根未復元，無論水旱，不可上路勞碌，我已五年尚未大元復也。此證最傷脾傷陰，保重保重，若大健時再歸寧不遲。爾母之物俱已搬來矣，日昇昌去年臘月一信，今年三月始到，不知何以如此。上月電信後之一信，於劉永升回之次日竟到，則又甚速。

父字

姑爺問好。

爾弟等另有信。

病後便知病之遭罪，雖有慈父孝子，均無能爲力也。既見及此，則平日便不可自己與自己過不去矣。凡喜與人慪氣者，實則真於自己過不去也。我身歷之，故言之親切有味。人生在世不過六七十年，後半世弄得身子太壞，雖生猶不如無生，豈不冤哉？且真正遭不起此罪也。切切。

按：此札承札三七，因全家牽挂女兒之病，派僕人劉永升問疾，此札言劉永升回京之後事，書於光緒十四年（一八八八）。又言『爾大弟明年始議完婚』，係談崇燕婚事，崇燕完婚係光緒十五年（一八八九），《王文敏公年譜》光緒十五年（一八八九）：『爲長子崇燕授室，娶豐潤張氏，爲給事中張公安圃（人駿，直隸豐潤縣人，同治戊辰科進士，官至兩江總督、協辦大學士）長女。』又勸女兒保養身體，勿與下人生氣等，此言屢見之。

四一

定住見字：

大喜并爲姑爺道喜！爾翁姑前我已有專函矣。我在家鄉得你來信，欣悉得一外孫女，爾祖母大人聞之十分歡喜，以爾身體如此，尚能生育，且月内好生保養，一切前證可愈，是以十分歡喜。因咱家鄉城不會打我首飾，命賜寄爾足紋二拾兩正，以爲小孩首飾之資，又紅緑洋絨各一匹，爲小孩襖褲之用。爾廿一嬸又寄小外孫花衣花褲及首飾一板，包封已好，俱交我帶來。爾母又給小孩添盆銀十兩正，合共足紋叁拾兩正，先從日昇昌匯來，匯費在京已付，到日查收可也。此先行捎來，至衣飾等件，又爾母作好襖褲及管帶頭生小孩之搢褥包袱，又首飾種種俱備，惟無妥人前來一送，因劉永升已薦與甘肅學政爾胡月舫年伯帶去，中途渠自回川也。此間皆現顧烏合之衆，竟無人可差也，甚急甚急，但等以後遇便耳。

我以八月十一日回京起復，爾叔亦來京辦注册授供事，乃爾祖母大人命爾叔速來趕辦，趁重陽颶前回家者，乃事甚累手，必須十月授供。家中止有三麟一人，祖母大人偶然感寒，誤服一方，甚險，遂打電報叫我暫行歸省，我帶大金子回家，於九月十九日到里，時祖母大人用謝十舅爺（通意堂醫）方已愈。我與大金到家三五日内，時起居已如常矣。我在此通融告假，前後廿天，留大金在家，我於十月初七由家起身仍回京時，爾叔已授一供，亦於初六日由京起身，却兩人俱在輪船，對頭相逢，竟未能一見也。我於十六日到京，因前起復後即派有本衙門撰文差，使连次恭辦撰寫大婚册文、寶文，明年禮成後可望加一封銜，亦常例也。惟近來照舊當差，酬應紛繁，京寓之窘又似當年，只以典當作業。聞明年恩科，若實則又可盼考一差，果其能得，又可以敷演到卯年考差，不然實不濟也。得差不但可博祖母大人歡心，并可稍爲貼補你點，言之愁人。

爾月子中不要惹氣，千萬好生保養身子，以望復元，多吃生化湯要緊。從此保養得好，就從此改而結實矣。你大兄潤生中副車，名次甚高，我已致賀矣。伯熙言其三場河道策爲萬一千餘人之冠，已擬中多日，後因頭藝有習見語，又改中副車，此亦功名之有早晚也。可告姑爺好生用工，明年必可恭喜矣。匆匆不及多說。

十一月四日　父字

按：此札言得外孫女，事在光緒十四年（一八八八）。

四二

定住知悉：

闐婿侍福！前月托協同慶轉交日昇昌所匯銀信想已收到。新生外孫女，來信言月内因風殤去，深爲悼惜。爾祖母大人正在得意，以爾身體如此，尚能受胎，是以甚樂。既然如此，亦是常事，望好好保養，以慰爾之重闈遠念，亦是孝行。此次爾翁寄我醬菜，來人至中途過河沉失，此我口福之薄也。（爾大吉表兄在此鬧得不堪。爾姑母靈亦回南皮矣。）我此次回京得撰文差使，奉派諸内閣恭篆皇太后、皇后册寶二次，明年例保，可加講讀銜，與前十四年爾張姑父相類，我曾嘲笑之，此所謂笑人作人也。爾兩弟與爾四弟，今年文字俱有進機，聞明年照嘉慶朝授受大典例，有恩科，請姑爺亦須先時用功也。下次即有再熟之人，亦必令爾兩弟下場矣。我現在尚未搬到前上房。爾婆母起居近來如何？聞黄樓夫婦明年赴粤。

十二月初八日　父母字

按：此札承上札，王懿榮女兒所得之女，旋於月内殤去，事在光緒十四年（一八八八）底。此事吴重憙致書王懿榮時亦曾談起：『崑兒所得之女毛病極多，勉養匝月，於九月廿二日殤去。』

四三

定住見字：

姑爺年喜！前從日昇昌所捎銀信、吴河督處所遞馬封信，刻均已到否？又從日昇昌號得姑爺寄你二弟信，是前信未到，爾尚未知我之已到京也。小孩衣飾摺褥，在此亦存點，亦不爲捎矣，留爾來時自收之可也。常得家信，家中自爾祖母大人以下俱各平安，爾嬸又舉一子，十月廿八日也，大小平安。家中房既蓋成，地僅二百畝，僅足家中食指。爾叔注册，已將其累年私蓄用盡，授一月供，吏部又駁以□□文無『經手未完』字樣，雙月中書當年户部未見核准，又須花錢，我已覓東撫張朗齋專咨聲明矣。爾大弟在家隨侍，尚知用功。爾二弟、四弟在此從師，京寓既無接濟，今年三節之賬（無印結又無接濟，明年非得差不行矣）并於年下，刻尚無頭緒，好在有明年恩科考差之望，便是生機一綫耳。

姑爺必然專心精進用工，爾亦須好生保養身子。明年爾大弟試東闈，二弟試北闈，東闈官號止足一額也。此信仍托河督合龍摺差回便捎來，到的必快。甲子北闈，我與清卿同録科，我尚取名在前，今日如何？我則在此手擦宣德爐，仿楊執中故事，身入《儒林外史》矣。高陽七十正壽，我送其壽幛一挂，花雕陳紹興一壇，皆不用花現錢者。爾母身子亦結實。我之碑版字畫，仍入質庫。明年之差得之不得，□有命，若小省能贖當耳。爾大十五伯常有信來，在川省已得厘金局差，月有百金，究竟比京官好也。王小宇得琉璃窑，年可萬金。爾大吉表兄潛入京師，鬧得不像，頃始出京，由旱路赴廣東也。張二太太、三太太俱在廣東。語皆無聊，拉雜書之以破悶耳。

爾姑堂起居近來如何？此問年喜！

臘月廿八日　父字

按：此接上札，言匯銀之事，書於光緒十四年（一八八八）。此札中尚言『明年恩科』，係光緒十五年（一八八九）鄉試。

四四

定住女兒見字：

姑爺新喜！爾近來身子如何？第一要事，告我，轉禀爾祖慈知也。我去年過年甚緊，因三節賬俱未付也。我從未向人借過一錢，實在困乏計無所出，因思及庚辰年爾張姑丈曾向我通融，我即打電報借其六百金，以三百金了年賬，實則三節米料兩項才二百餘金，不爲多也。以三百金興修新房内結斷格扇，并二月十三日下柬，四月初三日辦喜事之須，雖不寬裕，差不多矣。且告爾張姑丈，云春借秋還，以我之有考差一場，所謂指着胡蘆開金也。

爾祖老本想叫張家送親到家，眼看爾大弟完娶爲樂，乃張家實無人送，只好叫大金北上，完娶後即行帶回耳。我此刻一心五用，實在無上人、無下人來接爾來。爾若身子結實，如有十分妥帖之官親如星齋者能送你來，且加以不憚辛苦，你可即來。可上請命於爾翁姑前，許來即來。如不許，或身子不好，便不必來。我倘幸得一差，秋冬再説。若無官親送爾，只有下人，爾年輕路遠，千萬不可冒失，我心嚇死矣，切屬切屬，且亦太不好看也。若十分妥帖，果然能來，旅費先借將來，我認，秋冬間可歸還也。來此結實，便可同爾大弟新婦一齊坐輪船東歸，省爾祖母一番，八月再坐輪船北上，甚便。到京再回陳州也。輪船在烟，候一好風日，十分安穩，是以祖母甚放心也。謝老補已辭去，是以大金將來亦止跟把頭來也（須三月初才能到京）。如此次無便，爾不能來，明春爲爾二弟完娶，爾時我即有錢，并有人可以來接爾。爾再同爾二弟新婦同回，亦不過差一年也。不要趁强，可與爾翁姑、姑爺商酌爲之。

父字　五月廿三日

大金到家即進省，以備鄉試，在家亦住不幾日也。二雲下北闈。

按：大金、二雲即王懿榮大兒崇燕、二子崇烈，皆係乳名。此札言大兒崇燕完娶，依《王文敏公年譜》，事在光緒十五年（一八八九）〔二〕。此札又言女兒擬回京之事。

四五

定住見字：

爾同姑爺起行後，何日到省？路上風雪如何？身體如何？曾不舒服否？恭喜好使喚否？然此行正在嚴寒，可謂勞頓之至，闔家懸念。我及爾母、爾弟一切如常，又得家信，知爾祖母大

〔二〕王崇焕：《王文敏公年譜》，載《中和月刊》第四卷第七期，一九四三年。

人慈體亦甚康健。此次封河，輪局信不甚便矣。初六日接電報，知爾曾婆又於十二月初五日酉刻去世，西關今年家運如此，爾張姻伯之祖母張老太太於初十日亦壽終，爾弟婦現又回家，安圃天津把什本不甚好，又值此事，他却不承重也。京師日日大風，而至今無雪，爾母安排明春回家，給爾曾婆燒百日，回頭便帶吉慶、二雲、四龍來也。爾要好好保養身子，以侍奉翁姑及爾婿，省得我與爾母遠念。省城寄京信甚易，京寄河南省信亦易。爾四弟新婦大結實否？爾姑父廿六日接湖廣印。爾大吉表兄至今尚未走也。轉瞬將年，再寄賀書，并問姑爺侍福。

十二月十二日　父字

按：上札言女兒擬回京，此札言女兒由京回河南事，則回京之事在五月至十二月間。此札言姻親張安圃母喪，崇熿弟崇燕之妻係張人駿之女，故有此稱謂。此事亦見於王懿榮致張佩綸札中，張佩綸係張人駿叔父。又言『爾姑父廿六日接湖廣印』，即張之洞任湖廣總督。以上諸事皆在光緒十五年（一八八九）。

四六

定住安好：

姑爺新喜！劉喜送黄樓夫人來，一路平安，恭喜業已收到。京寓一切平安。去臘家中尚無信來，爾外祖母正月廿四日奉安。我前二月底請假回里，爲爾祖父大人奉安，諏吉在閏二月廿八日也。三月初即回京，再帶回二雲及四龍、吉慶等來，大約喜期總在四月矣，一切花費不敢尋思。你好好保養身子。劉喜忽然來說今日走，草寄數語。

正月九日　父字

按：此言『大約喜期總在四月矣』，此喜期即王懿榮爲次子崇烈完婚，此係光緒十六年（一八九〇）事，該札書於當年。《王文敏公年譜》光緒十六年（一八九〇）：『爲次子崇烈授室，娶南皮張氏，爲湖北督糧道蓉江觀察（之淵）女。』

四七

定住吾兒知悉：

姑爺侍福！我大考一等第六名，喜信已飛電寄爾翁姑二老前矣。想首縣傳來，必不至如蔚盛長之信之遲也。京察所得道府一層，總怕不能不如趙瞎漢之說，自是札下窮根矣。然此事喜出望外者，既是天恩高厚，又是爾曾祖父母與爾祖父大人當年平生盼望之心，此時又爲爾祖母連年不快之餘，雖窮，吾亦無悔□矣。此後專靠放差吃飯，亦可笑也。惟爾身子不好，竟是我一重極大心思，我爲爾大弟死得傷心害怕也。姑爺說此處無醫無藥，此事真是天下絕學，不但信陽一州之所無也，總而言之，不離氣血兩虧，爾如聽我之話，便是我不虛生爾一場。就是一個方子，陰陽平補，即我常吃之八珍湯，參、苓、术、草、歸、芎、地、芍〔二〕是也，外加生地，如陰虧盛者，多加下四味歸、芎、地、芍分兩，陽虧則加上四味。爾婦科再酌加香附，有火多加麥冬，如是而已。我行之十年，有效，此刻甚胖壯也。開子已能滿地跑，大頭大脚。相子亦漸有紅色，尚不敢自走。爾大弟婦常住娘家，爾二弟婦有喜，已五六個月矣。爾賢良二嫂尚未健復。爾三妹又許與鹿滋軒家，接續爾四妹也。爾四弟考得一等第二名，已補廩矣。爾五妹現跟爾祖母大人一屋吃睡伺候。我今年已是三次引見，又將預備召見，已兩次矣，傳聞尚有上齋之選，此時無從辭起，真窮怕，又怕日日趕起早也。轉瞬姑爺即來秋試，掄北元，可面詳矣。

四月十三日　父母字

按：此札言大考一等第六名，此係光緒二十年（一八九四）事，此札書於當年。《王文敏公年譜》光緒二十年（一八九四）：『京察一等，以道府記名。四月大考翰詹。初八日奉上諭：「此次考試翰詹各員，經校閱大臣等校閱進呈，朕復加披覽，親定等第，一等六員，二等七十

〔二〕即人參、茯苓、白术、甘草、當歸、川芎、熟地、白芍。

七員，三等一百二十三員。其考列一等之編修文廷式著以侍讀學士升用，編修秦綬章、陸寶忠俱著以侍講學士升用，編修戴鴻慈、陳兆文俱著以庶子升用，編修王懿榮著以侍讀升用。欽此。」』[一]

此言『我爲爾大弟死得傷心害怕也』，王懿榮長子崇燕於光緒十九年（一八九三）五月初三日殁於京師。《王文敏公年譜》光緒十九年（一八九三）：『五月初三日，公長子崇燕殁於京宅，年二十六歲。時病已經年，急召婦張氏自福山返京，俾侍湯藥。雖廣延名醫，中西并進，卒鮮效益。公哭之慟。』[二]《翁同龢日記》光緒十九年（一八九三）五月初八日：『歸訪王蓮生，未入，其子翼北已於初三日逝矣，美材可惜。』[三]

四八

諭女兒知悉：

前信并物已交爾四小叔去。聞今日尚遲，硃卷未啓耳。適爾祖老爲爾寄來海味一小板箱，

[一] 王崇焕：《王文敏公年譜》，載《中和月刊》第四卷第七期，一九四三年。

[二] 王崇焕：《王文敏公年譜》，載《中和月刊》第四卷第七期，一九四三年。

[三] 翁同龢著，翁萬戈編，翁以鈞校訂：《翁同龢日記》，中西書局二〇一二年版，第二六五三頁。

内對蝦、魚子、小蝦米、扁口魚，爾母又附以秠麵，再煩爾四小叔一并帶來。我於廿三日將奏補侍讀，可謂快當。此後大考必循前例，五六年一次矣。我於此間或轉一祭酒，或一四品卿，省得老而再考，則幸矣。二項均開列也。考差完場，文每三開，一字未錯，寫得甚累。題『論篤是與』二句，『南山有臺』二句，詩『槐陰清潤麥風凉』得『清』字，可稟爾翁堂知。道府難放，大約此後專仗考差吃飯矣。爾開弟種花，出六顆，已落痂，平安之至（大相漸健。爾弟婦好住娘家，我惦記相子。我去年托張六爺爲爾叔謀一烟臺道善舉，銀每月四十金以添補零用。爾三妹、四弟今年俱辦喜事。爾三弟同其婦到四川巴縣去）。爾母近來身子不佳，爾賢良二嫂尚未健復，幸已下床。爾十八叔之瘋妾於四月初五日病故，入兩甲坡隙地。河南後路五百六十金已到，登時罄盡，端節正不知如何是好，悲之。

再附及姑爺好！

四月十九日　父字

按：此札言『我於廿三日將奏補侍讀』，仍係光緒二十年（一八九四）大考一等事之後續，見前按。該札書於是年。

四九

定住見字：

此信來便催得匆迫，未及爲爾作書，此封訖，竟待三日未來取也。我已於廿三日奏補侍讀謝恩，已見邸鈔矣。今晚伺候召見。此大考等第，按名次召見也。回想趙瞎子之言竟是真算得靈，果然難望外官道府矣。考差已取，張中堂與黄樓面説，全告知者，然試差、學差尚在未定之數也。爾要耐常服六味地黄丸，到處無好醫生，不獨信陽州也。我思之甚急，相子亦太不結實，是我的一椿心事，亦真無好醫生，而孩子太弱，亦難吃藥也。爾千萬加意保養，就是孝順。爾四小叔所帶信物想已到。我前年寄爾翁父有四首詩，可請姑爺鈔寄我，此間未留底子也。

爾吉慶妹之生母瘋子，已於四月初六日病故也，省得遭罪了。爾小頤表弟已入泮，大吉表兄與其婦俱來京住。爾三妹續與鹿氏矣，聞就要娶。爾三弟已與其婦住巴縣丈人家矣，四月起身，自烟臺去。爾母亦不結實，自去年病後，不如從前矣。家中時有信來，一切平安。爾賢良二嫂已能下炕矣。

并問姑爺安好！

五月六日　父字

按：此承上札。上札寫就未有人便，故又有續書，則此札亦作於光緒二十年（一八九四）。

五〇

女兒見字：

親家太太萬福，姑爺侍福，合澤清吉！來信均悉，醬油小菜均收到。我自去秋患牙痛，每十餘日一作，年底至痛不可忍，乃生平未有之事。亦未落也，吃嚼頗不如常，衰象至矣。餘俱平安。窘之一字便已嘗慣，憂居不以累人，人亦無一字來相詢者。二相濃眉闊目，乃二弟婦乳食亦足，長得胖壯异常。大相亦結實，今年與爾開弟隨從鹿山宰學識字（爾舅父故後將殯，其二妾一菊、一琴俱同日殉節，可悵可佩。其争繼家務官事，一時打不完，甚糟。爾舅爺之五姨太太亦正月死）。爾黄縣松溪三伯已老去矣，靈尚未歸。伯希之次女公子出閣，又短折矣。張伯納之二子，一八歲、一六歲，俱殤，此噩事也。爾大十五伯去冬到建昌道任，爾三弟夫歸於去冬十一月到川，周次□已先在川，尚有差使。爾叔得以三月初携爾四弟來完姻，另借一宅，從權辦也，完即携回。爾二弟得海運差，有保無薪水，其河工所保，知府已奉准矣，此好事也。爾千萬保養身子，以黄酒蒸服益母膏，夜夜服之，平和無流弊，要耐得常，爾母深得此濟，勿使病父數千里外添一種心事。吃物四匣，并爾弟婦輩所寄，即交教場王蒼京宅轉來，查收可也。河南有新出漢磚否？孫六堦言爾翁堂曾遣人以布拓一碑，何物耶？（如有新出漢碑，望姑爺并爲我寄二三張來。）

伉儷雙福！

二月十六日書

按：此札言『黄縣松溪三伯已老去』，松溪即王守訓，歿於光緒二十三年（一八九七）初。又言『伯希之次女公子出閣，又短折矣』，伯希即盛昱，其次女病逝於光緒二十三年（一八九七）正月十四日。則此札書於是年二月。

五一

定住見字：

姑爺安好！連接兩信，并爾寄賞二相子之十金，當飭雲婦收去矣。爾母患咽啞多日，已平復。我患嗽，又便血，亦平復，唯右旁食牙痛，止而酸，吃食極不得力，則衰老之所必至者。雲婦大病幸愈，尚未復元，愈後而乳力已減，又爲二相子顧乳媪矣，乳頗好，孩乃胖。金婦及大相母子均健旺。二雲在津無差，自弄自吃，已歸知府班矣，有一海運差，止有保舉而無薪水。自去年京寓藉各省親友賻贈度日，至本節則一絲不進，親友亦毫無接濟，早知如此，然亦從來如此，我固處之慣也。爾叔父携四龍於三月初八日來此，因我與爾叔俱在服中，孫子期服孝雖滿，究屬從權。而京寓房間太迮，無處可安新房，遂托聚豐堂代借大甜水井一蒙古王府行臺暫住一月，乾净整齊，省錢許多，且去寓宅不遠，爾母朝夕可去照料。三月廿日完娶，住了滿月，於四月廿三日携帶新人伉儷出東，坐新火輪車一天到津，候船一日。廿五日又由津坐火車到唐兒沽搭武昌輪船，廿六日酉刻刻烟臺，廿七日一早到家，尚屬順利。除爾叔自帶花完外，我又花去一百六七十金，日用盤川俱是我所拖拉，不得不然，是以此節尤窘。新婦舉止俱好，惟娇養，性情太過，爲人如爾季樵三嬸，一路最好繁華應酬也。有好青醤帶些與我足矣，不要有蛆者。晚捎不妨，醤母尤妙。

即問雙福！

端陽日　父字

按：此札言『雲婦大病幸愈』，即崇烈婦大病，此係光緒二十三年（一八九七）五月間事。此札言王懿榮弟王懿棨娶兒婦，又言『我與爾叔俱在服中』，指光緒二十二年（一八九六）王懿榮母殁於福山，此時二人尚在守制。

五二

定住見字：

姑爺侍福，堂上萬福！昨甫交一信與稼生，屬其附便帶來，頃佩南到此交信一封、布包一個，俱收悉。錢與之矣。節尚未過去，并爾姑父之二百金，亦并斷截不與矣，可見親戚幫貼亦須作現在官兒也。我生五十三歲，除幼弱無知不計外，窮年窘節已整度四十周，却亦司空見慣矣。本節又爲爾叔盤川，喜事又加以拖累，而外間絲毫無振恤之者，是以至此，不僅爲買古董也。爾所捎之古錢，無一佳者，嘉隆乃外國之錢，不足奇也。趙晧子現在如何？可問他我何年月日可以還人欠帳。爾二弟在津無長差，海運有保而無薪水，又不能回來一看。爾二弟婦久嗽，是怯症，性甫接回，請一外國女醫診治，尚未效也。我最怕人病，蓋經之久矣。爾與姑爺俱要講保養。爾稼生弟日瘦一日，說話都極低細，何也？爾母瘖啞已愈，身子總是不好。爾叔氣色甚壞，亦是不好。奈何！

端六日

按：此札有『我生五十三歲』之語，王懿榮生於道光二十五年（一八四五），光緒二十三年（一八九七）五十三歲，可知此札書於該年。札中有『昨甫交一信與稼生，屬其附便帶來』

云云，係承上札，上札書於端午，此札書於端六。

五三

諭住女兒悉：

頃得摺差來信，知姑爺安好，已移公館，諸事順適，合家心慰。前由京宅送來醉蟹一罈、山藥一包，俱收到，却未見有所附信也。稼生南去，京宅有星謀、黄樓就近照料，亦可放心。我與爾母尚平安，京寓大小旺相。爾二弟婦本月初九日子初刻舉一男，大小平安，小孩闊目高鼻，氣體殊偉。取名福埭，字之曰重□，小名二相子。爾二弟保案至今，尚未進來。渠在津賃屋而居，六和尚隨之，尚無長差，真不易也。渠所自作，當初總以我之窮爲拙宦，須知窮富天定，不由人力耳。大相母子俱旺相，相子比前見長，亦漸壯，明年與開子學識字塊，請鹿山宰教之，却不算上學也。京師連番大雪，天氣却不甚冷，連年未有之奇。爾身體要善自保養，六味丸可常服，河南地黄是地道土產，與爾定有益也。爾姑堂得爾伉儷純孝，能侍養，乃是爲人子者此生有得之事。非同浮泛，天所鑒睹也。多一層盡心，多一層累手，便是多盡一番孝行，百福之原也。勿學我之一生罪孽，爲天地所不容之人，至於今日受罪受困，尚不足以科罰之也。二相子乳食甚充，不用顧奶媽矣。

匆匆書此，即詢歲福。

十二月十五日　父字

按：此札言『爾二弟婦本月初九日子初刻舉一男』，按《王文敏公年譜》光緒二十二年（一八九六）：『十二月初九日次孫生，次子崇烈婦蔣氏出，命曰福塨，字曰次蠡，出爲公從侄來庶後，因福垚既殤，大宗不可無後，又以福塨嗣之。時蔣氏侍謝夫人居京宅。』[一] 則該札書於是年。

五四

住女見字：

姑爺安好！前由蔚號得爾來稟，并爾伉儷爲爾母四十壽寄銀百兩，當即收訖，深抱不安。爾母得此送，其所當衣物利息頗覺鬆活。家事冗煩，多日未寄爾信，我之懶，亦我之悶也。爾鹿家三住妹勞病多日，竟於五月夭逝，未滿一月。爾麟弟婦産得一女，血暈暴卒，所遺一女，顧媪乳養，督署竟不收留。其外家耿舅夫婦俱在川也，亦復㮣置，竟寄養於鶴臯九爺之子某公

[一] 王崇煥：《王文敏公年譜》，載《中和月刊》第四卷第七期，一九四三年。

館，瓜娃聽其媳婦調度，遠官川省，婦死子弱，到處寄養，我心感傷至不可言。爾叔則以兩事俱未在眼前，所謂『哀而不傷』耳。三麟一人却搬入督署矣。爾翁堂爲我來京，到宅暢談一日，復贈二百金，秋節藉此摒擋矣。惟來談乃力疾，入京正患瀉痢，尚未已也。次日絶早我去攀送，則已與稼生出城，惟姨太太車猶在門耳。

爾二弟因查防，到京一行，住十日以去，此刻往來津保之間，本擬接爾二弟婦母子住保公館，已賃，又將爾七兄叫去，乃爾二弟婦竟成産後破腹，勞中西醫延已十許，與性甫商酌方藥等事，迄今日甚，又如崇燕當日情形一般。我焦灼已極，加以乳媪趁時惹氣，爾母已將二相提入前上房自撫育之，與爾賢良二嫂左右顧，復另顧一媪，朝夕哺之，又照顧病人。渠本抱病，亦甚累心矣。病人或藉此省心，稍得静養而已。我以修縣志爲排遣之資，聽天由命，如之何哉？所幸體氣尚健，胸次尚寬耳。爾須好好保養身體，省我懸念，即此是孝。爾母囑向姑爺道謝。家鄉年景歉收，銀價太賤，京師銀價亦然。爾姑堂前爲我與爾母請安。

合澤清福！

八月廿九日　父字

按：此言『爾二弟婦竟成産後破腹，勞中西醫延已十許，與性甫商酌方藥等事，迄今日甚』，此事在光緒二十三年（一八九七），蔣氏於該年十一月病歿於京。札中提及女兒崇煐爲繼母四十整壽贈銀百兩之事，王懿榮繼室謝夫人庚子（一九〇〇）卒時四十三歲，以此推之，四十整壽即光緒二十三年（一八九七）無誤。

五五

定住見字：

姑爺侍福！此次回信甚快。聞爾姑堂清恙尚未輕減，爾與姑爺十分孝養，深所慰繫。又聞李小農言及姑爺差事賢勞，上游倚重之至。我與爾母粗適，爾母體氣稍差，時類崩證，延醫服方以時調養而已。惟爾二弟婦已成乾血勞證，現已萬分危急，中西各醫俱已束手。其兄最信西醫，接回調治，無一見效。昨已送回，上下身俱已浮腫，現在我爲之料理後事，衣衾一切俱屬新製。爾二弟今日由保起身回來一看，能趕上與否，未可知也。二相已跟爾賢良二嫂撫育，好生奶媽順手，雙成則爾母自撫之矣。憂居坐困，正值年底，又要出此事，憂慮之來集於一身，奈何奈何。

去年爾松溪三伯托我爲黄縣丁氏寫一墓志，事已許久，松溪又老去，今年十月丁氏忽贈我潤筆千金，只可收下。我與爾母商量，深恐此項凄零，即派爾和兄將爾大弟及爾前二弟婦二櫬，由通上船，乘輪送回原籍，寄信爾叔，擇於十月内將爾母親與此二靈，俱行移厝於我前年在家所置二十五兩之老北頂新阡，庶幾爾曾祖父母老瑩明堂上少些遮礙，又所以上慰爾祖母大人在天之靈。二櫬自十月初十日由京起身，十二日到津，十七日到烟。爾叔父已來電報，所有盤川及移葬安厝之費并格外寄爾叔救窮百金，計共花去整五百金，餘一半即贖兩票要滿之當，及還聚豐堂及乾太昌爾四弟娶婦新欠之酒食，并臨走所湊盤川帳，登時乾净，一文未妄費矣。孰知爾二弟婦又將一病不起，兒女呱泣，呼娘尋母，當日爾母親没時，我已深嘗此味，於今雖屬有人護視，而二年之内既遭大故，今年之間爾四川三妹及麟婦俱死，我是一家之主，老懷真個何堪！較之爾翁，『實命不猶』，遠矣遠矣！爾三弟在川已於十月廿八日續娶知縣安徽洪祖年號子彭之三女，又得鹽局差使糊口，皆滋軒所爲照拂。爾十五伯家之毛女，又續與爾三妹丈鹿冬生作配，九月在漢中過門。爾二弟今年海運又保道員用，營務處可保補道，後加二品銜。其差事長者一，短者二，均不足糊口，合之不足八十金也。將來又急須續弦，累哉。餘大小平安。

十月廿九日　父母字

按：札内言丁氏贈以潤筆千金之事，在光緒二十三年（一八九七）底。丁氏即丁樹楨，事見王懿榮致丁樹楨札四。

五六

定住見字：

姑爺侍福！姑堂萬福！此趁爾李小農表伯回汴之便，帶此一信。我此數日料理紛紜，老懷大是不堪。爾二弟婦危在旦夕，此次自其母家回宅，即移於東厢屋之北間，先爲爾賢良二嫂所糊屋，潔白如新也，病至此，豈避地所能愈？姑順其意云爾。婦科一得此病，十無八九能活者，皆稽延時日而已，然無如此之遭罪者，見之慘傷無似也，中西醫一齊束手。近日前後胡同内如爾許子元年伯母、樵野張侍郎之妾，先後并亡，豈亦如時疫之流行耶？百金之棺、百數十金之蟒玉、一概大小衣俱爲新製，盡心如此而已。將來年底外贈俱爲此耗去矣，破財運也，傷心命也，奈之何哉？我諸孫繞膝，非無父之子，即無母之子，難乎不難？爾母與爾大弟及前二弟歸，俱以前月廿八日安厝於老北頂之新阡，皆爾叔嚴冬冒寒一力經營之者。一波甫平，一波又起，傷哉不傷？我生五十，倫常之滋味嘗之盡矣。

德國既占萊州之膠澳、青島，游弋數縣，已至濰縣，雖與登州未涉，而爾叔家居能不恐怖？今年家鄉又不知如何度歲矣。爾二弟有津門之役，説今日回京，竟又未至，其病婦望得眼穿，冀欲一見，此種景況，使爲二老者在旁目睹，傷也，如何？爾三妹死後，爾大十五伯家之毛妹又續與鹿妹丈，已完娶矣。小開、大相讀書皆不甚笨，大相已極健壯矣，二相與雙成更靈透也。博泉試差回京，知爾翁堂康健納福。爾務好好養惜身體，使我北望少此一番懸念，便是孝也。千萬千萬。

秋間爾大弟婦左足心間忽生一癤，潰後收口能行矣。始回家來，今於舊口旁又生一癤，刻又潰而收口，尚未下床，以三妙膏貼之。有外科，渠不欲伸令人看也。又及。

十一月十一日　父母字

按：此札仍言崇烈婦將殁，事在光緒二十三年（一八九七）底。

五七

定住見字：

前發一信交稼生附報遞寄，未交小農，今日小農瀕行，來索信也。爾二弟婦蔣於本月十三日丑時去世，已擇於十九日頭七之期移厝寶應寺。爾二弟在家親視棺斂，於十六日回保。此次本係告假而回，不等送殯，聽其自便而已。其由母家病回，即住前上房之東廂屋北間，殁後，其柩即停於東廂之外家也。乾血勞證，前後胡同一許一張兩宅與此前後故去三人，竟亦若時令然，甚可慘傷。明春開河送柩歸籍，一爲安厝。

十一月十六日

按：此札言崇烈婦殁及身後事，事在光緒二十三年（一八九七）。《王文敏公年譜》光緒二十四年（一八九八）載『次子崇烈婦蔣氏病殁京師。時崇烈以甲午舉人援例爲直隸候補直隸知州，供差永定河工，再届安瀾，叠蒙保薦爲候補知府、候補道，賞加二品銜，分發直隸候補，需次天津』[二]，誤，此實爲光緒二十三年（一八九七）底之事。《王文敏公年譜》編者係王懿榮第四子王崇煥，生於光緒十八年（一八九二），崇烈婦去世時，崇煥方六歲，所記不確。

五八

定住女兒知悉：

姑爺好，翁堂康娱，合澤清福！爾李彦琦年伯家人便來京，得姑爺一信，同日爾三舅亦到京，各件收悉。此後北來，所有洋貨概不可帶，亦不可用，沿路義和團一見便呼爲二毛，不分黑白即行焚殺也。上次爾鹿姻伯摺差來便，曾附致爾翁堂一信説五月京師大概情形，刻想早

〔二〕王崇煥：《王文敏公年譜》，載《中和月刊》第四卷第七期，一九四三年。

到。刻天津城失守，洋人已占及楊柳青地方，直督避住北倉，宋軍避居楊村。津門兵力太單，各援軍尚未趕集，李秉衡所統四軍，惟萬本華尚未到。京師江米巷洋使不肯出京，西式庫教民尚未打開教堂，瓮裏捉鱉，兩月尚未蕆事，深可浩嘆。已下立山、黄思永於獄，袁昶、許景澄俱已正法，明見上諭矣，細處不及悉言。市面稍開，爐房略見運動，當鋪半掩，直十金者抵當千文，而甘軍、武衛軍在東單牌樓一帶時見搶掠。

我每日繞護國寺出宣武門到局一次，練勇業已成軍，城外早見安静，城内兩翼尚不與城外相干。我此次面請内外聯絡，現在城内及關厢（歸順天府）一概舉辦團防，若城内辦齊則不慮内訌矣。家中大小平安，幸乾太昌肯賒米吃，每日只謀一飽而矣。借當無門，當情形最緊之時，爾母及爾大弟婦已將花園井口顧石工開大一圈，預備事急帶領小孩全身之所，刻已消停，或托天之福用不着也。爾二弟幸携其婦子於五月十二日乘海輪徑回福山，却至今尚無信來，此真祖德庇蔭。天津住紫竹林租界之官商，盡被洋人擄去翦髮，以洋油擦成黑臉，并灌以傻藥，改换衣服，或充前敵，或當苦工矣。家鄉聞尚平安，惟古現張姓大創，義和團殊可恨也。五條胡同京宅無恙。

七月初十日　父母字

按：此札言『天津城失守』，指八國聯軍攻破天津，事在光緒二十六年（一九〇〇），此札又言團練諸事，署期爲七月，係王懿榮五月受命京師團練大臣之後。宋軍既宋慶軍。

五九

定住女兒知悉：

鹿撫摺弁回，恐爾翁堂已赴新任，我將寄覆爾翁信裝在覆鹿信中，浼其加封遞署，尚未封遞到耶？又覆交李彥琦家人便一信，記得尚有一信，忘記托誰，此刻想次第可到。近日宋馬一軍爲洋逆擊散，退至蔡村，直督殉難。津兵既覃，外援未至，即至亦不可靠。五衛軍年費饟糈巨萬，臨時一無得濟，真可浩嘆。昨日江米巷已派五衛中軍之張君棟扎護，與兩翌分堵。董軍開往前敵，李挾夏、張、陳三軍在馬頭，董軍尚未到，升帶陝軍已到，均隨李布置。天津義和團久散，京城現亦剩得十分之二三，鋭氣毫無，惹出禍來，若輩自知其餒，分散以去。京師街面搶劫多在東單牌樓一帶，西城尚少。市面不能活動，銀米俱乏，票莊之票一兩不能取出。當鋪止開一扇門，外請官護，直十兩者止當千文，而時有被搶者。署中照費久不見解來，幸乾太昌尚肯賒米，豐盛已不肯賒料矣。内外飯館無一開者。南城外水菜無人吃，俱已搬空，而城内水菜大貴，宣武門不易進來也。刻下九門戒嚴，倭奴慣辦假兵假團模樣賺進。

爾二弟早有信來京，協商全眷是到滬，抑回家暫避。我度日無能，焉有現錢盤費回家？四外一律無吃，隨即未動。若時世稍平，得此鎮定，少費許多事，不亦便宜乎？爾二弟携其婦子五月十二日由紫竹林東歸，坐海晏船，十四日到家，近接其信，又携其婦子於六月廿四五日由家到濟南，爾弟婦住娘家，他附隨鹿軍北上。京寓已將東院之井口開大，留以備急。我每日繞護國寺出順治門到局一次。署中滿夥計丁艱，漢司業已跑無下落。一切事體，亦俱一人班，尚須間日入直，枵腹充公，勞心勞力，至此已極。爾四弟婦携福成回娘家住涿州。其父撤任，跟避至保定。洋逆已將天津拈〔二〕遍，又有將到保定之説。水旱兩路均扼嗓〔三〕要，不堪設想。李某到京親打西式庫，放大炮，亦未得力。聞面參五人，已了其二矣。合肥聞已有全權大臣之命，刻尚未知行抵何處。爾三舅解餉北來，道路平安，刻已交庫，公事完竣，但等批回。附李便，前信已詳言之。爾面上、身上紅腫，半係風瘟，不可俱認濕氣，須浼醫詳診脉象再説，由内消解爲是。我甚懸念。

七月望日　父母字

按：此札言在京城團練，事在光緒二十六年（一九〇〇）七月望日。六日之後，即該年七月二十一日，王懿榮在京宅中投井殉國，其妻與大兒媳亦從之。此札蓋爲致女兒最後書札。

〔二〕原信如此。
〔三〕原信從月。

致王崇烈（一通）

一

《伏生授經圖》首見吾東沂州府右軍祠内之漢畫象。其畫一人危坐，一人跪伏，外又一車，至今尚存。家中有舊拓本，特以裝裱成軸，賜寄爾婦。

王維《伏生授經圖》乃摩詰真迹，絹與紙膩得一處，條條若金絲，流傳有緒，見孫北海《庚子銷夏記》著録，今在濰縣陳壽老家，庚辰冬月余親見之，後有朱竹垞專題一詩。其畫只一老叟，極瘦削，席地據几而坐，赤足一，拳一伸几上，抱一長卷，直曳至地，此外更無晁錯與伏女諸點綴也，畫筆沉古。爾鄧文甫年伯取我新繁一匠爲爾輩畫過，外套一車，有伏女有晁掌故者，乃聞吾言漢畫形狀約略爲之，几上所施皆卷册，爾記之否？我找任阜長畫一立軸，其所畫之書皆如今綫釘本子，則不堪矣。所坐皆木椅，極可笑，且有高茶几，不足道也。此便非學人之畫，乃市鬻通套樣子，可笑也。

實在考據，不應畫伏女，當時實無此事。前人説之已詳，故漢畫象無之。唐王摩詰畫亦無。惟摩詰少一晁錯，則不得爲授經圖，只可説爲伏生象矣。今畫不應坐高椅，晁亦不應坐墊子，皆應席地危坐相對。古人危坐如今跪或伏，晁皆應戴危冠不應作戲上裝，照漢畫晁作跪伏聽受，極是，外懸一車亦極古雅，當師其意爲之。書乃當作簡册狀。若實畫晁對寫不應執筆，當手執削蘸漆，釘本書固可笑，卷子亦不是。削若今之小迮裁紙刀，簡策以竹片穿孔而韋帶束之。寫便拆刊。所謂《尚書》更當符《酒誥》脱簡一，《召誥》脱簡二。

按：此札見於《王懿榮先生書作集》，第七七—七八頁，原札照片。

王崇烈（一八七〇—一九一九），字漢輔，一字火傳，山東福山（今烟臺市福山區）人。舉人，王懿榮次子。

此札以王維《伏生授經圖》『賜寄爾婦』，此婦指王崇烈妻陳孺雲，係光緒二十五年（一八九九）迎娶，《王文敏公年譜》光緒二十五年（一八九九）：『公次子崇烈在京續娶宜賓陳氏原任山東章邱縣知縣陳雲笙大令（代卿，四川叙州府宜賓縣人）之女爲婦。』[二] 此札書於此後。

〔二〕 王崇焕：《王文敏公年譜》，載《中和月刊》第四卷第七期，一九四三年。

致王常益（二通）

一

稚梅大侄如晤：

此刻想三叔必已到家，過萊州曾一詣東撫否？示知爲幸。軍電停戰以廿六日爲期，屆時無幾，不知所議究竟如何，殊深杞憂，刻同壽生到萊陽後日即赴棲霞，月底當回萊州矣。文登團長于澤春以窮辦法辦得大有實际，并聞。

此候合局清福！

廉生手泐　三月廿三日

按：此二札見於《王懿榮先生書作集》，第九一—九四頁，原札照片。

王常益，生卒年不詳，字纘甫，一字稚梅，山東黄縣（今山東龍口）人。王懿榮宗侄。光緒間納貢，援例候補訓導。精篆刻，收藏古璽甚富，工繪畫。精醫藥，著有《醫案》。

此札言在萊陽團練，事在光緒二十一年（一八九五）春。

二

昨在吾侄書案上有未刻雙獅紐壽山方石章一件，可與我否？可則即交怙曾太守帶至濰縣，覓王西泉一刻也。樵孫自鄂回，已爲香濤留至江南，刻將奉母往南去矣。此事甚愜鄙意。此問勛祺！

廉生汾　晦日

按：此札亦爲光緒二十一年（一八九五）春辦理登州團練時所書。

怙曾即陳阜，王西泉即王石經，詳前。

致袁世傳（五通）

一

高中大吉，領到，謝謝！敬拜嘉頌，當與足下共之。并連坡老，宜早進城，賡此喜肇也。

此謝述之賢阮即元！

榮頓首

明日松溪約同去看小寓，安排床第。

按：此五札得自網絡拍賣，原札照片。具體寫作年代難考。

袁世傳（一八七九—一九二六），字述之、樹滋，河南項城人，袁世凱堂弟。光緒年間附貢生，曾任淮北鹽運分司纂事。一生興辦教育，參與捐辦南開大學。輯有《項城袁氏家集》。

二

頃來一信，竟忘將錢票三千忘交來僕，乃錯付別人，少頃當令其送來也，追之不及。

述之少爺

三

陳用民丈屬托之件，昨力疾作函前達，覆信呈鑒，并望轉達，元信發還。感寒不能出門。

名心頓首

竹、樹兩阮

四

清妙裱扇面條來，價五千，渠言此幅若售，直六金也。又庶培交來對荷，當是理□持贈者。

此送樹滋少老爺

五

石查爲子厚畫扇一柄，便中有人祈帶交爲幸。此處有經文一本，祈付下。

此頌述之賢阮元安！

榮頓首

連送兩場，疲乏之至。

致謝仲阿（二通）

一

中弢書扇送上。兄抱疴未已，不及專送，甚歉。吾弟到家後，遇有本城舊家售舊書舊帖者，祈爲留意。先示一目，由輪船假局寄來，兄便可議價。不拘何種，來書舉之，兄自悉也。臺子街有學堂帖甚多，亦可物色之。

仲阿表弟桂喜！

榮頓首

按：此兩札見於網絡，原札照片。札言『兄抱疴未已，不及專送』，當在王懿榮患病之中，即光緒十年（一八八四）夏至光緒十一年（一八八五）底間事。仲阿爲王懿榮表弟，謝姓，餘不詳。

二

尊從抵里，何以至今無回信來耶？舉家念念。兄忽奉恩命在南書房行走，此在吾郡已爲破荒之事，况在寒舍，上報老母，感激乃至涕零。惟風雨寒暑，逐日夜起無間，且『勞民傷財，斷欲漂差』八字坐就矣。吾弟親家何以教我？但先爲弟辦得一事。紙扇一柄得兩狀元書畫，南齋兄同事也。速而且易，如此再易一人，則不能如此效力矣。笑笑。托福元字號，浼便寄上。

此洵伉儷雙福！

表兄懿榮頓首　六月十三日

按：此札言『兄忽奉恩命在南書房行走』，當書於光緒二十年（一八九四）。札中稱『吾弟親家』，後署名爲『表兄』，當爲王懿榮致表弟信札。

致佚名（五通）

一

博古齋黄、戴二卷，原索百四十金，鄙人以六十金酬之，并許稍增尚可。今早渠來言，其急需現銀，減至半價（七十），决不能少。鄙人只增三金，渠情形惶急，亦即應允。公如留之，便即照給（六十三金），否則乞徑還之。

名叩

按：此札見於《近代史所藏清代名人稿本抄本》第一輯，第一一六册，第七頁。無上款，稱對方爲『公』且用楷書。王氏此類字體不習見，落款爲『名』，左下端署『王懿榮』三字，此當爲與王懿榮極熟者，不敢遽斷，僅録以存之。

二

約老受凉在緞匹庫，與潘文勤在火藥局情事相同，十五日曾戲語同人云：『此處如滿六人，定有一人外出，看來今年諸公未必便能補放學差，想是我要身死。』大家亦以戲言聽之，竟成讖矣〔一〕！常熟、壽州兩公皆與之有金蘭之雅，應不歿死友，或可爲之進言於上乎？噫！

名頓首

按：此札見於《有關李文田之函札三通考辨》，見羅韜著《半半集》，第二四六頁，無圖，有釋文。該書作者認爲此札雜於其他張蔭桓上款的信札之間，并從身份語境諸項看，可知收信人當爲張蔭桓。這倒很有可能，且書信風格亦與王懿榮書札相符，但無實據，故列於佚名類中。

此札言李文田臨終事。李文田官至禮部侍郎、南書房行走，王懿榮亦官南書房行走，兩者係同僚，又繆荃孫係李文田弟子，王懿榮係繆荃孫弟子，故此稱『約老』。此札書於李文田初歿時，即光緒二十一年（一八九五）十一月。

〔一〕此上恐有脱葉。

三

鶴泉仁兄大人：

昨嗶嘰收到，價翌日繳上。有寄東撫賑銀一信，即祈覓便帶去，内已遵命催促之矣。有寄尚志山長孫佩南一包并信，省城尚書府街，舍親張公館一包，均祈費神帶去，此則不拘早晚矣。

此謝，即頌大安！

鄉愚弟榮頓首

按：此上款『鶴泉』三通未見原札，依《王懿榮集》過録，標點稍有不同。

此鶴泉不詳何人，恐非匡源（匡源號鶴泉，亦在濟南）。匡源係王懿榮業師，且年長王懿榮三十五歲，不當以『仁兄』『三兄』稱之，亦不當自稱『鄉愚弟』，王懿榮光緒庚辰科殿試墨卷業師『年伯匡鶴泉夫子名源』，稱匡源爲『年伯』方爲得當；且札中又言及孫佩南任尚志書院山長，按之《孫佩南先生傳略》，孫氏主講尚志書院在光緒十五年（一八八九）間，而匡源逝於光緒七年（一八八一），亦此鶴泉恐非匡源之一明證。

此札言『有寄東撫賑銀一信』，王懿榮致張曜札中曾言及『再者去年晚募勸山東灾賑銀兩』，致張氏札書於光緒十六年（一八九〇），言『去年』，則當爲光緒十五年（一八八九）事，此時匡源已殁，孫氏已在尚志書院。『東撫』當爲張曜。『舍親張公館』當指張人駿。光緒二十五年（一八九九）張人駿就任山東布政使，此亦非匡源所能知。

四

鶴泉三兄大人坐右：

日前所委對屏等四種，謹以書上，惡劣不堪入目。又前代敝友所買洋嗶嘰一匹，兹交來京平足銀捌兩一票，并原單一紙。如有不敷，即祈示知，令其即行找補。又弟有匯寄烟臺紋銀壹佰四拾壹兩正，意欲借光代爲匯去，未悉烟臺用曹平，抑用濟平？若照京平，此佰四拾壹金須補若干，方足濟平與曹平之處。弟一概不懂，并乞示知，即行送上。

此請大安！費心一切，容即詣謝。

弟懿榮頓首

按：此札承上札，皆言嗶嘰之事，當書於上札之後不久。

五

春帆、鶴泉仁兄大人坐右：

團扇二柄塗就呈教。又家信一封，祈附便寄去，費神容謝，屢瀆不安之至。日前所存山東賑款平頭是否合式？乞詳悉開示爲幸，功德無量，甚佩。

此請大安！

鄉愚弟懿榮頓首

按：此言賑款之事，亦與札三所書時代相差不遠，蓋亦書於光緒十五年（一八八九）。

參考文獻

《八家詩翰書札》，國家圖書館藏，稿本。
《費念慈盛昱王懿榮汪鳴鑾江標端方手札》，國家圖書館藏，稿本。
《福山王氏支譜》，北京圖書館藏，稿本。
《諸家致潘伯寅潘紱庭書札》，國家圖書館藏，稿本。
《山東福山古現王氏世譜》，北京圖書館藏，稿本。
《山東福山王氏家譜》，清道光二十六年。
《四家書札》，國家圖書館藏，稿本。
《王廉生致陳簠齋書札》，國家圖書館藏，稿本。
《王廉生書札》，國家圖書館藏，稿本。
《王懿榮致葉德輝書札》，國家圖書館藏，稿本。

《王文敏公寄女書》，國家圖書館藏，稿本。
《中國錢幣大辭典》編纂委員會編：《中國錢幣大辭典》，中華書局二〇一五年版。
潘祖年編：《潘祖蔭年譜》，見沈雲龍主編《近代中國史料叢刊》第十九輯，臺灣文海出版社一九六六年版。
繆荃孫著，張廷銀、朱玉麒主編：《藝風老人年譜》，見《繆荃孫全集·雜著》，鳳凰出版社二〇一四年版。
傅潔琳、李天程、周明昆：《中國進士全傳·山東卷》，泰山出版社二〇〇七年版。
丁文方、趙呈元、楊希珍、張敬忠主編：《山東歷史人物辭典》，山東人民出版社一九九〇年版。
杜澤遜、程遠芬：《山東著名藏書家》，山東文藝出版社二〇〇四年版。
唐石父：《中國錢幣學辭典》，北京出版社二〇〇〇年版。
唐吟方編著：《近現代名人尺牘》，福建美術出版社二〇〇七年版。
李峰：《張佩綸年譜》，南昌大學碩士學位論文，二〇一三年。
李軍：《吴大澂交游新證》，復旦大學博士學位論文，二〇一一年。
浙江圖書館編：《浙江圖書館館藏名人手札選》，浙江人民出版社二〇〇〇年版。

李慈銘著，劉再華校點：《越縵堂詩文集》，上海古籍出版社二〇〇八年版。
李慈銘著，由雲龍輯：《越縵堂讀書記》，上海書店出版社二〇〇〇年版。
遼寧省博物館編：《館藏中國歷代書畫著録·書法卷》，遼寧美術出版社二〇一五年版。
山東省圖書館編：《山東省圖書館館藏珍品圖録》，齊魯書社二〇〇九年版。
劉銘偉主編：《王懿榮先生書作集》，黄海數字出版社二〇一一年版。
劉天昌：《兩廣總督張人駿》，海洋出版社二〇一八年版。
劉晴：《晚清名士盛昱研究》，黑龍江大學碩士學位論文，二〇一〇年。
劉承幹輯：《王文敏公遺集》，求恕齋叢書，一九二三年刊本。
林光旭編著：《近現代名人尺牘選粹》，山東美術出版社二〇〇八年版。
梁啓超撰：《清代學術概論》，東方出版社一九九六年版。
梁少膺編著：《名家手札》，西泠印社出版社二〇〇六年版。
陸明君：《簠齋研究》，榮寶齋出版社二〇〇四年版。
陸明君：《陳介祺年譜》，西泠印社出版社二〇一五年版。
羅韜：《有關李文田之函札三通考辨》，見《半半集》，廣東人民出版社二〇一六年版。
顧廷龍：《吴愙齋先生年譜》，哈佛燕京學社一九三五年版。

顧廷龍主編：《清代硃卷集成》，臺灣成文出版社一九九二年版。
廣東省立中山圖書館編：《容庚藏名人尺牘》，廣東人民出版社二〇一五年版。
可居：《王懿榮索泉拓書簡一通》，載《中國錢幣》一九八五年第三期。
胡鈞撰：《張文襄公（之洞）年譜》，見沈雲龍主編《近代中國史料叢刊》第五輯，臺灣文海出版社一九六六年版。
金柏東主編：《黄紹箕往來函札》，浙江攝影出版社二〇一二年版。
金梁輯：《近世人物志》，北京圖書館出版社二〇〇七年版。
江標輯刻：《天壤閣雜記》，靈鶼閣叢書，清光緒二十一年刻本。
江慶柏編著：《清代人物生卒年表》，人民文學出版社二〇〇五年版。
顧廷龍校閲：《藝風堂友朋書札》，上海古籍出版社一九八一年版。
錢伯城、郭群一整理，顧廷龍校閲：《藝風堂友朋書札》，上海人民出版社二〇一八年版。
夏征农、陈至立主編：《大辭海》，上海辭書出版社二〇一五年版。
謝俊美編著：《翁同龢年譜長編》，上海交通大學出版社二〇一八年版。
許全勝：《沈曾植年譜長編》，華東師範大學博士學位論文，二〇〇四年。
趙爾巽等撰：《清史稿》，中華書局一九七七年版。

趙一生、王翼奇主編：《香書軒秘藏名人書翰》，浙江古籍出版社二〇〇五年版。
張佩綸著，謝海林整理：《張佩綸日記》，見張劍、徐雁平、彭國忠主編《中國近現代稀見史料叢刊》第二輯，鳳凰出版社二〇一五年版。
張茂華等編著：《齊魯歷史文化名人》，山東文藝出版社二〇〇四年版。
張桂麗：《李慈銘年譜》，上海古籍出版社二〇一六年版。
張懷恭、張銘：《清勤果公張曜年譜》，浙江古籍出版社二〇〇九年版。
鄭天挺等主編：《中國歷史大辭典》，上海辭書出版社二〇〇〇年版。
鄭訓佐編著：《清代名人手札賞評》，山東美術出版社二〇〇六年版。
中國社會科學院近代史研究所編：《近代名人書札》，社會科學文獻出版社二〇一〇年版。
陳鵬舉：《鳳曆堂題記》，漢語大詞典出版社二〇〇五年版。
陳烈主編：《小莽蒼蒼齋藏清代學者書札》，人民文學出版社二〇一二年版。
陳介祺著，陳繼揆整理：《秦前文字之語》，齊魯書社一九九一年版。
陳介祺：《簠齋尺牘》，見沈雲龍主編《近代中國史料叢刊》第九十七輯，臺灣文海出版社一九七三年版。
程翔章、程祖灝：《樊增祥年譜》，華中師範大學出版社二〇一七年版。

上海圖書館編：《張佩綸家藏信札》，上海人民出版社二〇一六年版。
《書法》編輯部編：《書法文庫　流光溢彩》，上海書畫出版社二〇〇八年版。
左志丹編著：《近現代名人書札手蹟鑒賞》，四川美術出版社二〇一五年版。
安久亮、李雪梅主編：《中華收藏大辭典》，北京燕山出版社一九九六年版。
吕偉達主編：《紀念王懿榮發現甲骨文一百周年論文集》，齊魯書社二〇〇〇年版。
葉昌熾：《緣督廬日記》，臺灣學生書局一九六四年版。
吴大澂著，陸德富、張曉川整理：《吴大澂書信四種》，見張劍、徐雁平、彭國忠主編《中國近現代稀見史料叢刊》第三輯，鳳凰出版社二〇一六年版。
吴天任撰：《梁節庵先生年譜》，臺灣藝文印書館一九七九年版。
吴劍杰編著：《張之洞年譜長編》，上海交通大學出版社二〇〇九年版。
王陵基修，于宗潼纂：《福山縣志稿》，烟臺福裕東書局一九三一年版。
王貴忱、王大文編：《可居室藏清代民國名人信札》，北京圖書館出版社二〇一二年版。
王啓初：《王懿榮致宋慶尺牘考釋》，載《收藏家》二〇〇三年第二期。
王志民主編：《山東重要歷史人物》，山東人民出版社二〇〇九年版。
王懿榮撰并書：《福山王文敏公墨迹手札》，見王春瑜編《中國稀見史料》第一輯，厦門大學出版社二〇〇七年版。
王崇焕：《王文敏公年譜》，載《中和月刊》第四卷第七期，一九四三年。
王崇人主編：《中國書畫藝術辭典·篆刻卷》，陝西人民美術出版社二〇〇二年版。
王紹曾、沙嘉孫：《山東藏書家史略（增訂本）》，齊魯書社二〇一七年版。
王懿榮等著，蘇揚劍等整理：《王懿榮往還書札（外三種）》，鳳凰出版社二〇二一年版。
王懿榮著，吕偉達主編：《王懿榮集》，齊魯書社一九九九年版。
虞和平主編：《近代史所藏清代名人稿本抄本》第一輯，大象出版社二〇一一年版。
虞和平主編：《近代史所藏清代名人稿本抄本》第二輯，大象出版社二〇一四年版。
虞和平主編：《近代史所藏清代名人稿本抄本》第三輯，大象出版社二〇一七年版。

後記

幾年前，偶與曲阜師大張建勇君閑談烟威地方文獻，張君隨口言福山甲骨文之父王懿榮文獻似可整理。後購得烟臺王懿榮紀念館原館長吕偉達君整理之《王懿榮集》，時時翻閲。吕君整理之《王懿榮集》，所用材料未詳版本出處，亦無校勘説明。搜集早期版本與之比勘，略知吕君整理之未盡善。然吕君列王懿榮致友朋書札一百九十六通入《王懿榮集》乃《王文敏公遺集》所未備，此類函札頗有益於王懿榮之金石及交友研究，於瞭解晚清時政亦大有裨益，吕君以此入《王懿榮集》，實爲有見。

近年肆力於王懿榮致友人書札，漸積至八百餘通，爲之辨僞、釋文、句讀、繫年、梳理人物關係等，漸成五十餘萬字，經朱新林兄紹介，求教於齊魯書社劉玉林尊兄。承劉兄錯愛，推薦申報國家古籍整理出版專項經費資助項目，位卑稿劣，未免惶悚。承蒙濰坊市博物館孫敬明先生、復旦大學劉釗先生推薦，雅言美意，愧不敢當，僥幸得中，實出望外。

敝業師楊永龍先生、楊端志先生時時過問，傳道授業，頗多鼓勵；張建勇君倡之在前，輔之在後，居功甚偉；孫敬明先生雅示教誨，指授體例，此書方有此規模；劉玉林君薦之督之，斟之酌之，尤殷且勤；馬安鈺女士審慎縝密，是正尤多；劉曉焕先生及夫人贈書之慨，雅人深致；家嚴慈日日叮囑，朝夕催促，悠悠切切；拙荆默默支持，任勞任怨。噫！微斯人，愚未知見識之陋、行文之鄙也。感激涕零，莫可言宣！

雖蒙多方傾力相助，然薄學淺植、頑昧不靈，稿中未如意者所在比比，此文責自負，慚愧無似。稿中引述若偶有漏列於參考文獻者，乃粗心所致，非意掠美，抱歉之至。讀者幸而賜教，欽佩莫名！

是爲記。

邱崇　庚子歲杪